Umweltsteuern und Umweltabgaben in der Republik Österreich und der Bundesrepublik Deutschland

Europäische Hochschulschriften
Publications Universitaires Européennes
European University Studies

Reihe II
Rechtswissenschaft

Série II Series II
Droit
Law

Bd./Vol. 3632

PETER LANG
Frankfurt am Main · Berlin · Bern · Bruxelles · New York · Oxford · Wien

Michael Stahlschmidt

Umweltsteuern und Umweltabgaben in der Republik Österreich und der Bundesrepublik Deutschland

Eine rechtsvergleichende Darstellung

PETER LANG
Europäischer Verlag der Wissenschaften

Bibliografische Information Der Deutschen Bibliothek
Die Deutsche Bibliothek verzeichnet diese Publikation in der Deutschen Nationalbibliografie; detaillierte bibliografische Daten sind im Internet über <http://dnb.ddb.de> abrufbar.

Zugl.: Gießen, Univ., Diss., 2002

D 26
ISSN 0531-7312
ISBN 3-631-50819-0

www.peterlang.de

Vorwort

Die vorliegende Dissertation wurde im Wintersemester 2001/2002 vom Fachbereich Rechtswissenschaften der Justus-Liebig-Universität Gießen angenommen. Der Gesetzesstand ist der 31. Dezember 2000, während die Rechtsprechung und das Schrifttum bis zum 31. Dezember 2001 ausgewertet sind.

Zu danken habe ich zunächst meinem Doktorvater Herrn Prof. Dr. Friedrich von Zezschwitz. Er hat nicht nur das Thema der Dissertation angeregt, sondern auch auf beispielhafte Weise betreut. Ferner habe ich dem Team der Stadtbibliothek Brilon für die hervorragende Literaturbeschaffung zu danken, die nicht immer ganz einfach war. Herrn Dr. jur. Gregor Stricker danke ich für anregende Diskussionen und die mir gewährte Unterstützung. Mein Dank gilt auch Herrn Dr. Steinhäusler vom Land Salzburg, Abt. Finanzen, der nicht nur durch seine Informationsbeschaffung, sondern auch durch wertvolle Gespräche zum Gelingen des österreichischen Teils beigetragen hat.

Mein Dank gilt aber vor allem auch meinem Schwiegervater Herrn Wilhelm Schmidt den das Los der Korrekturlesung getroffen hat. Diese Aufgabe erledigte er glänzend mit unermüdlicher Geduld. Gäbe es eine Medaille für seine Leistung, bliebe ihm nur die Goldmedaille. Dank sei auch meiner Schwägerin Frau Renate Schmidt, die nicht minder tapfer korrekturgelesen hat.

Schließlich und nicht zuletzt muß ich mich bei Kiki bedanken, ohne die das ganze Projekt überhaupt nicht denkbar gewesen wäre. Sie hat besonderen Anteil am Gelingen der Arbeit, daher ist Ihr auch die Dissertation gewidmet.

Für Kiki

Inhaltsverzeichnis

Tabellenverzeichnis

Diagrammverzeichnis

Abkürzungsverzeichnis

a. F.	alter Fassung
AbfG	Abfallgesetz
Abl	Amtsblatt
AbwAG	Abwasserabgabegesetz
AFM	Airplane Flight Manual
AK	Arbeiterkammer
AltautoV	Altautoverordnung
Anh.	Anhang
AO	Abgabenordung
AöR	Archiv des öffentlichen Rechts
Art.	Artikel
BbattV	Batterieverordnung
BayLV	Verfassung des Freistaates Bayern
BayKAG	Kommunalabgabengesetz Bayern
BB	Betriebsberater
Bd.	Band
BdSt	Bund der Steuerzahler
Berlin LV	Verfassung von Berlin
BFH	Bundesfinanzhof
BGBl.	Bundesgesetzblatt der Bundesrepublik Deutschland
BGBl.	Bundesgesetzblatt der Republik Österreich
Blg	Beilagen
BMV	Bundesministerium für Verkehr
BMUJF	Bundesminister für Umwelt Jugend und Familie
BraKAG	Kommunalabgabengesetz Brandenburg
BrandenbLV	Verfassung des Landes Brandenburg
BremLV	Verfassung der Freien und Hansestadt Bremen
BStBl.	Bundessteuerblatt
BT-Drs.	Bundestagsdrucksache
BVerfG	Bundesverfassungsgericht
BVerfGE	Entscheidungen des Bundesverfassungsgerichts
BVerwGE	Entscheidungen des Bundesverwaltungsgerichts
B-VG	Bundesverfassungsgesetz
BVG	Bundesverwaltungsgericht
bzw.	beziehungsweise
cm^3	Kubikzentimeter
CO2	Kohlendioxid
d. h.	das heißt

dB	Dezibel
dgl.	Dergleichen
DIW	Deutsches Institut für Wirtschaftsforschung
DM	Deutsche Mark
DÖV	Die öffentliche Verwaltung
DStJG	Deutsche Steuerjuristische Gesellschaft
DStR	Deutsches Steuerrecht
DVBl	Deutsche Verwaltungsblätter
e. V.	Eingetragener Verein
EG	Europäische Gemeinschaft
EGV	Vertrag zur Gründung der Europäischen Gemeinschaft
ET	Energiewirtschaftliche Tagesfragen
EU	Europäische Union
EuGH	Europäische Gerichtshof
EuZW	Europäische Zeitschrift für Wirtschaftsrecht
EWG	Europäische Wirtschaftsgemeinschaft
FAG	Finanzausgleichsgesetz
FAZ	Frankfurter Allgemeine Zeitung
FinMin	Finanzministerium
F-VG	Finanzverfassungsgesetz
g	Gramm
gem.	gemäß
GG	Grundgesetz
grds.	Grundsätzlich
GP	Gesetzgebungsperiode
GV. NW	Gesetz- und Verordnungsblatt des Landes Nordrhein-Westfalen
h	Uhr
HambLV	Verfassung der Freien und Hansestadt Hamburg
HBdStR	Handbuch des Staatsrechts der Bundesrepublik Deutschland
HNA	Hessisch/Niedersächsische Allgemeine
HessLV	Verfassung des Landes Hessen
HKAG	Hessisches Gesetz über kommunale Abgaben
Hrsg.	Herausgeber
ICAO	Internationale Zivilluftfahrtbehörde
idF.	in der Fassung
ifo	Institut für Wirtschaftsforschung

IntKfzVO	Internationale Kraftfahrzeugverordnung
i. S. d.	im Sinne des
IStR	Internationales Steuerrecht
i. V. m.	in Verbindung mit
JStG	Jahressteuergesetz
JuS	Juristische Schulung
JZ	Juristen Zeitung
KAGBW	Kommunalabgabengesetz Baden-Württemberg
KAG-LSA	Kommunalabgabengesetz für das Land Sachsen-Anhalt
KAG MV	Kommunalabgabengesetz für das Land Mecklenburg-Vorpommern
KAG-NW	Kommunalabgabengesetz für das Land Nordrhein-Westfalen
KAG RP	Kommunalabgabengesetz des Landes Rheinland-Pfalz
KAG SH	Kommunalabgabengesetz des Landes Schleswig-Holstein
KDV	Kraffahrgesetz-Durchführungsverordnung
Kfz	Kraftfahrzeug
KfzStG	Kraftfahrzeugsteuergesetz
kg	Kilogramm
km	Kilometer
km/h	Kilometer pro Stunde
KraftStÄndG	Kraftfahrzeugsteueränderungsgesetz
KraftStG	Kraftfahrzeugsteuergesetz
Krnt	Kärnten
KrW-, AbfG	Kreislauf- und Abfallwirtschaftsgesetz
kWh	Kilowattstunde
LAbfG	Landesabfallgesetz
LGBl.	Landesgesetzblatt
LG	Landgericht
LGebG RP	Gebührengesetz Rheinland-Pfalz
lit.	litera
lt.	laut
LWG	Landeswassergesetz
m^3	Kubikmeter
MinöStG	Mineralölsteuergesetz
Mio.	Millionen
MTOW	Höchstabfluggewicht

MVLV	Verfassung des Landes Mecklenburg-Vorpommern
MWh	Megawatt pro Stunde
NdsLV	Niedersächsische Verfassung
NJW	Neue Juristische Wochenschrift
NKAG	Niedersächsisches Kommunalabgabengesetz
NoVAG	Normverbrauchsabgabegesetz
NÖ	Niederösterreich
NR	Nationalrat
NRW	Nordrhein-Westfalen
NSchG	Naturschutzgesetz
NuR	Natur + Recht
NVwZ	Neue Zeitschrift für Verwaltungsrecht
NW	Nordrhein-Westfalen
NWB	Neue Wirtschafts Briefe
NWLV	Verfassung des Landes Nordrhein-Westfalen
NWVBL	Nordrheinwestfälische Verwaltungsblätter
o.	oder
OECD	Organisation für wirtschaftliche Zusammenarbeit in Europa
ÖJZ	Österreichische Juristenzeitung
OÖ	Oberösterreich
ÖPNV	Öffentlicher Personennahverkehr
öS	österreichische Schilling
ÖSTAT	Österreichisches Statistisches Zentralamt
OVG	Oberverwaltungsgericht
PKW	Personenkraftwagen
RdE	Recht der Elektrizitätswirtschaft
Rdn.	Randnummer
RdU	Recht der Umwelt
RIW	Recht der Internationalen Wirtschaft
RPLV	Verfassung des Landes Rheinland-Pfalz
Rs.	Rechtssache
Rspr.	Rechtsprechung
RStBl.	Reichssteuerblatt
S.	Seite
SaarlLV	Saarländische Landesverfassung
SächsKG	Sächsisches Kommunalabgabengesetz
SächsLV	Verfassung des Freistaates Sachsen

SächsVwKG	Verwaltungskostengesetz des Freistaates Sachsen
SAnhLV	Verfassung des Landes Sachsen-Anhalt
Sbg	Salzburg
SHLV	Verfassung des Landes Schleswig-Holstein
SKAG	Kommunalabgabengesetz des Saarlandes
SKE	Steinkohleeinheiten
Slg	Sammlung
sog.	sogenannt
st.	ständige
StRO	Steuerrechtsordnung
StromStG	Stromsteuergesetz
StuW	Steuer und Wirtschaft
StVO	Straßenverkehrsordnung
StVZO	Straßenverkehrszulassungsordnung
t	Tonne
ThürLV	Verfassung des Freistaates Thüringen
Tir	Tirol
TKAG	Thüringer Kommunalabgabengesetz
u.	und
u.ä.	und ähnliche
UBA	Umweltbundesamt
UN	Vereinte Nationen
UPR	Umwelt und Planungsrecht
US	Vereinte Nationen
UStG	Umsatzsteuergesetz
v.	vom
v. H.	vom Hundert
VerpackV	Verpackungsverordnung
VersStG	Versicherungssteuergesetz
VfGH	Verfassungsgerichtshof
VfSlg	Erkenntnisse und Beschlüsse des Verfassungs-Gerichtshofs
Vlbg	Vorarlberg
WiVerw	Wirtschaft und Verwaltung
Z	Ziffer
ZAU	Zeitschrift für angewandte Umweltforschung
ZfV	Zeitschrift für Verwaltung
ZfZ	Zeitschrift für Zölle und Verbrauchsteuern
ZKF	Zeitschrift für Kommunalfinanzen

1. Kapitel Grundlagen

§ 1 Einleitung

Der Umweltschutz nimmt in Politik, Gesellschaft, Wirtschaft, Technik und Wissenschaft einen hohen Rang ein. Die Grundsätzlichkeit dieser Thematik folgt aus dem Umstand, daß die Sicherung der natürlichen Lebensgrundlagen (Boden, Pflanzen, Tiere, Wasser und Luft), die Schonung der Umwelt und der Rohstoffe unabdingbare Voraussetzung für die Ermöglichung, Erhaltung, Fortsetzung und Weiterentwicklung eines menschenwürdigen Daseins, die Entfaltung der menschlichen Persönlichkeit unter Einschluß seiner ökonomischen Entwicklung sind, sogenannter anthropozentrischer Umweltschutzansatz[1]. Dieser will die Umwelt um des Menschen willen schützen[2]. Daneben wird heute der ökozentrische Umweltschutzansatz vertreten, der den Umweltschutz als Wert an sich versteht[3] bzw. sogar „Rechte der Natur" annimmt[4]. Für die vorliegende Arbeit ist es allerdings nicht von Bedeutung, ob dem ökozentrischen oder dem anthropozentrischen Umweltschutzansatz der Vorzug gegeben wird, weil Umweltabgaben und Umweltsteuern von beiden legitimiert werden können.

Die Erkenntnis, daß das ökonomische Wachstum wegen der Knappheit der Umweltressourcen begrenzt ist, hat das ökologische Bewußtsein der Bevölkerung, der Unternehmer und der Politiker geschärft[5]. Als Schwerpunkte kristallisieren sich im Umweltschutz die Reduktion von Emissionen, Abfall, Bodenversiegelung und die Energieverteuerung durch „Öko-Steuern" heraus[6]. In ein neues Stadium ist die Debatte um den Umweltschutz, unter dem Aspekt einer ökologischen Steuerreform, mit der von Greenpeace finanzierten Studie des Deutschen Instituts für Wirtschaftsforschung und dem Memorandum des Fördervereins ökologische Steuerreform getreten[7].

Die rechtlichen Instrumentarien zum Schutz der Umwelt unterscheiden sich nicht grundlegend von allgemein verwendeten Regelungstechniken[8]. Das Umweltrecht entwickelt aber zunehmend charakteristische Besonderheiten und verwendet Instrumentarien, die in anderen Bereichen entweder keine oder nur eine untergeordnete Rolle spielen[9]. Zu diesen Instrumentarien zählen vor allem

---

[1] Müller, NWB 1998, Fach 25 S. 2149 ff. (2149).
[2] Kloepfer, § 1, Rdn. 19.
[3] Steiger in Salzwedel, Grundzüge des Umweltrechts, S. 8 f.
[4] vgl. statt vieler Stone, Umwelt vor dem Gericht. Die Eigenrechte der Natur 1992.
[5] Charta von Paris; UN-Umweltkonferenz von Rio de Janeiro 1992; vgl. Töpfer, Umwelt 1992 S. 277; Umweltbericht der Bundesregierung 1994, BT-Drs. 12/8451 S. 54 ff.
[6] Wilhelm, BB 1990, S. 751 ff. (752).
[7] Schlegelmilch / Görres, Zeitschrift für angewandte Umweltforschung 1996, S. 121 ff. (121).
[8] Kloepfer, § 5 Rdn. 1.
[9] Kloepfer, § 5 Rdn. 1.

Techniken der indirekten Verhaltensbeeinflussung[10]. Als wichtigstes Mittel indirekter Verhaltensbeeinflussung gelten die Umweltabgaben, auch wenn ihnen immer wieder mit Skepsis gegenübergetreten wird[11]. Dies liegt an einem möglichen Mechanismus der Umweltabgaben. Soll die Umwelt durch Umweltabgaben geschützt werden, so müssen die Abgaben eine Betragshöhe erreichen, damit das umweltschädigende Verhalten unterlassen wird. Tritt dieser gewünschte Lenkungseffekt ein, dann wird das Aufkommen der Umweltabgabe sinken. Es steht dann weniger Geld zur Verfügung, um beispielsweise Umweltschutzmaßnahmen zu fördern[12].

Die vorliegende Arbeit ist ein Rechtsvergleich von Umweltabgaben und Umweltsteuern in der Bundesrepublik Deutschland und der Republik Österreich. Ausgewertet wurden die jeweiligen bundesgesetzlichen Regelungen und beispielhaft die landesgesetzlichen Regelungen des Bundeslandes Nordrhein-Westfalen und des Landes Salzburg.

Zur Illustration und Verdeutlichung der jeweiligen Umweltsteuern und Umweltabgaben werden die Aufkommenshöhe und die Aufkommensentwicklung für konkrete Umweltabgaben aufgeführt. Ferner werden Angaben zu Steuergegenstand, Bemessungsgrundlage, Steuerschuldner, Steuersatz und Zweckgebundenheit der Einnahmen gemacht, um die Daten zu den Steuereinnahmen angemessen interpretieren zu können und um einen Rechtsvergleich zu ermöglichen.

Die Studie gliedert sich in drei Teile. Der erste Teil behandelt die begrifflichen Grundlagen. Er zeigt die Bedeutung und rechtliche Ausgestaltung des Umweltschutzes in der EU, in der Republik Österreich und in der Bundesrepublik Deutschland auf. Eine Betrachtung unter Berücksichtigung der europarechtlichen Bestimmungen ist notwendig, da der EU durch die Aufnahme der Artikel 174 bis Artikel 176 EGV (Artikel 130 r bis Artikel 130 t EGV a. F.) in den EG-Vertrag ausdrücklich Kompetenzen in der Umweltpolitik verliehen werden[13]. Daneben sind die Bestimmungen über die steuerlichen Vorschriften, die Artikel 90 – 93 (Artikel 95 – 99 EGV a. F.) EGV und der Artikel 87 EGV (Artikel 92 EGV a. F.), „das Verbot von Beihilfen" zu beachten.

Im zweiten Teil folgt die Analyse der rechtlichen Bestimmungen der Republik Österreich und des Landes Salzburg. Die bundesgesetzlichen Regelungen in der Bundesrepublik Deutschland und dem Bundesland Nordrhein-Westfalen schließen sich im dritten Teil an. Der vierte Teil behandelt schließlich die Rechtsvergleichung.

---

[10] Gosch, StuW 1990, S. 201 (202).

[11] Höfling, StuW 1990, S. 242, (242); Riedel, ZKF 1998, S. 81 ff. (81).

[12] Benkert / Bunde / Hansjürgens, S. 19.

[13] Grabitz, RIW, 1989, S. 623 ff. (623).

§ 2 Umweltschutz in der EU

Mit dem Inkrafttreten der Einheitlichen Europäischen Akte am 1. Juli 1987 wurde die Umweltpolitik der Europäischen Gemeinschaft auf neue vertragliche Grundlagen gestellt[14]. Eine klarstellende Einbeziehung des Umweltschutzes in die grundlegende Aufgabenbeschreibung der Gemeinschaft in Artikel 2 EWGV wurde nicht vorgenommen[15]. Dies wurde erst mit dem Vertrag von Maastricht in den Artikel 2 EGV a. F. eingefügt[16]. Eine ausdrückliche Nennung von Umweltschutz oder Umweltqualität wurde vermieden.

Lediglich in Artikel 130 r bis Artikel 130 s EGV a. F. wurden die umweltpolitischen Ziele, die die Umweltpolitik der Gemeinschaft verfolgen sollen, genannt. Erst durch den Vertrag von Amsterdam wurde dem Umweltschutz eine höhere Bedeutung beigemessen und damit der Stellenwert erhöht. So ist der Umweltschutz nunmehr als Aufgabe der Gemeinschaft in Artikel 2 EGV definiert.

„Danach ist es Aufgabe der Gemeinschaft, durch die Errichtung eines Gemeinsamen Marktes und einer Wirtschafts- und Währungsunion sowie durch die Durchführung der in den Artikeln 3 und 4 genannten gemeinsamen Politiken und Maßnahmen in der ganzen Gemeinschaft ....ein hohes Maß an Umweltschutz und Verbesserung der Umweltqualität.... zu fördern", Artikel 2 EGV.

Eine Aufwertung hat durch den Vertrag von Amsterdam die sog. Umweltrechtliche Querschnittsklausel erfahren. War sie im Vertrag von Maastricht noch im Artikel 130 r Abs. 2 S. 3 EGV a. F. geregelt, so befindet sie sich nunmehr im Abschnitt über die Grundsätze der Europäischen Gemeinschaft im Artikel 6 EGV.

Auch inhaltlich wurde sie aufgewertet. Nunmehr müssen die Erfordernisse des Umweltschutzes bei der Festlegung und Durchführung der in Artikel 3 (Tätigkeiten der Gemeinschaft) genannten Gemeinschaftspolitiken und Gemeinschaftsmaßnahmen insbesondere zur Förderung einer nachhaltigen Entwicklung einbezogen werden, Artikel 6 EGV (Artikel 130 r Abs. 2 S. 3 EGV a. F.). Bemängelt wurde bisher, daß die umweltrechtliche Querschnittsklausel in der Praxis bisher kaum Beachtung fand, zumal die juristische Bedeutung der Bestimmung unklar ist[17].

Definiert wurden die umweltpolitischen Ziele mit Artikel 174 EGV (Artikel 130 r EGV a. F.). Nach Artikel 174 Abs. 1 EGV trägt die Umweltpolitik der Europäischen Gemeinschaft zur Verfolgung der nachstehenden Ziele bei:

---

[14] Schrenk, NuR 1990, S. 391 ff. (391).
[15] Beyer, JuS 1997, S. 294 ff. (294).
[16] Beyer, JuS 1997, S. 294 ff. (294).
[17] Breier / Vygen in Lenz, Art. 6, Rdn. 3.

1. die Erhaltung und Schutz der Umwelt sowie Verbesserung ihrer Qualität;
2. der Schutz der menschlichen Gesundheit;
3. die unrichtige und rationelle Verwendung der natürlichen Ressourcen;
4. die Förderung von Maßnahmen auf internationaler Ebene zur Bewältigung regionaler und globaler Umweltprobleme.

A. Die Ziele des Artikel 174 Abs. 2 EGV

I. Erhaltung und Schutz der Umwelt sowie Verbesserung ihrer Qualität

Der Umweltbegriff ist im EGV nicht definiert und auch nach dem Vertrag von Maastricht entwicklungsoffen gehalten worden. Es scheint sich aber aufgrund verschiedenster Ansätze im Sekundärrecht, in den Umweltaktionsprogrammen und in der Literatur ein Konsens für eine Definition herauszubilden, der von einem weiten Ansatz ausgeht: „*Der Umweltbegriff umfaßt die natürliche und die vom Menschen geschaffene gegenständliche Umwelt*"[18]. Umweltschutzmaßnahmen sollen sich an den in Artikel 174 Abs. 1 EGV genannten Zielen ausrichten. Auch der Begriff der Umweltpolitik wird im EG-Vertrag nicht definiert. Es ergibt sich aber, daß der Umweltschutz ein Teilaspekt der Umweltpolitik ist[19]. Im Mittelpunkt der Europäischen Gemeinschaft steht zwar die Verwirklichung des Binnenmarktes, aber mit ihr Hand in Hand geht die Verpflichtung zum Umweltschutz[20].

Erhaltungs- und Schutzmaßnahmen zielen auf die Erhaltung des bisherigen Umweltzustandes ab. Darüber hinaus bezweckt diese Zielbestimmung i. V. m. Artikel 2 EGV eine qualitative Anhebung des gegenwärtigen Umweltstandards[21]. Der Erreichung dieser Ziele können konkrete oder allgemeine Maßnahmen dienen, so z. B. Maßnahmen zur Bekämpfung oder Beseitigung eingetretener Umweltbelastungen, Maßnahmen zur Verhinderung von Belastungen sowie allgemeine Maßnahmen planerischer Art, die den gegenwärtigen Zustand der Umwelt erhalten, schützen oder im Idealfall verbessern[22].

Jedenfalls darf seitens der EU keine Politik vertreten werden, die zur Umweltverschmutzung, Umweltgefährdung oder Umweltzerstörung führt[23].

---

[18] Breier / Vygen in Lenz, Art 174, Rdn. 4.
[19] Kind, RdU 1998/1, S. 15 ff. (21).
[20] Pernice, NVwZ 1990, S. 201 ff. (201).
[21] Frenz, Rdn. 27.
[22] Breier / Vygen, Art. 174, Rdn. 5.
[23] Bleckmann, § 28 Rdn. 1946.

II. Schutz der menschlichen Gesundheit

Der Begriff der Gesundheit umfaßt alle körperlichen und seelischen Vorgänge[24]. Maßnahmen zum Schutz, zur Erhaltung und zur Verbesserung der Qualität der Umwelt tragen zwar auch zum Schutz der Gesundheit bei, aber nicht im Sinne einer Finalität. Denn Umweltschutzmaßnahmen können auch nur in entfernter Hinsicht einen Gesundheitsbezug aufweisen[25]. Ein unmittelbarer Zusammenhang zwischen Umweltschutz und Gesundheit wird in vielen Fällen nur vermutet. Zahlreiche „Neue Zivilisationskrankheiten" wie z. B. Allergien werden auf schädliche Umwelteinflüsse zurückgeführt. Insofern sorgt ein aktiver Umweltschutz auch für die Erhaltung der menschlichen Gesundheit[26].

III. Umsichtige und rationelle Verwendung der natürlichen Ressourcen

Zu den natürlichen Ressourcen zählen sowohl die erneuerbaren (z. B. Luft und Wasser), als auch die nicht erneuerbaren Ressourcen (z. B. Erdöl). Umsichtige und rationelle Verwendung meint eine schonende Nutzung, die jede Verschwendung und kurzfristige Bedarfsdeckung vermeidet[27].

IV. Förderung von Maßnahmen auf internationaler Ebene zur Bewältigung regionaler und globaler Umweltprobleme

Unbestritten ist, daß Umweltverschmutzungen und Umweltrisiken an nationalen Grenzen nicht halt machen. So führen Treibhausgasemissionen zu einem Klimawechsel mit weitreichenden Konsequenzen wie z. B. Anstieg des Meeresspiegels, Ausbreitung von Dürreperioden oder Verschiebung von Klimazonen[28].

Angesichts dieser Tatsache soll sich die EU auch außenpolitisch für den Umweltschutz engagieren. So hat die Europäische Union bei der 3. Vertragsstaatenkonferenz der Klimarahmenkonvention in Kyoto 1998[29] eine wesentliche Führungsrolle übernommen[30]. Für die Außenbeziehungen gebietet der EGV, daß die Gemeinschaft und die Mitgliedstaaten im Rahmen ihrer jeweiligen Befugnisse mit den dritten Ländern und den zuständigen internationalen Organisationen

---

[24] Breier / Vygen, Art. 174, Rdn. 7.
[25] Breier / Vygen, Art. 174, Rdn. 7.
[26] Gethmann in Nutzinger, S. 13 ff (27).
[27] Breier / Vygen, Art. 174 Rdn. 8.
[28] Bundesministerium für Umwelt, Naturschutz und Reaktorsicherheit, Erster Bericht der Regierung der Bundesrepublik Deutschland nach dem Rahmenübereinkommen der Vereinten Nationen über Klimaänderungen 1994, S. 20; Enquete Kommission „Schutz der Erdatmosphäre" des Deutschen Bundestages (Hrsg.) Mehr Zukunft für die Erde, 1995, S. 14 ff.; Koch / Berehnd, NuR 1996, 433 (433).
[29] Rahmenkonvention abgedruckt bei Dolzer, Verkehrswesen, S. 122 ff.
[30] Breier, EuZW 1999, S. 11 ff. (12).

zusammenarbeiten[31]. Auf die rechtlichen Probleme der außenpolitischen Vertretung durch die Europäische Union wird in der vorliegenden Arbeit nicht eingegangen. Allerdings ist nach den bisherigen Erfahrungen aufgrund der Ergebnisse und der Umsetzung von „Guten Absichten", die auf Umweltgipfeln geäußert wurden, Skepsis angebracht. Zu verschieden sind die politischen und ökonomischen Interessen der Länder dieser Erde. Deutlich wird dies am Beispiel des Kyoto-Protokolls der 6. Tagung der Vereinten Nationen in New York. Dieses Protokoll wurde von der Europäischen Gemeinschaft und den Mitgliedstaaten unterzeichnet, aber über die Ratifikation wurde noch keine Entscheidung getroffen[32].

So ist es kaum verwunderlich, daß meistens ein Kompromiß auf dem kleinsten gemeinsamen Nenner gefunden wird. Insofern handelt es sich bei dem 4. Ziel des Artikel 174 EGV (Artikel 130 r Abs. 1 EGV a. F.) wohl um ein eher stumpfes Schwert.

Die EU hat ihre Ziele nach Artikel 174 Abs. 1 EGV (Artikel 130 r Abs. 1 EGV a. F.) in Einklang zu bringen mit den Grundsätzen, die in Artikel 174 Abs. 2 EGV (Artikel 130 r Abs. 2 EGV a. F.) aufgestellt sind. Nach Artikel 174 Abs. 2 EGV (Artikel 130 r Abs. 2 EGV a. F.) zielt die Umweltpolitik der Gemeinschaft unter Berücksichtigung der unterschiedlichen Gegebenheiten in den einzelnen Regionen der Gemeinschaft auf ein hohes Schutzniveau ab. Sie beruht auf den Grundsätzen der Vorsorge und Vorbeugung, Umweltbeeinträchtigungen mit Vorrang an ihrem Ursprung zu bekämpfen sowie auf dem Verursacherprinzip. Die Handlungsgrundsätze des Artikel 174 Abs. 2 EGV sind als rechtlicher Orientierungsrahmen für die Ausgestaltung gemeinschaftlicher Umweltpolitik zu beachten[33].

V. Das Prinzip des hohen Schutzniveaus

Das hohe Schutzniveau konkretisiert die Aufgabe der Gemeinschaft nach Artikel 2 EGV durch die Erreichung eines Gemeinsamen Marktes und einer Wirtschafts- und Währungsunion ein umweltverträgliches Wachstum zu erreichen[34]. Ebenso muß das hohe Schutzniveau nach Artikel 95 Abs. 3 EGV (Artikel 100 a Abs. 3 EGV a. F.) bei der Angleichung von Rechtsvorschriften berücksichtigt werden[35]. Da die unterschiedlichen Gegebenheiten Berücksichtigung finden können, ist es durchaus möglich, daß die gemeinschaftliche Umweltpolitik von Region zu Region unterschiedliche Standards beinhalten kann[36].

---

[31] Zuleeg, NJW 1993, S. 31 ff. (38).
[32] Breier, RdU 1998, S. 168 ff. (173).
[33] Breier / Vygen, Art 174, Rdn.10
[34] Klöpfer, § 9, Rdn. 27.
[35] Klöpfer, § 9, Rdn. 27.
[36] Epiney, S. 98.

Die Höhe des Standards wird sich nicht nur am ökologisch Gewollten orientieren, sondern auch das ökonomisch Realisierbare berücksichtigen müssen. Denn nicht alles was ökologisch machbar ist, ist auch ökonomisch finanzierbar.

VI. Vorsorge- und Vorbeugeprinzip

Die Vermeidung von Umweltschäden ist durch die Aufnahme des Vorsorgeprinzips als ein allgemeiner Handlungsgrundsatz im EGV anzusehen[37]. Das Vorsorgeprinzip setzt kein umweltpolitisches Handeln zur Abwendung eines eintretenden Umweltschadens voraus, sondern eine vorausschauende Umweltpolitik, die keine Schädigung der Umwelt zuläßt. Es werden nicht nur die aktuellen Symptome und Schäden kuriert, sondern präventiv gegen zukünftige Umweltbeeinträchtigungen vorgegangen[38]. Das Vorsorgeprinzip setzt damit unterhalb der Gefahrenschwelle an. Es macht umweltpolitisches Handeln nicht erst zur Abwendung eines drohenden Schadens oder einer konkreten Gefahr erforderlich, sondern eine hieran orientierte Umweltpolitik muß bereits auf Risikovermeidung abzielen. Danach genügen zur Begründung eines umweltpolitischen Einschreitens tatsächliche Anhaltspunkte für eine mögliche Umweltbeeinträchtigung[39]. Es ist also keine konkrete Umweltschädigung nötig, um umweltpolitisch zu handeln.

Anders als das Vorsorgeprinzip setzt das Vorbeugeprinzip erst zu einem späteren Zeitpunkt an. Es rechtfertigt Maßnahmen erst dann, wenn bereits die Gefahr umweltschädigender Beeinträchtigungen vorliegt[40]. Letztendlich wird sich eine klare Trennung zwischen dem Vorsoge- und Vorbeugeprinzip kaum vornehmen lassen. Die Grenze zwischen beiden ist fließend. Das Vorsorge- und Vorbeugeprinzip wird als einheitliches und vorrangiges Handlungsprinzip zur Verhütung von Umweltschäden angesehen werden müssen[41]. Dies können z. B. präventiv wirkende Haftungs- bzw. Sanktionsregeln[42], Emissionsnormen nach dem jeweiligen Stand der Technik unabhängig von der Aufnahmekapazität des jeweiligen Umweltmediums sowie die Umweltverträglichkeitsprüfung sein.

VII. Ursprungsprinzip

Das Ursprungsprinzip besagt, daß alle erfolgten Umweltbeeinträchtigungen an ihrer Quelle zu bekämpfen sind. Unter Berufung auf das Ursprungslandprinzip hat der *EuGH* eine Regelung der wallonischen Regionalverwaltung, die es ver-

---

[37] Kloke, S. 139.
[38] Wasmeier, S. 78.
[39] Breier / Vygen, Art. 174, Rdn. 13.
[40] Wasmeier, S. 79.
[41] Breier / Vygen, Art. 174, Rdn. 13.
[42] Zur Zulässigkeit v. Sanktionen im Bereich der Landwirtschaftspolitik, EuGH, C-240/90, Deutschland / Kommission, Slg. 1992, I-5383.

bietet, Abfälle aus anderen Mitgliedstaaten oder aus einer anderen Region als der Region Wallonien in Wallonien zwischenzulagern, abzulagern oder abzuleiten, als mit dem Gemeinschaftsrecht vereinbar angesehen[43]. Es sei Sache jeder Region, die geeigneten Maßnahmen zu treffen, um die Aufnahme, Behandlung oder Beseitigung ihrer eigenen Abfälle sicherzustellen. Diese seien daher möglichst nahe dem Ort ihrer Erzeugung zu beseitigen, um ihre Verbringung so weit wie möglich einzuschränken. Ebenso hat der *EuGH* den deutschen Grundsatz der Inlandsentsorgung als mit Artikel 130 r Abs. 2 EGV a. F. im Einklang stehend beurteilt, da Umweltbeeinträchtigungen mit Vorrang an ihrem Ursprung zu bekämpfen sind[44].

VIII. Verursacherprinzip

Verursacher der Umweltbeeinträchtigung ist derjenige, der die Umwelt direkt oder indirekt belastet oder eine Bedingung für eine Umweltbelastung setzt[45]. Hieraus folgt, daß das Verursacherprinzip als Kostentragungsprinzip zu verstehen ist[46]. Die Kosten zur Vermeidung, Beseitigung und zum Ausgleich von Umweltbelastungen treffen denjenigen, der für die Umweltbelastung verantwortlich ist[47]. Zur Konkretisierung hat der Rat eine Empfehlung über die Kostenzurechnung und die Intervention der öffentlichen Hand bei Umweltschutzmaßnahmen erlassen[48].

Insgesamt wird die kompetenzrechtliche Neuordnung im EGV überwiegend als sichere Basis angesehen, daß die Umweltpolitik aus der Unterordnung unter die wirtschaftliche Zielsetzung heraustreten kann und möglicherweise sogar eine Vorrangstellung in der Politik der EU einnimmt[49]. Keinesfalls entbindet Art 174 EGV (Art 130 r EGV a. F.) die einzelnen Mitgliedstaaten der EU von der nationalen Umweltpolitik.

§ 3 Verfassungsrechtliche Grundlagen des Umweltschutzes der Republik Österreich

In der modernen Welt führen ökologische Prozesse oft zu Umweltproblemen, die der Mensch selbst in Gang setzt[50]. Der Begriff des Umweltschutzes kennzeichnet ein gesellschaftliches Anliegen und umfaßt alle Maßnahmen, die der Aufrechterhaltung oder Besserung der durch die sozialen und technischen Pro-

---

[43] EuGH, C-2/90, Kommission/Belgien, Slg. 1992, I-4331.
[44] EuGH, C-422/92, Kommission/Deutschland, Slg. 1995, I-1097, Rdn. 34.
[45] ABl. EG 1975, L 194/1.
[46] Breier / Vygen in Lenz, Art. 174, Rdn. 15.
[47] Krämer in Groeben-Thiesing-Ehlermann, Art. 130 r Rdn. 37.
[48] Empfehlung 75/436EWG des Rates v. 3.3.1975, Abl. EG 1975, L 194/1.
[49] Schrenk, NuR 1990, S. 391 ff. (391).
[50] Schwarzer, UPR 1985, S. 305 ff. (305).

zesse der Gegenwart bedrohten Lebensbedingungen dienen[51]. In den Kompetenztatbeständen des B-VG 1920 findet der Umweltschutz keine Erwähnung[52]. Dies erklärt sich dadurch, daß zum Zeitpunkt des Zustandekommens des B-VG der Umweltschutz kein aktuelles Problem darstellte[53].

Das österreichische Verfassungsrecht[54] kennt auch keine ausdrückliche Verankerung der Umwelt als Schutzgut grundrechtlicher Gewährleistungen[55].

Durch das BVG vom 27.11.1984[56], welches als Sonderverfassungsgesetz im Range der Bundesverfassung steht[57], wurde das Bekenntnis zum umfassenden Umweltschutz als Staatsziel im österreichischen Verfassungsrecht verankert[58]. Umschrieben wird dieses Staatsziel als „Bewahrung der natürlichen Umwelt als Lebensgrundlage des Menschen vor schädlichen Einwirkungen"[59]. Die Ausgestaltung des Umweltgrundrechts als Staatszielbestimmung ist gewählt worden, weil es keinen verfassungsrechtlich gewährleisteten subjektiven Anspruch gewähren soll[60]. Allerdings hat der *VfGH* dem BVG-Umweltschutz, Rechtswirkungen sowohl als Maßstab für die Verfassungsmäßigkeit von Gesetzen als auch als Auslegungskriterium zuerkannt[61]. Drei Novellen zum B-VG haben weitere umweltbezogene Kompetenzbegriffe in das B-VG aufgenommen[62]: Die erste brachte den sogenannten Immissionsgrenzwertetatbestand im Jahre 1983[63]. Die zweite aus 1988[64] regelt Luftreinhaltungs- und Abfallkompetenzen. Dabei handelt es sich um zwei Bedarfskompetenzen des Bundes. Zum einen wurde in Artikel 10 Abs. 1 Ziffer 12 B-VG dem Bund die Kompetenz zur Gesetzgebung und Vollziehung hinsichtlich nicht gefährlicher Abfälle verliehen, „soweit ein Bedürfnis nach Erlassung einheitlicher Vorschriften vorhanden ist". Zum anderen erhielt der Bund nach Artikel 11 Abs. 5 B-VG die Kompetenz zur Festlegung

---

[51] Wimmer, ÖJZ 1971, S. 645 ff. (645).

[52] Schambeck, ÖJZ 1972, S. 617 (617).

[53] Schambeck, ÖJZ 1972, S. 617 (617).

[54] Einschließlich der Verfassungsnormen internationalen Ursprungs, also insbesondere der MRK; vgl. demgegenüber aber Art. 11 der Europäischen Sozialcharta und Art 12 des Internationalen Paktes über wirtschaftliche, soziale und kulturelle Rechte.

[55] Die Verankerung eines individuellen Umwelt-Grundrechts steht allerdings in rechtspolitischer Diskussion, in der freilich sowohl die grundsätzliche Sinnhaftigkeit als auch die konkrete Ausgestaltung eines entsprechenden Grundrechts heftig umstritten sind; vgl. Bericht zum BVG-Umweltschutz, 469 BlgNR, 16. GP.

[56] BGBl. 1984/491; im folgenden BVG-Umweltschutz.

[57] Kloepfer, § 9, Rdn. 146.

[58] Graz, ÖJZ 1986, S. 289 ff (289); Funk, Rdn. 94; Pernthaler / Weber / Wimmer, S. 2.

[59] Stolzlechner, UPR 1987, S. 161 ff. (163).

[60] Bericht des Verfassungsausschusses, 469 BlgNR, 16. GP; Öhlinger, S. 59; Gutknecht / Holoubek / Schwarzer, ZfV 1990, S. 553 (555).

[61] Statt vieler VfSlg 10791/1986.

[62] Walter / Mayer, Rdn. 262/1.

[63] BGBl. 1983/175.

[64] BGBl. 1988/685.

einheitlicher Emissionsgrenzwerte für Luftschadstoffe, „soweit ein Bedürfnis nach Erlassung einheitlicher Vorschriften vorhanden ist". Die Düngemittel- und Pflanzenschutzmittelkompetenz erhielt der Bund 1990[65].

Neben der Bestimmung des Umweltschutzes als Staatsziel auf Bundesebene ist eine ähnliche Verfassungsnorm in der Mehrzahl der Bundesländer zu finden[66]. In Artikel 9 Satz 3 Salzburger L-VG[67] ist der Schutz der Umwelt als Aufgabe und Zielsetzung staatlichen Handels verankert. Es heißt dort:

„Aufgaben und Zielsetzungen des staatlichen Handelns des Landes sind insbesondere die Bewahrung der natürlichen Umwelt und der Landschaft in ihrer Vielfalt und als Lebensgrundlage für den Menschen sowie der Tier- und Pflanzenwelt vor nachteiligen Veränderungen und die Erhaltung besonders schützenswerter Natur in ihrer Natürlichkeit".

Bereits im Jahre 1987 wurde in Salzburg die Landesumweltanwaltschaft zur Interessenvertretung der Belange von Natur und Umwelt geschaffen[68]. Durch das „Landesumweltanwaltschafts-Gesetz – LUA-G[69] wurde im wesentlichen die bisher auf formloser Basis wahrgenommenen Beratungs- und Begutachtungstätigkeiten als gesetzliche Aufgaben fixiert. Ebenso wurde die Unterstützungspflicht durch die Behörden und der Zugang zu Daten nach §§ 7 und 9 LUA-G kodifiziert[70]. Der Landesumweltanwaltschaft obliegt es nach § 7 LUA-G die Wahrung der Belange des Natur- und Umweltschutzes durch die Teilnahme an Verwaltungsverfahren, die Unterstützung und Beratung des Landes und der Gemeinden bei allen Maßnahmen, die für den Umweltschutz bedeutsam sind, zu wahren. Diese Einrichtung setzt die Vorgabe des § 9 Abs. 2 LUA-G um, wonach die Verwaltungsbehörden des Landes Salzburg in allen Verwaltungsverfahren, die aufgrund von Landesgesetzen geführt werden, „den Belangen des Natur- und Umweltschutzes nach Maßgabe der gesetzlichen Bestimmungen besonderes Augenmerk zu widmen" haben. Die Belange des Natur- und Umweltschutzes definiert § 1 LUA-G. Diese Belange sind:

---

[65] BGBl. 1990/445.

[66] Krnt Umwelt-VG LGBl. 1986/42; Art 4 NÖ Länderverfassung 1979, LGBl. 0001-3; Art 7a OÖ Landesverfassung 1971, LGBl. i. d. F. zuletzt LGBl. 1985/57; Art 7 Abs. 2 Satz 2 TirLandesO 1989, LGBl. 1988/61 i. d. F. LGBl. 1989/50 und Art. 7 Abs. 3 Vlbg Landesverfassung LGBl. 1984/30.

[67] Landes-Verfassungsgesetz 1999, LGBl. 25/1999.

[68] Sbg LandesumweltanwaltschaftsG 1987, LGBl. 25.

[69] Gesetz vom 23. April 1998 über die Salzburger Landesumweltanwaltschaft, LGBl. 1998/125 in der Fassung LGBl. 1998/125; LGBl. 2001/46, welches das Landesumweltanwaltschaftsgesetz von 1987 abgelöst hat.

[70] Vgl. Erläuterungen zum Landesumweltanwaltschaftgesetz, LT-Regierungsvorlage Nr. 378, 5. Session der 11. Gesetzgebungsperiode, S. 11,http://www.land-sbg.gv.at/lpi/11/LT2DRRegierungsvorlage/5/12515.html.

1. die Bewahrung der natürlichen Umwelt als Lebensgrundlage des Menschen, § 1 Ziffer 1 LUA-G;
2. die Vermeidung und Verminderung von schädlichen Einwirkungen auf die Umwelt, durch die Beeinträchtigung der Luft, des Bodens, des Wassers oder durch Lärm, § 1 Ziffer 2 LUA-G;
3. die Vermeidung und Verbesserung von Beeinträchtigungen des Landschaftsbildes oder des Naturhaushaltes, § 1 Ziffer 3 LUA-G.

Bei der Tätigkeit der Landesumweltanwaltschaft sind die Behörden nach § 9 Abs. 1 LUA-G zur jedweden Unterstützung verpflichtet. Die Landesumweltanwaltschaft hat ein umfassendes Recht zur Datenanforderung. Lediglich personenbezogene Daten sind von diesem Recht nicht umfaßt, § 9 Abs. 1 Satz 2 LUA-G.

§ 4 Verfassungsrechtliche Grundlagen des Umweltschutzes der Bundesrepublik Deutschland

In der Bundesrepublik Deutschland wird Umweltpolitik seit etwa zwanzig Jahren als eigenständige Politik betrieben[71]. Bereits das Umweltprogramm der Bundesregierung von 1971 ging davon aus, daß durch die hochindustrialisierte Gesellschaft der Mensch die Eingriffe in die Natur zu verantworten hat und daraus eine weltweite Gefahr für die Natur entstanden ist[72].

Dennoch wurde der Umweltschutz verfassungsrechtlich erst mit dem Gesetz vom 27.10.1994 als Staatsziel positiv-rechtlich in dem neu geschaffenen Artikel 20a GG normiert[73]. Es handelt sich hierbei nicht um ein Grundrecht. Dies ergibt sich aus dem Wortlaut und der verfassungssystematischen Stellung der Umweltschutzklausel, da diese nicht in den ersten Abschnitt des GG eingereiht worden ist[74]. Die Ausgestaltung als Staatsziel führt dazu, daß der Einzelne keine einklagbaren Rechtsansprüche aus diesem Staatsziel ableiten kann. Es ist also kein subjektiv-rechtliches Schutzziel[75]. Der Staat wird aber durch Artikel 20a GG zum Schutz der natürlichen Lebensgrundlagen objektiv-rechtlich verpflichtet[76]. Insbesondere bei der Grundrechtsauslegung bleibt Artikel 20a GG nicht ohne Einfluß[77].

---

[71] Hansjürgens, S. 15.
[72] BT-Drs. 6/2710.
[73] BGBl. 1994 I S. 3146.
[74] Scholz in Maunz-Dürig, Art. 20 a, S. 20.
[75] Jahn, DVBl. 1994, S. 177 (184 f).
[76] Scholz in Maunz-Dürig, Art. 20, S. 23.
[77] Kloepfer, § 3, Rdn. 24.

Zusätzlich zum Grundgesetz ist das Staatsziel Umweltschutz heute in sämtlichen Landesverfassungen als Schutz der natürlichen Lebensgrundlagen enthalten[78]. So heißt es im Artikel 29a der Verfassung des Landes Nordrhein-Westfalen[79]:

„Die natürlichen Lebensgrundlagen stehen unter dem Schutz des Landes, der Gemeinden und Gemeindeverbände. Die notwendigen Bindungen und Pflichten bestimmen sich unter Ausgleich der betroffenen öffentlichen und privaten Belange".

Da diese Staatszielbestimmungen auch die kommunale Ebene einbeziehen, kann von einem durchgängigen Umweltschutzprinzip gesprochen werden[80].

§ 5 Gesetzgebungskompetenzen[81] in der Republik Österreich

A. Zuständigkeiten

Die Verteilung der Zuständigkeiten zwischen dem Bund und den Ländern wird durch die Artikel 10, 11, 12 und 15 B-VG geregelt. Davon enthalten die Artikel 10, 11 und 12 B-VG eine enumerative Aufzählung der Gesetzgebungskompetenzen für die der Bund zuständig ist. Alle Angelegenheiten die dort nicht aufgezählt sind, fallen unter die Generalklausel zugunsten der Länder, Artikel 15 B-VG.

Artikel 10 B-VG umfaßt die Angelegenheiten, für die der Bund die Gesetzgebungs- und Vollziehungskompetenz besitzt. Dagegen liegt bei den in Artikel 11 B-VG enthaltenen Aufgaben die Gesetzgebungskompetenz beim Bund und die Verwaltungskompetenz bei den Ländern. Schließlich regelt Artikel 12 B-VG die Angelegenheiten in denen die Zuständigkeit zur Grundsatzgesetzgebung beim Bund liegt. Den Ländern obliegt bei diesen Aufgaben die Ausführungsgesetzgebungs- und Vollziehungskompetenz. Letztlich weist Artikel 15 B-VG den Ländern die Gesetzgebungs- und Verwaltungskompetenz für die Angelegenheiten zu, die nicht in den Artikeln 10 bis 12 B-VG geregelt sind.

Für den Bereich des Umweltrechtes ergibt sich zunächst, daß § 1 Abs. 2 BVG-Umweltschutz lediglich eine Aufgabennorm ist. Sie enthält keinerlei Regelung

---

[78] Art. 86 BWLV; Art. 3 Abs. 2 und Art 141 BayLV; Art. 21a, 31Berlin LV; Art. 39, 40 BrandenbLV; Art. 11a und 12 BremLV; Präambel HambLV; Art 26a HessLV; Art 12 MVLV; Art. 1 Abs. 2 NdsLV; Art 29a Abs. 1 NWLV; Art. 40 Abs. 3 RPLV; Art. 59a SaarlLV; Art. 35 SAnhLV; Art. 10 SächsLV; Art. 7 SHLV; Art. 31 ThürLV.

[79] Verfassung des Landes Nordrhein-Westfalen vom 18. Juni 1950, GV. NW. S. 127, zuletzt geändert am 24. November 1992, GV. NW. S. 448.

[80] Art. 86 BWLV; Art. 141 BayLV; Art 29 a Abs. 1 NWLV.

[81] Die Untersuchung wie die Gesetzgebungskompetenzen der Republik Österreich bzw. der Bundesrepublik Deutschland und der EU zusammenwirken kann nicht weiter verfolgt werden.

über die Verteilung von Zuständigkeiten auf dem Gebiete des Umweltschutzes[82].

Das österreichische Verfassungsrecht stellt auf dem Gebiete des Umweltschutzes keine einheitliche und umfassende Zuständigkeit zur Gesetzgebung und Gesetzesvollziehung zur Verfügung. Die Zuständigkeiten ergeben sich vielmehr aus den Artikel 10 Abs. 1, 11 Abs. 1 und 12 Abs. 1 B-VG. Im Bereich des Umweltschutzes kann der Bund sich hier vor allem auf Artikel 10 Abs. 1 Ziffer 12 B-VG stützen, wonach er weit reichende Kompetenzen auf den Gebieten der Luftreinhaltung und Abfallwirtschaft besitzt. Im Bereich der Abfallwirtschaft konzentriert sich die Bundeskompetenz aber nur auf den Bereich der gefährlichen Abfälle.

Artikel 11 Abs. 1 Ziffer 5 B-VG gibt dem Bund die Gesetzgebungskompetenz zum Erlaß einheitlicher Emmissionsgrenzwerte für Luftschadstoffe, falls ein Bedürfnis für eine einheitliche Regelung besteht. Der Bund ist auch ermächtigt, nach Artikel 11 Abs. 1 Ziffer 7 B-VG bei Vorhaben, bei denen mit erheblichen Auswirkungen auf die Umwelt zu rechnen ist, eine Umweltverträglichkeitsprüfung vorzuschreiben.

Daneben gibt es weitere Kompetenzen für den Bund nach Artikel 10 Abs. 1 Ziffer 8 bis 9 B-VG. Danach weisen die Sachgebiete Gewerbe und Industrie nach Artikel 10 Abs. 1 Ziffer 8 B-VG, das Verkehrswesen nach Artikel 10 Abs. 1 Ziffer 9 B-VG und das Berg-, Forstwesen und Wasserrecht nach Artikel 10 Abs. 10 B-VG Bundeskompetenzen auf, in denen Umweltschutzregelungen erlassen werden können.

Die Länder haben dagegen die Gesetzgebungs- und Vollziehungskompetenz im Bereich des Jagd- und Fischereirechts und dem Natur- und Landschaftsschutzrecht nach Artikel 15 Abs. 1 B-VG[83].

B. Gesetzesvollzug

Den Ländern obliegt nach dem österreichischen B-VG die überwiegende Vollziehungskompetenz. Nach Artikel 11 B-VG, Artikel 12 B-VG sowie Artikel 15 B-VG sind sie für die Vollziehung der Gesetze zuständig. Lediglich für die Aufgaben des Artikel 10 B-VG besitzen sie keine Vollziehungskompetenz.

Nach § 15 Abs. 8 B-VG hat der Bund bei den Angelegenheiten bei denen die Vollziehung bei den Ländern liegt ein Aufsichtsrecht, sog. Bundesaufsicht. Dieses Aufsichtsrecht wird aber durch das B-VG nicht näher konkretisiert. Die Mittel zur Durchführung der Aufsicht müssen in den jeweiligen Bundesgesetzen

[82] Funk, Rdn. 158.
[83] Funk, Rdn. 162.

geregelt werden[84]. Lediglich ein Aufsichtsmittel ist in Artikel 131 Abs. 1 Ziffer 2 B-VG geregelt, die sog. Amtsbeschwerde. Danach kann der zuständige Bundesminister gegen einen rechtswidrigen Bescheid einer Verwaltungsbehörde Beschwerde erheben. Gegenstand des verwaltungsgerichtlichen Verfahrens ist dann der objektiv rechtswidrige angefochtene Bescheid[85].

Daneben hat der Bund in den Fällen in denen eine Umweltverträglichkeitsprüfung nach Artikel 11 Abs. 1 Ziffer 7 B-VG vorgeschrieben ist, ein Informationsrecht, nach Artikel 11 Abs. 9 B-VG.

C. Finanzierungslast

Das B-VG schweigt zur Kompetenzverteilung in den finanziellen Beziehungen. Diese sind in einem eigenen Bundesverfassungsgesetz, dem Finanz-Verfassungsgesetz, F-VG aus 1948 geregelt. Allerdings nimmt auch das F-VG keine inhaltliche Verteilung der Besteuerungsrechte vor. Es beschränkt sich vielmehr auf die Typisierung der Abgabenformen und der damit verbundenen Regelungszuständigkeiten nach § 6 F-VG.

Die konkrete Zuordnung von Abgaben zu diesem System ist Sache der einfachen Gesetzgebung des Bundes. Nach dieser richtet sich auch die Kompetenz zur materiellen Regelung der betreffenden Abgaben. Im Ergebnis bedeutet dies, daß der Bund im Wege der einfachen Gesetzgebung über die Verteilung der Zuständigkeiten zur Abgabenerhebung frei disponieren kann. Diese einfachgesetzliche Kompetenz-Kompetenz ist die Besonderheit des F-VG[86].

Das F-VG regelt die üblicherweise drei unterschiedenen Kompetenzen. Die Abgabenerhebungskompetenz, die Ertragshoheit und die Kostenregelungskompetenz[87].

Die Ertragshoheit ist in § 6 F-VG geregelt. Danach gibt es Hauptformen, das sind solche Abgaben die entweder ausschließlich dem Bund, ausschließlich den Ländern oder ausschließlich den Gemeinden zufließen. Ferner gibt es noch Nebenformen, die geteilten Abgaben. Bei diesen wird der Ertrag zwischen Bund, Ländern und Gemeinden geteilt.

Die Abgabenerhebungskompetenz ist in § 3 Abs. 1 F-VG derart geregelt, daß dem Bundesgesetzgeber eine Kompetenz-Kompetenz zukommt, die Besteuerungsrechte zwischen Bund und Ländern zu verteilen. Der Bundesgesetzgeber

[84] Mayer, Art. 15 B-VG, VIII.
[85] Mayer, Art. 131 B-VG, III.
[86] Mayer, § 1 F-VG, II.
[87] Walter / Mayer, Rdn. 275.

weist die bestimmte Abgabe einer der in § 6 F-VG vorgesehen Abgabentypen zu. Er erklärt eine Abgabe als ausschließliche oder als geteilte Abgabe.

Die Verteilung der Abgabenkompetenzen sind im Finanzausgleichsgesetz geregelt. Das Finanzausgleichsgesetz ist eine einfachgesetzliche Regelung des Bundes. Dieses hat zumeist eine befristete Gültigkeit von vier bis fünf Jahren. Dann finden Verhandlungen zwischen Bund, Länder und Gemeinden statt, die in einem neuen Finanzausgleichsgesetz münden[88].
Mit der Zuweisung der Aufgabe zu einem Aufgabentyp wird gleichzeitig die Gesetzgebungs- und Vollziehungskompetenz für diese Abgabe bestimmt. Das F-VG regelt nämlich diese Kompetenzen nach den einzelnen Abgabentypen. Nach § 7 Abs. 1 F-VG hat der Bund die Gesetzgebungskompetenz für Bundesabgaben und der Landesgesetzgeber für Landesabgaben nach § 8 Abs. 1 F-VG[89].

Schließlich ist in § 2 F-VG noch die Kostenregelungskompetenz normiert. Danach tragen der Bund, Länder und Gemeinden den Aufwand, der sich aus der Erfüllung ihrer Aufgaben ergibt, sog. Konnexitätsgrundsatz. Die Bestimmung, welche Gebietskörperschaft den mit der Erfüllung der Aufgabe verbundenen Aufwand zu tragen hat, nimmt der für die Regelung der Sachmaterie zuständige Gesetzgeber vor[90].

§ 6 Gesetzgebungskompetenzen in der Bundesrepublik Deutschland

A. Zuständigkeiten

Die bundesstaatliche Kompetenzordnung ist Grundlage für die staatlichen Umweltschutzaktivitäten in der Bundesrepublik Deutschland.

So wie beim gesamten bundesstaatlichen Kompetenzgefüge liegt auch im Bereich des Umweltschutzes die Gesetzgebungskompetenz schwerpunktmäßig beim Bund, während den Ländern die Verwaltungszuständigkeit obliegt[91].

Bei der Schaffung von Umweltrecht kann sich der Bund nicht auf eine umfassende Zuständigkeitsregelung berufen. Er ist vielmehr auf die Einzelzuständigkeiten im Rahmen der konkurrierenden Gesetzgebung nach Artikel 74 Abs. 1 GG[92] angewiesen. Bei der Rahmengesetzgebung ist Artikel 75 Abs. 1 Nr. 3 und 4 GG zu nennen. Hier bleibt die Gesetzgebungskompetenz der Länder durch die

[88] Funk, Rdn. 183.
[89] Walter / Mayer, Rdn. 278 - 281.
[90] Walter / Mayer, Rdn. 284.
[91] Kloepfer, § 3, Rdn. 83.
[92] Pestalozza, WiVerw 1984, S. 245 ff.; im einzelnen sind dies: Artikel 74 Abs. 1 Nr. 1, 11, 11a, 12, 17 bis 24 und 26 GG.

Rahmengesetzgebung des Bundes in modifizierter Form bestehen, weil der Bundesgesetzgeber nicht alle Einzelheiten regeln darf[93].

Bei der ausschließlichen Gesetzgebungskompetenz bleibt dem Bund die Regelung nach Artikel 73 Nr. 11 GG, die Statistik für Bundeszwecke. Hierzu hat er Bund das Gesetz über Umweltstatistiken erlassen[94].

Den Ländern verbleibt als alleinige Gesetzgebungskompetenz in besonderen das Landesplanungsrecht, das Fischereirecht, das Wasserrecht und das Ordnungsrecht.
Innerhalb der Rahmengesetzgebung des Bundes noch das Naturschutz und Jagdrecht. Außerdem obliegt ihnen die Regelungskompetenz in den Bereichen der konkurrierenden Gesetzgebung, die der Bundesgesetzgeber noch nicht ausgefüllt hat. Dies gilt vor allem für den Bereich der Altlastensanierung den die Länder ausgefüllt haben[95].

Eine Mitwirkungsmöglichkeit der Länder ist Artikel 84 Abs. 1 GG. Dieser besagt, daß Bundesgesetze, die die Einrichtung der Behörden und das Verwaltungsverfahren regeln, der Zustimmung des Bundesrates bedürfen.

B. Gesetzesvollzug

Nach Artikel 83 GG ist der Regelfall, daß die Länder die Bundesgesetze als eigene Angelegenheit ausführen. Bei dieser Art des Gesetzesvollzugs hat der Bund aber keine allgemeine Aufsicht über die Länder, sondern lediglich das Recht der Rechtsaufsicht nach Artikel 84 Abs. 3 GG. Diese Rechtsaufsicht beinhaltet aber nur die Kontrolle, ob bei dem Gesetzesvollzug Mängel vorliegen. Der Bund hat grundsätzlich kein Weisungsrecht, damit er nicht in die mittleren und unteren Landesbehörden eingreifen kann[96].

Nur bei der Ausführung von Bundesgesetzen durch die Länder im Auftrag des Bundes, der sog. Bundesauftragsverwaltung, steht dem Bund ein umfassendes Weisungsrecht nach Artikel 85 Abs. 3 GG zu. Dieses umfaßt neben der Rechtsaufsicht auch die Zweckmäßigkeit der Gesetzesausführung[97], die sog. Fachaufsicht[98].

Der Schwerpunkt der Länder liegt im Bereich der Umweltverwaltung. Sie setzen sowohl eigene Gesetzes als auch die Bundesgesetze als eigene Angelegenheit

---

[93] BVerfGE 4, 115 (129 f.); 25, 142 (152); 43, 291 (342).
[94] Kloepfer, § 3, Rdn. 84.
[95] Kloepfer, § 3, Rdn. 88.
[96] Von Münch, Rdn. 872.
[97] Lerche in Maunz / Dürig, Art. 85, Rdn. 54.
[98] Stein, § 13 Abs. 3, S. 116.

gemäß Artikel 84 GG unter Bundesaufsicht um. Es gibt aber auch die Auftragsverwaltung, vor allem im Bereich des Kernenergie-, Luftverkehrs- und Bundeswasserstraßenrecht nach den Artikeln 87c, 87d und 89 Abs. 2 Satz 3 GG[99]. Das Weisungsrecht ist im Umweltrecht vor allem in Sachen Kernenergie und Entsorgung von Atommüll von Bedeutung[100].

C. Finanzierungslast

Aufgrund des finanzverfassungsrechtlichen Grundsatzes der Konnexität von Aufgaben- und Ausgabenverantwortung nach Artikel 104a Abs. 1 GG tragen die Länder wegen des Vollzugs von Umweltrecht auch die Finanzierungslast des Umweltrechts. Die betrifft nicht nur den Vollzug von Landesgesetzen. Der Bund trägt nur bei Auftragsverwaltung oder bei Aufgaben die in den Bereich der bundeseigenen Verwaltung fallen die Kosten, nach Artikel 104a Abs. 1 und 2 GG. Dies Kostentragung betrifft aber nur den Bereich der Zweckausgaben, die Verwaltungsausgaben haben wiederum die Länder zu tragen, nach Artikel 104a Abs. 5 GG.

Diese finanzverfassungsrechtlichen Grundsätze führen dazu, daß es Bund und Ländern verboten ist, jeweils Finanzierungsaufgaben der anderen Seite zu übernehmen, sog. Prinzip der gesonderten Ausgabentragung. Ausdrücklich wird im Grundgesetz die Form der Mischfinanzierung im Bereich des Umweltrechtes nicht vorgesehen[101].

§ 7 Umweltschutzinstrumente

Niemand bestreitet heute die Notwendigkeit des sorgsamen Umgangs mit der Umwelt. Umstritten sind aber die Wege hin zu einem wirkungsvollen Umweltschutz. Umweltschutz kann durch Planungs- und Verteilungsinstrumente, administrative Kontrollinstrumente, administrative Warnungen und Empfehlungen sowie abgabenrechtliche Steuerungsinstrumente erreicht werden[102]. Ferner können sie unterschieden werden in Instrumente zur direkten und indirekten Verhaltenssteuerung[103].

Instrumente direkter Verhaltenssteuerung können unmittelbar wirkende gesetzliche Gebote und Verbote sowie daraus abgeleitete individuelle Umweltpflichten sein[104].

---

[99] Kloepfer, § 3, Rdn. 91.
[100] Von Münch, Rdn. 876.
[101] Klopefer, § 3, Rdn. 93.
[102] Breuer in Schmidt-Aßmann, Rdn. 75.
[103] Kloepfer, § 5, Rdn. 34.
[104] Kloepfer, § 5, Rdn. 34.

Sie verlangen dem Adressaten ein bestimmtes Verhalten, das in einem Dulden, Unterlassen oder auch Handeln bestehen kann, ab[105].

Indirekte Verhaltenssteuerungsmittel wirken dagegen anders. Sie nehmen Einfluß auf die Motivation des Adressaten und gewähren ihm einen mehr oder weniger weiten Entscheidungsspielraum. Der Staat formuliert gegenüber dem Bürger eine Verhaltenserwartung[106], deren Befolgung belohnt oder deren Mißachtung mit Maluspflichten belegt wird.

Unter Planungs- und Verteilungsinstrumenten werden Modelle einer umfassenden Umweltschutzplanung verstanden. Eine staatliche Globalplanung vermag einen umfassenden Umweltschutz aber nicht zu leisten.

Erfahrungen mit Modellen und Versuchen einer integrierten staatlichen Gesamtaufgaben- oder Entwicklungsplanung haben gezeigt, daß mit der Globalität die Operationalität und Durchsetzbarkeit der Planung schwindet[107]. Erfolgreich scheint nur der Weg einer Umweltleitplanung, die nicht als umfassende imperative Globalplanung, sondern als Zusammenführung der verschiedenen raumbezogenen Umweltfachplanungen ausgestaltet wird[108].

Das mildeste ordnungsrechtliche Instrument stellen Anmelde- und Anzeigepflichten des Bürgers und der Unternehmen dar. Eine bedeutende Stellung nehmen die präventiven, gesetzlichen Erlaubnis- und Genehmigungsvorbehalte ein. Falls schon eine Beeinträchtigung der Natur eingetreten ist, kommen administrative Verbote oder andere repressive Verfügungen in Betracht.

Zunehmende Bedeutung gewinnen in der Umweltschutz- und Gesundheitsschutzverwaltungspraxis administrative Warnungen und Empfehlungen[109]. Sie zielen ab auf Information, Beratung, Überzeugung und Aufklärung. Der Bürger soll in seine Entscheidung Umweltschutzgedanken einfließen lassen.

Unter freiwilligen Umweltvereinbarungen werden Vereinbarungen zwischen Staat und Wirtschaft verstanden, mit denen das umweltrelevante Verhalten bestimmter Branchen geregelt wird[110]. In den Staaten der Europäischen Union wurden bisher einige hundert freiwillige Vereinbarungen im Umweltschutz abgeschlossen[111].

---

[105] Trzaskalik, StuW 2/1992, S. 135 ff. (137).
[106] Hendler, AöR 115, 1990 S. 577, (581).
[107] Wagener, DÖV, 1977 587 ff. (589, 591f.).
[108] Breuer in Schmidt-Aßmann, Rdn. 61.
[109] Gröschner, DVBl. 1990, 619 ff. (620).
[110] Lauber, RdU 1997, S. 107 ff. (107).
[111] Lauber, RdU 1997, S. 107 ff. (107).

Abgabenrechtliche Steuerungsinstrumente können Steuern, Steuererleichterungen, Negativsteuern, Gebühren, Beiträge und Sonderabgaben sein[112]. Tatbestandsmäßig sind besondere Abgabentatbestände (z. B. Abwasserabgabe) wie auch Abgabenerleichterungen oder Abgabenzuschläge aus Umweltschutzgründen (z. B. § 7 d EStG, KfzStG).

Sonderabgaben sind im Unterschied zu den anderen Abgabearten weder im Grundgesetz noch einfachgesetzlich geregelt. Sie bilden ein eigenständiges, primär außerfiskalisches Abgabeninstrument des Staates, das erst durch die Rechtsprechung des *Bundesverfassungsgerichts* Konturen gewonnen hat[113]. Die umfangreiche Judikatur des *Bundesverfassungsgerichts* hatte ihren Grund nicht zuletzt in dem Ideenreichtum der Gesetzgeber, immer neue Arten von Sonderabgaben zu schaffen[114].

Nach der Rechtsprechung des *Bundesverfassungsgerichts* ist die Erhebung einer Sonderabgabe grundsätzlich nur zulässig, wenn bestimmte Voraussetzungen erfüllt sind[115]. Diese Voraussetzungen sind:

1. Es wird eine gesellschaftliche Gruppe belastet, die durch eine gemeinsame, vorgegebene Interessenlage oder durch besondere gemeinsame Gegebenheiten abgrenzbar ist, sog. Gruppenhomogenität.
2. Die belastete Gruppe steht dem mit der Abgabenerhebung verfolgten Zweck evident näher als jede andere Gruppe oder die Gesamtheit der Steuerzahler, sog. Sachnähe.
3. Die zu finanzierende Aufgabe fällt aufgrund dieser Sachnähe ganz überwiegend in die Sachverantwortung der belasteten Gruppe, sog. Gruppenverantwortung.
4. Das Abgabenaufkommen wird im Interesse der Gruppe der Abgabenpflichtigen verwendet, sog. Gruppennützigkeit.
5. Diese Erhebungsgründe bestehen fort, sog. periodische Legitimation der Abgabenerhebung[116].

Diese Voraussetzungen werden in verschiedenen Urteilen des Bundesverwaltungsgerichtes uneingeschränkt übernommen[117]. Der Unterschied zwischen Steuer und Sonderabgabe liegt in der Idee und Funktion[118]. Entscheidend für die

---

[112] Kirchhof Paul, Jura 1983, S. 505 ff. (508).
[113] Kloepfer, § 5, Rdn. S. 330.
[114] Birk, in Festschrift für Ritter, S. 41.
[115] BVerfGE 55, 274; BVerfGE 57, 139; BVerfGE 67, 256; BVerfGE 75, 108 (147 ff.); BVerfGE 81, 156 (186 ff.); BVerfGE 82, 159 ff.
[116] BVerfGE 55, 274; BVerfGE 57, 139; BVerfGE 67, 256; BVerfGE 75, 108 (147 ff.); BVerfGE 81, 156 (186 ff.); BVerfGE 82, 159 ff.
[117] BVerwGE 69, 227 (229 f.); BVerwG, DVBl. 1986, 185 f.; BVerwGE 74, 308 = DVBl. 1986, 1009 ff.; Meßerschmidt, DVBl. 1987, 925 ff. (928).
[118] Patzig, DÖV, S. 729 ff. (744).

Qualifizierung einer Abgabe ist deren materieller Gehalt ohne Rücksicht darauf, wie das Abgabengesetz eine öffentlich-rechtliche Abgabe benennt[119]. Ferner dürfen Sonderabgaben nicht zur Erzielung von Einnahmen für den allgemeinen Finanzbedarf eines öffentlichen Gemeinwesens erhoben werden. Ihr Aufkommen darf nicht zur Finanzierung allgemeiner Staatsaufgaben verwendet werden[120].

§ 8 Umweltabgaben

Umweltabgaben[121] wollen die notwendige Sorge um die Umwelt und ihre Finanzierung mit marktwirtschaftlichen Gedanken verbinden[122]. Sie eignen sich dazu, öffentliche Umweltgüter ökonomisch knapp zu machen[123]. Umweltabgaben sind durchaus in der Lage, einen sinnvollen umweltpolitischen Beitrag zu leisten[124]. Auf nationaler Ebene müssen sich Umweltabgaben in das System des jeweiligen Abgabenrechts einfügen[125]. Daher ist zunächst zu klären, in welche Kategorie der abgabenrechtlichen Steuerungsinstrumente die Umweltabgaben einzuordnen sind[126].

Dies ist vor allem für den Schutz der Finanzverfassung vor Aushöhlungen durch außersteuerliche, auf die Sachgesetzgebungskompetenz gestützte Abgaben bedeutsam[127]. Darüber hinaus bedarf der Einsatz des Abgabenrechts als Instrument des Umweltschutzes nicht des Belegs[128]. Die Zwecke, die durch den Einsatz des Abgabenrechts erreicht werden sollen, sind die Internalisierung externer Kosten[129], das Erzielen von Finanzierungsaufkommen und die Verhaltenssteuerung von Bürgern und Unternehmen.

---

[119] BVerfGE 7, 244 (251 f.).
[120] BVerfGE, 23, 12 (23).
[121] Umweltabgaben als Oberbegriff für Steuern, Gebühren, Beiträge und Sonderabgaben.
[122] Kirchhof Ferdinand, DÖV 1992, S. 233 ff. (233).
[123] Murswiek, NVwZ 1996, S. 417 ff. (417).
[124] Ewringmann / van Mark, ZAU 1990, S. 264 ff. (264).
[125] Breuer, DVBl. 1992, S. 485 ff. (488).
[126] Heimlich, S. 27.
[127] Köck, JZ 1993, S. 59 ff. (61).
[128] Weyreuther, UPR 1988, S. 161 ff. (161); Schemmel, S. 10; Jobs, S. 21.
[129] Stiglitz / Schönfelder, S. 208; Endres, S. 20; A. C. Pigou, The Economics of Welfare, 3. Aufl. 1932, auszugsweise übersetzt bei Siebert, S. 172; Stiglitz / Schönfelder, S. 217; Velte, S. 57; Endres, S. 90; Rehbinder, FS Böhm, S. 504; über die älteren Modelle geben einen Überblick Nutzinger / Zahrnt, S. 205 ff.; Förster Heike, S. 9 ff.; Wilhelm, S. 41 ff; jüngere Modelle dargestellt von Wünsche, S. 81 ff.; Umweltbundesamt, S. 309 ff.

A. Ziele und Aufgaben

Alles wirtschaftliche Handeln ist gekennzeichnet durch die Herstellung und die Verwendung von Dienstleistungen und Waren, die i. d. R. nicht in beliebigem Ausmaß verfügbar, sondern knapp sind[130]. Als Verteilungsmechanismus fungiert der Markt, auf dem Güter angeboten und nachgefragt werden, also ein Zusammentreffen von Angebot und Nachfrage[131]. In der volkswirtschaftlichen Theorie, also makroökonomisch, ist der Idealfall der vollkommene Markt[132].
Auf dem vollkommenen Markt findet eine optimale Verteilung der Waren und Dienstleistungen in dem Sinne statt, daß sie von denjenigen erworben werden, die am meisten dafür zu zahlen bereit und imstande sind[133]. Eine optimale Güterverteilung liegt in der mikroökonomischen Theorie vor, wenn durch die Umverteilung von Gütern kein Individuum besser gestellt werden kann, ohne daß ein anderes schlechter gestellt wird[134].

Bei der Güterverteilung spielt der Preis eine zentrale Rolle als Knappheitsindikator. Der Preis steigt oder fällt so lange, bis Angebot und Nachfrage sich ausgleichen[135]. In der Realität sind vollkommene Märkte nicht anzutreffen. Dies hat zur Folge, daß Preisverzerrungen auftreten. Beispiele für solche Verzerrungen sind regulatorische Eingriffe in den Marktmechanismus, um z. B. sozial unerwünschte Verteilungseffekte zu vermeiden (z. B. Kohlebergbau in Deutschland, Regulierung der Landwirtschaft durch die EU, Ausstieg aus der Kernenergie). Die Störung der Preisbildung führt dazu, daß auf dem Markt falsche Preissignale gesetzt werden, weil die Preise die Knappheitsverhältnisse nicht mehr korrekt widerspiegeln[136]. Als knappe Güter galten lange Zeit beispielweise weder Luft, Wasser, Boden noch Ökosysteme wie Wälder und Seen.
Eine ihrer Eigenschaften war, daß sie scheinbar unbegrenzt zur Verfügung standen. Die Inanspruchnahme findet auch heute, außer bei den Gütern Wasser und Boden, nur bedingt Niederschlag in den Preisen. In die Preiskalkulation gehen die getätigten Investitionen für kostenintensive Schutzmaßnahmen, wie z. B. Filter in Abluftanlagen und Umweltabgaben ein. Durch die Nichtberücksichtigung von Umweltbeanspruchungen in „voller Höhe“ im Preis von Waren und Dienstleistungen kommt es zu sogenannten externen Effekten. Ein externer Effekt liegt immer dann vor, wenn ein Individuum oder ein Unternehmen eine Handlung vornimmt, die (positive oder negative) Auswirkungen auf andere Individuen oder Unternehmen hat, für die die letzteren kein Entgelt entrichten

---

[130] Endres, S. 1.
[131] Wöhe, S. 553.
[132] Bartmann, S. 17.
[133] Bickel / Friedrich, S. 7.
[134] Stiglitz / Schönfelder, S. 63.
[135] Schierenbeck, S. 18.
[136] Bickel / Friedrich, S. 7.

müssen, bzw. nicht entschädigt werden[137]. Die Berücksichtigung der Umweltbeanspruchungen im Preis von Waren und Dienstleistungen wird in der Umweltökonomie als Internalisierung externer Kosten diskutiert[138]. Umweltabgaben sollen zur Korrektur der externen Effekte eingesetzt werden, z. B. dem Verursacher einer Luft- oder Wasserverschmutzung wird eine Verschmutzungsabgabe auferlegt. Dieser Ansatz wurde von *Pigou*[139] entwickelt. Danach soll das Verhalten der Verursacher von externen Effekten durch Erhebung von Abgaben korrigiert werden[140]. Eine Problematik im Bereich der Internalisierung externer Kosten ist die objektive Bemessung der Umweltbeeinträchtigung bzw. Umweltschädigung in Geld. Aufgrund der Zielsetzung der Arbeit kann allerdings auf die Problematik der Internalisierung externer Effekte nicht vertiefend eingegangen werden.

Eine Umweltabgabe kann auch als reine Finanzierungsabgabe konstruiert sein. Im Sinne der hier verwendeten Definition ist dann aber die Anknüpfung an ein umweltschädigendes Verhalten notwendig. Das Finanzierungsaufkommen der Abgabe kann sowohl allgemeinen Staatsaufgaben[141] als auch besonderen umweltpolitischen Maßnahmen[142] dienen.

Als weitere Funktion von Umweltabgaben ist die Verhaltenssteuerung von Bürgern und Unternehmen, also die Lenkungsfunktion, anzusehen. Solche unter Lenkungs- und nicht unter Finanzierungsaspekten geschaffenen Umweltlenkungsabgaben haben Ziele außerfiskalischer Natur[143]. So soll durch die Abgabe erreicht werden, daß die Bürger oder Unternehmen eine bestimmte Handlung von vornherein unterlassen. Diese Form der Abgabe muß also typischerweise so ausgestaltet sein, daß dem Abgabentatbestand (ganz oder teilweise) ausgewichen werden kann (und ausgewichen wird)[144]. Das Finanzierungsaufkommen ist bei dieser Form der Abgabe nur eine ungewollte, allenfalls während einer Übergangsphase hingenommene Nebenfolge der Abgabenlenkung[145]. Der Unterschied zum betriebswirtschaftlichen Ansatz besteht darin, daß die Lenkungs-

---

[137] Stiglitz / Schönfelder, S. 208.

[138] Endres, S. 20.

[139] A. C. Pigou, The Economics of Welfare, 3. Aufl. 1932, auszugsweise übersetzt bei Siebert, S. 172; Stiglitz / Schönfelder, S. 217; Velte, S. 57; Endres, S. 90; Rehbinder, FS Böhm, S. 504.

[140] A. C. Pigou, The Economics of Welfare, 3. Aufl. 1932, auszugsweise übersetzt bei Siebert, S. 23 ff.

[141] Vgl. Stromsteuer BT-Drs. 14/40 S. 1ff., deren Aufkommen dem allgemeinen Haushalt zugeführt wird.

[142] Rückle / Klein in Junkernheinrich-Klemmer-Wagner, S. 41; so z. B. die Abwasserabgabe, deren Aufkommen nach § 13 Abs. 1 Abwasserabgabengesetz für Maßnahmen, die der Erhaltung oder Verbesserung der Gewässergüte dienen zweckgebunden ist.

[143] Klöpfer, § 5, Rdn. 266.

[144] Klöpfer, § 5, Rdn. 266.

[145] Meßerschmidt, S. 42 m. w. N.

funktion Bürger und Unternehmen dazu bringt will, das umweltschädigende Verhalten zu vermeiden oder zu unterlassen.

Der betriebswirtschaftliche Ansatz zielt nur auf die Verrechnung der externen Kosten in den Preisen ab. Er will, daß Bürger und Unternehmer über die Preise von Waren und Dienstleistungen Umweltbeeinträchtigungen oder Umweltzerstörungen bezahlen. Eine Verhinderung der Umweltbeeinträchtigung oder Umweltzerstörungen durch Ausweichverhalten, also Nichtkonsum eines besonders umweltschädigenden Produktes, aufgrund eines sehr hohen Preises steht dabei nicht im Vordergrund.

B. Begriff

Eine einheitliche Definition des Begriffs Umweltabgaben ist derzeit nicht vorhanden. Es gibt verschiedene Ansätze zur Definition, die sich im Fluß befinden. Das Spektrum der Definitionen reicht von einem sehr weiten bis zu einem sehr engen Umweltabgabenbegriff.

Nach der *Umweltstatistik der OECD* war Ausgangspunkt der Begriffsbestimmung der umweltbezogenen Steuern und Gebühren zunächst die Zweckbindung des Aufkommens für den Umweltschutz einerseits sowie eine Lenkungsabsicht bzw. ein beobachteter oder vermuteter Lenkungseffekt im Hinblick auf die Umwelt anderseits[146]. In jüngster Zeit ist die Besteuerungsgrundlage zum maßgeblichen Kriterium für die Zuordnung zu den umweltrelevanten Steuern geworden[147].

Ausgangspunkt für die Überlegungen zu einer Umweltstatistik ist demnach eine Definition von Umweltsteuern, *„nach der die Besteuerungsgrundlage eine physische Einheit (oder ein Ersatz dafür) ist, die nachweislich spezifische negative Auswirkungen auf die Umwelt hat“*[148].

Nach dieser Definition sind grundsätzlich alle Steuern bei der Betrachtung zu berücksichtigen, die sich auf die so identifizierten Besteuerungsgrundlagen beziehen, z. B. auch die Mehrwertsteuer. Neben den Steuern werden auch umweltbezogene Gebühren in die Auswertung einbezogen, zumal diese in zahlreichen europäischen Staaten vorherrschen, z. B. Italien und Frankreich. Dabei sind alle

[146] Lauber, Wirtschaft und Statistik 1998, S. 428.
[147] Lauber, Wirtschaft und Statistik 1998, S. 428.
[148] „The starting point (...) has been whether or not the tax-base is a physical unit (or a proxy for it) of something that has a proven specific negative impact on the environment“. in „Statistical Framework on Environmental Taxes in OECD Member States", OECD, Dokument DAFFEE/CFA/WP 2 (97) 5 vom 29. April 1997, S. 7, Ziffer 6.

staatlichen Ebenen in der Betrachtung zu berücksichtigen[149]. Der Entwurf einer Statistik über Umweltsteuern sieht derzeit nicht vor, Steuern auf die Entnahme von Ressourcen oder die Besteuerung von Bodennutzung einzubeziehen, obwohl dieses für die Zukunft erwogen wird[150].

Dies bedeutet konkret, daß auf dieser Basis eine Erhebung über Umweltsteuern alle Steuern und Gebühren einzuschließen hat, die auf Emissionen, auf Energieerzeugnisse, auf den Verkehr oder auf Dünge- und Pflanzenschutzmittel erhoben werden.

Diese Definition stellt auf die gegenständlichen Besteuerungsgrundlagen und heutigen Verhaltensweisen und deren nachweislich negative Auswirkungen ab. Es handelt sich somit um einen Umweltabgabenbegriff, der Steuern in die Betrachtung mit einbezieht, die mit dem Umweltschutz in Verbindung gebracht werden können.

So werden schon jetzt in der Republik Österreich nach § 7 Abs. 2 Ziffer 1 und 2 FAG Teile des Einkommens- und Umsatzsteueraufkommens dem Umweltfonds überwiesen. Diese Zweckbindung macht aus der Einkommen- und Umsatzsteuer jedoch keine Umweltabgabe.

Einen anderen Weg geht die Umweltschutzausgabenrechnung von *SERIEE/EPEA*[151]. Dort werden folgende Kategorien unterschieden:

1. *spezifische Umweltsteuern, deren Einnahmen für den Umweltschutz zweckgebunden sind,*
2. *umweltspezifische Steuern, deren Besteuerungsgrundlage einen Umweltbezug hat, bzw. die Anreiz- oder Lenkungsfunktionen in Richtung Umweltschutz haben,*
3. *Gebühren zum Kauf von Umweltschutzdienstleistungen*[152].

Der Umweltabgabenbegriff nach *SERIEE/EPEA* umfaßt sowohl zweckgebundene Umweltsteuern als auch Steuern deren Besteuerungsgrundlage einen Umweltbezug aufweist.

---

[149] „Statistical Framework on Environmental Taxes in OECD Member States", OECD, Dokument DAFFEE/CFA/WP 2 (97) 5 vom 29. April 1997, S. 11, Ziffer 17.

[150] „Statistical Framework on Environmental Taxes in OECD Member States", OECD, Dokument DAFFEE/CFA/WP 2 (97) 5 vom 29. April 1997, S. 7, Ziffer 9.

[151] EPEA (Environmental Protection Expenditure Account) = Umweltschutzausgabenrechnung. EPEA ist der derzeit am detailliertesten ausgearbeitete Teil von SERIEE, Eurostat; Gerhold, Statistische Nachrichten 1998, S. 651 ff. (651).

[152] Siehe z. B. Eurostat: „Environmental Taxes". Dokument SERIEE/96/8, Sept. 1996, S. 2.

Kloepfer unterscheidet zwei Umweltabgaben im engeren[153] und weiteren Sinne[154]. Umweltabgaben können sowohl zur Finanzierung von Umweltschutzaufgaben erhoben werden, als auch selbst Mittel umweltpolitischer Steuerung sein. Des weiteren kann durch Umweltabgaben die Inanspruchnahme von Umweltressourcen abgegolten, bzw. können die Kosten eingetretener oder eintretender Umweltschäden einem Verursacher angelastet werden[155]. Zu den Umweltabgaben im weiteren Sinne *„gehören vor allem die seit langem erhobenen Benutzungs- und Entsorgungsgebühren, z. B.: Wasser-, Entwässerungs-, Müllabfuhrgebühren und Erschließungsbeiträge"*[156]. Diese Abgaben zeichnet aus, daß die Finanzierungsfunktion im Vordergrund steht. Neuerlich werden im kommunalen Bereich verstärkt lenkende Elemente in die Gebühren und Beiträge eingebaut[157], z. B. Gebührenprogression statt zum Teil noch anzutreffender degressiver Tarife, Starkverschmutzerzuschläge, Müllgebührenberechnung nach Gewicht[158]. Umweltabgaben im engeren Sinne *„bilden vor allem die unter Lenkungs- und nicht unter Finanzierungsaspekten konstruierten Umweltlenkungsabgaben. Ihr primäres Ziel ist nicht die Erzielung eines möglichst hohen Aufkommens, sondern außerfiskalischer Natur. Daher werden sie typischerweise so ausgestaltet, daß dem Abgabentatbestand ausgewichen werden kann"*[159].

Problematisch an der Unterscheidung zwischen Umweltabgaben im engeren und weiteren Sinne ist, daß eine eindeutige Trennung oft nicht möglich ist. Dies wird vor allem am Einbau von lenkenden Elementen in die Gebühren und Beiträge deutlich, denen nur Finanzierungsfunktion zugebilligt wird.

Wasmeier versteht unter Umweltabgaben *"öffentliche Abgaben, die schwerpunktmäßig im Interesse des Umweltschutzes erhoben werden"*, so daß alle umweltschutzbezogenen Abgaben als Umweltabgaben bezeichnet werden[160].

Huckestein faßt unter den Begriff Umweltabgaben *„alle Abgabenarten, mit denen eine umweltpolitische Zielsetzung angestrebt wird*[161]*"*. Hierunter fallen alle Abfallgebühren, Steuern auf Energie, Wasserentnahmeentgelte und Natur-

---

[153] Kloepfer, S. 322, Rdn 266.
[154] Kloepfer, S. 322, Rdn 264.
[155] Vgl. zur Systematisierung Meßerschmidt, S. 35 ff.
[156] Kloepfer, S. 322, Rdn 264.
[157] Kloepfer, S. 322, Rdn 264; vgl. Meßerschmidt, S. 42 ff.; zum unausgeschöpften Potential der herkömmlichen Müllgebühren Kirchhof Ferdinand, DVBl. 1994, S. 1101 (1103 f.).
[158] Wiege-System erteilt dem Müll eine gerechte Abfuhr, Mescheder Firma entwickelt computergesteuerte Container, Westfalenpost vom 01. Oktober 1998: „Um die stetig steigende Kostenentwicklung in der Abfallentsorgung zu stoppen, hat eine Mescheder Firma ein neues Container-Wiege-System entwickelt, das bereits in der nächsten Woche im bayerischen Wasserburg erprobt werden soll".
[159] Kloepfer, S. 322, Rdn 266.
[160] Wasmeier, S. 13.
[161] Huckestein, S. 59.

schutzabgaben in einigen Bundesländern, lärmabhängige Flughafenlandegebühren und die Abwasserabgabe.

Einen ähnlichen Weg geht das *Umweltbundesamt* in seiner Veröffentlichung, *Texte 27/94, Umweltabgaben in der Praxis.* Die Veröffentlichung des Umweltbundesamtes geht von folgender Definition aus:

Umweltabgaben sind „ Geldleistungen, die von einem öffentlich-rechtlichen Gemeinwesen aufgrund öffentlichen Rechts erhoben werden, um unter anderem umweltpolitische Zwecke zu verfolgen“[162].

Die Veröffentlichung umfaßt sowohl Umweltabgaben mit reinem Lenkungscharakter, reiner Finanzierungsform, Abgaben zur Internalisierung externer Kosten wie auch Mischformen.

Die von *Wasmeier*, *Huckestein* und vom *Umweltbundesamt* verfolgten Umweltabgabenbegriffe lassen eine Abgabe zur Umweltabgabe werden, wenn nur der kleinste Bezug zur Umwelt zugrunde liegt. Dies ist der am weitesten gehende Umweltabgabenbegriff, der für die vorliegende Arbeit nicht praktikabel ist.

Die vorliegende Arbeit geht daher von einem finalen Umweltabgabenbegriff aus. Danach sind Umweltabgaben:

„Geldleistungen, die von einem öffentlich-rechtlichen Gemeinwesen aufgrund öffentlichen Rechts als Lenkungs-, Finanzierungs-, Naturnutzungs- und Naturausgleichsabgaben mit einem finalen Bezug zur Umwelt bzw. zum Umweltschutz und zum Kostenausgleich, von denjenigen erhoben werden, die den Tatbestand der entsprechenden Norm erfüllen“.

Nach Artikel 20 a GG hat der Staat die natürlichen Lebensgrundlagen zu schützen. Diese Verpflichtung trifft nicht nur den Bund, sondern auch die Länder[163].

Insofern haben der Bund und die Länder bei allen Maßnahmen die Staatszielbestimmung Umweltschutz zu beachten. Ein wirksamer Umweltschutz durch Abgaben erfordert, daß der Abgabe ein, wenn auch nur geringer, also im Sinne einer Finalität vorhandener Lenkungseffekt zugrunde liegen muß. Nur durch Sanktion bewegte Lenkung läßt sich das Verhalten von Menschen wirkungsvoll steuern.

---

[162] Huckestein, UBA, S. 7.

[163] Scholz in Maunz-Dürig, Art. 20 a, Rdn. 44.

Neben der Lenkung kann aber auch die Finanzierung Zweck der Umweltabgabe sein. Die Umweltabgabe knüpft an die potentielle Umweltschädigung an und soll den potentiellen Schädiger veranlassen, die Umweltbelastung zu unterlassen, verringern oder auf umweltschonende Technologien umzusteigen.

Falls dies nicht möglich ist oder trotz Sanktionen nicht getan wird, soll über die Erhebung einer Umweltabgabe ein Ausgleich für die Schädigung der Umwelt erhoben werden.

Das enorm weite Verständnis von Umweltabgaben, wie es in den vorgenannten Auffassungen zum Ausdruck kommt, vermag in Anbetracht der verfassungsrechtlichen Vorgaben von Artikel 20 a GG nicht zu überzeugen, weil sie eine auch nur annähernd trennscharfe Abgrenzung der Umweltabgabe zu anderen Abgaben nicht ermöglicht. Daher ist nach der vertretenen Auffassung als weiteres Element des Umweltabgabenbegriffs das Merkmal der Finalität aufgenommen.

Am Beispiel der aktuellen Debatte über die Einführung der „Ökosteuer“ kann belegt werden, daß eine eindeutige Einordnung als Umweltabgabe schwierig ist. Die einen sehen in Ökosteuern eine „ökologische Steuer- und Abgabenreform“[164], die anderen nur das Erschließen einer neuen Einnahmequelle, *„Ökosteuern füllen vor allem die Staatskasse“*[165].

C. Erhebungsformen

I. Republik Österreich

Umweltabgaben können als Steuern oder als sonstige Abgabe erhoben werden. Das österreichische Verfassungsrecht verwendet zwar den Begriff Abgabe, enthält aber keine Legaldefinition[166]. Nach der Judikatur des *VfGH* sind unter Abgaben i. S. der Verfassung nur Geldleistungen zu verstehen, die der Bund, die Länder oder Gemeinden (Gebietskörperschaften) kraft öffentlichen Rechts zur Deckung ihres Finanzbedarfes erheben[167]. Die Abgaben werden in Steuern, Gebühren und Beiträge eingeteilt.

Steuern sind Abgaben, die ohne spezifische Gegenleistung der Gebietskörperschaft zu erbringen sind und vor allem der Deckung der allgemeinen Haushaltsbedürfnisse dienen[168]. Gebühren sind Abgaben, die jemand dafür zu bezahlen

[164] Handelsblatt vom 21.10.1998.
[165] Handelsblatt vom 16.11.1998.
[166] Doralt / Ruppe, S. 157.
[167] VfSlg 1465/1932; VfSlg 3919/1961.
[168] VfSlg 8943; Mayer, § 1 F-VG, V.1; Funk, Rdn. 266;

hat, daß er eine besondere Einrichtung einer Gebietskörperschaft benützen oder eine besondere Leistung einer Gebietskörperschaft in Anspruch nehmen darf[169].

II. Bundesrepublik Deutschland

Umweltabgaben können grundsätzlich als Steuern, Gebühren, Beiträge und Sonderabgaben erhoben werden[170]. Der Gesetzgeber ist in der Auswahl der Abgabenform weitgehend autonom[171]. Das *BVerfG* räumt dem Gesetzgeber das Recht ein, grundsätzlich selbst die Sachverhalte auszuwählen, an die er die gleiche Rechtsfolge knüpfen will und die er als im Rechtssinne gleich ansehen will[172].

1. Steuern

Neben der Unübersichtlichkeit[173] ist das deutsche Steuerrecht derzeit von umfangreichen Nebenzwecken geprägt. Mit Hilfe des Steuerrechts wird Wirtschaftspolitik, Sozialpolitik, Wohnungspolitik und Beschäftigungspolitik gestaltet. Insofern kann der Einsatz des Steuerrechts zu umweltpolitischen Zwecken nicht grundsätzlich außer Frage stehen[174]. § 3 Abs. 1 Satz 1 letzter Halbsatz AO spricht davon, daß die Erzielung von Einnahmen Nebenzweck sein kann. Diese Formulierung eröffnet dem Gesetzgeber die Möglichkeit, eine Steuer als Lenkungsnorm zu gestalten, weil es ihm auf die Erzielung von bestimmten Gestaltungswirkungen ankommt[175].

Auch Umweltsteuern können daher in erster Linie auf den Lenkungszweck oder die Internalisierung externer Kosten ausgerichtet sein[176]. Ausgeschlossen sind insoweit lediglich zwei, gleichsam syllogistische, Sonderfälle[177].

Der erste Sonderfall sind reine Lenkungssteuern, bei denen eine fiskalische Zielsetzung selbst in der Form eines nur untergeordneten Nebenzweckes fehlt, die also ohne jede Ertragsrelevanz sind. Solche Lenkungssteuern sind aber nur

---

[169] VfSlg 8943, 13.310; VfGH 16.3.1995, G 247/94.
[170] Mohr / Schick, KStZ 1995, S. 41 ff (42).
[171] Kloepfer, DÖV 1975, S. 593 ff. (596).
[172] Franke, StuW 1990, S. 217 ff. (224).
[173] Reichmann, S. 88.
[174] von Zezschwitz, in Lange, S. 251.
[175] BVerfGE 84, 239 (274); Jatzke, DStZ 1999. S. 520 (523); Kirchhof Paul in Isensee-Kirchhof, HBdStR, Bd. IV, § 88 Rdn. 53 f.; Selmer, UTR 16, 1992, S. 21 f; Birk in Hübschmann-Hepp-Spitaler, § 3 Rdn. 44.
[176] von Zezschwitz, S. 10.
[177] Gosch, StuW 1990, S. 201 ff (207).

schwer vorstellbar[178]. Es geht bei dieser Form nicht um die Erzielung von Einnahmen, sondern nur um die Unterbindung von Umweltbeeinträchtigungen[179].

Der zweite Sonderfall sind prohibitiv wirkende Erdrosselungssteuern[180], die vorliegen, wenn die Steuer das belastete Verhalten unterbinden soll und damit langfristig zu keinem Steueraufkommen führt[181]. In beiden Fällen schlägt die Finanzierungsfunktion der Abgabenerhebung in eine Verwaltungsfunktion mit Verbotscharakter um[182]. In diesen Fällen liegt ein Formenmißbrauch des Staates vor[183]. Dies ist auch in den Fällen der Umweltsteuern zu beachten[184].

Daneben hat der Gesetzgeber bei der Entscheidung für Lenkungssteuern zu beachten, daß der Lenkungszweck und die Abgabenbelastung als Folge autonomer Entscheidung für das unerwünschte Verhalten in einer angemessenen Relation zueinander stehen[185]. Dabei geht es um die Abwägung zwischen der Leistungsfähigkeit einerseits und dem Belang des Umweltschutzes andererseits[186].

Beachtet der Gesetzgeber diese Gründsätze, steht letztlich die grundsätzliche Instrumentalisierbarkeit von Steuern im Rahmen des Umweltschutzes außer Frage[187]. Festzustellen bleibt auch, daß der in der aktuellen Diskussion gebrauchte Begriff „Öko-Steuern“ als untechnischer Begriff zu werten ist[188].

2. Gebühren und Beiträge

Die Diskussion über lenkende Gebühren und Beiträge befindet sich noch im Fluß. So bestehen noch zahlreiche, vielfach vermeidbare Mißverständnisse zwischen Umweltökonomie und Umweltrecht[189]. Allgemein ist zu beobachten, daß die Entwicklung des kommunalen Abgabenrechts in Richtung einer Umgestaltung auf ein effizientes Lenkungsinstrumentarium für die kommunalen Entsorgungs- und teils auch für die Versorgungsleistungen in vollem Gange ist[190]. Dies

---

178 Meßerschmidt, S. 112.
179 Kruse in Tipke-Kruse, § 3, Rdn. 17.
180 Tipke, DÖV 1995, S. 1027 ff. (1035).
181 Scholz / Aulehner, BB 1991, 73, (74); es geht um die Abwägung zwischen der Leistungsfähigkeit einerseits und dem Belang des Umweltschutzes andererseits, so Arndt, S. 50.
182 Kruse in Tipke-Kruse, § 3 Rdn. 17; BVerfGE 96, 61 (81); BVerfGE 98, 106 (118); BFHE 141, 369 (385); BFH BStBl. 96, 538 (540); BVerwGE 96, 272 (288); Czub2, S. 68 f.; vgl. auch BVerfGE 31, 8 (23).
183 BVerfGE 16, 147 (161); BVerfGE 38, 61 (81).
184 Birk in Hübschmann-Hepp-Spitaler, § 3 Rdn. 51.
185 Herdegen / Schön, S. 38.
186 So Kirchhof Paul, DStJG 15, S. 11; Rodi, S. 47.
187 Gosch, StuW 1190, S. 201 ff. (208).
188 Mohl, WiVerw 1996, S. 102 ff. (103).
189 Gawel / Ewringmann, StuW 1994, S. 295ff. (311).
190 Dahmen in Driehaus Kommunalabgabenrecht, § 4 Rdn. 56.

liegt auch daran, daß mit Gebühren und Beiträgen sehr flexibel auf die Herausforderungen des Umweltschutzes reagiert werden kann[191]. Selbst bei fehlender gesetzlicher Sonderregelung kann eine Gebühr neben dem Zweck der Einnahmenerzielung auch lenkende Verschonungszwecke enthalten[192]. Umweltschützende Lenkung kann sich auch in der Rechtsform von Gebühren und Beiträgen vollziehen[193]. Als einziges KAG enthält das Kommunalabgabengesetz des Bundeslandes Rheinland-Pfalz derzeit eine Ökoklausel. Im § 7 Abs.1 Satz 4 KAG-RP heißt es:

„Bei Einrichtungen und Anlagen, die auch dem Schutz der natürlichen Lebensgrundlagen des Menschen dienen oder bei deren Inanspruchnahme die natürlichen Lebensgrundlagen des Menschen gefährdet werden, kann die Benutzungsgebühr für die Leistung so bemessen werden, daß sie Anreiz zu einem umweltschonenden Verhalten bietet".

3. Sonderabgaben

Sonderabgaben sind Abgaben, die grundsätzlich nicht zur Erzielung von Einnahmen für den allgemeinen Finanzbedarf erhoben werden dürfen und die einen außerfiskalischen Erhebungszweck als Sachzweck voraussetzen[194]. Einen derartigen Erhebungsgrund erachtet das *Bundesverfassungsgericht* in Lenkungsabgaben mit oder ohne Finanzierungszwecke[195]. Sie sind parafiskalischer Natur[196]. Welchen Schranken reine Lenkungssonderabgaben ohne Finanzierungszwecke unterfallen sollen, hat der II. Senat des *BVerfG* dahinstehen lassen, die Zulässigkeit der Abgaben in engen Grenzen aber bejaht[197].

---

191 Sanden, UPR 1996, S. 181 ff. (185).
192 BVerfGE 50, 217 (226); Mohl / Backes, ZKF 1991, S. 50 ff. (50).
193 BVerfGE 50, 217 (226); BVerwG, KStZ 1975, 191 (192), Wilke, S. 303 ff.; Wendt, S. 7 ff., 66 ff.; Selmer in Thieme, S. 36;
194 Schmidt, NVwZ 1991, S. 36 ff. (38).
195 Gosch, StuW 1990, S. 201 ff. (208).
196 Papier, DÖV 1996, S. 232 ff. (233).
197 BVerfGE, 57, 139 (166 ff.).

2. Kapitel Republik Österreich

§ 1 Bundesgesetzliche Regelungen

A. Kraftfahrzeugsteuer

I. Gegenstand der Steuer

Das Bundesgesetz über die Erhebung einer Kraftfahrzeugsteuer nennt in § 1 Abs. 1 KfzStG 1992[198] drei Tatbestände, die Kraftfahrzeugsteuer auslösen. Ihr unterliegen die in einem inländischen Zulassungsverfahren zum Verkehr zugelassenen Kraftfahrzeuge, deren höchstes zulässiges Gesamtgewicht mehr als 3,5 Tonnen beträgt. Daneben Kraftfahrzeuge die kraftfahrrechtlich als Zugmaschine oder Motorkarren genehmigt sind und Kraftfahrzeuge für die keine Haftpflichtversicherungspflicht nach § 6 Abs. 3 Versicherungssteuergesetz 1953 besteht.

Anhänger mit einem höchsten zulässigen Gesamtgewicht von mehr als 3,5 Tonnen gelten als Kraftfahrzeuge i. S. d § 1 Abs. 1 KfzStG.

II. Steuerbefreiungen

Das österreichische KfzStG kennt zahlreiche Steuerbefreiungen. Motive hierfür können soziale Gründe, § 2 Abs. 1 Nr. 5, 11 und 12 KfzStG 1992, Vereinfachungsgründe, § 2 Abs. 1 Nr. 6 KfzStG 1992, Förderung des Exports, § 2 Abs. 1 Nr. 10 KfzStG 1992, Verkehrslenkung, § 2 Abs. 1 Nr. 4 KfzStG 1992, Förderung der Land- und Forstwirtschaft, § 2 Abs. 1 Nr. 7 KfzStG 1992 sein.

III. Steuersätze

Tabelle 1: Steuersätze für Kraftfahrzeuge mit mehr als 3,5 t zulässigem Gesamtgewicht ab 01. Januar 1997, § 5 Abs. 1 KfzStG 1992

Kraftfahrzeuge mit mehr als 3,5 t	Steuersatz	Mindest-Steuersatz	Höcht-Steuersatz
	8,50 €	73 €	340 €

[198] Kraftfahrzeugsteuergesetz 1992, BGBl. 1992/449, in der Fassung BGBl. 1993/ 254; BGBl. 1993/818; BGBl. 1994/629; BGBl. 1995/21; BGBl. 1995/503; BGBl. 1996/201; BGBl. 1996/798, BGBl. 2000/26; BGBl. 2000/142.

IV. Aufkommen der Kraftfahrzeugsteuer

Tabelle 2: Aufkommen der Kraftfahrzeugsteuer[199]

Jahr	öS in Millionen	Euro in Millionen
1993	2.510	182
1994	765	56
1995	1.540	112
1996	1.804	131
1997	1.715	125
1998	2.065	150
1999	1.775	129

Quelle: Daten 1993 – 1997 ÖSTAT, Abteilung 7, Volkswirtschaftliche Gesamtrechnung vom 25.01.1999;
Daten 1998 – 1999 telefonische Befragung, Bundesfinanzministerium der Republik Österreich vom 25.01.2000.

Diagramm 1: Aufkommen der Kraftfahrzeugsteuer

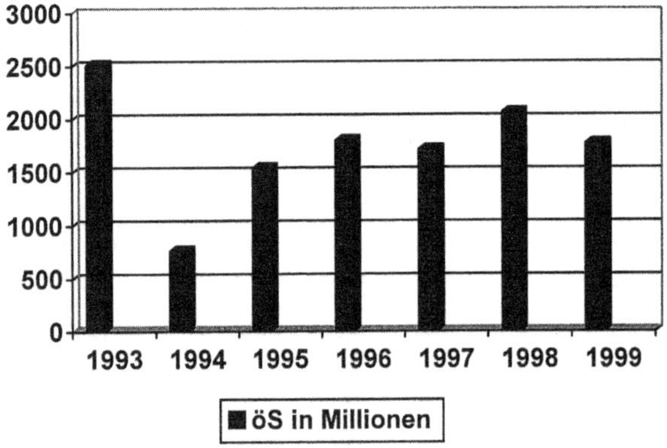

[199] Der Rückgang der Kfz-Steuer 1994 ist auf statistische Umstellungen zurückzuführen, lt. telefonischer Auskunft Herrn Dr. Reiner, Bundesfinanzministerium der Republik Österreich vom 25.01.2000.

V. Bewertung

Mit dem Kraftfahrzeugsteuergesetz 1992[200] wurde die Besteuerung von Kraftfahrzeugen umfassend neugeregelt. Das Grundkonzept sieht eine Zweiteilung der Kfz-Besteuerung vor. Die bisherige Kfz-Steuer für im Inland zugelassene Personenkraftwagen, Kombinationskraftwagen sowie Krafträder, für die bei einem Versicherungsunternehmen eine in Erfüllung der Versicherungspflicht abgeschlossene Haftpflichtversicherung besteht, wurde in eine sogenannte motorbezogene Versicherungssteuer umgewandelt. Für andere Kraftfahrzeuge gilt die neu geschaffene Kraftfahrzeugsteuer[201].

Die Erläuterungen nennen zwei Gründe für die Neuregelung[202]. Der Hauptgrund ist ökologisch motiviert. Die Besteuerung von Kraftfahrzeugen soll verstärkt ökologisch ausgerichtet werden.

Die externen Kosten, insbesondere der Verbrauch von Umwelt durch Luftverschmutzung und die Unfallfolgekosten, sollen ebenso wie das Zurverfügungstellen von Straßen und Verkehrsinfrastruktur berücksichtigt werden. Bei den heutigen technischen Gegebenheiten ist die Motorleistung von Personenkraftwagen und Kombinationskraftwagen ein wesentlich besserer Indikator zur Besteuerung. Besonders deutlich wird dies im Bereich jener Fahrzeuge, die bei einem relativ geringen Hubraum durch die Ausstattung mit einem Turbolader hohe Leistungen erbringen. Deswegen sieht der Entwurf im Bereich der Besteuerung von Personenkraftwagen und Kombinationskraftwagen eine Besteuerung nach der Motorleistung vor[203].

Nach der Kraftfahrzeugsteuerneuregelung ist der Anwendungsbereich der Kfz-Steuer insbesondere auf Lastkraftwagen, Omnibusse und Zugmaschinen begrenzt. Die Entwicklung des Bestandes an Lastkraftwagen und Omnibusse ergibt sich aus der nebenstehenden Tabelle. Auffällig ist, daß sowohl der Bestand an LKW als auch der Bestand von Omnibussen erheblich gestiegen ist.

---

[200] BGBl. 1992/449, in der Fassung BGBl. 1993/ 254; BGBl. 1993/818; BGBl. 1994/629; BGBl. 1995/21; BGBl. 1995/503; BGBl. 1996/201; BGBl. 1996/798, BGBl. 2000/26.

[201] NR: GP XVIII RV 582, S. 9.

[202] NR: GP XVIII RV 582, S. 9; der zweite Grund war eine Optimierung der Abgabenerhebung durch die Abschaffung der Entrichtungsform durch Stempelmarken und die Einführung einer zeitgemäßeren Form der Steuererhebung.

[203] NR: GP XVIII RV 582, S. 10.

Tabelle 3: Kfz-Bestand 1960 – 1998

Jahr	LKW	Omnibusse
1960	74.414	4.815
1970	121.048	6.804
1980	183.724	8.980
1990	252.504	9.402
1997	300.726	9.718
1998	309.630	9.675

Quelle: ÖSTAT, 1999.

Damit widerlegen die Daten, falls der Kraftfahrzeugsteuer überhaupt ein Lenkungseffekt zugesprochen werden kann, daß ein solcher Lenkungseffekt eingetreten ist. Die Anknüpfung an die Motorleistung kann als Ökologisierungsargument nur bei der motorbezogenen Versicherungssteuer berücksichtigt werden, nicht aber bei der Kraftfahrzeugsteuer. Hier gibt es diese Anknüpfung eben nicht. Die Kraftfahrzeugsteuer ist als reine Finanzierungsabgabe zu qualifizieren.

Kritisch zu betrachten ist, daß die Kraftfahrzeugsteuer die externen Kosten des Verkehrs in der Höhe der Kfz-Steuer nicht berücksichtigt. Dies gilt auch für die Steuerbefreiungen für Kraftfahrzeuge, die in der Land- und Forstwirtschaft verwendet werden und für selbstfahrende Arbeitsmaschinen, da diese oftmals von beträchtlichem Alter sind und die Umwelt in hohem Maße belasten. Es besteht kein ökonomischer Anreiz diese Kraftfahrzeuge durch technisch weiterentwikkelte, so z. B. schadstoffärmere Kraftfahrzeuge zu ersetzen.

Die Kraftfahrzeugsteuer ist somit eine reine Steuer zu Finanzierungszwecken.

B. Motorbezogene Versicherungssteuer

I. Gegenstand der Steuer

Der Versicherungssteuer unterliegt die Zahlung des Versicherungsentgeltes auf Grund eines durch Vertrag oder auf sonstige Weise entstandenen Versicherungsverhältnisses, § 1 Abs. 1 VersStG 1953[204]. Versicherungsentgelt ist jede

[204] Versicherungssteuergesetz 1953, BGBl. 1953/133 in der Fassung BGBl 1954/180; BGBl. 1954/181, BGBl. 1966/159, BGBl. 1968/44, BGBl. 1983/587, BGBl. 1988/408, BGBl. 1990/281; BGBl. 1992/449, BGBl. 1993/13, BGBl. 1993, 254, BGBl. 1993/818, BGBl. 1995/21, BGBl. 1996/20, BGBl. 1996/787, BGBl. 1997/130, BGBl. 1999/ 106, BGBl. 2000/26; BGBl. 2001/59.

Leistung[205], die für die Begründung und zur Durchführung des Versicherungsverhältnisses an den Versicherer zu bewirken ist, § 3 Abs. 1 VersStG 1953.

II. Steuerbefreiung

Die Steuerbefreiung nach § 4 Abs. 3 VersStG 1953[206] entspricht der Steuerbefreiung nach § 2 Abs. 1 KfzStG[207].

III. Steuerberechnung

Die Steuer wird gemäß § 5 Abs. 1 VersStG 1953 für jede einzelne Versicherung berechnet. Die Bemessungsgrundlage besteht bei Kraftfahrzeugen[208] aus zwei Komponenten. Zum einen aus dem Versicherungsentgelt bei Versicherungsverträgen, die gemäß § 59 des Kraftfahrgesetzes 1967[209] abgeschlossen werden und zum anderen aus der Motorleistung (in Kilowatt).

IV. Steuersatz

Das Versicherungsentgelt erhöht sich, gemäß § 6 Abs. 3 Z 1 VersStG 1953, bei der Kraftfahrzeug-Haftpflichtversicherung für im Inland zum Verkehr zugelassene Kraftfahrzeuge für jeden Monat des Bestehens einer Kraftfahrzeug-Haftpflichtversicherung[210], bei Kraftfahrzeugen mit einem höchsten zulässigen Gesamtgewicht bis 3,5 Tonnen, ausgenommen Zugmaschinen und Motorkarren, um 0,55 Euro[211] je Kilowatt der um 24 Kilowatt verringerten Motorleistung, mindestens um 5,5 Euro. Bei anderen Kraftfahrzeugen als Personenkraftwagen oder Kombinationskraftwagen beträgt die Erhöhung höchstens 60 Euro. Für mit einem Fremdzündungsmotor ausgestattete Personenkraftwagen und Kombinationskraftwagen, die vor dem 1. Januar 1987 erstmals im Inland zum Verkehr zugelassen wurden, erhöht sich die Steuer ab dem 1. Januar 1995 um 20 v. H., sofern nicht nachgewiesen wird, daß das Kraftfahrzeug besondere Schadstoffgrenzwerte nicht einhält[212].

---

[205] Beispiele: Prämien, Beiträge, Vorbeiträge, Vorschüsse, Nachschüsse, Umlagen, außerdem Eintrittsgelder, Kosten für die Ausfertigung des Versicherungsscheines und sonstige Nebenkosten

[206] I. V. m. § 6 Abs. 3 VersStG 1953.

[207] Siehe oben Seite 31.

[208] Krafträdern statt Motorleistung der Hubraum.

[209] BGBl. 1967/267.

[210] Gem. § 59 des Kraftfahrgesetzes 1967 (motorbezogene Versicherungssteuer).

[211] Seit dem Budgetbegleitgesetz 2000 sind die Steuersätze nur noch in Euro angegeben, BGBl. 2000/26.

[212] Gem. § 1 d Abs. 1 Ziffer 3 Kategorie A o. B der KDV 1967, BGBl. 1967/399 in der Fassung der 34. Novelle BGBl. 1991/579.

V. Aufkommen der motorbezogenen Versicherungssteuer

Tabelle 4: Aufkommen der motorbezogenen Versicherungssteuer

Jahr	öS in Millionen	Euro in Millionen
1993	3.890	283
1994	7.584	551
1995	7.599	552
1996	7.835	569
1997	8.661	629
1998	9.764	710
1999	9.900	719

Quelle: Daten 1993 – 1997 ÖSTAT, Abteilung 7, Volkswirtschaftliche Gesamtrechnung vom 25.01.1999;
Daten 1998 – 1999 telefonische Befragung, Bundesfinanzministerium der Republik Österreich vom 25.01.2000.

Diagramm 2: Aufkommen der motorbezogenen Versicherungssteuer

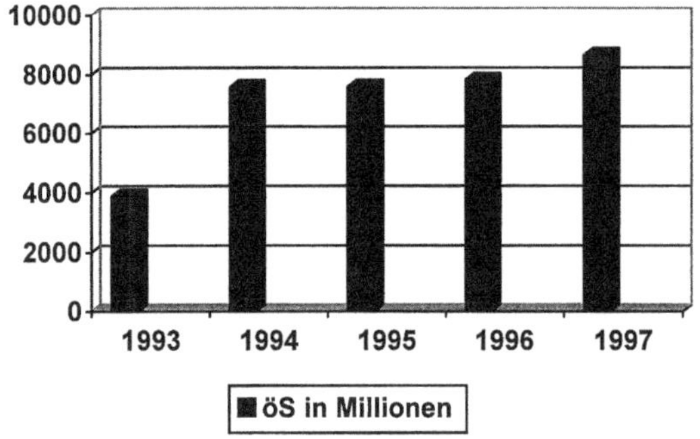

VI. Bewertung

Die motorbezogene Versicherungssteuer wurde mit der Neureglung der Kraftfahrzeugsteuer eingeführt[213]. Die bisherige Kfz-Steuer für Personenkraftwagen und Kombinationskraftwagen, für die bei einem Versicherungsunternehmen eine in Erfüllung der Versicherungspflicht abgeschlossene Haftpflichtversicherung besteht, wurde in eine sogenannte motorbezogene Versicherungssteuer umgewandelt[214]. Die Erläuterungen lassen auf eine ökologische Lenkungsabsicht schließen, da sich die motorbezogene Versicherungssteuer nach der Motorleistung bemißt[215]. Ob diese Lenkungsabsicht aber wirksam wirkt, muß bezweifelt werden. Grund hierfür ist der niedrige Steuersatz. So beträgt die motorbezogene Versicherungssteuer jährlich bei einem PKW mit 100 kw Motorleistung 550 Euro[216], bei einem PKW mit 80 kw Motorleistung 308 Euro[217]. Die Differenz beträgt 253 Euro.

Eine Lenkung über den Preis, also die Höhe der Steuer ist nicht zu erwarten. Dies wird durch die Jahresstatistik des *ÖSTAT* über die neu zum Verkehr zugelassenen PKW bzw. Kombifahrzeuge belegt. Nach dieser Statistik ist der Trend zu leistungsstärkeren PKW und Kombifahrzeugen ungebrochen. Der Anteilswert von Fahrzeugen über 68 kw stieg zu Lasten der niedrigeren Leistungsstufen auf 44 v. H. an[218].

Darüber hinaus ist die Gesamtkonstruktion der Kfz-Besteuerung fragwürdig. Wenn entsprechend den amtlichen Begründungen die externen Kosten des Verkehrs mit der Kfz-Besteuerung berücksichtigt werden sollen, so wäre zwingend die Besteuerung am Kraftstoffverbrauch zu orientieren.

Dies ist am einfachsten zu gewährleisten, in dem die Kraftfahrzeugsteuer und die motorbezogene Versicherungssteuer auf die Mineralölsteuer umgelegt werden. So könnte ein wirksamer Lenkungseffekt erzielt werden. Die Besteuerung anknüpfend an der Motorleistung ist nicht in der Lage, einen solchen Lenkungseffekt zu gewährleisten.

Die Versicherungssteuer ist eine Steuer mit Finanzierungsfunktion und Lenkungsabsicht, wobei die Unwirksamkeit der Lenkungsabsicht nachgewiesen werden kann.

---

[213] Siehe oben Seite 31.
[214] NR: GP XVIII RV 582, S. 9.
[215] Siehe oben Scitc 34.
[216] 100 kw – 24 kw = 76 kw x 0,55 Euro x 12 Monate = 501,60 Euro, § 6 Abs. 3 Nr. 1 lit. b VersStG.
[217] 80 kw – 24 kw = 56 kw x 0,55 Euro x 12 Monate = 308 Euro, § 6 Abs. 3 Nr. 1 lit. b VersStG.
[218] ÖSTAT, Presseinformation, http://www.oestat.gv.at.

C. Normverbrauchsabgabe

Die Normverbrauchsabgabe wurde 1992 als Ersatz für den bis dato geltenden erhöhten Steuersatz der Umsatzsteuer von 32 v. H. eingeführt[219].

I. Steuerbare Vorgänge

Nach § 1 Ziffer 1 und 2 NoVAG 1991[220] unterliegen die folgenden Vorgänge der Normverbrauchsabgabe:

1. die Lieferung von bisher im Bundesgebiet[221] nicht zum Verkehr zugelassenen Kraftfahrzeugen, ausgenommen die Lieferung an einen anderen Unternehmer zur gewerblichen Weiterveräußerung oder zur gewerblichen Vermietung,
2. die gewerbliche Vermietung im Bundesgebiet von bisher im Inland nicht zum Verkehr zugelassenen Kraftfahrzeugen. Der Ort der Vermietung richtet sich nach § 3 Abs. 11 UStG 1972; § 28 Abs. 7 UStG 1994 ist nicht anzuwenden,
3. die erstmalige Zulassung von Kraftfahrzeugen zum Verkehr im Bundesgebiet, soweit das Fahrzeug bisher nicht zum Verkehr zugelassen oder gewerblich vermietet war.
4. die Lieferung, der Eigenverbrauch durch Entnahme[222].

II. Kraftfahrzeuge

Als Kraftfahrzeuge gelten Krafträder, auch mit Beiwagen[223] und Personenkraftwagen[224].

---

[219] Doralt-Ruppe, S. 406.

[220] Normverbrauchsabgabegesetz BGBl. 1991/695 i.d.F. BGBl. 1992/449, BGBl. 1993/818, BGBl. 1994/684, BGBl. 1995/21, BGBl. 1996/201, BGBl. 1998/9, BGBl. 1999/122; BGBl. 2000/142; BGBl. 2001/144.

[221] Inland ist das Bundesgebiet, ausgenommen Zollausschlußgebiete (§ 1 Abs. 2 Zollgesetz 1988).

[222] § 1 Abs.1 Z 2 lit. a UStG 1972.

[223] Unterposit. 8711 20, 8711 30, 8711 40 00, 8711 50 00 der Kombinierten Nomenklatur.

[224] Und andere hauptsächlich zur Personenbeförderung gebaute Kraftfahrzeuge ausgenommen solche der Position 8702, einschließlich Kombinationskraftwagen und Rennwagen, Posit. 8703 der Kombinierten Nomenklatur, § 2 Ziffer 1 und 2 NoVAG 1991.

III. Steuerbefreiungen

Von der Normverbrauchsabgabe sind steuerbefreit:

1. Ausfuhrlieferungen[225] gemäß § 3 Nr. 1 NoVAG 1991,
2. Lieferungen von elektrisch oder elektrohydraulisch angetriebenen Personenkraftwagen, die hauptsächlich zur Personenbeförderung eingesetzt werden, § 3 Nr. 2 NoVAG 1991,
3. Lieferungen von Fahrschulkraftfahrzeugen, Taxifahrzeugen und Ausflugswagen, § 3 Nr. 3 NoVAG 1991.
4. Lieferungen von Kraftfahrzeugen an Personen und Einrichtungen, die nach dem Bundesgesetz[226] über die Umsatzsteuervergütung an ausländische Vertretungsbehörden und ihre im diplomatischen oder berufskonsularischen Rang stehenden Mitglieder oder nach anderen vergleichbaren gesetzlichen Vorschriften zur Entlastung von der Umsatzsteuer berechtigt sind, § 3 Nr. 4 NoVAG 1991.

IV. Bemessungsgrundlage

Bemessungsgrundlage ist in den Fällen der Lieferung von Kfz das Entgelt im Sinne des § 4 UStG 1972, § 5 Abs. 1 NoVAG 1991. In allen anderen Fällen der ohne Umsatzsteuerkomponente ermittelte gemeine Wert des Kraftfahrzeuges. Die Normverbrauchsabgabe gehört nicht zur Bemessungsgrundlage, § 5 Abs. 3 NoVAG 1991.

V. Tarif

Für Kraftfahrzeuge beträgt der Steuersatz gemäß § 6 Abs. 2 NoVAG 1991 2 v. H. vervielfacht mit dem um 3 Liter (bei Dieselfahrzeugen um 2 Liter) verminderten Kraftstoffverbrauch in Litern. Der Kraftstoffverbrauch ist der Gesamtverbrauch gemäß MVEG-Zyklus[227]. Bei einem Durchschnittsverbrauch von nicht mehr als 3 Litern (bei Dieselfahrzeugen von nicht mehr als 2 Litern) beträgt der Steuersatz 0 v. H. Die errechneten Steuersätze sind auf volle v. H.-Sätze auf oder abzurunden. Die Abgabe beträgt höchstens 16 v. H. der Bemessungsgrundlage, § 6 Abs. 3 NoVAG 1991. In jenen Fällen, in denen die Normverbrauchsabgabe nicht Teil der Bemessungsgrundlage für die Umsatzsteuer ist, erhöht sich der Steuersatz um 20 v. H., § 6 Abs. 6 NoVAG 1991.

---

[225] I. S. d. § 6 Abs. 1 Ziffer 1 und 7 UStG 1994.
[226] BGBl. 1976/257.
[227] Nach der EU-Richtlinie 80/1268 in der Fassung 93/116.

VI. Entstehen der Steuerschuld

Die Steuerschuld entsteht nach § 7 Abs. 1 Ziffer 1 NoVAG 1991 im Fall der Lieferung, der gewerblichen Vermietung, des Eigenverbrauches und der Nutzungsänderung mit Ablauf des Kalendermonats, in dem die Lieferung ausgeführt worden ist, die gewerbliche Vermietung begonnen hat oder der Eigenverbrauch oder die Nutzungsänderung stattgefunden hat. Im Fall der Zulassung nach § 1 Ziffer 3 NoVAG 1991 für einen Unternehmer, der Kraftfahrzeuge gewerblich veräußert oder gewerblich vermietet, mit Ablauf des Kalendermonats dieser Zulassung und in allen anderen Fällen mit dem Tag der Zulassung.

VII. Aufkommen der Normverbrauchsabgabe

Tabelle 5: Aufkommen der Normverbrauchsabgabe

Jahr	öS in Millionen	Euro in Millionen
1993	4.727	344
1994	4.606	335
1995	4.742	345
1996	5.502	400
1997	5.344	388
1998	5.383	391
1999	6.040	439

Quelle: Daten 1993 – 1997 ÖSTAT, Abteilung 7, Volkswirtschaftliche Gesamtrechnung vom 25.01.1999;
Daten 1998 – 1999 telefonische Befragung, Bundesfinanzministerium der Republik Österreich vom 25.01.2000.

Diagramm 3: Aufkommen der Normverbrauchsabgabe

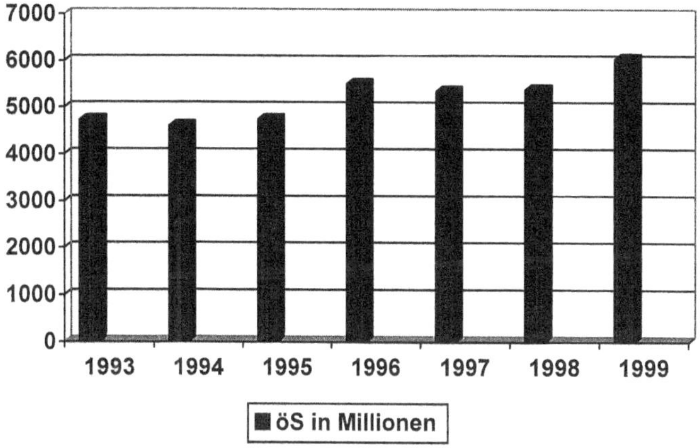

VIII. Bewertung

Die Normverbrauchsabgabe wurde als Ersatz für den früheren Luxussteuersatz der USt von 32 v. H. eingeführt[228]. Der Wegfall des erhöhten USt-Satzes stellt eine Anpassungsmaßnahme im Hinblick an das EG-Recht dar. Der so eintretende Steuerausfall sollte durch die Einführung der Normverbrauchsabgabe aufgefangen werden. Eine ökologische Lenkungsabsicht ist vorhanden, da die Höhe der Normverbrauchsabgabe vom Kraftstoffverbrauch abhängig ist. Ziel der Lenkungsabsicht ist die Reduktion des Kraftstoffverbrauchs[229]. Durch das Instrument der höheren Besteuerung von Kraftfahrzeugen mit hohem Kraftstoffverbrauch soll die Lenkungswirkung erzielt werden. Da die ökonomischen Anreize der Normverbrauchsabgabe sehr gering sind, ist die Wirksamkeit, wenn der Normverbrauchsabgabe überhaupt Wirksamkeit zugebilligt wird, als sehr gering anzusehen[230]. Bisher ist es nicht gelungen, einen empirischen Nachweis für die Wirksamkeit der Normverbrauchsabgabe zu führen[231]. So weisen auch die Daten über den Energieverbrauch des Verkehrs die Wirksamkeit der Normverbrauchsabgabe nicht nach. Der Rückgang des Kraftstoffverbrauchs kann auch andere Ursachen haben, wie etwa ein geringerer Kraftstoffverbrauch neuer Automobile.

---

228 Hilber, in Grabher-Hilber, S. 236.

229 Tok / Steuer, S. 44.

230 Vgl. statt vieler Tok / Steurer, S. 62, m. w. N.

231 Die Wirkung der Normverbrauchsabgabe wird als sehr gering angesehen, vgl. Kok / Steuer, S. 62, wobei eine Quantifizierung bisher nicht gelungen ist; vgl. Akademie für Umwelt und Energie & Österreichische CO2-Kommission, 1995: Jahresbericht der Österreichischen CO2-Kommission (ACC), S. 20, wo versucht wurde die Wirksamkeit der Normverbrauchsabgabe empirisch zu belegen, was nicht möglich war.; vgl. Umweltbundesamt, Umwelt in Österreich – Daten und Trends 1994, S. 264.

Tabelle 6: Energieverbrauch des Verkehrs 1950 – 1996

Jahr	PKW	LKW
1950	48,5	146,5
1960	445,1	403,9
1970	1433,2	837,3
1980	2340,4	988,2
1990	2847,7	1087,1
1995	3012,8	1401,2
1996	2901,7	1459,2

Daten: Angaben als 1000 t
Quelle: Umweltbilanz Verkehr, BMUJF 1997.

Festzuhalten bleibt, daß das ehrgeizige Ziel der Neuregelung der Kraftfahrzeugbesteuerung, durch das Nebeneinander von Normverbrauchsabgabe, motorbezogenen Versicherungssteuer und Kraftfahrzeugsteuer, nämlich die ökologische Ausrichtung verfehlt wurde. Insbesondere das Ziel, die externen Kosten dem Verkehr anzulasten, wurde nicht erreicht. Der Straßenverkehr ist noch weit von der Kostenwahrheit entfernt[232].

D. Mineralölsteuer

I. Allgemeines Steuergebiet, Steuergegenstand

Nach § 1 Abs. 1 Mineralölsteuergesetz[233] unterliegt Mineralöl, das im Steuergebiet[234] hergestellt oder importiert wird sowie die Verwendung von Kraftstoffen und Heizstoffen der Mineralölsteuer. Die spezifische Einteilung der Mineralöle, Kraft- und Heizstoffe richtet sich nach der Kombinierten Nomenklatur[235].

---

232 So auch Tok / Steuer, S. 62.

233 Mineralölsteuergesetz BGBl. 1994/630 in der Fassung BGBl. 1995/50; BGBl. 1995/297; BGBl. 1996/201; BGBl. 1996/427; BGBl. 1999/106, BGBl. 1999/194.

234 Steuergebiet ist gemäß § 1 Abs. 1 Mineralölsteuergesetz das Bundesgebiet, ausgenommen das Gebiet der Ortsgemeinden Jungholz (Tirol) und Mittelberg (Vorarlberg).

235 Kombinierte Nomenklatur im Sinne dieses Gesetzes ist die Warennomenklatur nach Artikel 1 der Verordnung Nr. 2658/87/EWG des Rates vom 23. Juli 1987, ABl. EG Nr. L 256 S. 1, in der Fassung des Anhangs zur Verordnung Nr. 3009/95/EG der Kommission vom 22. Dezember 1995, ABl. EG Nr. L 241 S. 1 und die zu ihrer Durchführung erlassenen Rechtsvorschriften.

II. Steuersätze

Tabelle 7:Mineralölsteuersätze nach § 3 Abs. 1 Mineralölsteuergesetz:

Einheit	Mineralölart	Steuersatz in Euro
1.000 Liter	Motorenbenzin unverbleit	407
1.000 Liter	Motorenbenzin verbleit	479
1.000 Liter	mittelschwerer Flugturbinenkraftstoff und Leichtöl "Kerosin" (ausgenommen Flugbenzin)	282
1.000 Liter	Diesel (Gasöl aus Erdöl oder bituminösen Mineralien)	282
1.000 Liter	Gasöl zum Verheizen	69
1.000 kg	gasförmige Kohlenwasserstoffe die als Treibstoff verwendet werden	261
1.000 kg	Heizöl aus Erdöl oder bituminösen Mineralien zum Verheizen	36
	ansonsten	282
1.000 kg	Flüssiggase wenn sie als Treibstoff verwendet werden	261
	ansonsten	43

Tabelle 8:Mineralölsteuersätze abhängig von der Verwendung nach § 3 Abs. 2 und 3 Mineralölsteuergesetz

Einheit	Mineralölart	Steuersatz in Euro
1.000 Liter	Kraftstoffe, wenn sie anstelle von Benzin als Treibstoff verwendet werden sollen	407
	ansonsten	282
1.000 Liter	Heizstoffe	69

III. Steuerbefreiungen

Nach § 4 Abs. 1 Mineralölsteuergesetz sind von der Mineralölsteuer befreit:

1. Mineralöl, das als Luftfahrtbetriebsstoff an Luftfahrtunternehmen für die gewerbsmäßige Beförderung von Personen oder Sachen oder für sonstige gewerbsmäßige Dienstleistungen, die mittels eines Luftfahrzeuges entgeltlich erbracht werden, aus Steuerlagern oder Zollagern abgegeben wird;
2. Mineralöl, das als Schiffsbetriebsstoff an Schiffahrtunternehmen für die gewerbsmäßige Beförderung von Personen oder Sachen, einschließlich Werksverkehr, auf der Donau oder auf dem Bodensee aus Steuerlagern oder Zollagern abgegeben wird;
3. Mineralöl, das für Zwecke der amtlichen Aufsicht oder sonstigen behördlichen Aufsicht entnommen wird;

4. Mineralöl, das für Zwecke des Steuerlagers untersucht und dabei verbraucht wird;
5. Mineralöl, Kraftstoffe oder Heizstoffe,
a) die zu Heizzwecken für Missionsräume oder zum Betrieb von Dienstfahrzeugen an im Steuergebiet befindliche diplomatische oder konsularische Vertretungen fremder Staaten gegenüber der Republik Österreich oder
b) die an ausländische Diplomaten oder Berufskonsuln zum Betrieb ihrer Kraftfahrzeuge abgegeben werden, soweit Gegenseitigkeit gewährleistet ist;
6. Flüssiggas, das als Treibstoff für im Ortslinienverkehr eingesetzte Kraftfahrzeuge verwendet wird. Ortslinienverkehr ist der zugelassene Verkehr auf Linien, deren Anfangs- und Endpunkte innerhalb desselben Gemeindegebietes oder innerhalb aneinandergrenzender Gemeindegebiete liegen und Haltestellen zum Ein- und Aussteigen nur innerhalb dieser Gemeindegebiete bestehen. Als Ortslinienverkehr gilt ferner der Verkehr auf Linien, die sich auch auf nicht unmittelbar aneinandergrenzende Gemeinden erstrecken, wenn diese zueinander im Verhältnis von Wohngemeinden zu Betriebsgemeinden stehen und die Gesamtstrecke der Kraftfahrlinie 25 km nicht übersteigt;
7. Kraftstoffe ausschließlich aus biogenen Stoffen;
8. Mineralöl, das von Inhabern eines Herstellungsbetriebes, § 26 Abs. 1 Mineralölsteuergesetz, zur Aufrechterhaltung dieses Betriebs, jedoch nicht als Treibstoff in Beförderungsmitteln verwendet wird;
9. Mineralöl,
a) der im § 2 Abs. 8 Ziffer 1 bis 4 Mineralölsteuergesetz bezeichneten Art, das zu anderen Zwecken als zur Verwendung als Treibstoff oder zur Herstellung von Treibstoffen oder zum Verheizen oder zur Herstellung eines Mineralöls zum Verheizen verwendet werden soll, oder
b) das im Rahmen von chemischen Reduktionsverfahren in Hochöfen eingeblasen und als Zusatz zu dem als Hauptbrennstoff verwendeten Koks eingesetzt werden soll,
c) der im § 2 Abs. 5 und im § 3 Abs. 2 Ziffer 7 Mineralölsteuergesetz bezeichneten Art, das zur Erzeugung von elektrischer Energie verwendet werden soll, wenn es aufgrund eines Freischeines eingeführt, abgegeben oder in einem Steuerlager zu einem solchen Zweck oder in einem Verwendungsbetrieb zu dem bewilligten Zweck verwendet wird;
10. gasförmige Kohlenwasserstoffe, die bei der Verwertung von Abfällen aus der Verarbeitung landwirtschaftlicher Rohstoffe oder bei der Tierhaltung, bei der Lagerung von Abfällen oder bei der Abwasserreinigung anfallen und als Treibstoffe oder zum Verheizen verwendet werden;
11. gebrauchte Mineralöle (Altöle), die entweder unmittelbar nach der Rückgewinnung oder nach einer Aufbereitung zum Verheizen verwendet werden.

IV. Steuererstattung und Steuervergütung in besonderen Fällen

Nach § 6 Abs. 1 Mineralölsteuergesetz ist für biogene Stoffe, die im Steuergebiet in einem Steuerlager Mineralöl beigemischt wurden, auf Antrag des Betriebsinhabers von der Mineralölsteuer, die auf die beigemischten Mengen entfällt, je Liter ein Betrag von 0,23 Euro, wenn das Gemisch dem Steuersatz von verbleitem oder unverbleitem Benzin[236] unterliegt, und 0,28 Euro, wenn das Gemisch dem Steuersatz von Gasöl (Diesel)[237] unterliegt, zu erstatten oder zu vergüten.

§ 6 Abs. 2 Mineralölsteuergesetz schränkt die Vergütung in zwei Fällen ein. Die Vergütung ist ausgeschlossen, wenn dem Mineralöl die biogenen Stoffe außerhalb des Steuerlagers beigemischt werden, § 6 Abs. 2 Ziffer 1 Mineralölsteuergesetz. Die Mineralölsteuer für biogene Stoffe wird im Falle der Beimischung zu Gasöl bis zu einem Anteil von 2 v. H. am Gemisch und im Falle der Beimischung zu verbleitem oder unverbleitem Benzin bis zu einem Anteil von 5 v. H. erstattet oder vergütet. Werden die v. H.-Sätze überschritten, so ist eine Erstattung oder Vergütung ausgeschlossen, § 6 Abs. 2 Ziffer 2 Mineralölsteuergesetz.

V. Begünstigung für Schienenfahrzeuge

Eine Begünstigung für Schienenfahrzeuge sieht § 7 Mineralölsteuergesetz vor. Danach ist für Gasöl (Diesel), für das die Mineralölsteuer gemäß § 3 Abs. 1 Ziffer 4 Mineralölsteuergesetz entrichtet und das von Eisenbahnunternehmen zum Antrieb von Schienenfahrzeugen verwendet wurde, auf Antrag des Eisenbahnunternehmens vom Hauptzollamt Wien ein Betrag von 0,21 Euro je Liter zu vergüten, § 7 Abs. 1 Mineralölsteuergesetz. Eisenbahnunternehmen sind Betreiber von Haupt- und Nebenbahnen, § 7 Abs. 2 Mineralölsteuergesetz. Eine Vergütung ist ausgeschlossen für Gasöl, das von Schienenfahrzeugen verwendet wurde, die auch zum Einsatz im nicht schienengebundenen Verkehr geeignet sind, § 7 Abs. 3 Mineralölsteuergesetz.

VI. Begünstigung für Wärmeerzeugung

Für Gasöl (Diesel), für das die Mineralölsteuer gemäß § 3 Abs. 1 Ziffer 4 Mineralölsteuergesetz entrichtet wurde und das zum Antrieb von Motoren begünstigter Anlagen verwendet wurde, ist von der darauf entfallenden Mineralölsteuer auf Antrag ein Betrag von 0,21 Euro je Liter zu vergüten, § 8 Abs. 1 Mineralölsteuergesetz.

---

[236] Gemäß § 3 Abs. 1 Ziffer 1 oder 2 Mineralölsteuergesetz.
[237] Gemäß § 3 Abs. 1 Ziffer 4 Mineralölsteuergesetz.

Begünstigte Anlagen sind gem. § 8 Abs. 2 Mineralölsteuergesetz stationäre Anlagen zur gemeinsamen Erzeugung von elektrischer Energie und Wärme (Gesamtenergieanlagen) und stationäre Wärmepumpen, die ausschließlich der Temperaturanhebung der Nutzungsenergie dienen, wenn die Antriebsenergie des mit Gasöl betriebenen Motors ausschließlich für die Gesamtenergieanlage oder die Wärmepumpe genutzt wird und einwandfrei funktionierende, gegen Mißbrauch zu sichernde Einrichtungen vorhanden sind, mit deren Hilfe festgestellt werden kann, wieviel Gasöl jeweils verwendet wurde.

VII. Aufkommen der Mineralölsteuer

Tabelle 9: Aufkommen der Mineralölsteuer in Landeswährung

Jahr	öS in Millionen	Euro in Millionen
1993	25.324	1.840
1994	27.098	1.969
1995	31.459	2.286
1996	36.230	2.633
1997	34.629	2.517
1998	35.647	2.591
1999	37.084	2.695

Quelle: Daten 1993 – 1997 ÖSTAT, Abteilung 7, Volkswirtschaftliche Gesamtrechnung vom 25.01.1999;
Daten 1998 – 1999 telefonische Befragung, Bundesfinanzministerium der Republik Österreich v. 25.01.2000.

Diagramm 4: Aufkommen der Mineralölsteuer in Landeswährung

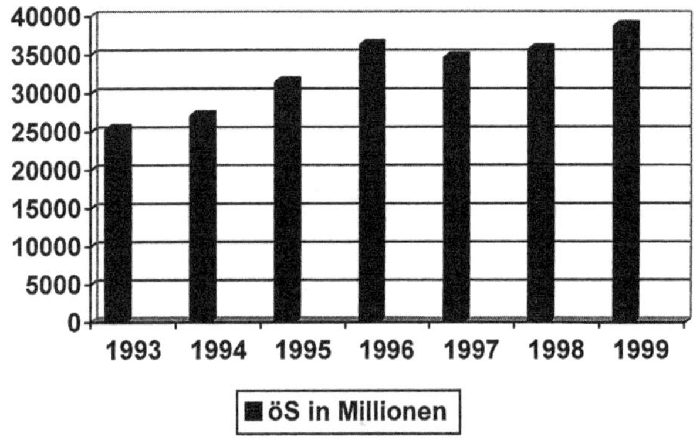

VIII. Bewertung

In der aktuellen Diskussion um den Einsatz von Verbrauchssteuern als *„Ökosteuern“*[238] steht die Mineralölsteuer[239]. So ist eine umweltpolitische Umwidmung festzustellen, die zur Folge hat, daß die Mineralölsteuer zunehmend als „Ökosteuer“ gerechtfertigt wird[240]. Ob dies allerdings juristisch begründet werden kann, erscheint zweifelhaft.

Ausgangspunkt der Betrachtung ist das gegenwärtige Verbrauchssteuersystem. Diesem liegt kein rationales System zugrunde. Die Objekte sind unter dem Aspekt des Steuerertrags ausgewählt worden, nicht etwa nach dem Grad der Sozialnützigkeit oder Sozialschädlichkeit, auch nicht nach dem Grad der Umweltschädlichkeit[241]. Zunächst hatte insbesondere die Mineralölsteuer eine umweltfeindliche Zielsetzung, nämlich die Finanzierung umfangreicher Straßenbauprojekte durch eine entsprechende Zweckwidmung[242].

Die Zweckwidmung ist im Jahre 1987 mit dem Ersten Abgabenänderungsgesetz 1987[243] aufgehoben worden. Die Mineralölsteuer ist nunmehr eine gemeinschaftliche Bundesabgabe, § 7 Abs. 1 FAG. Nach § 8 Abs. 1 FAG wird das Aufkommen der Mineralölsteuer zu 91,291 v. H. auf den Bund, zu 6,575 v. H. auf die Länder und zu 2,134 auf die Gemeinden verteilt.

Die Aufkommensverteilung und die Umwidmung der Mineralölsteuer ändert aber nicht, daß die Mineralölsteuer eine Verbrauchsteuer ist[244]. Besteuert wird der Verbrauch von Mineralöl als Kraft- oder Heizstoff[245]. Eine ökologische Begründung oder Umwidmung läßt sich den amtlichen Beilagen zu den stenographischen Protokollen des Nationalrates nicht entnehmen.

Lediglich der Budgetausschuß hat 1995 zum Strukturanpassungsgesetz[246] beschlossen, daß die Novellierung des Mineralölsteuergesetzes nur ein erster

---

[238] Der Begriff Ökosteuer ist untechnisch im Sinne der Finanzverfassung zu verstehen, da diese eine solche Steuerart nicht kennt.
[239] Rodi, S. 94.
[240] Lang, in Tipke-Lang, § 8, Rdn. 49.
[241] Lang, in Tipke-Lang, § 16, Rdn. 10.
[242] Rodi, S. 94.
[243] BGBl. 80/1987; NR: GP XVII IA 3/A 23 S. 5.
[244] Entsprechend den Richtlinien 92/81/ EWG des Rates vom 19. Oktober 1992 zur Harmonisierung der Struktur der Verbrauchsteuern auf Mineralöle, Abl. EG Nr. L 316 S. 12, geändert durch die Richtlinie 92/108/EWG, und die Richtlinie 92/82/EWG des Rates vom 19. Oktober 1992 zur Annäherung der Verbrauchssteuersätze für Mineralöle, Abl. EG Nr. L 316 S. 19; Jatzke, ZfZ 1995, S. 278 ff. (279); ders., BB 1993, S. 41 ff. (43); Mückenhausen, EuZW 1994, S. 519 ff. (519).
[245] Lauber, StBA 1998, S. 428 ff. (431).
[246] BGBl. 297/1995.

Schritt in Richtung einer umfassenden Energiebesteuerung ist. Der nächste Schritt ist eine ökologische Steuerreform, die eine Besteuerung aller Energieträger unter Berücksichtigung ökologischer Gesichtspunkte verwirklicht[247].

Die einzige Änderung dieser Novelle mit einem ökologischen Anknüpfungspunkt ist Art. XXXIV Ziffer 7[248]. Dieser Artikel ändert § 4 Abs. 1 Ziffer 10 und 11 Mineralölsteuergesetz. Danach ist die Verwendung von gasförmigen Kohlenwasserstoffen als Treibstoff und die Verheizung von Altölen mineralölsteuerbefreit. Dadurch soll die Nutzung alternativer Energiequellen gefördert werden.

Außerdem soll aus Gründen der Entsorgungssicherheit und zur Vermeidung von Wettbewerbsverzerrungen die thermische Verwertung von Altölen steuerlich entlastet werden[249].

Für eine Umwidmung der Begründung ist dieser direkt ableitbare ökologische Anknüpfungspunkt zu gering. Eine Begründung der Umwidmung könnte sich allerdings aus möglichen (Lenkungs) Wirkungen der Mineralölsteuer ergeben. Unbestritten ist, daß mit der Spreizung der Steuersätze zwischen unverbleitem und verbleitem Kraftstoff ein umweltpolitischer Lenkungseffekt verbunden ist[250]. Dies läßt sich durch die folgenden Zahlen belegen. So ist der Benzinverbrauch von 1960 bis 1998 von 587.000 t auf 2.130.164 t gestiegen, während der Anteil der Blei-Emissionen im gleichen Zeitraum von 483 t auf 27 t zurückgegangen ist.

Tabelle 10: Benzinverbrauch und Blei-Emissionen 1960 – 1998

Jahr	**Benzin-verbrauch**	**Blei-Emissionen**
1960	587.000	483
1970	1.582.829	1.321
1980	2.436.306	966
1990	2.552.254	199
1997	2.092.413	27
1998	2.130.164	27

Daten: Angaben als t

Quelle: Daten zur österreichischen Energieversorgung, OMV 1999.

[247] NR: GP XIX RV 134 AB 149 S. 32; mit dem das Mineralölsteuergesetz 1995 geändert wurde.

[248] BGBl. 630/1994.

[249] NR: GP XIX RV 134 AB 149 S. 32.

[250] Datenbank der Wirtschaftskammer Österreich, http://www.wk.or.at; BMUJF-Erklärung vom 11.11.1998, S. 3.

Die steuerbefreite Verwendung von Flüssiggas als Treibstoff für Kraftfahrzeuge die im Ortslinienverkehr eingesetzt werden ist als Subventionstatbestand in das Mineralölsteuergesetz 1981[251] aufgenommen worden, § 4 Abs. 1 Ziffer 6 Mineralölsteuergesetz.

Auch die Steuerbegünstigung für Schienenfahrzeuge nach § 7 Mineralölsteuergesetz ist aus wirtschaftlichen Förderungsgründen geschaffen worden[252]. Indirekt können diese zwei Tatbestände auch als Förderung des ÖPNV angesehen werden und daher auch gerechtfertigt werden. Allerdings läßt sich eine etwaige Lenkungswirkung vom Individualverkehr zum ÖPNV allenfalls vermuten. Ein Beleg durch empirische Daten ist nicht möglich.

Die als Förderung der Land- und Forstwirtschaft geschaffene Steuerbefreiung nach § 4 Abs. 1 Nr. 7 Mineralölsteuergesetz ist wirtschaftspolitisch und nicht ökologisch motiviert[253]. Insofern können positive umweltpolitische Lenkungseffekte nicht auftreten. Es besteht derzeit kein ökonomischer Anreiz, alte Fahrzeuge durch technisch modernere zu ersetzen, um so etwa den Kraftstoffverbrauch und die damit verbundenen Emissionen zu reduzieren.

Systematisch nicht begründbar ist die Begünstigung des Flugkraftstoffes durch vollständige Steuerbefreiung. Aufgrund der Umweltbelastung, die durch den immerfort zunehmenden Luftverkehr verursacht wird, ist eine Besteuerung des Flugbenzins anzumahnen. Diese Steuerbefreiung für Luftfahrtbetriebsstoffe in der gewerblichen Luftfahrt ist zum einen in der Verbrauchsteuerrichtlinie 92/81/EWG, Art. 8 Abs. 1 vom 19.12.1992, und zum anderen im sog. Chicago-Abkommen und in 120 bilateralen Luftfahrtabkommen geregelt[254]. Insofern kann eine Abschaffung nur auf internationaler Ebene stattfinden.

Eine ähnliche Situation stellt sich im Bereich der Befreiung von Schiffbetriebsstoffen dar. Auch hier wird durch internationale Abkommen, sog. Mannheimer Akte, die Freistellung der Schiffsbetriebsstoffe geregelt[255]. Auch hier ist eine Abschaffung nur auf internationaler Ebene möglich.

Festzuhalten bleibt somit, daß die derzeitige Ausgestaltung der Mineralölsteuer kaum nachweisbare umweltpolitisch motivierte Lenkungseffekte enthält, wenn man von der Sonderbelastung bleihaltiger Benzine absieht. Insofern kann die allgemeine Umwidmung der Mineralölsteuer als *„Ökosteuer"* juristisch nicht begründet werden. Damit bleibt die Mineralölsteuer lediglich eine Verbrauchsteuer.

[251] BGBl. 597/1981.
[252] BGBl. 597/1981.
[253] BGBl. 597/1981.
[254] Meyer, S. 25.
[255] Meyer, S. 29.

Im Interesse des Umweltschutzes gehören nicht nur alle Steuerbefreiungen überprüft, sondern bei der Bemessung der Steuer sollte auch die spezifische Umweltschädigung berücksichtigt werden. Dies bedeutet, daß die Mineralölsteuer in eine CO_2-Abgabe umgewandelt werden sollte.

E. Altlastensanierungsbeitrag

I. Allgemeine Bestimmungen, Ziel des Gesetzes

Ziel des Altlastensanierungsgesetzes ist die Finanzierung der Sicherung und Sanierung von Altlasten im Sinne dieses Gesetzes, § 1 Abs. 1 Altlastensanierungsgesetz[256].

II. Begriffsbestimmungen

Altlasten sind Altablagerungen und Altstandorte sowie durch diese kontaminierte Böden und Grundwasserkörper, von denen – nach den Ergebnissen einer Gefährdungsabschätzung – erhebliche Gefahren für die Gesundheit des Menschen oder die Umwelt ausgehen, ausgenommen Kontaminationen, die durch Emissionen in die Luft verursacht werden, § 2 Abs. 2 Altlastensanierungsgesetz. Nicht als Abfälle gelten gem. § 2 Abs. 5 Z 1 bis 14 Altlastensanierungsgesetz:

1. Abfälle, die einer Wiederverwendung, thermischen oder stofflichen Verwertung zugeführt werden, ausgenommen Verfüllungen von Geländeunebenheiten und Geländeanpassungen mit Abfällen, einschließlich deren Einbringung in geologische Strukturen sowie Baumaßnahmen des Deponiekörpers (z. B. Deponiezwischenabdeckungen, Fahrstraßen, Rand- und Stützwälle);
2. Erdaushub und Abraummaterial, die durch Aushub oder Abräumen von im wesentlichen natürlich gewachsenem Boden oder Untergrund anfallen und die den Kriterien für Baurestmassendeponien der Deponieverordnung[257] entsprechen, sofern der Anteil an Baurestmassen nicht mehr als 5 Volumenprozent beträgt;
3. Berge (taubes Gestein) sowie Abraummaterial, die beim Aufsuchen, Gewinnen, Speichern und Aufbereiten mineralischer Rohstoffe anfallen, soweit diese Tätigkeit dem Berggesetz 1975[258], oder der Gewerbeordnung 1994[259] unterliegt; Schlämme und flüssige Rückstände, die bei der Rohstoffgewinnung

[256] Bundesgesetz vom 7. Juni 1989 zur Finanzierung und Durchführung der Altlastensanierung, (Altlastensanierungsgesetz, BGBl. 1989/299 in der Fassung von BGBl. 1990/325; BGBl. 1993/185; BGBl. 1996/201; BGBl. 1997/96; BGBl. 1998/152; BGBl. 2000/26.

[257] Anlage 1, Tabelle 3 und 4, BGBl. 1996/164.

[258] BGBl. 1975/259.

[259] BGBl. 1994/194.

gemäß dem Berggesetz 1975[260] oder der Gewerbeordnung 1994[261] anfallen und wieder in die ursprünglichen Lagerstätten zurückgeführt werden;
4. Schlacken, die bei der Verbrennung oder Vergasung von Kohle zum Zwecke der Erzeugung von elektrischer Energie oder Wärme anfallen, sofern sie in die ursprünglichen Lagerstätten zurückgeführt werden;
5. radioaktive Stoffe und Sprengstoffabfälle im Sinne des Schieß- und Sprengmittelgesetzes 1935[262].

III. Gegenstand des Beitrags

Nach § 3 Abs. 1 Ziffer 1 bis 4 Altlastensanierungsgesetz unterliegen dem Altlastenbeitrag:

1. das langfristige Ablagern von Abfällen;
2. das Verfüllen von Geländeunebenheiten oder Geländeanpassungen mit Abfällen einschließlich deren Einbringung in geologische Strukturen, ausgenommen jene Geländeverfüllungen oder Geländeanpassungen, die im Zusammenhang mit einer übergeordneten Baumaßnahme eine konkrete bautechnische Funktion erfüllen (z. B. Dämme und Unterbauten für Straßen, Gleisanlagen oder Fundamente für Baugrubenverfüllungen);
3. das Lagern von Abfällen;
4. das Befördern von Abfällen zur langfristigen Ablagerung außerhalb des Bundesgebietes.

Von der Beitragspflicht ausgenommen ist das Ablagern, Lagern und Befördern von Abfällen, die im Zuge der Sicherung oder Sanierung von Altlasten anfallen, sowie das Umlagern von Abfällen, soweit bereits ein Altlastenbeitrag entrichtet wurde, § 3 Abs. 2 Altlastensanierungsgesetz.

IV. Beitragsschuldner

Beitragsschuldner ist:
1. der Betreiber einer Deponie oder eines Lagers,
2. im Falle der Beförderung der Abfälle zur langfristigen Ablagerung außerhalb des Bundesgebietes der Inhaber der Bewilligung zur Ausfuhr aus Österreich gemäß Abfallwirtschaftsgesetz[263],
3. derjenige, der mit Abfällen Geländeunebenheiten verfüllt oder Geländeanpassungen vornimmt oder Abfälle in geologische Strukturen einbringt oder
4. in allen übrigen Fällen derjenige, der die beitragspflichtige Tätigkeit veranlaßt oder duldet.

---

[260] BGBl. 1975/259.
[261] BGBl. 1994/194.
[262] BGBl. 196/1935
[263] BGBl. 1990/325.

V. Bemessungsgrundlage

Die Bemessungsgrundlage ist die Masse des Abfalls entsprechend dem Rohgewicht. Als Rohgewicht gilt das Gewicht des Abfalls mit seinen Verpackungen, § 5 Altlastensanierungsgesetz.

VI. Beitragshöhe

Tabelle 11: Altlastenbeitrag[264] für das langfristige Ablagern oder das Befördern von Abfällen zur langfristigen Ablage außerhalb des Bundesgebietes je angefangene Tonne

Baurestmassen	7 €
Erdaushub	7 €
Abfälle, die den Kriterien für Baurestmassendeponien entsprechen	44 €
übrigen Abfälle	44 €

Tabelle 12: Altlastenbeitrag[265] bei Ablagerung auf einer Deponie ohne Deponiebasisdichtungssystem und ohne vertikale Umschließung

Baurestmassen	9 €
Erdaushub	9 €
Abfälle, die den Kriterien für Baurestmassendeponien entsprechen	58 €
übrigen Abfälle	73 €

Tabelle 13: Altlastenbeitrag[266] bei Ablagerung auf einer Deponie mit der Bewilligung zur Ablagerung von Hausmüll und hausmüllähnlichen Gewerbeabfällen ohne eine Deponiegaserfassungs und –behandlung die nicht dem Stand der Technik entspricht

Baurestmassen	9 €
Erdaushub	9 €
Abfälle, die den Kriterien für Baurestmassendeponien entsprechen	58 €
übrigen Abfälle	102 €

---

264 Gemäß § 6 Abs. 1 Ziffer 1 bis 4 Altlastensanierungsgesetz.

265 Gemäß § 6 Abs. 2 Ziffer 1 bis 3 Altlastensanierungsgesetz.

266 Gemäß § 6 Abs. 4 Ziffer 1 bis 3 Altlastensanierungsgesetz.

Tabelle 14: Altlastenbeitrag[267] bei Ablagerung auf einer Deponie-Neuanlage[268] oder nachgerüsteten Altanlage[269]

Baurestmassen	6 €
Reststoff	15 €
Massenabfall	22 €

Der Beitragsschuldner hat nachzuweisen, welche Beitragssätze zur Anwendung kommen sowie, daß die Zuschläge nicht zur Anwendung kommen, § 6 Abs. 6 Altlastensanierungsgesetz. Er hat die Altlastenbeiträge, die er seinen Kunden gesondert ausgewiesen weiter berechnet, in der Höhe des berechneten Betrages abzuführen, § 6 Abs. 7 Altlastensanierungsgesetz.

VII. Zweckbindung

Der Beitrag gemäß § 11 Altlastensanierungsgesetz ist eine ausschließliche Bundesabgabe, die zweckgebunden zu verwenden ist für:

1. zur Erfassung, Abschätzung und Bewertung von Verdachtsflächen sowie zur Erfassung von Altlasten,
2. zur Erstellung eines Verdachtsflächenkatasters, eines Altlastenatlasses und der Prioritätenklassifizierung,
3. zur teilweisen oder gänzlichen Finanzierung der Maßnahmen zur Altlastensicherung und Altlastensanierung, einschließlich der erforderlichen Vorleistungen,
4. zur Errichtung, Erweiterung oder Verbesserung von Abfallbehandlungsanlagen, soweit diese zur Sanierung von Altlasten erforderlich sind,
5. für Studien und Projekte, einschließlich solcher zur Entwicklung von Sicherungs- und Sanierungstechnologien.

[267] Gemäß § 6 Abs. 2 Ziffer 1 bis 3 Altlastensanierungsgesetz.

[268] Deponie entsprechend dem Stand der Technik, nach der Deponieverordnung.

[269] Deponie deren Anpassung an den für den jeweiligen Deponietyp in der Deponieverordnung festgelegten Stand der Technik, mit Ausnahme der Anforderungen an den Deponiestandort und das Deponiebasisdichtungssystem abgeschlossen wurde.

VIII. Aufkommen des Altlastensanierungsbeitrages

Tabelle 15: Aufkommen des Altlastensanierungsbeitrages

Jahr	öS in Millionen	Euro in Millionen
1993	216	16
1994	211	15
1995	285	21
1996	290	21
1997	448	33
1998	598	43
1999	878	64

Quelle: Daten 1993 – 1997 ÖSTAT, Abteilung 7, Volkswirtschaftliche Gesamtrechnung vom 25.01.1999;
Daten 1998 – 1999 telefonische Befragung, Bundesfinanzministerium der Republik Österreich v. 25.01.2000.

Diagramm 5: Aufkommen des Altlastensanierungsbeitrages

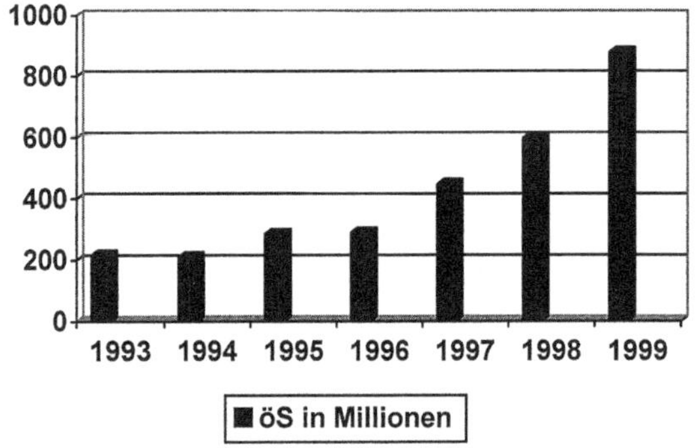

IX. Bewertung

Ausgangspunkt für die Überlegungen zur Einführung eines Altlastensanierungsbeitrages war, daß nach sehr groben Schätzungen in Österreich im Jahre 1989 rund 3.000 Deponien existierten, von denen ein Teil gesichert und saniert werden mußte[270]. Diese Sanierungskosten wurden auf 10 Milliarden Schilling in den

[270] GP XVII RV 898 AB 979 S. 106.

nächsten 7 – 10 Jahren geschätzt. Um diese finanziellen Mittel aufzubringen, wurde das Altlastensanierungsgesetz geschaffen[271].

Hinter der Einführung des Altlastensanierungsbeitrages stand die Idee, die Deponierung von Abfällen teurer zu machen und dadurch vorgelagerte Technologien von Vermeidung bzw. der Verwertung ökonomisch interessanter werden zu lassen[272]. Ziel war die umweltgerechte, dem Stand der Technik entsprechende Deponierung. Erst mit dem Strukturanpassungsgesetz 1996[273] bekam der Altlastenbeitrag einen Lenkungseffekt[274].

Es sollten Wettbewerbsverzerrungen zwischen neuen Deponien, die entsprechend dem Stand der Technik ausgerüstet sind, und Altdeponien, die nicht entsprechend ausgestattet sind und daher auf Grund der günstigeren Errichtungs- und Betriebskosten einen Preisvorteil haben, vermieden werden[275].

Dieser Lenkungseffekt soll durch Einführung eines Staffeltarifs erreicht werden, der sich ab besonderen Stichtagen erhöht und von der Altlastenart und vom Deponietyp abhängig ist[276].

Die ungestaffelte Erhebung des Altlastenbetrages bis zum Jahr 1998 war nicht in der Lage, die Preisdifferenz zwischen den billigeren Deponien und den teureren Verbrennungsanlagen auszugleichen[277]. Der eingeführte Staffeltarif ist besser geeignet, Altlasten (Müll) in Richtung auf technisch besser ausgestattete Deponien zu lenken[278]. Die beabsichtigte Lenkungswirkung ist eingetreten. Die Anzahl der Deponien die dem Stand der Technik nicht entsprechen, hat sich in Österreich verringert. 1996/97 entsprachen 21 Hausmülldeponien nicht dem Stand der Technik. Im Jahr 1999 waren es nur noch 4 Deponien[279].

Der Altlastensanierungsbeitrag ist eine umweltrelevante Steuer, die auch explizit als Umweltsteuer eingeführt wurde[280], mit Lenkungs- und Finanzierungsfunktion.

---

[271] GP XVII RV 898 AB 979 S. 106; Thomasitz, ÖZW 1990, S. 8 ff. (8).
[272] Glatz, S. 9.
[273] BGBl. 1996/201.
[274] GP XX RV 72 und Zu 72 AB 95 S. 16.
[275] GP XX RV 72 und Zu 72 AB 95 S. 16.
[276] Siehe oben Seite 52 ff.
[277] Goldschmid / Walter, S. 29.
[278] So auch Goldschmid / Walter, S. 29.
[279] Umweltbundesamt, Deponieabgaben im europäischen Vergleich, S. 1, http://www.ubavie.gv.at.
[280] So auch, Glatz, S. 9.

F. Energieabgaben

I. Elektrizitätsabgabe

Durch das Elektrizitätsabgabegesetz[281] ist eine Abgabe auf die Lieferung und den Verbrauch elektrischer Energie eingeführt worden.

1. Steuerbare Vorgänge, Steuergebiet

Nach § 1 Abs. 1 Elektrizitätsabgabegesetz unterliegen der Elektrizitätsabgabe:

a) die Lieferung von elektrischer Energie im Steuergebiet[282], aus-genommen an Elektrizitätsversorgungsunternehmen, und
b) der Verbrauch von elektrischer Energie durch Elektrizitätsversorgungsunternehmen sowie der Verbrauch von selbst hergestellter oder in das Steuergebiet verbrachter elektrischer Energie im Steuergebiet.

2. Steuerbefreiungen

Gem. § 2 Nr. 1 und 2 Elektrizitätsabgabegesetz sind von der Abgabe befreit:
a) Elektrizitätserzeuger, die die elektrische Energie ausschließlich für den Eigenbedarf erzeugen, wenn die Erzeugung und der Verbrauch pro Jahr nicht größer als 5.000 kWh ist,
b) die für die Erzeugung und Fortleitung der elektrischen Energie verwendete elektrische Energie.

3. Abgabenhöhe

Die Abgabe beträgt 0,015 Euro[283] je kWh, § 4 Abs. 2 Elektrizitätsabgabegesetz.

II. Erdgasabgabe

Mit dem Erdgasabgabegesetz[284] wurde eine Abgabe auf die Lieferung und den Verbrauch von Erdgas eingeführt.

---

281 BGBl. 1996/201 in den Fassung BGBl. 1996/797, BGBl. 1998/9, BGBl. 1999/106, BGBl. 2000/26.
282 Steuergebiet ist das Bundesgebiet ausgenommen das Gebiet der Ortsgemein-den Jungholz (Tirol) und Mittelberg (Vorarlberg).
283 Steuersätze seit dem Budgetbegleitgesetz nur noch in Euro, BGBl. 2000/26.
284 BGBl. 1996/201 in den Fassung BGBl. 1996/797, BGBl. 1998/9; BGBl. 2001/47; BGBl. 2001/59.

1. Steuerbare Vorgänge, Steuergebiet

Nach § 1 Abs. 1 Erdgasabgabegesetz unterliegen der Erdgasabgabe

a) die Lieferung von Erdgas im Steuergebiet[285], ausgenommen an Erdgasversorgungsunternehmen, und
b) der Verbrauch von Erdgas durch Erdgasversorgungsunternehmen im Steuergebiet, sowie der Verbrauch von selbst hergestelltem oder in das Steuergebiet verbrachtem Erdgas.

2. Steuerbefreiungen

Nach § 3 Abs. 1 Nr. 1 und 2 Erdgasabgabegesetz sind von der Erdgasabgabe befreit:

a) Erdgas, das zur Herstellung, für den Transport oder für die Speicherung von Erdgas verwendet wird,
b) Erdgas, das für den Transport und für die Verarbeitung von Mineralöl verbraucht wird.

Die Steuerbefreiung erfolgt im Wege einer Vergütung. Für das Vergütungsverfahren sind die Regelungen des Energieabgabenvergütungsgesetzes sinngemäß anzuwenden, § 3 Abs. 2 Nr. 1 und 2 Erdgasabgabegesetz.

3. Abgabenhöhe

Die Abgabe beträgt gem. § 5 Abs. 2 Erdgasabgabegesetz 0,0436 Euro je Kubikmeter[286] Erdgas.

---

[285] Entspricht dem Steuergebiet nach dem Elektrizitätsabgabengesetz.
[286] Kubikmeter Erdgas ist der Kubikmeter bei einer Temperatur von 0° und einem Druck von 1,01325 bar.

4. Aufkommen der Elektrizitätsabgabe und der Erdgasabgabe

Tabelle 16: Aufkommen der Elektrizitäts- und Erdgasabgabe

Jahr	öS in Millionen	Euro in Millionen
1996	1.953	142
1997	7.469	543
1998	5.466	397
1999	5.572	405

Quelle: Daten 1993 – 1997 ÖSTAT, Abteilung 7, Volkswirtschaftliche Gesamtrechnung vom 25.01.1999;
Daten 1998 – 1999 telefonische Befragung, Bundesfinanzministerium der Republik Österreich v. 25.01.2000.

Diagramm 6: Aufkommen der Elektrizitäts- und Erdgasabgabe

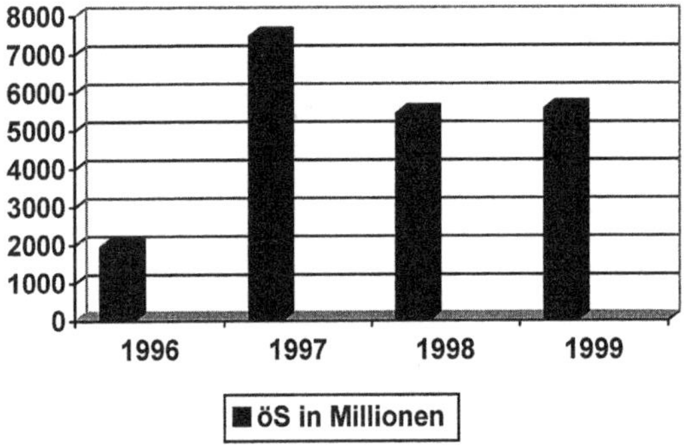

III. Vergütungsverfahren

Mit dem Energieabgabenvergütungsgesetz[287] ist die Vergütung von Energieabgaben geregelt worden.

Gem. § 1 Abs. 1 Energieabgabenvergütungsgesetz sind die Energieabgaben auf Erdgas und elektrische Energie für ein Kalenderjahr (Wirtschaftsjahr) auf Antrag insoweit zu vergüten, als sie (insgesamt) 0,35 v. H. des Nettoproduktions-

[287] BGBl. 1996/201 in den Fassung BGBl. 1996/797; BGBl. 1998/10; BGBl. 2001/59; Novacek, UVR 1998, S. 106 ff. (107).

wertes[288] übersteigen. Anspruch auf Vergütung haben nur Betriebe, deren Schwerpunkt nachweislich in der Herstellung körperlicher Wirtschaftsgüter besteht, § 2 Abs. 1 Energieabgabenvergütungsgesetz. Ein Anspruch auf Vergütung nach § 2 Abs. 3 Energieabgabenvergütungsgesetz besteht auch, als für den Produktionsprozeß Wärme (bzw. Dampf oder Warmwasser) bezogen wird und die Erzeugung dieser Wärme (bzw. des Dampfes oder des Warmwasser) aus Erdgas (elektrische Energie) erfolgt.

Die Vergütung setzt einen Antrag voraus. Der Vergütungsbetrag wird abzüglich eines Selbstbehaltes von höchstens 363 Euro gutgeschrieben, § 2 Abs. 2 Energieabgabenvergütungsgesetz.

Kein Anspruch auf Vergütung besteht, wenn das Erdgas oder die elektrische Energie für die Erzeugung von Wärme, Dampf oder Warmwasser verwendet wird, ausgenommen unmittelbar für einen Produktionsprozeß, und falls Erdgas steuerfrei nach § 3 Abs. 2 Erdgasabgabegesetz verwendet wird.

IV. Bewertung

Durch das Strukturanpassungsgesetz 1996 wurden die oben beschriebenen Elektrizitäts- und Erdgasabgaben eingeführt. Neben Mineralöl und Flüssiggas sollten, da es aus ökologischer Sicht notwendig war, auch leitungsgebundene Energieträger wie Erdgas und elektrische Energie besteuert werden[289].

Auf die ökologische Notwendigkeit gehen die parlamentarischen Materialien nicht ein. Es gibt insbesondere keinerlei Hinweise auf beabsichtigte Lenkungseffekte.

So ist die eingeführte Energiebesteuerung auf Grund der Ausgestaltung der Elektrizitäts- und Erdgasabgabe eine rein fiskalpolitische Maßnahme, die keine positiven ökologischen Steuerungseffekte erwarten läßt[290].

Dies führt dazu, daß neben Mineralöl auch elektrische Energie und Erdgas besteuert werden. Unbesteuert bleiben dagegen Kohle und biogene Stoffe zur Wärmeerzeugung, was zu einer unterschiedlichen Belastung der Energieträger führt. Insofern fehlt eine ökologische Differenzierung nach Art der Stromerzeugung.

---

[288] Nettoproduktionswert = Umsätze i. S. d. § 1 Ziffer 1 und 2 UStG (Lieferungen u. sonstige Leistungen u. Eigenverbrauch) abzüglich Umsätze i. S. d. § 1 Ziffer 1 und 2 UStG an das Unternehmen, § 1 Abs. 1 Ziffer 1 und 2 Energieabgabenvergütungsgesetz.

[289] GP XX RV 72 und Zu 72 AB 95 S. 16.

[290] So auch Dipl.-Vw. Dr. Alexander Van der Bellen, abweichende persönliche Stellungsnahme, GP XX RV 72 und Zu 72 AB 95 S. 16.

Problematisch ist der Lenkungseffekt durch die neuen Abgaben. Bei der Verbrennung von Erdgas wird wesentlich weniger CO_2 produziert als bei der Verbrennung von Kohle. Die Einführung der Erdgasabgabe benachteiligt Wärmeerzeugungsanlagen, die mit Erdgas betrieben werden, gegenüber Wärmeerzeugungsanlagen, die mit Kohle betrieben werden. Insoweit liegt der Erdgasabgabe, bezogen auf den CO_2-Ausstoß, ein ökologisch fragwürdiger Lenkungseffekt zugrunde.

Kritisiert wird insbesondere die Konzeptionslosigkeit. Als wesentliche Schwächen werden genannt:

1. keine Aufkommensneutralität, d. h. keine Verschiebung der Steuerlast durch gleichzeitige Senkung der Steuern auf die menschliche Arbeitskraft,
2. keine zeitliche Dynamisierung der Steuersätze,
3. einseitige Belastung privater Haushalte durch Vergütung der Abgaben für Unternehmen bei Überschreitung von 0,35 v. H. des Nettoproduktionswertes,
4. keine ordnungspolitischen Begleitmaßnahmen (etwa Wärmepaß) zum Abbau von Markthemmnissen (z. B. Mieter / Vermieter-Problematik), da eine Erhöhung der Raumheizungskosten, die ausschließlich vom Mieter zu tragen sind, dem Vermieter keinerlei Anreiz zu kostenintensiven Energiesparmaßnahmen geben, wie etwa die Wärmedämmung der Außenhaut eines Hauses[291],
5. keine Steuerbefreiung für die Stromerzeugung aus Alternativenergien (Wind, Photovoltaik, Biomasse, Bio-, Deponie- und Klärgas),
6. keine Zweckbindung des Steueraufkommens für Energie (Effizienz)-investitionen und Alternativenergien[292].

Die Steuerbefreiung der Eigenerzeuger und Eigenverbraucher von Strom bis zu einer Menge von 5.000 kWh wird nicht näher begründet. Den amtlichen Beilagen zum stenographischen Protokoll des Nationalrates läßt sich nur entnehmen, daß die Grenze von 5.000 kWh auch bei sehr intensiver Verwendung von Elektrizität in einem Haushalt kaum erreicht werden könne[293].

Um das produzierende Gewerbe und die produzierende Industrie, anders als Dienstleistungsunternehmungen, Tourismus und Verkehr, durch die Elektrizitäts- und Erdgasabgabe nicht über Gebühr zu belasten bzw. in ihrer Konkurrenzfähigkeit zu beschneiden, wurde das Instrument einer Energieabgabenrückvergütung eingeführt[294]. Diese Rückerstattung der bezahlten Energieabgaben erfolgt in Abhängigkeit vom Nettoproduktionswert.

---

[291] Ritt in Ritt, S. 74.

[292] Statt vieler Dipl.-Vw. Dr. Alexander Van der Bellen, abweichende persönliche Stellungsnahme, GP XX RV 72 und Zu 72 AB 95 S. 16.

[293] GP XX RV 72 und Zu 72 AB 95 S. 16.

[294] GP XX RV 72 und Zu 72 AB 95 S. 16.

Der Nettoproduktionswert ist die Differenz zwischen dem Bruttoproduktionswert und den notwendigen Vorleistungen. Der Bruttoproduktionswert umfaßt alle steuerbaren Umsätze gemäß § 1 Abs. 1 Ziffer 1 und 2 des UStG 1994. Es besteht keine vollständige Befreiung der produzierenden Industrie.

Beispiel[295]:
Die Umsätze eines energieintensiv produzierenden Unternehmens mögen 726.728 Euro abzüglich Vorleistungen in Höhe von 290.691 Euro betragen. Dies ergibt einen Nettoproduktionswert von 436.037 Euro. Davon 0,35 v. H. Energieabgabenrückvergütung ergibt eine Rückerstattungsgrenze von 1.526 Euro.

Energierechnung:

a) Elektrizitätsabgabe	1.090 Euro
b) Erdgasabgabe	1.453 Euro
Gesamt	2.543 Euro
- Selbstbehalt	363 Euro
Gesamtbelastung	2.180 Euro

In Relation zur Rückerstattungsgrenze von 1.526 Euro ergibt sich für den Betrieb einen zu vergütenden Betrag in Höhe von 654 Euro. Eine vollständige Befreiung von den Energieabgaben wird nicht erreicht.

V. Europarechtliche Bedenken gegen die Stromsteuer

Das Vergütungsverfahren begegnet erheblichen europarechtlichen Bedenken. Diese Bedenken haben den VfGH mit Beschluß B 2251/97, B2594/97 vom 03.10.1999 zur Vorlage zweier Fragen betreffend die Qualifikation einer Energieabgabenvergütung als staatliche Beihilfe im Sinne des EG-Vertrages zur Vorabendscheidung an den EuGH veranlaßt[296]. Die erste Frage betraf die Zweifel des VfGH, ob die Vergütung der Energieabgaben selektiv ist. Es sei ungeklärt, ob die Unterscheidung bei der Vergütung dieser Abgaben zwischen Unternehmen, die körperliche Güter herstellen, und solchen, die Dienstleistungen erbringen, bereits dazu führt, daß die Maßnahme selektiv wird, und dementsprechend geeignet ist, sie den für staatliche Beihilfen geltenden Vorschriften zu unterstellen[297]. Falls diese Frage bejaht würde, sei fraglich, ob die Qualifikation als Beihilfe auch dann anzunehmen sei, wenn allen Unternehmen eine Vergütung der Energieabgaben zugute käme[298].

---

[295] Angenommene Werte.
[296] http://www.ris.bka.gv.at.
[297] EuZW 2002, S. 213.
[298] EuZW 2002, S. 213.

Der EuGH hat die auf die Vorlagefragen dahingehend geantwortet, daß nationale Maßnahmen, die eine teilweise Vergütung von Energieabgaben auf Erdgas und elektrische Energie vorsehen, keine staatliche Beihilfe i. S. des Artikel 87 EGV (Artikel 92 EGV a. F.) darstellen, wenn sie allen Unternehmen im Inland unabhängig vom Gegenstand ihrer Tätigkeit gewährt werden. Er sieht aber nationale Maßnahmen, die eine teilweise Vergütung von Energieabgaben auf Erdgas und elektrische Energie nur für Unternehmen vorsehen, deren Schwerpunkt nachweislich in der Herstellung körperlicher Güter besteht, als staatliche Beihilfe i. S. des Artikel 87 EGV (Artikel 92 EGV a. F.) an[299].

Der Entscheidung des EuGH ist zuzustimmen. Gleichwohl soll eine ausführliche Erörterung vorgenommen werden.

Nach Artikel 87 EGV sind staatliche oder aus staatlichen Mitteln gewährte Beihilfen gleich welcher Art, die durch die Begünstigung bestimmter Unternehmen oder Produktionszweige den Wettbewerb verfälschen oder zu verfälschen drohen, mit dem Gemeinsamen Markt unvereinbar, soweit sie den Handel zwischen Mitgliedstaaten beeinträchtigen. Diese Vorschrift soll verhindern, daß der Handel zwischen den Mitgliedstaaten durch von staatlichen Stellen gewährte Vergünstigungen beeinträchtigt wird, die den Wettbewerb in verschiedener Form durch die Bevorzugung bestimmter Unternehmen oder Produktionszweige verfälschen oder zu verfälschen drohen[300].

Der weite Wortlaut des Begriffs Beihilfen gleich welcher Art spricht für ein weites Verständnis dieses Begriffs[301]. Es kommt nicht auf die Art einer Maßnahme an, entscheidend ist vielmehr ihre Wirkung[302]. Für die Anwendung der Gemeinschaftsvorschriften über staatliche Beihilfen ist der steuerliche Charakter einer Maßnahme unerheblich, da der Beihilfebegriff des EGV alle Begünstigungen bestimmter Unternehmen oder Produktionszweige umfaßt, soweit sie nicht durch eine marktgerechte Gegenleistung des Begünstigten kompensiert werden[303]. Der Begriff der Beihilfe ist insbesondere weiter als der Begriff der Subvention[304].

---

[299] EuGH, Urteil vom 8.11.2001 – Rs. C-143/99 Adria-Wien Pipeline GmbH, Wietersdorfer & Peggauer Zementwerke GmbH/Finanzlandesdirektion Kärnten, EuZW 2002, S. 213 ff.

[300] EuGH, Slg. 1987, S. 901 ff., Rdn. 26 = NJW 1987, S. 3072 ff. , Rdn. 8 – Deufil/Kommission; EuGH Urt. v. 28.1.1999 – Rs. T-14/96 – Bretange Angleterre Irlande/Kommission = EuZW 1999, S. 665 ff., Rdn. 71.

[301] Wallenberg in Grabitz-Hilf, Art. 92, Rdn. 5, m. w. N.

[302] EuGH, Slg. 1987, 901 (924) = NJW 1987, 3072 – Deufil/Kommission.

[303] Geiger, Art. 93, Rdn. 10 – 12.

[304] EuGH, Urteil vom 8.11.2001 – Rs. C-143/99 Adria-Wien Pipeline GmbH, Wietersdorfer & Peggauer Zementwerke GmbH/Finanzlandesdirektion Kärnten, EuZW 2002, S. 213 (214).

Von Bedeutung ist allein, ob die Maßnahme dazu führt, daß die Belastung, die ein Unternehmen normalerweise zu tragen hat, vermindert wird[305]. Unter den Beihilfebegriff dieses Artikels werden auch Befreiungen von Steuern und Abgaben subsumiert[306], so auch Vorzugstarife für Strom und Gas[307].

1. Vorteil der die normalen Belastungen vermindert

Die Maßnahme muß dem Begünstigten einen Vorteil verschaffen, durch den seine normalerweise zu tragenden Belastungen vermindert werden. Ein solcher Vorteil kann durch die Minderung der Steuerbemessungsgrundlage, durch vollständige oder teilweise Ermäßigung, Zahlungsaufschub oder Aufhebung der Steuerschuld gewährt werden[308].

Das Energieabgabenvergütungsgesetz[309] gewährt den Unternehmen des produzierenden Gewerbes eine Rückvergütung, die die normalerweise zu tragenden Belastungen vermindert[310]. Dies erscheint überhaupt nicht zweifelhaft. Insofern liegt ein Vorteil für die betroffenen Unternehmen vor.

2. Gewährung des Vorteils aus staatlichen Mitteln

Der Vorteil muß vom Staat oder aus staatlichen Mitteln unmittelbar oder mittelbar gewährt werden[311] oder eine zusätzliche Belastung für den Staat darstellen[312]. Diese Voraussetzung ist erfüllt, da die Rückvergütung der Energieabgabe aus Haushaltsmitteln erfolgt.

---

305 EuGH, Slg. 1994 I-877 = EuZW 1994, 346 Rdn. 13 – Bano Exterior de Espana; EuGH Urt. v. 29.6.1999 – Rs. C – 256/97 Déménagements-Manutention Transport SA = EuZW 1999, 506 ff. Rdn. 19.

306 Moritz, RdU 1998, S. 58 ff. (61).

307 Rawlinson in Lenz, Art. 87, Rdn. 6.

308 Mitteilung der Kommission über die Anwendung der Vorschriften über staatliche Beihilfen auf Maßnahmen im Bereich der direkten Unternehmensbesteuerung, BStBl. I 1999, S. 205 (206).

309 BGBl. 1996/201 in den Fassung BGBl. 1996/797; BGBl. 1998/10; Novacek, UVR 1998, S. 106 ff. (107).

310 EuGH, Urteil vom 8.11.2001 – Rs. C-143/99 Adria-Wien Pipeline GmbH, Wietersdorfer & Peggauer Zementwerke GmbH/Finanzlandesdirektion Kärnten, EuZW 2002, S. 213 (214).

311 Mitteilung der Kommission über die Anwendung der Vorschriften über staatliche Beihilfen auf Maßnahmen im Bereich der direkten Unternehmensbesteuerung, BStBl. I 1999, S. 205 (206).

312 EuGH, Urteil v. 17.6.1999 – Rs. C-295/97 (Industrie Aeronautiche e Meccaniche Rinaldo Piaggio SpA/Internatinal Factors Italie SpA, Dornier Luftfahrt GmbH. U. Ministero della Difesa = EuZW 1990, S. 530 ff., Rdn. 34.

3. Beeinträchtigung des Handels zwischen den Mitgliedstaaten

Die Beeinträchtigung des Handels zwischen den Mitgliedstaaten setzt voraus, daß der Begünstigte unabhängig von seiner Rechtsform oder Finanzierungsweise eine Wirtschaftstätigkeit ausübt. Nach ständiger Rechtsprechung ist die Voraussetzung der Handelsbeeinträchtigung erfüllt, wenn das begünstigte Unternehmen einer Wirtschaftstätigkeit nachgeht, die Gegenstand eines Handels zwischen den Mitgliedstaaten ist.

Schon die Tatsache, daß die Beihilfe die Stellung des Unternehmens gegenüber anderen im innergemeinschaftlichen Handel konkurrierenden Unternehmen stärkt, berechtigt als solche zu der Feststellung, daß dieser Handel beeinträchtigt wurde. Weder die relativ geringe Bedeutung einer Beihilfe noch die geringe Größe des Beihilfeempfängers oder sein äußerst geringer Anteil am Gemeinschaftsmarkt, noch das Fehlen einer Exporttätigkeit bei diesem oder die Tatsache, daß das Unternehmen fast seine gesamte Produktion aus der Gemeinschaft ausführt, ändern etwas an dieser Feststellung“[313].

Eine Exporttätigkeit ist nicht Voraussetzung, damit eine Beihilfe den innergemeinschaftlichen Handel beeinflussen kann. Gewährt nämlich ein Mitgliedstaat einem Unternehmen eine Beihilfe, so kann die inländische Erzeugung dadurch beibehalten oder erhöht werden, so daß sich die Chancen der in anderen Mitgliedstaaten niedergelassenen Unternehmen, ihre Erzeugnisse auf den Markt dieses Mitgliedsstaats auszuführen, verringern[314].

Es kann nicht ausgeschlossen werden, daß die Unternehmen, die in den Genuß der Energieabgabenvergütung kommen, im Wettbewerb mit anderen europäischen Unternehmen stehen.

Da die Möglichkeit ausreicht und eine ausdrückliche Exporttätigkeit nicht gefordert wird, liegt eine Beeinträchtigung des Wettbewerbs zwischen den Mitgliedstaaten vor.

---

[313] Mitteilung der Kommission über die Anwendung der Vorschriften über staatliche Beihilfen auf Maßnahmen im Bereich der direkten Unternehmensbesteuerung, BStBl. I 1999, S. 205 (206).

[314] Ständige Rechtssprechung des EuGH, vgl. EuGH Slg. 1994, I-4103 = EuZW 1994, S. 496 ff., Rdn. 40 – Spanien/Kommission; EuGH Urteil v. 17.6.1999 – RS. C-75/97 (Belgien/Kommission) = EuZW 1999, S. 534 ff. Rdn. 47.

4. Begünstigung bestimmter Unternehmen oder Produktionszweige

Artikel 87 Abs. 1 EGV ist nicht anwendbar auf allgemeine Maßnahmen der Konjunktur- oder Wirtschaftspolitik, wie eine generelle Senkung des Körperschaftsteuersatzes oder eine Möglichkeit der beschleunigten Abschreibung von Investitionsausgaben, die von allen Unternehmen unabhängig von ihrer Größe, ihrer Branchenzugehörigkeit und ihrem Standort beansprucht werden[315]. Zu prüfen ist, ob die Maßnahme ausschließlich bestimmte Unternehmen oder bestimmte Wirtschaftszweige begünstigt und damit die Voraussetzung der Spezifität erfüllt, die eines der Merkmale des Begriffs der staatlichen Beihilfe ist. Es ist also die Frage zu beantworten, ob die Begünstigung eine selektive Maßnahme ist[316].

Der selektive Charakter einer Maßnahme kann durch die Natur oder den inneren Aufbau des Systems[317] gerechtfertigt sein. In diesem Fall entzieht sich die Maßnahme dem Zugriff des Artikel 87 Abs. 1 EGV.

Eine Maßnahme ist jedoch stets als Beihilfe einzustufen, wenn sie sich nicht durch das Wesen und die Struktur des allgemeinen Systems, in das die Maßnahme eingebettet ist, rechtfertigt[318].

Nach einem Urteil des *EuGH* aus dem Jahre 1974[319] stellt jede Maßnahme, welche die Unternehmen eines bestimmten Industriezweiges teilweise oder ganz von den finanziellen Lasten freistellen soll, die sich aus der normalen Anwendung des allgemeinen Steuersystems ergeben, *„ohne daß diese Befreiung durch die Natur oder den inneren Aufbau dieses System gerechtfertigt ist"*, eine staatliche Beihilfe dar. Außerdem wird festgestellt, daß Artikel 92 EGV a. F. weder nach Gründen noch nach Zielen solcher Maßnahmen unterscheidet, sondern diese nach ihren Wirkungen beschreibt. Wesentlich für die Anwendung des Art. 92 Abs. 1 EGV a. F. auf eine steuerliche Maßnahme ist also vor allem, daß diese Maßnahme eine Ausnahme von der Anwendung des allgemeinen geltenden Steuersystems zugunsten bestimmter Unternehmen eines Mitgliedstaats darstellt.

---

315 VfGH Beschluß B 2251/97, B2594/97 vom 03.10.1999, http://www.ris.bka. gv.at.

316 Ständige Rspr. des EuGH, vgl. Urteile Frankreich/Kommission, Rdn. 24, und Ecotrade, Rdn. 40, Urteil EuGH vom 17.6.1999 – Rs. C-75/97 (Belgien/Kommission) = EuZW 1999, S. 534 ff., Rdn. 26.

317 EuGH-Urteil vom 2. 7. 1974, Rs. 173/73, Italien/Kommission, Slg. 1974, S. 709.

318 So hat der EuGH mit Urteil v. 17.6.1999 – Rs. C-75/97, Rdn. 34. (Belgien/Kommission) entschieden, daß eine Maßnahme, durch die die Schaffung von Arbeitsplätzen begünstigt werden soll, indem für bestimmte Unternehmen die Sozialversicherungsbeiträge ermäßigt werden, als staatliche Beihilfe einzustufen, wenn sie nicht durch das Wesen und die Struktur des allgemeinen Sozialversicherungssystems gerechtfertigt ist = EuZW 1999, S. 534 ff., Rdn. 34.

319 EuGH-Urteil vom 2. 7. 1974, Rs. 173/73, Italien/Kommission, Slg. 1974, S. 709

Demnach muß zuerst festgestellt werden, welche allgemeine Regelung gilt. Anschließend muß geprüft werden, ob die Ausnahme oder die systeminternen Differenzierungen *„durch die Natur oder den inneren Aufbau"* des Steuersystems gerechtfertigt sind, das heißt, ob sie sich unmittelbar aus dem Grund- oder Leitprinzipien des Steuersystems des betreffenden Mitgliedstaates ergeben. Ist dies nicht der Fall, so handelt es sich um eine staatliche Beihilfe[320]. Die Energieabgabenvergütung erhalten nur Unternehmen, deren Schwerpunkt nachweislich in der Herstellung von körperlichen Wirtschaftsgütern besteht.

Dagegen gehen Dienstleistungsunternehmen leer aus, obwohl diese ebenfalls Energie verbrauchen. Begünstigt werden somit ausschließlich bestimmte Unternehmen. Die Voraussetzung der Spezifität ist damit gegeben.

Der *VfGH* äußert an dieser Stelle Zweifel. Er meint, daß die Energieabgabenvergütung eine allgemeine Maßnahme der Wirtschaftspolitik sei, die das Ziel verfolge, die mit bestimmten Produktionsformen verbundene Steuerbelastung zu reduzieren[321]. Ferner meint er, daß die Unterscheidung von Unternehmen in Produktionsbetriebe und Dienstleistungsbetriebe das Merkmal der Spezifität nicht erfülle, ohne dies näher zu begründen[322].

Auch die *österreichische Regierung* sieht das Merkmal der Spezifität nicht als gegeben an, weil die Einführung der Energiesteuern Teil einer umfassenden Budgetkonsolidierung darstelle. Diese sei umfassend, sozial ausgewogen und die Maßnahmen müsse gesellschaftlich und beruflich in seiner Gesamtheit gesehen werden[323].

Der *EuGH* folgt dieser Argumentation nicht. Er stellt fest, daß eine allgemeine wirtschaftliche Maßnahme weder mit einer großen Anzahl von begünstigten Unternehmen, noch mit der Verschiedenartigkeit und der Bedeutung von Wirtschaftzweigen begründet werden kann[324]. Auch ist es dem Wesen und Zweck

---

320 Mitteilung der Kommission über die Anwendung der Vorschriften über staatliche Beihilfen auf Maßnahmen im Bereich der direkten Unternehmensbesteuerung, BStBl. I 1999, S. 205 (207).

321 VfGH Beschluß B 2251/97, B2594/97 vom 03.10.1999, http://www.ris.bka. gv.at.

322 VfGH Beschluß B 2251/97, B2594/97 vom 03.10.1999, http://www.ris.bka. gv.at.

323 EuGH, Urteil vom 8. 11.2001 - Rs. C-143/99, Adria-Wien Pipeline GmbH, Wietersdorfer & Peggauer Zementwerke GmbH/Finanzlandesdirektion Kärnten, EuZW 2002, S. 213 (215).

324 EuGH, Urteil vom 8. 11.2001 - Rs. C-143/99, Adria-Wien Pipeline GmbH, Wietersdorfer & Peggauer Zementwerke GmbH/Finanzlandesdirektion Kärnten, EuZW 2002, S. 213 (215).

eines Steuersystems nicht zu rechtfertigen, daß bestimmte Unternehmen Vorteile erlangen, nur weil sie körperliche Güter herstellten[325].

Die Energiegroßverbrauchereigenschaft kann auch ein Dienstleistungsunternehmen begründen, weil auch diese Energieabgaben aufwenden können, die über 0,35 v. H. des Nettoproduktionswertes liegen[326]. Bei der Entlastung der Unternehmen, die körperliche Gegenstände herstellen handelt es sich auch nicht um eine nur vorübergehende Maßnahme, die eine Anpassung an die neue Gesetzeslage ermöglichen soll[327].

Der *EuGH* hat deswegen das Merkmal der Spezifität als erfüllt angesehen[328].

Dieser Entscheidung ist zuzustimmen. Mit der Argumentation des *VfGH* und der *österreichische Regierung* fiele jede Steuervergünstigung aus dem Anwendungsbereich von Artikel 87 Abs. 1 EGV heraus. Dies würde der weiten Auslegung des Begriffes nicht gerecht. Außerdem läßt sich die Energieabgabenvergütung nicht mit dem Ziel der Energiebesteuerung rechtfertigen, paßt sich also nicht in das System ein. Auch die Aussage des *VfGH* und der *österreichische Regierung* zur fehlenden Spezifität überzeugt nicht. Dagegen ist dem *EuGH* beizupflichten. Spezifisch bedeutet: „besonderes Merkmal“[329]. Die Klassifizierung von Unternehmen in Produktionsunternehmen und Dienstleistungsunternehmen ist eine Unterscheidung aufgrund eines besonderen Merkmals, nämlich der Art des Outputs. Insofern liegt Spezifität vor.

Die Energiebesteuerung stellt eine klassische Verbrauchsbesteuerung dar, da Verbrauchsteuern Warensteuern sind, die als indirekte Steuer den Konsum belasten sollen[330]. Es ist kein tragendes Prinzip des österreichischen Steuersystems, daß den Produktionsunternehmen Steuerrückvergütung wegen ihrer Tätigkeit gewährt werden. Folglich läßt sich der ermäßigte Steuersatz nicht durch Natur oder den inneren Aufbau des Steuersystems begründen. Somit liegt die Begün-

---

325 EuGH, Urteil vom 8. 11.2001 - Rs. C-143/99, Adria-Wien Pipeline GmbH, Wietersdorfer & Peggauer Zementwerke GmbH/Finanzlandesdirektion Kärnten, EuZW 2002, S. 213 (215).

326 EuGH, Urteil vom 8. 11.2001 - Rs. C-143/99, Adria-Wien Pipeline GmbH, Wietersdorfer & Peggauer Zementwerke GmbH/Finanzlandesdirektion Kärnten, EuZW 2002, S. 213 (215).

327 EuGH, Urteil vom 8. 11.2001 - Rs. C-143/99, (Adria-Wien Pipeline GmbH, Wietersdorfer & Peggauer Zementwerke GmbH/Finanzlandesdirektion Kärnten, EuZW 2002, S. 213 (215).

328 EuGH, Urteil vom 8. 11.2001 - Rs. C-143/99, (Adria-Wien Pipeline GmbH, Wietersdorfer & Peggauer Zementwerke GmbH/Finanzlandesdirektion Kärnten, EuZW 2002, S. 213 (215).

329 Deutsches Wörterbuch, Stichwort: spezifisch, S. 1090.

330 Ax / Große / Cämmerer, Rdn. 40.

stigung bestimmter Unternehmen oder Produktionszweige i. S. d. Artikel 87 Abs. 1 EGV vor.

Als Ergebnis bleibt festzuhalten, daß die Energieabgabenvergütung eine Beihilfe im Sinne des Artikel 87 Abs. 1 EGV ist.

5. Vereinbarkeit mit dem Gemeinsamen Markt

Mit der Feststellung, daß eine wettbewerbsverändernde Beihilfe vorliegt, ist noch nichts über die Vereinbarkeit mit dem Gemeinsamen Markt gesagt. Beihilfen können nach Artikel 87 Abs. 1 EGV mit dem Gemeinsamen Markt vereinbar sein, wenn sie unter eine der drei Ausnahmen im Artikel 87 Abs. 2 Buchstabe a – c EGV fallen. Dies ist bei der Energieabgabenvergütung nicht der Fall.

Schließlich ist zu prüfen, ob die Beihilfe nach Artikel 87 Abs. 3 EGV durch die Kommission genehmigt werden kann. In Betracht könnte eine Genehmigung als Beihilfe zur Förderung wichtiger Vorhaben von gemeinsamen europäischem Interesse gemäß Artikel 87 Abs. 3 Buchstabe b, 1. Alternative EGV kommen.

In den Fällen einer Ausnahme nach Artikel 87 Abs. 3 EGV liegt die Genehmigung der Beihilfe im Ermessen der Europäischen Kommission[331].

Nach ständiger Rechtsprechung des *EuGH* verfügt die Kommission über ein weites Ermessen, dessen Ausübung wirtschaftliche und soziale Wertungen voraussetzt, die auf die Gemeinschaft als Ganzes zu beziehen sind[332]. Während die Einführung von „Ökosteuern" noch als europäische Aufgabe betrachtet werden kann, ist die unterschiedliche Belastung und im Ergebnis die Entlastung von Produktionsunternehmen nicht genehmigungsfähig. Insbesondere lehnt der EuGH die Rechtfertigung der in Rede stehenden nationalen Rechtsvorschriften aus Gründen des Umweltschutzes ab, weil der Energieverbrauch der dienstleistenden Unternehmen genauso schädlich ist wie der Energieverbrauch durch gütererzeugende Unternehmen[333].

Das verwendete Unterscheidungskriterium ist zwar objektiv, kann aber weder mit dem Wesen noch den allgemeinen Zwecken der fraglichen Rechtsvorschriften gerechtfertigt werden. Außerdem lassen die Materialien zur Regierungsvorlage den Schluß zu, daß die in Rede stehenden nationalen Vorschriften lediglich

---

[331] Rawlinson in Lenz, Art. 87, Rdn. 26.

[332] EuGH, Slg. 1991, I-1433, Rdn. 34 – Italien/Kommission; EuGH Urteil v. 17.6.1999 – RS. C-75/97 (Belgien/Kommission) = EuZW 1999, S. 534 ff. Rdn. 55; dies ist in der Literatur einhellig anerkannt; statt vieler Mederer in Groeben-Thiesing-Ehlermann, Art. 92, Rdn. 40.

[333] EuGH, Urteil vom 8. 11.2001 - Rs. C-143/99, (Adria-Wien Pipeline GmbH, Wietersdorfer & Peggauer Zementwerke GmbH/Finanzlandesdirektion Kärnten), http://europa.eu.int/juris p/cgi-bin/form.pl?lang=de, Rdn. 52.

die Konkurrenzfähigkeit der gütererzeugenden Unternehmen innerhalb der EG sichern sollten[334].

Daher hat der EuGH das Energieabgabenvergütungsgesetz zu Recht als nicht genehmigungsfähige Beihilfe im Sinne des Artikel 87 EGV angesehen.

VI. Verfassungsmäßigkeit der Stromsteuer

1. Verfassungsmäßigkeit des Energieabgabenvergütungsgesetzes

a) Der Gleichheitssatz im Steuerrecht

Die Gleichmäßigkeit der Besteuerung fordert eine sachgerechte, der wirtschaftlichen Leistungsfähigkeit entsprechende Verteilung der Steuerlasten[335]. Dies ist ein zentrales rechtspolitisches Anliegen der Steuerrechtsordnung.

Das österreichische Verfassungsrecht hat darauf verzichtet, diesen Grundsatz in den Verfassungsrang zu erheben. Der Gleichheitssatz der Bundesverfassung, Art. 7 Abs. 1 B-VG und Art. 2 StGG: *„Vor dem Gesetze sind alle Staatsbürger gleich"*, bindet nicht nur die gesamte Verwaltung, sondern auch den Gesetzgeber und findet damit auch Anwendung im Steuerrecht[336]. Der Gleichheitssatz verbietet es dem Gesetzgeber, Gleiches ungleich zu behandeln. Gerechtfertigt sind nur sachlich zu rechtfertigende Differenzierungen. Umgekehrt ist es dem Gesetzgeber verboten, wesentlich Ungleiches gleich zu behandeln[337]. Die Prüfungsformel, die der VfGH entwickelt hat, besagt, daß der Gleichheitsgrundsatz nur „sachlich gerechtfertigte" Differenzierungen zuläßt. Dies ist dann der Fall, wenn die Differenzierung nach objektiven Unterscheidungsmerkmalen, „aus Unterschieden im Tatsächlichen", erfolgt. Dabei kommt es auf die „objektive Wirkung" der Regelung an. Deswegen besteht die Verpflichtung des Gesetzgebers, an gleiche Tatbestände gleiche Rechtsfolgen zu knüpfen. Wesentliche Unterschiede im Tatsachenbereich müssen zu entsprechenden unterschiedlichen Regelungen führen. Unterschiedliche Regelungen, die nicht in entsprechenden Unterschieden im Tatsächlichen ihre Grundlage haben sind daher gleichheitswidrig[338]. Die sachliche Rechtfertigung einer Regelung ist nicht nur eine Sach-

[334] EuGH, Urteil vom 8. 11.2001 - Rs. C-143/99, (Adria-Wien Pipeline GmbH, Wietersdorfer & Peggauer Zementwerke GmbH/Finanzlandesdirektion Kärnten), http://europa.eu.int/juris p/cgi-bin/form.pl?lang=de, Rdn. 54.

[335] Kofler in Heidinger-Bruckner, S. 251.

[336] Sog. objektiver Grundrechtsgehalt, ständige Rspr. des VfGH; Doralt-Ruppe, S. 177, Mayer, Art. 2 StGG, III.1.

[337] VfSlg. 2956/1956; 5890/1969; 12.641/1991; Öhliger, S. 267.

[338] Walter-Mayer, Rdn. 1347.

oder Rechtsfrage, sondern unterliegt auch einer Wertevorstellung des entscheidenden Organs[339].

b) Ungleichbehandlungen nach dem Energieabgabenvergütungsgesetz

Das Energieabgabenvergütungsgesetz gewährt Betrieben, deren Schwerpunkt nachweislich in der Herstellung körperlicher Wirtschaftsgüter besteht, einen Anspruch auf Rückvergütung. Die Energieabgabenvergütung ist abhängig von der Art des betrieblichen Outputs. Stellt der Betrieb körperliche Wirtschaftsgüter her, besteht ein Anspruch auf Rückvergütung. Dagegen haben Betriebe, die keine körperlichen Wirtschaftsgüter herstellen, keinen Anspruch auf Rückvergütung. Folglich liegt eine Ungleichbehandlung vor.

c) Sachliche Gründe für die Ungleichbehandlung

Die amtlichen Beilagen zu den stenographischen Protokollen des Nationalrates begründen den Anspruch des produzierenden Gewerbes und der produzierenden Industriebetriebe damit, daß diese nicht über Gebühr belastet bzw. in ihrer Konkurrenzfähigkeit beschnitten werden sollen[340].

Eine Verschonung der produzierenden Betriebe ist ökologisch fragwürdig, da der Anreiz zu energiesparenden Produktionsverfahren unterlaufen wird. Ferner werden die Betriebe, die energiesparende Produktionsverfahren gewählt haben, bestraft. So werden wirtschaftliche Anpassungsprozesse hinausgezögert oder gar verhindert. Eine Verschlechterung der Konkurrenzsituation zumindest innerhalb Österreichs ist nicht zu erkennen, da alle Betriebe mit der gleichen Quote durch die Energiesteuer belastet sind. Im Europäischen Wettbewerb können natürlich Nachteile vermutet werden. Dies muß der Gesetzgeber aber bei Erlaß einer Steuer bedenken, und nicht durch Ausnahmen ausgleichen, da dies dann europarechtlich unzulässig ist[341]. Schließlich scheint dem Gesetzgeber nur die Wettbewerbsfähigkeit der produzierenden Betriebe beachtlich zu sein, während die Dienstleistungsbetriebe dem Markt überlassen werden. Diese müssen versuchen, die erhöhten Energiepreise am Markt durchzusetzen. Die Anknüpfung der Verschonung mit Energiesteuer an die Produktion von körperlichen Wirtschaftsgütern ist, willkürlich und sachlich nicht zu rechtfertigen.

Die somit sachlich nicht begründbare Differenzierung der Abgabenbelastung, widerspricht dem Gleichheitssatz. Daher verstößt das Energieabgabenvergütungsgesetz gegen den Gleichheitssatz nach Art. 2 StGG.

---

[339] Walter-Mayer, Rdn. 1348.
[340] GP XX RV 72 und Zu 72 AB 95 S. 16.
[341] Siehe oben Seite 68.

Insgesamt zeigt sich, daß die Einführung der Besteuerung von Erdgas und elektrischer Energie eine Ausweitung der Verbrauchsbesteuerung darstellt. Die Abgaben haben lediglich Finanzierungsfunktion. Ökologische Lenkungseffekte gehen von ihnen nicht aus, sie werden durch die Entlastung der Produktionsbetriebe sogar konterkariert.

G. Verpackungsverordnung[342]

Durch die Verpackungsverordnung wurde die Verantwortlichkeit der Hersteller für die Verwertung der von ihnen in den Verkehr gebrachten Verpackungen eingeführt. Von der österreichischen Wirtschaft wurde als Antwort auf die Verpakkungsverordnung die Altstoff Recycling Austria AG, das sog. ARA-System[343] 1993 gegründet.

Das ARA-System organisiert, koordiniert und realisiert die Sammlung und Verwertung von Verpackungsabfällen in ganz Österreich.

Durch den Abschluß einer Entpflichtungs- und Lizenzvereinbarung mit dem ARA-System überträgt der aus der Verpackungsordnung verpflichtete die Verpflichtung auf das ARA-System. Der Übertragende hat dafür entsprechend den gültigen Tarifen die sog. Lizenz, das Lizenzentgelt zu entrichten[344]. Die Lizenzentgelte werden von den Herstellern über den Preis an die Letztverbraucher weitergegeben, so daß diese schließlich die Lizenz entrichten.

Es stellt sich zunächst die Frage, ob dieses Lizenzentgelt überhaupt mit der Definition, die diese Untersuchung zugrunde liegt, zu legitimieren ist. Auf den ersten Blick scheint nämlich zunächst zweifelhaft, ob überhaupt ein öffentlich-rechtliches Gemeinwesen an der „Erhebung" beteiligt ist.

Im Recht der Abfallwirtschaft ist durch die Einführung der Verpackungsverordnung ein arbeitsteilig, partiell verantwortungsverlagerndes System zwischen öffentlicher und privater Aufgabenerfüllung etabliert worden. Dabei ist in der Verpackungsverordnung vor allem die Frage der Finanzierung nicht geregelt. Auf diese Weise entziehen sich Entgelte, die der Letztverbraucher für ein staatlich vorgeschriebenes System zahlt, der finanzverfassungsrechtlichen Kontrolle. Im Kern geht es aber um die Problematik, inwieweit der Staat öffentliche Aufgaben auf Private ausgliedern kann, also um die Verantwortungsteilung zwischen öffentlichem und privatem Sektor. Verantwortungsteilung bezieht sich

---

[342] Vermeidung und Verwertung von Verpackungsabfällen und bestimmten Warenresten und Einrichtung von Sammel- und Verwertungssystemen, VerpackVO 1996, BGBl. 648/1996.

[343] Daneben gibt es noch ein zweites System, die Ökobox-Sammel GmbH, die Getränkekartons sammelt und wiederverwertet. Die Ökobox-Sammel GmbH hat einen Assoziationsvertrag mit dem ARA-System geschlossen.

[344] ARA-Report 2000, S. 5, www.ara.at.

dabei auf die Beschreibung und Analyse von Rollen staatlicher und privater Akteure bei der Erledigung von im öffentlichen Interesse liegenden Aufgaben[345].

Im Kern geht es aber um das Spannungsfeld zwischen Staat und Gesellschaft[346], öffentlich-rechtliches System und Privatrechtssystem. Durch die Tendenz, daß der Staat Aufgaben öffentlicher Verwaltung auf Unternehmungen, Anstalten, Körperschaften überträgt, „Flucht des Staates aus dem öffentlichen Recht“, findet eine Privatisierung des öffentlichen Rechts statt[347]. Dadurch vermischt sich der öffentliche Bereich immer mehr mit dem privatrechtlichen Bereich[348]. Gerade diese Vermischung und der Verlust der eindeutigen Zuordnung, wie im vorliegenden Fall die Beteiligung eines öffentlich-rechtlichen Gemeinwesens, muß aber dann bei der Anwendung der Definition berücksichtigt werden[349]. Dies kann nur dadurch erfolgen, daß die Herkunft der auf Private übertragenen Aufgabe berücksichtigt wird. Stammt die Aufgabe aus dem öffentlichen Bereich, können öffentlich-rechtliche Grundsätze nicht außer acht gelassen werden. Stammt dagegen die Aufgabe aus dem Privatbereich, müssen lediglich privatrechtliche Maßstäbe angelegt werden. Aufgabe des Staates und damit des öffentlichen Bereichs ist es, Regelungen für die Abfallwirtschaft zu treffen. Wäre nicht ein privatrechtlicher Weg für die Ausgestaltung der Sammlung und Verwertung von Verpackungen gewählt worden, müßte der Staat diese Aufgabe selbst durchführen. Dann gäbe es aber kein Problem mit der Beteiligung eines öffentlich-rechtlichen Gemeinwesens. Auch das Merkmal der Geldleistung wäre dann unproblematisch zu bejahen, weil bei der Ausgestaltung als öffentliche Aufgabenerfüllung für die Sammlung und Verwertung von Verpackungen eine Finanzierung über Gebühren erfolgte.

Daher ist die Betrachtung der Lizenzentgelte nach der Verpackungsverordnung im Rahmen dieser Untersuchung durch die verwendete Definition legitimiert.

Nach § 3 Abs. 1 VerpackVO 1996 sind die Hersteller, Importeure, Abpacker und Vertreiber von Transport- oder Verkaufsverpackungen unbeschadet der zusätzlichen Verpflichtung des Letztverwenders verpflichtet, Transportverpackungen sowie Verkaufsverpackungen nach Gebrauch unentgeltlich zurückzunehmen.

Daneben hat der Letztvertreiber, der Transport- oder Verkaufsverpackungen auch an Letztverbraucher abgibt, an einem Sammel- und Verwertungssystem teilzunehmen, § 4 VerpackVO 1996. Für Getränkeverpackungen sind nach § 2

---

345 Trute in Schuppert, S. 13.
346 Habermas, S. 225.
347 Habermas, S. 237.
348 Habermas, S. 238.
349 Diese grundsätzliche Frage wird in der vorliegenden Untersuchung nicht weiter verfolgt.

Verpackungszielverordnung[350] Quoten für die Wiederbefüllung, umweltgerechte Verwertung und energetische Nutzung von Getränkeverpackungen, bezogen auf die im Inland an diesem Füllvolumen abgesetzten Abfüllmengen, bis zum 31. Dezember zu erreichen.

Tabelle 17: Quoten nach § 2 Verpackungszielverordnung

Material	v. H. Satz
Mineralwasser, Tafelwasser, Sodawasser	96
Bier	94
alkoholfreie Erfrischungsgetränke einschl. alkoholfreie Hopfen- und	83
Fruchtsäfte, Nektare	80
Milch und Milchprodukte	80
Wein	80
Sekt und Spirituosen	80

Auch die Restmengen an Abfällen von sonstigen Verpackungen, die auf Deponien abgelagert werden dürfen, sind für das Kalenderjahr 2001 der Menge nach begrenzt.

Tabelle 18: Restmengenquoten

Material	t in 2001
Glas	38.000
Kunststoff	60.000
Papier, Karton	99.000
Metalle	17.000
Materialverbunde	30.000

Als Maßnahmen im Falle der Quotenunterschreitung sind auf der Grundlage des Abfallwirtschaftsgesetzes unverzüglich die zur Verringerung des Abfallaufkommens erforderlichen Verkehrs- und Abgabebeschränkungen zu erlassen, § 4 Abs. 1 Verpackungszielverordnung. In Betracht kommen nach § 4 Abs. 2 Verpackungszielverordnung:

1. die Erhebung eines Pfandbeitrages durch den Abgeber, Abgabe von Waren sowie von Gebinden und Verpackungen nur in einer die Abfallsammlung und -behandlung wesentlich entlastenden Form und Beschaffenheit,
2. die Überlassung bzw. Sammlung von Verpackungsabfällen, insbesondere getrennt von anderen Abfällen, mit dem Ziel, ihre Behandlung in einer möglichst umweltverträglichen Weise zu ermöglichen oder zu erleichtern,

[350] BGBl. 646/1992, in der Fassung BGBl. 335/1995, zuletzt geändert BGBl. 649/1996.

3. die Unterlassung des Inverkehrsetzens von Waren, wenn diese Waren nach ihrem Gebrauch oder Verbrauch bei der Entsorgung geeignet sind, gefährliche Stoffe freizusetzen, und dies nicht oder nur mit unverhältnismäßigem Aufwand verhindert werden kann,
4. die Erhebung eines Verwertungs- und Entsorgungsbeitrages.

Bisher wurde von Verkehrs- und Abgabebeschränkungen kein Gebrauch gemacht.

Die Entscheidung über die Einführung des Zwangspfandes im Falle der Unterschreitung der Sammelquoten obliegt dem Bundesminister für Umwelt, Jugend und Familie im Einvernehmen mit dem Bundesminister für wirtschaftliche Angelegenheiten. Ein Automatismus zur Einführung des Zwangspfandes ist nicht kodifiziert.

Zur Umsetzung der VerpackVO 1996 sind in Österreich zwei Systeme eingerichtet. Das ARA-System entsorgt und verwertet in Umlauf gesetzte Transport- und Verkaufsverpackungen. Das jährliche Budget beträgt rund 2,5 Mrd. öS. Das System Öko-Box betreibt die Sammlung und Verwertung von Getränkeverbundkartons i. S. d. VerpackVO. Die Einnahmen aus Lizenzen für in Verkehr gesetzte Getränkeverbundkartons betrugen im Jahr 1996 274 Mio. öS. Die Sammelmenge betrug im gleichen Zeitraum ca. 10.000 t[351].

Die Kritik an diesen Systemen läßt sich wie folgt zusammenfassen:

1. die Systeme weisen einen stark planwirtschaftlichen Charakter auf,
2. um die Finanzierung der Systeme über Lizenzgebühren zu gewährleisten, brauchen sie notwendigerweise einen gewissen bürokratischen Aufwand,
3. die Systeme zeigen bisher kaum Lenkungswirkungen in Richtung Abfallvermeidung[352].

Der letzte Punkt ist der gewichtigste. Die Schwachstelle der Systeme ist, daß sie beim Endverbraucher ansetzen. Diese tragen aber nur eine indirekte Verantwortung für die in Verkehr gebrachten Verpackungen. Der Verbraucher hat eigentlich keinen Einfluß auf die Form der Verpackung, da sich die Verpackungen für ähnliche Produkte gleichen. Ein Ausweichen auf eine andere Marke übt nicht genügend Druck auf die Produzenten aus. Ferner vermitteln die Systeme dem Verbraucher das Gefühl, daß Verpackungen ökologisch nicht schädlich sind, weil diese eingesammelt und recycelt werden. Der Verbraucher weiß allerdings gemeinhin nicht, ob und wie ein Recycling möglich ist. Problematisch ist auch, daß dem Verbraucher suggeriert wird, das System sei für ihn kostenlos, da er direkt keine Zahlungen zu leisten hat. Übersehen wird dabei, daß die Systeme sich

351 Goldschmidt / Walter, S. 19.
352 Glatz, S. 23.

über Lizenzen, privatrechtliche Entgelte, der Produzenten finanzieren und die wiederum auf den Verbraucher über die Preise abgewälzt werden.

Anhand empirischer Daten läßt sich derzeit nur die Veränderung der Verpackungsabfälle, die gesammelt und verwertet wurden nachweisen. So hat sich die Menge der Verpackungsabfälle, die auf Österreichs Deponien landen, laut einer Studie seit Inkrafttreten der Verpackungsverordnung mehr als halbiert. 1998 wurden nur noch 218.000 t deponiert, 1991 waren es noch 480.000 t[353]. Die von der Verpackungszielverordnung 1996 verordneten Restmengenziele wurden dank der getrennten Erfassung erreicht und teilweise sogar weit unterschritten[354]. Dieser Trend hat sich im Jahre 1999 fortgesetzt[355].

Tabelle 19: Restmengen zur Deponierung 1998

Material	Soll-Tonnen	Ist-Tonnen
Glas	36.000	13.700
Kunststoff	92.800	92.800
Papier, Karton	140.000	79.800
Metalle	36.000	24.000

Tabelle 20: Sammelergebnisse der ARA-AG 1998 - 2000

Material	Sammelmengen in t		
	1998	1999	2000
Glas	193.944	185.605	186.652
Kunststoff	116.308	121.558	127.319
Papier, Karton	286.550	296.592	298.622
Metalle	35.994	38.458	38.980
Holz	10.622	12.649	13.994

Die Sammelergebnisse und die Restemengen zeigen, daß die getrennte Sammlung und Verwertung von Verpackungen als Erfolg zu werten ist. Ohne die Verpackungszielverordnung wären diese Ergebnisse nicht erzielt worden. Insofern ist ein positiver Lenkungseffekt vorhanden. Die verfügbaren Daten können aber nicht belegen, ob z. B. aufwendige durch einfache Verpackungen oder teure durch billige Verpackungen ersetzt wurden. Bei den Lizenzentgelten handelt es sich um Finanzierungsentgelte mit Lenkungswirkung.

---

353 ARA 1999, Presseinformation, hhtp://www.ara.at.

354 ARA 1999, Presseinformation, hhtp://www.ara.at

355 ARA 1999, Bericht der Geschäftsführung, S. 15, in dem aber nur die Kernaussage ohne nähere Aufschlüsselung nach Materialien enthalten ist, hhtp://www.ara.at.

H. Straßenbenützungsabgabe für schwere LKW

Nach § 1 Abs. 1 StraBAG[356] wird in der Republik Österreich für die Benutzung der Straßen von schweren Lastkraftwagen erhoben. Diese müssen ein zulässiges Gesamtgewicht von 12 oder mehr Tonnen aufweisen und für die Beförderung von Gütern bestimmt sein. Die Höhe der Abgabe bestimmt sich nach der Anzahl der Achsen und der Einstufung des LKW aufgrund der Schadstoffemissionen in EURO I oder EURO II.

Tabelle 21: Straßenbenutzungsgebühr für schwere LKW in der Republik Österreich

	Tag	**Woche**	**Monat**	**Jahr**
LKW mit bis zu 3 Achsen				
ohne Euro-Einstufung	8 €	32 €	96 €	960 €
EURO I	8 €	29 €	85 €	850 €
EURO II	8 €	26 €	75 €	750 €
	Tag	**Woche**	**Monat**	**Jahr**
LKW mit mehr als 3 Achsen				
ohne Euro-Einstufung	8 €	50 €	155 €	1.550 €
EURO I	8 €	45 €	140 €	1.400 €
EURO II	8 €	41 €	125 €	1.250 €

Im Fordergrund der Abgabe steht die Finanzierungsfunktion. Zwar kann nicht ausgeschlossen werden, daß die Tarifspreizung aufgrund der Schadstoffemissionen lenkende Wirkung entfaltet, aber diese ist derzeit nicht empirisch belegbar.

[356] Bundesgesetz über die Erhebung einer Abgabe für die Benützung von Straßen durch schwere Lastfahrzeuge (Straßenbenützungsabgabengesetz – StraBAG), BGBl. 1994/629 in der Fassung BGBl. 1995/21; BGBl. 1995/831; BGBl. 1996/798; BGBl. 2000/4; BGBl. 2001/59; BGBl. 2001/144.

I. Mautvignette für PKW

Mit dem Bundesstraßenfinanzierungsgesetz 1996[357] wurde in § 7 Abs. 1 für die Benutzung von Bundesautobahnen mit einspurigen und mit mehrspurigen Kraftfahrzeugen bis zu einem zulässigen Gesamtgewicht von unter 12 Tonnen eine zeitabhängige Maut eingeführt. Diese zeitabhängige Maut ist als Übergangslösung bis zur Einführung einer fahrleistungsabhängigen Maut konzipiert, § 1 BStFG. Die Höhe der Maut wird vom Bundesminister für Verkehr, Innovation und Technologie im Einvernehmen mit dem Bundesminister für Finanzen mittels Vignettenpreisverordnung festgelegt, § 8 Abs. 1 BStFG. Als Zeiträume sind in § 8 Abs. 2 BStFG Jahres-, Zweimonats- und Wochenvignetten vorgesehen.

Die seit dem 01. Januar 2002 gültigen Vignettenpreise gemäß § 1 bis 3 der Vignettenpreisverordnung[358] ergeben sich aus der folgenden Tabelle.

Tabelle 22: Vignettenpreise gültig ab 01. Januar 2002

	Wochen-vignette	**Zweimonats-vignette**	**Jahres-vignette**
einspurige Kfz.	4,30 €	10,90 €	29,00 €
mehrspurige Kfz. bis 3,5 t Gesamtgewicht	7,60 €	21,80 €	72,60 €
Ominibusse	25,40 €	127,10 €	581,30 €
LKW mit zulässigem Gesamtgewicht von mehr als 3,5 t aber höchstens 7,5 t	25,40 €	127,10 €	581,30 €
LKW mit zulässigem Gesamtgewicht von mehr als 7,5 t aber höchstens 12 t	29,00 €	145,30 €	726,70 €

Das Aufkommen der Mautvignette steht dem Bund zu. Weder aus dem BStFG noch aus den Materialien ergibt sich eine Zweckbindung des Aufkommens. Ebensowenig finden sich in den Materialien Hinweise auf einen Umweltbezug oder beabsichtigte Lenkungswirkungen[359]. Es handelt sich damit um eine reine Finanzierungsabgabe.

---

[357] Bundesgesetz betreffend die Finanzierung von Bundesstraßen, Bundesstraßenfinanzierungsgesetz 1996 – BStFG 1996, BGBl. 1996/201 in der Fassung BGBl. 1997/80; BGBl. 1997/113; BGBl. 1998/158; BGBl. 1999/107; BGBl. 1999/194; BGBl. 2000/142.

[358] Verordnung des Bundesministers für Verkehr, Innovation und Technologie über die Festsetzung von Vignettenpreisen, Vignettenpreisverordnung, BGBl. 2000/254.

[359] 72 und Zu72 der Beilagen zu den Stenographischen Protokollen des Nationalrates XX. GP, Regierungsvorlage zum Bundesgesetz betreffend die Finanzierung von Bundesstraßen, http://www.ris.bka.at

§ 2 Landesgesetzliche Regelungen des Landes Salzburg

A. Abfallabgabe nach dem Salzburger Abfallwirtschaftsgesetz 1998[360]

Bevor auf die Abfallabgabe nach dem Salzburger Abfallwirtschaftsgesetz eingegangen wird, soll das System der Abfallwirtschaft in der Republik Österreich kurz vorgestellt werden.

Die Ziele des Abfallwirtschaftsrechts bestehen darin, durch entsprechende Abfallbewirtschaftung schädliche oder nachteilige Einwirkungen auf Menschen, Tiere, Pflanzen, deren Lebensgrundlagen und deren natürliche Umwelt so gering wie möglich zu halten, durch Abfallvermeidung, Abfallverwertung und Abfallentsorgung. Nach Artikel 10 Abs. 1 Ziffer 12 B-VG liegt die Kompetenz bezüglich Gesetzgebung und Kompetenz für gefährlichen Abfälle beim Bund. Die nicht gefährlichen Abfälle fallen dagegen in die Kompetenz der Länder, die durch eine Bedarfskompetenz des Bundes eingeschränkt wird. Der Bund hat von dieser Bedarfskompetenz hinsichtlich der Ziele und Grundsätze der Abfallwirtschaft, des Abfallbegriffs, der Abfallvermeidung aber nicht hinsichtlich der Abfallgebühren Gebrauch gemacht[361].

Das AWG[362] unterscheidet zwischen dem subjektiven und objektiven Abfallbegriff. Der Subjektive Abfallbegriff umfaßt die beweglichen Sachen, deren sich der Eigentümer oder Inhaber entledigen will oder entledigt hat.

Der objektive Abfallbegriff dagegen umfaßt die beweglichen Sachen, deren Erfassung und Behandlung als Abfall im öffentlichen Interesse geboten ist. Erfüllte eine Sache den objektiven oder subjektiven Abfallbegriff, unterfällt diese Sache dem AWG[363].

Gemäß § 2 Abs. 5 AWG sind gefährliche Abfälle wie folgt definiert:

1. „Abfälle deren ordnungsgemäße Behandlung besondere Umsicht und besondere Vorkehrungen im Hinblick auf die öffentlichen Interessen erfordert und
2. deren ordnungsgemäße Behandlung jedenfalls weitergehender Vorkehrungen oder einer größeren Umsicht bedarf, als dies für die Behandlung von Hausmüll erforderlich ist".

[360] Gesetz vom 10. Dezember 1998 über die Vermeidung, die Erfassung und die Behandlung von Abfällen, Salzburger Abfallwirtschaftsgesetz 1998 – S.AWG, LGBl. 35/1999, Blg. LE 11. GP, RV 91, AB 196 jeweils 6. Session.
[361] Jahnel in Bachmann/Feick/Giese/Ginzinger/Grußmann/Jahnel/Kostal/Lebitsch/Lienbacher, S. 271.
[362] Abfallwirtschaftsgesetz – AWG, BGBl. 1990/325 in der Fassung BGBl. 1992/417; BGBl. 1992/715; BGBl. 1993/185; BGBl. 1993/257; BGBl. 1994/155; BGBl. 1994/505; BGBl. 1996/434; BGBl. 1997/115; BGBl. 1998/ 151.
[363] Jahnel in Bachmann/Feick/Giese/Ginzinger/Grußmann/Jahnel/Kostal/Lebitsch/Lienbacher, S. 273.

Daneben regelt das AWG in § 2 Abs. 6 besondere Problemstoffe. Dies ist eine besondere Kategorie von gefährlichen Abfällen, die in privaten Haushalten eine große Rolle spielen, wie z. B. Lacke, Farben, Leuchtstoffröhren, Altmedikamente, Pflanzenschutzmittel und Batterien.

Nach § 5 Abs. 1 AWG hat der Bundesminister für Umwelt, Jugend und Familie zur Verwirklichung der Ziele der Abfallwirtschaft einen Bundes-Abfallwirtschaftsplan zu erlassen, der im dreijährigen Rhythmus fortzuschreiben ist. Dieser hat die Bestandaufnahme und Situation der Abfallwirtschaft wiederzugeben, § 5 Abs. 2 AWG.

Entsprechend der Kompetenzverteilung hat das Land Salzburg das Salzburger Abfallwirtschaftsgesetz 1998 (S.AWG)[364] erlassen. Da der Bundesgesetzgeber im Rahmen seiner Bedarfskompetenz gemäß Artikel 10 Abs. 1 Ziffer 12 B-VG die Anwendung des subjektiven und objektiven Abfallbegriffs auch auf nicht gefährliche Abfälle anwendbar gemacht hat, gilt nunmehr auch im Bereich der nicht gefährlichen Abfälle ausnahmslos der subjektive und objektive Abfallbegriff. Daher stimmt § 1 Abs. 1 S.AWG wörtlich mit § 2 Abs. 1 AWG überein.

Nach § 1 Abs. 4 S.AWG werden „eigentliche Hausabfälle" und „hausabfallähnliche Abfälle" ausnahmslos vom Salzburger Abfallwirtschaftsgesetz erfaßt. „Eigentliche Hausabfälle" sind die „üblicherweise in Haushalten anfallenden nicht flüssigen Abfälle wie Asche, Küchenabfälle, Speisereste, Verpackungsabfälle, Papier, Glas". „Hausabfallähnliche Abfälle" sind Abfälle die in ähnlicher Art und Menge den Abfällen in Haushalten entsprechen, allerdings in Anstalten, Betrieben oder sonstigen Arbeitsstätten anfallen.

Nach §§ 10 und 11 S.AWG hat die Gemeinde die dauerhafte und ordnungsgemäße Sammlung und Behandlung von Hausabfällen und hausabfallähnlichen Abfällen im öffentlichen Interesse sicherzustellen. Daher müssen die hausabfallähnlichen Abfälle aus Betrieben auch grundsätzliche über die Gemeinde entsorgt werden[365].

Altstoffe sind nach § 1 Abs. 5 S.AWG keine eigene Abfallkategorie. Sie gehören entweder zu den Hausabfällen oder hausabfallähnlichen Abfällen. Somit fallen sie grundsätzlich unter die Entsorgungspflicht der Gemeinde. Diese entfällt aber dann, wenn die Altstoffe dem Recycling zugeführt werden. Dann verlieren sie die Abfalleigenschaft. § 1 Abs. 5 S.AWG bestimmt für diesen fall das Ende der Abfalleigenschaft von Altstoffen.

---

[364] Gesetz vom 10. Dezember 1998 über die Vermeidung, Erfassung und Behandlung von Abfällen, Salzburger Abfallwirtschaftsgesetz 1998, S.AWG, LGBl. 35/1999 in der Fassung LGBl. 27/2000; LGBl. 46/2001.

[365] Befreiungsmöglichkeiten werden in der vorliegenden Untersuchung nicht weiter verfolgt.

I. Gebührenschuldner

Nach § 29 Abs. 1 Salzburger Abfallwirtschaftsgesetz 1998 (S.AWG) haben die Liegenschaftseigentümer als Gebührenschuldner eine Abfallwirtschaftsgebühr zu entrichten. Diese wird für folgende Leistungen erhoben:

1. die Erfassung und Behandlung von Hausabfällen und sperrigen Hausabfällen gemäß § 10 und von Altstoffen gemäß § 11 Abs. 1 S.AWG;
2. für die Erfassung und Behandlung von sonstigen Abfällen oder Altstoffen gemäß § 11 Abs. 3 S.AWG;
3. für die Erfassung und Behandlung von Problemstoffen; sowie
4. für die sonstigen abfallwirtschaftlichen Maßnahmen (z. B. Entfernung und Behandlung unzulässiger Abfallablagerungen, Öffentlichkeitsarbeit, Abfallberatung, Abfallvermeidung).

Die Gemeinden werden außerdem ermächtigt, für die Teilnahme an der Erfassung oder Behandlung bestimmter sonstiger Abfälle oder Altstoffe eine gesonderte Gebühr (Zusatzgebühr) zu erheben, § 29 Abs. 2 S.AWG. Voraussetzung hierfür ist, daß die Landesregierung durch eine Verordnung nach § 11 Abs. 3 S.AWG festgelegt hat, daß im gesamten Gebiet des Landes oder in genau zu bezeichneten Gebieten bestimmte Altstoffe oder auch bestimmte sonstige Abfälle durch die Gemeinden zu erfassen sind.

II. Tarif

Gemäß § 30 Abs. 2 S.AWG haben sich die Tarife für die Abfallwirtschaftsgebühr auf die einmalige Entleerung eines Gefäßes zur Sammlung von Hausabfällen zu beziehen und bei Verwendung mehrerer Gefäßtypen deren unterschiedliche Größe (Volumen) zu berücksichtigen oder nach § 30 Abs. 2 Buchstabe b S.AWG auf das erforderliche wöchentliche Vorhaltevolumen für Hausabfälle je Liter abzustellen. Die Tarife für die Abfallwirtschaftsgebühr sind nach § 30 Abs. 3 S.AWG so festzusetzen, daß das für das Kalenderjahr zu erwartende Aufkommen an Abfallwirtschaftsgebühren das zu erwartende Jahreserfordernis für folgende Leistungen nicht mehr überschreitet:

1. die Erfassung und Behandlung von Abfällen durch die Gemeinde;
2. die Erhaltung, den Betrieb und die Benützung von Abfallbehandlungsanlagen und Abfallagern der Gemeinde;
4. Verzinsung und Tilgung der Einrichtungskosten unter Berücksichtigung einer nach der Art der Einrichtung zu erwartenden Lebensdauer;
5. sonstige abfallwirtschaftliche Maßnahmen durch die Gemeinde z. B. die Entfernung und Behandlung unzulässiger Abfallablagerungen, Öffentlichkeitsarbeit, Abfallberatung.

Dies gilt auch für die Festsetzung der Tarife im Fall der Abfallwiegung oder der Abfallvolumensmessung.

Die Gemeinde kann die Tarife für die Abfallwirtschaftsgebühr auch derart festsetzen, daß das Jahreserfordernis durch eine Bereitstellungsgebühr und durch eine Leistungsgebühr gedeckt wird, wenn dies zur Erreichung der Ziele und Grundsätze des Salzburger Abfallwirtschaftsgesetzes 1998 innerhalb der Gemeinde zweckmäßig erscheint. Mit dem Gesamtaufkommen an Bereitstellungsgebühren dürfen höchstens 70 v. H. des zu erwartenden Jahreserfordernisses gedeckt werden, § 30 Abs. 4 S.AWG.

Falls eine Zusatzgebühr i. S. d. § 29 Abs. 2 S.AWG für besondere Abfallarten erhoben wird, haben sich die Tarife auf das Gewicht des Abfalls je Kilogramm, das gemessene Volumen je Liter, das Volumen der Behälter, das Vorhaltevolumen oder die Stückzahl des erfaßten Abfalls zu beziehen und das Jahreserfordernis für die Erfassung oder die Behandlung von sonstigen Abfällen oder Altstoffen zu decken, § 30 Abs. 5 S.AWG.

Reinerträge aus der Erfassung, Lagerung und Behandlung von Abfällen sind je nach Entstehung bei der Festsetzung der Tarife für die Abfallwirtschaftsgebühr oder die Zusatzgebühr für das zweitfolgende Kalenderjahr zu berücksichtigen, § 30 Abs. 6 S.AWG.

Nach § 30 Abs. 7 S.AWG hat die Gemeinde für Liegenschaftseigentümer, die gemäß § 12 Abs. 3 S.AWG von der Pflicht zur Teilnahme an der Erfassung durch die Gemeinde befreit sind, z. B. Betriebe, die Höhe der zu entrichtenden Gebühren mit mindestens 25 v. H. und höchstens 70 v. H. der sich ohne Befreiung ergebenden Abfallwirtschaftsgebühr und Zusatzgebühr festzusetzen.

III. Aufkommen der Müllgebühren

Tabelle 23: Höhe der Müllabfuhrgebühren

Jahr	öS in Millionen	Euro in Millionen
1993	377.359	27.424
1994	337.430	24.522
1995	350.056	25.440
1996	368.722	26.796
1997	394.535	28.672

Quelle: Amt der Salzburger Landesregierung, Abteilung 8, Finanzen und Liegenschaften vom 25.01.1999.

Diagramm 7: Höhe der Müllgebühren

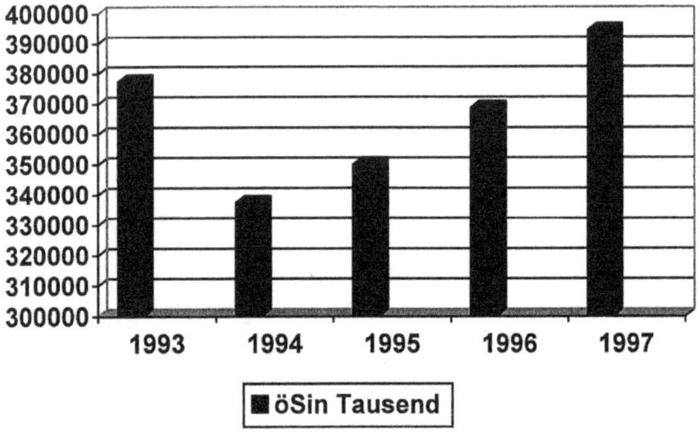

IV. Bewertung

Die Abfallwirtschaft des Landes Salzburg wurde mit dem Salzburger Abfallwirtschaftsgesetz 1998 neu geregelt und an die bundesrechtliche Gesetzgebung angepaßt. Damit sollte die Trendwende von der Entsorgungswirtschaft hin zur vorsorglichen Abfallwirtschaft, die mit dem Salzburger Abfallgesetz 1991[366] eingeleitet wurde, konsequent fortentwickelt werden[367]. Außerdem war beabsichtigt, problematische Entwicklungen, wie der unerwünschte Mülltourismus zu Lasten technisch hochwertiger Behandlungsanlagen, im Licht des Vorsorgeprinzips und des gemeinschaftsrechtlich anzustrebenden Prinzips der Nähe wirksam zu verhindern. Hierfür war ein gesetzliches Instrumentarium zu schaffen, das den Aufbau bzw. Erhalt von klaren und dauerhaften Entsorgungs- und Verwertungsstrukturen und eine geordnete abfallwirtschaftliche Infrastruktur und deren Abstellung auf die regionalen Erfordernisse sicherstellt[368]. Mit dem S.AWG werden als übergeordnete Ziele angestrebt:

1. die dauerhafte Entsorgungssicherheit für das Land Salzburg,
2. wirtschaftlich vertretbare Entsorgungskosten,
3. die Minimierung der Auswirkungen von Abfällen auf die Umwelt[369].

Damit wird deutlich, daß das S.AWG eine Lenkungsabsicht enthält, eben die Minimierung der Auswirkungen von Abfällen auf die Umwelt. Zur Erreichung dieses Ziels können die Gebühren für die Abfallentsorgung einen wichtigen Beitrag leisten. Bundesgesetzliche Ermächtigungsgrundlage für die Erhebung von Gebühren durch die Gemeinden im Bereich der Abfallentsorgung ist § 15 Abs. 3

[366] LGBl. 65/1991.
[367] Erläuterungen zum S.AWG 1998, Blg. LT 11. GP: RV 91.
[368] Erläuterungen zum S.AWG 1998, Blg. LT 11. GP: RV 91.
[369] Erläuterungen zum S.AWG 1998, Blg. LT 11. GP: RV 91.

Ziffer 5 FAG[370]. Danach sind die Gemeinden berechtigt, durch Beschluß der Gemeindevertretung vorbehaltlich weitergehender Ermächtigungen durch den Landesgesetzgeber Gebühren für die Benutzung von Gemeindeeinrichtungen und –anlagen, die für Zwecke der öffentlichen Verwaltung betrieben werden, bis zu einem Ausmaß, bei dem der mutmaßliche Jahresertrag der Gebühren das doppelte Jahreserfordernis für die Erhaltung und den Betrieb der Einrichtung oder Anlage sowie für die Verzinsung und Tilgung der Einrichtungskosten unter Berücksichtigung einer der Art und der Einrichtung oder Anlage entsprechender Lebensdauer übersteigt, auszuschreiben, § 15 Abs. 3 Ziffer 5 FAG.

Dies bedeutet, daß der Bundesgesetzgeber nicht nur die Höhe der maximalen Gebühren, sondern auch die Bestandteile der Gebührenkalkulation vorgegeben hat. Auf die Bestandteile der Gebührenkalkulation kann im Rahmen dieser Arbeit nicht weiter eingegangen werden[371]. Die Gebührenobergrenze soll jedoch weiter untersucht werden.

Bis zum Jahre 1992 war die Gebührenhöhe nicht bundesgesetzlich geregelt[372]. Die Höhe der Gebühren wurde durch das Äquivalenzprinzip begrenzt. In der ständigen Rechtsprechung des *VfGH* fordert das Äquivalenzprinzip eine angemessene Relation von Leistung und Gegenleistung. Konkret hat der *VfGH* Bedenken gegen Gebühren geäußert, deren Gesamtertrag die Höhe der Selbstkosten der Gemeinde übersteigt[373].

Durch die Änderung des FAG 1993 wurde mit der Fixierung des Doppelten der Selbstkosten die Obergrenze für die Ausübung des freien Beschlußrechts der Gemeinden bestimmt. Damit ist die Notwendigkeit des Rückgriffs auf das Äquivalenzprinzip im Sinne eines Kostenüberschreitungsverbotes entfallen[374]. Trotz dieser Obergrenze sind die Gemeinden aber nicht von einer genauen Gebührenkalkulationspflicht entbunden, da die Prinzipien der Sparsamkeit, Wirtschaftlichkeit und Zweckmäßigkeit weiterhin gelten[375]. Die Gemeinde hat zunächst die Selbstkosten aufgrund des Äquivalenzprinzips zu ermitteln, um dann durch eine Verdoppelung die Obergrenze nach § 15 Abs. 3 Ziffer 5 FAG festzulegen[376], d. h., daß das Äquivalenzprinzip nicht in Gänze entfallen ist[377]. Voraus-

[370] Bundesverfassungsgesetz vom 21. Januar 1948 über die Regelung der finanziellen Beziehungen zwischen dem Bund und den übrigen Gebietskörperschaften, Finanz-Verfassungsgesetz 1948 – F.-VG.1948, BGBl. 686/1948 in der Fassung BGBl. 30/1993, BGBl. 818, 1993, BGBl. 201/1996.

[371] Vgl. hierzu Gawel, Betriebswirtschaftliche Probleme der Gebührenkalkulation.

[372] Biwald / Hüttner, S. 30.

[373] Ständige Rspr. des VfGH seit VfSlg. 3550/59, der VfGH hat es als unbefriedigend angesehen, den Gemeinden bei den finanziell außerordentlich bedeutsamen Gebühren ein unbeschränktes freies Beschlußrecht zukomme, und das Äquivalenzprinzip im Sinne eines Verbots, höhere als kostendeckende Gebühren einzuheben, postuliert.

[374] Statt vieler Biwald / Hüttner.

[375] Hrasko, S. 16.

[376] So auch Biwald / Hüttner, S. 31.

[377] So auch Walter / Meyer, Rdn. 275.

setzung für die Anwendung des § 15 Abs. 3 Ziffer 5 FAG ist, daß die Gemeindeordnung sich auf die bundesgesetzlichen Vorschriften beruft[378]. Dies ist im Bundesland Salzburg mit § 56 Abs. 1 Salzburger Gemeindeordnung 1994[379] geschehen. Das Verhältnis zwischen § 15 Abs. 3 Ziffer 5 FAG und etwaigen landesrechtlichen Regelungen hat der *VfGH* geklärt.

Nach seiner ständigen Rechtsprechung darf die den Gemeinden erteilte bundesgesetzliche Ermächtigung nicht durch landesgesetzliche Regelungen eingeschränkt werden. Dem Landesgesetzgeber ist es verwehrt, Befreiungstatbestände weiter zu fassen als es § 15 Abs. 3 Ziffer 5 FAG vorsieht. Ebenso darf er den § 15 Abs. 3 Ziffer 5 FAG nicht durch landesgesetzliche Regelung einschränken. Einschränkende Regelungen dürfen die Gemeinden ignorieren[380]. Im Bundesland Salzburg ist eine solche Bestimmung im Landesrecht nicht vorhanden.

Die Gemeinden können die Abfallwirtschaftsgebühr nach verschiedenen Maßstäben berechnen, § 30 Abs. 2 S.AWG. Die Abfallwirtschaftsgebühr hat sich entweder auf das Behältervolumen, das erforderliche wöchentliche Vorhaltevolumen oder auf eine Kombination davon zu beziehen. Ziel ist es, einen höheren Grad an Gebührengerechtigkeit zu erreichen[381]. Daneben können die Gemeinden die Gebühr nicht nur in Form einer Gesamtgebühr vorschreiben, sondern auch die Aufteilung in eine Bereitschaftsgebühr und eine Leistungsgebühr vornehmen[382]. Allerdings ist die Erzielung des Jahreserfordernisses durch Bereitstellungsgebühren auf maximal 70 v. H. begrenzt, § 30 Abs. 3 Abs. 4 S.AWG.

Eine Neuerung gegenüber dem Salzburger Abfallgesetz 1991 ist, daß für die vielseitigen Leistungen der Gemeinde auf dem Gebiet der Abfallwirtschaft auch bei Befreiung von der Pflicht zur Teilnahme an der Erfassung von Abfällen gemäß § 12 Abs. 3 S.AWG[383] eine Gebühr, wenn auch in verminderter Höhe, zu entrichten ist. Die Höhe der Gebühr ist nach § 30 Abs. 7 S.AWG in diesen Fällen auf mindestens 25 v. H. und höchstens 50 v. H. der sich ohne Befreiung ergebenden Abfallwirtschaftsgebühr und eventueller Zusatzgebühr festzusetzen.

Festzuhalten bleibt, daß den Gemeinden mit der Ausgestaltung und Höhe der Abfallwirtschaftsgebühr ein Lenkungsinstrument gegeben wurde. Ihnen steht für die Festlegung der Höhe der Abfallgebühr ein großer Korridor zwischen Untergrenze und Obergrenze zur Verfügung. In diesem kann sich die Gemeinde frei bewegen. So können die Gemeinden über die Höhe der Abfallgebühr Len-

---

[378] Biwald / Hüttner, S. 30.
[379] LGBl. 107/1994, i. d. F. geändert LGBl. 1/1995, LGBl. 18/1995, LGBl. 47/ 1996, LGBl. 57/1996, LGBl. 38,1997 und LGBl. 8/1998.
[380] Vgl. VfSlg. 11273; VfSlg. 11294.
[381] Erläuterungen zum S.AWG 1998, Blg. LT 11. GP: RV 91.
[382] Erläuterungen zum S.AWG 1998, Blg. LT 11. GP: RV 91.
[383] Eine Befreiung von der verpflichtenden Erfassung von Abfall durch die Gemeinde kommt nur für Liegenschaftseigentümer in Betracht, die selbst über eine Abfallbeseitigungsanlage verfügen.

kungswirkungen erzielen. Sie können ein nicht wünschenswertes Abfallverhalten mit einer hohen Gebühr „bestrafen“, während vorbildliches Abfallverhalten mit einer niedrigen Gebühr „belohnt“ wird. Dies läßt sich über die absolute Höhe der Gebühr erreichen. Denkbar ist aber auch, durch die Art des Tarifes einen solchen Bonus oder Malus zu erreichen. Die Wirksamkeit läßt sich auf Grund der derzeit vorliegenden Daten über die Situation der Abfallwirtschaft nicht belegen. Der aufgrund von § 5 Abs. 1 Abfallwirtschaftsgesetz[384] erlassene Bundes-Abfall-Wirtschaftsplan 1998 weist zwar eine verbesserte Datenlage aus, diese wird aber immer noch als unbefriedigend angesehen[385]. Im Bundesabfallwirtschaftsplan heißt es dazu: *„Zur Abschätzung von Möglichkeiten zur Vermeidung und Verwertung von Abfällen sind erst ansatzweise Daten bzw. nur für einzelne Sparten vorhanden“*[386]. So enthält der Bundesabfallwirtschaftsplan im wesentlichen Mengenangaben, die sich auf das Jahr 1996 teilweise auch auf das Jahr 1998 beziehen[387]. Für die unbefriedigende Datenlage gibt es praktische Gründe. So befindet sich die Gebührenfestsetzung in der Kompetenz der Gemeinden.

Da die Gemeinden einen weiten Spielraum für die Bemessung der Abfallwirtschaftsgebühren haben, ist es schwierig, vergleichbare Daten zu erheben[388].

Für die österreichischen Städte über 50.000 Einwohner liegt eine Studie vor, die für die Stadt Salzburg zu folgendem Ergebnis kommt[389]: Die Stadt Salzburg erhebt die Abfallwirtschaftsgebühr in Form von Entsorgungsgebühren. Die Bemessungsgrundlage ist das Müllbehältervolumen in Liter und der Entleerungsintervall[390]. Die Stadt Salzburg hat in den Jahren 1994 bis 1996 jährlich Überschüsse im Bereich der Abfallwirtschaftsgebühren erwirtschaftet.

Tabelle 24: Entwicklung der Jahresüberschüsse im Bereich der Abfallwirtschaftsgebühr der Stadt Salzburg

Jahr	**öS in Millionen**	**Euro in Millionen**
1994	10,30	0,75
1995	15,50	1,13
1996	19,60	1,42

Quelle: Müller, S. 73.

---

[384] BGBl. 325/1990.
[385] Bundesabfallwirtschaftsplan 1.1. Allgemein, S. 5, http://www.ubavie.gv.at.
[386] Bundesabfallwirtschaftsplan 1.1. Allgemein, S. 5, http://www.ubavie.gv.at.
[387] Bundesabfallwirtschaftsplan 1.1. Allgemein, S. 5, http://www.ubavie.gv.at.
[388] Goldschmid / Hauer, S. 15.
[389] Vgl. Müller, S. 1; Die Studie untersucht die lenkungsorientierte Ausgestaltung von Müllgebühren in den österreichischen Städten Graz, Wels, Linz, Innsbruck, St. Pölten, Salzburg, Klagenfurt und Villach von 1987 bis 1996.
[390] Müller, S. 60.

Tabelle 25: Entwicklung der Müllgebühren der Stadt Salzburg im Zeitraum 1987 – 1996 indexiert

Jahr	1987	1988	1989	1990	1991	1992	1993	1994	1995	1996
Stadt Salzburg	1	1,02	1,07	1,1	1,18	1,34	1,5	1,45	1,5	1,61

Quelle: Müller, S. 62.

Beim Lenkungspotential im Bereich der Gebührenobjekte ist zu differenzieren zwischen der Art und Weise der Festlegung der Behältergröße und dem Entleerungsrhythmus. Das Vorhaltevolumen beträgt in der Stadt Salzburg je Person und Woche 20 Liter. Die kleinste Behälterart ist ein 120-Liter-Behälter. Der Entleerungsrhythmus reicht von 3 x wöchentlich bis 14-tägig. Die maximal mögliche Restmüllvermeidung[391] eines 2-Personen-Haushaltses ist aus der folgenden Tabelle ersichtlich.

Tabelle 26: Maximale Restmüllvermeidung eines 2-Personen-Haushaltes

Vorhaltevolumen pro Woche für 2 Personen	Mindest-behälter-volumen	maximales Entleerungs-intervall	geringste Müllmenge 2 Personen-Haushalt / Woche
40 Liter	90 Liter	14-tägig	60 Liter

Das Lenkungspotential durch Gebühren ist in Salzburg relativ gering, da die geringste wöchentliche Müllmenge, die von einem 2-Personen-Haushalt der Entsorgung zugeführt werden kann, 60 Liter beträgt. Ein derart hohes wöchentliches Müllaufkommen ist jedoch unrealistisch[392].

Der Tarif für jede Entleerung eines 120 Liter Müllbehälters betrug 1997 in Salzburg 37,85 öS (2,75 Euro) bei wöchentlicher Leerung und 60,60 öS (4,40 Euro) bei 14-tägiger Leerung[393]. Dies führt bei einem 2-Personen-Haushalt zu folgenden Jahresgebühren:

bei wöchentlichem Entleerungsrhythmus:	1.968 öS (143 Euro)
bei 14-tägigem Entleerungsrhythmus:	1.576 öS (114 Euro)
Ersparnis:	20 v. H[394].

[391] Der Hausabfall der nach Sortierung von Altsoffen in Rücknahmesysteme wie ARA-AG und ÖKOBOX GmbH verbleibt.
[392] Müller, S. 87.
[393] Müller, S. 92.
[394] Müller, S. 110.

Die empirische Überprüfung des Lenkungspotentials der Müllgebühren anhand der angefallenen Müllmengen kommt zu folgendem Ergebnis. Die Abfallstatistiken der Städte zeigen einen laufenden Anstieg der Gesamtmüllmengen.

Der Umfang an gesammelten wiederverwertbaren Altstoffen (Altpapier, Altglas, Alttextilien, Plastik usw.) nimmt mehr und mehr zu, wohingehend die Restmüllmenge zusehends abnimmt. Die gesamte Hausmüllmenge[395] hat in der Stadt Salzburg von 1990 bis 1996 von 50.397 t auf 55.812 t somit um 10,5 v. H. zugenommen. Pro Einwohner ergibt dies einen Zuwachs von 350 kg auf 388 kg. Die Restmüllmenge je Einwohner ist im gleichen Zeitraum von 286 kg auf 212 kg gesunken, also um 26 v. H. Ebenso ist der Anteil des Restmülls von 1990 bis 1996 von 81,5 v. H. auf 54,5 v. H. zurückgegangen[396]. Ob die Restmüllsenkung auf das Lenkungspotential der Gebühr zurückzuführen ist, kann anhand dieser empirischen Daten nicht belegt werden[397].

Eine andere Studie[398] kommt zu dem Ergebnis, daß im Gegensatz zu den Erfolgen auch ökologisch unerwünschte Verhaltensänderungen eindeutig der lenkungswirksamen Gestaltung der Abfallgebühren zugeschrieben werden können. Danach haben zugenommen:

1. das Verbrennen von Hausmüll in Gärten und Öfen,
2. wilde Ablagerungen in der Landschaft,
3. der Mißbrauch der Sperrmüllabfuhr zur Hausmüllentsorgung,
4. die Verunreinigung von Wertstofftonnen,
5. das Verdichten von Abfällen in den Müllsammelgefäßen sowie
6. der Mülltourismus in Nachbarorte, zum Arbeitsort oder bzw. benachbarten Abfallbehältern"[399].

Allerdings bleibt die Studie den empirischen Beleg für das Ergebnis schuldig.

Beide Studien zeigen, daß die Abfallwirtschaftsgebühr für eine Lenkung zugänglich ist. Allerdings sind der Lenkung durch Gebühren Grenzen gesetzt. So ist im Bereich der Mietwohnungen das Lenkungspotential im Bereich der Gebührensubjekte in der Stadt Salzburg auf ein Minimum reduziert. Der Liegenschaftseigentümer ist Schuldner der Abfallwirtschaftsgebühren. Er zahlt für die gesamte Liegenschaft die Abfallwirtschaftsgebühr und rechnet diese mit den Mietern in Form von Betriebskosten ab. Bei der Berechnung der Betriebskosten wird die Abfallwirtschaftsgebühr auf die einzelnen Parteien nach der Größe

[395] Beinhalten Restabfälle, Bioabfälle, alle Arten von Altstoffen, Sperrmüll und Problemstoffe.
[396] Müller, S. 116.
[397] Obgleich es sich um eine sehr detaillierte Studie handelt.
[398] Glatz, Studie der Arbeiterkammer Wien.
[399] Glatz, S. 11.

bzw. Wohnfläche ihrer Mietwohnung in m² umgerechnet[400]. Ferner besteht die Gefahr, daß der Verbraucher zur eigenen Müllgebührenminimierung auf ökologisch unerwünschte Entsorgungswege ausweicht[401].

Ob die Lenkung sinnvolle Wirkung entfaltet, kann nur im Einzelfall in Abhängigkeit von der jeweiligen Leistungs- und Benutzerstruktur und den tatsächlichen Möglichkeiten der Benutzer für ein ressourcenschonendes Verhalten entschieden werden[402].

B. Ersatzgeld nach dem Salzburger Naturschutzgesetz 1993[403]

Die Kompetenz zum Erlaß eines Naturschutzgesetzes durch das Land Salzburg folgt aus dem fehlenden Kompetenztatbestand „Naturschutz" im B-VG. Daher sind naturschutzrechtliche Maßnahmen gemäß Artikel 15 Abs. 1 B-VG in Gesetzgebung und Vollziehung Ländersache.

I. Zielsetzung

§ 1 Salzburger NSchG 1993 definiert als Ziel den Schutz und die Pflege der heimatlichen Natur und der vom Menschen gestalteten Kulturlandschaft. Durch Schutz- und Pflegemaßnahmen sollen Natur und Landschaft erhalten, nachhaltig gesichert, verbessert und nach Möglichkeit wiederhergestellt werden.

II. Anwendungsbereich

Kommt nach einer Interessenabwägung gemäß § 3 Abs. 3 Salzburger NSchG 1993 den Interessen des Naturschutzes nicht der Vorrang zu, ist nach § 3 Abs. 6 Salzburger NSchG 1993 die durch den Eingriff zu erwartende Beeinträchtigung durch Ersatzleistungen auszugleichen. Der Ausgleich ist durch Bescheid vorzuschreiben. Bei Eingriffen in besondere Lebensräume und Lebensgemeinschaften von Tieren oder Pflanzen kommt als Ersatzleistung vor allem die Schaffung von Ersatzlebensräumen in Frage. Diese Ersatzlebensräume sind möglichst in unmittelbarer räumlicher Nähe zum Eingriffsort zu schaffen. Wenn Ersatzleistungen nicht möglich sind, ist dem Antragsteller durch Bescheid die Entrichtung eines Geldbetrages in einer Höhe vorzuschreiben, die annähernd den Kosten eines angemessenen Ersatzes entspricht. Die Höhe der Ersatzzahlung ist nach Einholung entsprechender Angebote oder Gutachten von der Behörde bescheidmäßig festzusetzen[404].

---

[400] Müller, S. 78; Glatz, S. 11.
[401] Glatz, S. 12.
[402] Chantelau / Möker, S. 52.
[403] Salzburger Naturschutzgesetz 1993 - NSchG 1993 LGBl. 1993/1 in der Fassung LGBl. 1993/48; LGBl. 1994/65; LGBl. 1998/2; LGBl. 1998/43; LGBl. 1998/66; LGBl. 1998/70; LGBl. 1998/74.
[404] Loos, S. 34.

III. Bewertung

Die Ersatzleistung in Geld für Eingriffe in die Natur ist als absolute Ausnahme in den Fällen vorgesehen, in denen die Schaffung von Ersatzlebensräumen nicht möglich ist. Die Schaffung von Ersatzlebensräumen für Pflanzen und Tiere ist der Vorzug zu geben[405]. Sie ist eine Ausgleichsabgabe für den Verbrauch von Natur. Das Ersatzgeld ist seit Bestehen des Salzburger NSchG 1993 nur in drei Fällen zum Einsatz gekommen. Statistische Zahlen über das Aufkommen sind nicht erhältlich[406].

Eine möglicherweise vorhandene Lenkungswirkung kann durch empirische Daten nicht belegt werden.

C. Naturschutzabgabe nach dem Salzburger Naturschutzgesetz 1993

I. Abgabenerhebung

Das Land erhebt gemäß § 56 Abs. 1 Salzburger NSchG 1993 zur Förderung des Naturschutzes und der Landschaftspflege eine Naturschutzabgabe. Sie wird auf die Gewinnung von Bodenschätzen (Erze, Steine, Schotter, Kiese, Sande, mineralische Erden, Abbaumaterial aus fossilen Lagerstätten) erhoben. Die Abgabepflicht ist daran gebunden, daß für die Gewinnung oder für die dazu erforderlichen Anlagen eine Bewilligung nach diesem Gesetz erforderlich ist oder, wenn die Anlagen schon errichtet sind, erforderlich wäre. Die Abgabepflicht besteht nicht, wenn die jeweilige Abgabensumme eines Jahres den Betrag von 500 öS nicht übersteigt, § 56 Abs. 2 Salzburger NSchG 1993.

II. Höhe der Abgabe

Die Naturschutzabgabe wird nach § 56 Abs. 3 Salzburger NSchG 1993 in folgender Höhe festgelegt:

Bodenschätze	***Abgabenhöhe***
Lockergesteine[407]	2 öS/t (0,14 Euro)
Festgesteine[408]	2 öS/t (0,14 Euro)
Torf	4 öS/m³ (0,29 Euro).

---

405 LGBl. 2/1998, Blg. LT 11. GP: RV 392, 4. Session.

406 Telefonische Auskunft des Landes Salzburg, Abteilung Naturschutz Herr Dr. Loos vom 31. Januar 2000.

407 Schotter, Sande, Kiese.

408 Kalksteine, Marmor, Dolomite, Tone, Mergel, Konglomerate, Diabas, Quarzite, Gips, Anhydrit, Gneise, Erze, mineralische Erden.

Die Landesregierung kann diese Beträge durch Verordnung entsprechend den Änderungen des in Österreich allgemein verwendeten Verbraucherpreisindex zum Beginn eines Jahres neu festsetzen, wenn die Änderung des Verbraucherpreisindex seit der letzten Festsetzung mindestens 10 v. H. beträgt.

III. Aufkommen der Naturschutzabgabe

Tabelle 27: Aufkommen der Naturschutzabgabe[409]

Jahr	öS in Millionen	Euro in Millionen
1993	4.322	314
1994	7.954	578
1995	7.877	572
1996	6.774	492
1997	6.892	501
1998	6.700	487

Quelle: Amt der Salzburger Landesregierung, Abteilung 8, Finanzen und Liegenschaften vom 25.01.1999.

Diagramm 8: Aufkommen der Naturschutzabgabe

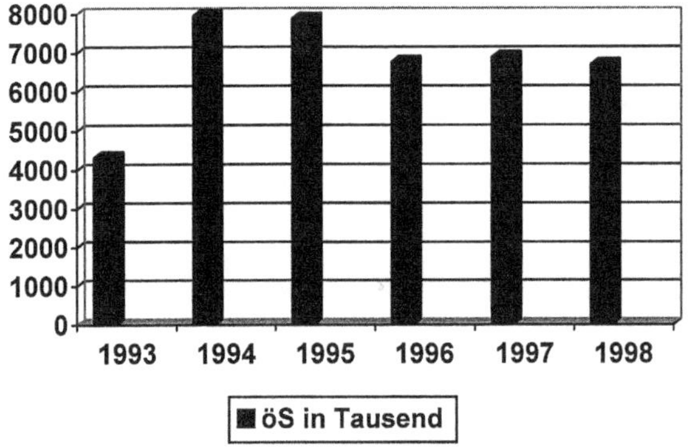

[409] Daten für 1993 – 1997 aus den Rechnungsabschlüssen, 1998 aus dem Voranschlag des Landes Salzburg.

IV. Bewertung

Die Naturschutzabgabe wird auf die Gewinnung von mineralischen Rohstoffen erhoben. Der Ertrag wird für die Förderung des Naturschutzes, die Naturpflege und zur Erstellung eines Biotopkatasters zweckgebunden verwendet. Bis zu 50 v. H. des Abgabenertrages soll dabei in den Gemeinden i. S. d. Zweckbindung verwendet werden, in deren Gemeindegebiet eine abgabepflichtige Gewinnung von Bodenschätzen erfolgt, § 57 Abs. 1 und 2 Salzburger NSchG 1993.

Nach der Beantwortung einer Anfrage[410] der Abgeordneten Magister Burgstaller und Magister Strebl an Herrn Landesrat Dr. Thaller wurde die Naturschutzabgabe in den Jahren 1993 bis 1996 für verschiedene Projekte verwendet.

Tabelle 28: Geförderte Projekte 1993

	1993	
Gemeinde	**Maßnahme**	**Betrag in öS**
Werfen	Errichtung eines Biotops	280.000
Hollerbach	Baum- und Heckenkartierung im Gemeindegebiet; Anlage einer Musterhecke	250.000
Bramberg	Errichtung eines Feuchtbiotops	262.000
Lessach	Gestaltung und Aufstellung von zwei Panoramatafeln	65.717
Saalfelden	Renaturierung der "Alten Saalach"	72.000

Tabelle 29: Geförderte Projekte 1994

	1994	
Gemeinde	**Maßnahme**	**Betrag in öS**
Anthering	Anlage eines Feuchtbiotops	20.000
Saalfelden	Renaturierung der "Alten Saalach"	800.000

[410] Nr. 365 der Beilagen zum stenographischen Protokoll des Salzburger Landtags, 3. Session der 11. GP.

Tabelle 30: Geförderte Projekte 1995

	1995	
Gemeinde	**Maßnahme**	**Betrag in öS**
Mattsee	Rekultivierung der Weiherbucht	40.000
Saalfelden	Renaturierung der "Alten Saalach"	1.200.000
Anif	Renaturierung eines Seitenarmes der Königseeache; Amphibienlaichgewässer	28.500
Golling	Anlage und Gestaltung eines Parkplatzes zur Verkehrsberuhigung	72.000
Hollersbach	Anlage bzw. Sanierung eines Naturlehrwegs	50.000
Badgastein	Anlage eines Naturlehrwegs	100.000
Muhr	Frumentrium (Getreideschaufeld); Erhaltung und Erläuterung von Ackerwildkräutern	50.000
Mauterndorf	Anlage von drei Feuchtbiotopen	39.200
Hollersbach	Kartierung der Herpeto-Fauna	42.000
Kaprun	Kartierung der Herpeto-Fauna	24.000
Mittersill	Kartierung der Herpeto-Fauna	60.000
Piesendorf	Kartierung der Herpeto-Fauna	72.000
Stuhlfelden	Kartierung der Herpeto-Fauna	60.000
Uttendorf	Kartierung der Herpeto-Fauna	72.000

Tabelle 31: Geförderte Projekte 1996

	1996	
Gemeine	**Maßnahme**	**Betrag in öS**
Mattsee	Renaturierung Schloßberg	100.000

Quelle: Nr. 365 der Beilagen zum stenographischen Protokoll des Salzburger Landtags, 3. Session der 11. GP.

Aus den nicht verbrauchten Mitteln der Naturschutzabgabe wurden in den einzelnen Jahren Rücklagen gebildet[411].

Die Naturschutzabgabe ist eine Finanzierungsabgabe. Sie wird für den Verbrauch von „Natur" durch den Abbau von mineralischen Rohstoffen erhoben. Die Naturschutzabgabe hat nicht als Ziel, diesen Abbau zu verhindern, insofern ist keine Lenkungswirkung beabsichtigt[412]. Eine Lenkungswirkung im Sinne von Verzicht auf den Abbau dieser Rohstoffe geht von ihr auch nicht aus.

Das Ersatzgeld nach § 3 Abs. 6 Salzburger NSchG 1993 unterscheidet sich von der Naturschutzabgabe nach § 57 Salzburger NSchG 1993 dadurch, daß es nur in den Fällen festgesetzt wird, in denen tatsächliche Ersatzmaßnahmen für die

[411] Nr. 365 der Beilagen zum stenographischen Protokoll des Salzburger Landtags, 3. Session der 11. GP.
[412] LGBl. 2/1998, Blg. LT 11. GP: RV 392, 4. Session.

Schaffung von Lebensraum für Tiere und Pflanzen nicht möglich sind. Zur Berechnung werden Gutachten herangezogen, die die Kosten für eine solche Maßnahme ermitteln. Die Naturschutzabgabe wird dagegen immer dann fällig, wenn der Tatbestand der mineralischen Rohstoffgewinnung erfüllt wird. Die Abgabe wird dann mittels eines feststehenden Betrages pro Tonne ermittelt.

D. Lärmabhängige Luftlandeentgelte

Der Flughafen Salzburg erhebt keine lärmabhängigen Luftlandeentgelte, sondern vergibt Landeerlaubnisse nach den Lärmemissionen der Flugzeuge. Rechtliche Grundlage hierfür ist die Zivilluftfahrzeug-Lärmzulässigkeitsverordnung[413].

Flugzeuge, deren Lärmemissionen über den Grenzwerten der sogenannten Kapitel-2-Luftfahrzeuge liegen, dürfen den Salzburg Airport überhaupt nicht anfliegen. Die sog. Kapitel-3-Luftfahrzeuge[414] dürfen den Flughafen nur eingeschränkt nutzen. Die tägliche Betriebszeit des Flughafens Salzburg reicht von 06.00 Uhr bis 23.00 Uhr (Ortszeit). Zwischen 06.00 Uhr und 07.00 Uhr sowie zwischen 21.00 Uhr und 22.00 Uhr sind Abflüge nur mit Luftfahrzeugen, deren Schallereignispegel beim Abflug 98 dB, gemessen an der Fluglärmmeßtabelle 4 (Taxham), nicht überschreitet, sowie mit verspäteten Luftfahrzeugen gestattet. Landungen sind im verbleibenden Zeitraum generell gestattet. Zwischen 22.00 Uhr und 23.00 Uhr sind Abflüge und Landungen bei verspäteten Luftfahrzeugen bzw. planmäßige Landungen nur mit Luftfahrzeugen gestattet, deren Schallereignispegel bei der Landung 84 dB, gemessen an der Fluglärmtabelle 4 nicht überschreitet. Die Lärmüberwachung wird mit Hilfe einer Fluglärmmeßanlage durchgeführt.

Durch diese Maßnahmen ist es für die Luftverkehrsgesellschaften besser, den Flughafen Salzburg mit leisem Fluggerät anzufliegen, damit die gesamten Betriebszeiten genutzt werden können[415].

---

[413] Lärmgrenzwerte richten sich nach der Zivilluftfahrzeuglärmzulässigkeitsverordnung, ZLZV 1993 und der dazugehörenden Anlage A und B, BGBl. 738/1993, in der Fassung BGBl. 922/1993, BGBl. 201/1996. Aufgrund der sehr komplizierten technischen Details wird auf eine technische Darstellung verzichtet.

[414] Z. B. MD 80, Tu 154.

[415] Schreiben Salzburg Airport W.A. Mozart vom 05.04.1999.

E. Sonstige landesrechtliche Abgaben

Neben den oben dargestellten Abgaben werden im Land Salzburg noch Benutzungsgebühren für Trinkwasserversorgung und Abwasserbeseitigung in Form der Wasserbenutzungsgebühren, Wasseranschlußgebühr, laufende Wasserbenutzungsgebühr und Benutzungsgebühr für Abwasseranlagen (Kanalbenutzungsgebühr) erhoben. Bei all diesen Gebühren ist zu beachten, daß durch die bundesgesetzliche Regelung des § 15 Abs. 3 Ziffer 5 FAG, die die Gemeinden ermächtigt, die Gebühren bis zum Doppelten der Summe zu erhöhen, die sich nach dem Äquivalenzprinzip ergibt, Lenkungselemente in die Gebühren aufgenommen werden können. Bei § 15 Abs. 3 Ziffer 5 FAG handelt es sich um die Generalermächtigung für Lenkungswirkungen im Bereich der Gemeindegebühren[416].

Daneben gibt es noch die Stellplatzablösegebühren nach der Garagenordnung und die Jagdrechtsabgabe nach dem Jagdrechtsabgabegesetz. Alle diese Abgaben weisen aber keinen finalen Umweltbezug auf.

[416] Ausführlich siehe oben Seite 82.

3. Kapitel Bundesrepublik Deutschland

§ 1 Bundesgesetzliche Regelungen

A. Kraftfahrzeugsteuer

Gesetzliche Grundlage zur Erhebung der Kraftfahrzeugsteuer ist das Kraftfahrzeugsteuergesetz 1994[417]. Die Kraftfahrzeugsteuer ist nach Artikel 108 Abs. 2 Satz 1 GG von den Landesfinanzverwaltungen verwaltete Verkehrssteuer, deren Aufkommen nach Artikel 106 Abs. 2 Nr. 3 GG den Ländern zufließt.

Die derzeitige Kraftfahrzeugsteuer ist eine echte Steuer im Sinne des § 3 Abs. 1 AO 1977. Sie wird nicht für die Benutzung von öffentlichen Straßen erhoben. Es fehlt ferner an einem unmittelbaren Zusammenhang zwischen der Erhebung der Kraftfahrzeugsteuer und der Bereitstellung öffentlicher Straßen zum Verkehr, so daß die Kraftfahrzeugsteuer keine Gegenleistung für eine besondere Leistung der öffentlichen Hand darstellt[418]. Die Kraftfahrzeugsteuer gilt als Verkehrsteuer, weil in der Regel ein Vorgang des Rechtsverkehrs auf dem Gebiet des öffentlichen Rechts, nämlich die Zulassung, zugrunde liegt[419].

I. Gegenstand der Steuer

Der Kraftfahrzeugsteuer unterliegt nach § 1 Abs. 1 KraftStG das Halten von inländischen Fahrzeugen zum Verkehr auf öffentlichen Straßen sowie das Halten von ausländischen Fahrzeugen zum Verkehr auf öffentlichen Straßen, solange die Fahrzeuge sich im Inland befinden.

Ausgenommen sind hiervon ausschließlich für den Güterverkehr bestimmte Kraftfahrzeuge und Fahrzeugkombinationen mit einem verkehrsrechtlich zulässigen Gesamtgewicht von mindestens 12.000 kg, die nach Artikel 5 der Richtlinie 93/89/EWG des Rates vom 25.10.1993[420] in einem anderen Mitgliedsland

---

[417] Kraftfahrzeugsteuergesetz in der Fassung der Bekanntmachung v. 24.5.1994 (KraftStG, BGBl. I S. 1102, BStBl I S. 358), geändert durch Artikel 2 des Gesetzes zur Änderung des Umsatzsteuergesetzes und andere Gesetze vom 9.8.1994 (BGBl. I. S. 2058; BStBl I S. 655), Artikel 32 des Jahressteuergesetzes (JStG) 1996 vom 11.10.1995 (BGBl. I S. 1250; BStBl. I S. 438) und durch das Gesetz zur stärkeren Berücksichtigung von Schadstoffemissionen bei der Besteuerung von Personenkraftwagen (KraftStÄndG 1997) vom 18.4.1997 (BGBl. I S. 805; BStBl I S. 425) und durch das Gesetz zur Neuordnung des Zerlegungsrechts und zur Änderung des Kraftfahrzeugsteuerrechts (Zerlegungs- und Kraftfahrzeugsteueränderungsgesetz – ZerlKraftStÄndG) vom 6.8.1998 (BGBl. I S. 1998) und durch das Gesetz zur Änderung des Kraftfahrzeugsteuergesetzes und des Tabaksteuergesetzes vom 1.12.1999 (BGBl. I S. 2382) und Steuerbereinigungsgesetz 1999 vom 22.12.1999 (BGBl. I S. 2061) und Steuer-Euroglättungsgesetz vom 19.12.2000 (BGBl I S. 1790) und Neuntes Buch Sozialgesetzbuch (SGB IX) vom 19.6.2001 (BGBl I S. 1046).

[418] Heinz / Kopp / Mayer, S. 185.

[419] Vgl. BFH Urteil vom 27.6.73, BStBl II S. 807.

[420] ABl. EG Nr. L 279 S. 32.

der Europäischen Gemeinschaft zugelassen sind, § 1 Abs. 1 Nr. 2 KraftStG. Ein weiterer Tatbestand ist die widerrechtliche Benutzung von Fahrzeugen, § 1 Abs. 1 Nr. 3 KraftStG.

II. Steuerbefreiungen

1. Allgemeines

Fahrzeuge, die gem. § 1 KraftStG der Kraftfahrzeugsteuer unterliegen, können gem. §§ 3 ff. KraftStG von der Steuerpflicht befreit sein. Die Steuerbefreiungen betreffen das Halten inländischer, z. B. § 3 Nr. 7 KraftStG, und ausländischer, z. B. § 3 Nr.13 KraftStG, Fahrzeuge. Die Regelungen über Steuerbefreiungen gelten grundsätzlich für alle Fahrzeuge, also auch für Anhänger, sofern nicht der ausdrückliche Gesetzeswortlaut entgegensteht, z. B. §§ 3, 3 a, d KraftStG.

2. Steuerbefreiung nach § 3 b KraftStG

a) Überblick über die Steuerbegünstigungen

Die Schadstoffminderung eines PKW führt in zwei verschiedenen Formen zur Steuerbegünstigung. Zum einen zur Steuerbefreiung nach § 3 b KraftStG und zum anderen zur Steuerermäßigung nach § 9 Abs. 1 Nr. 2 a, b, c, d und e KraftStG[421].

Steuerbegünstigt sind nur Personenkraftwagen. Ein Personenkraftwagen ist gemäß § 23 Abs. 1 Nr. 6 StVZO ein Kraftfahrzeug, das im Gegensatz zum Lastkraftwagen nach seiner Bauart und Einrichtung zur Beförderung von Personen geeignet und bestimmt ist, wahlweise aber auch zur Beförderung von Gütern dienen kann und neben dem Führersitz über Plätze für höchstens 8 Personen verfügt[422]. Die Voraussetzungen für die Steuerbegünstigung sind vielfältig und werden in unterschiedlichen Kombinationen verlangt. Für die Gewährung einer Steuerbegünstigung bei schadstoffarmen oder bedingt schadstoffarmen PKW sind dies:

aa) das Datum der ersten Zulassung
bb) die Verordnungen des BMV gegen die Verunreinigungen der Luft durch Gase und Partikel von Kfz mit Fremd- und Selbstzündungsmotoren[423];

---

421 Zens, NWB Fach 8, Seite 1271 ff, (1272).
422 Berz in Tilch, Stichwort Personenkraftwagen, S. 1337.
423 Anlage XXIII (sog. US-Norm); Anlage XXIV und Anlage XXV (sog. Euro-Norm), als Anlagen zu § 47 Abs. 3 bis 5 StVZO.

cc) die vom Rat der Europäischen Gemeinschaften zum Schadstoffausstoß bei PKW erlassenen Richtlinien[424];
dd) der Kraftstoffverbrauch[425];
ee) die Hubraumgröße des Motors[426];
ff) die Motorantriebsart, Fremdzündungsmotor (Benzinmotor, Ottomotor[427]) und Selbstzündungsmotor (Dieselmotor[428])[429];
hh) die Anerkennung als schadstoffarm oder bedingt schadstoffarm und Datum[430];
ii) die begünstigte Schadstoffminderung wird erreicht bei Erstzulassung oder durch Nachrüstung[431];
jj) das Datum der Nachrüstung[432];
kk) die Ausrüstung mit einem geregelten oder ungeregelten Katalysator[433].

Für die Beurteilung der Schadstoffemissionen und der Kohlendioxidemissionen, für die Beurteilung als schadstoffarm und für die Beurteilung anderer Besteuerungsgrundlagen technischer Art sind die Feststellungen der Zulassungsbehörden verbindlich, soweit das KraftStG nichts anders bestimmt, § 2 Abs. 2 Satz 2 KraftStG. Die Einstufung und die entsprechende Eintragung in den Fahrzeugpapieren obliegt den Zulassungsstellen.

---

424 Richtlinie 70/220/EGW i. d. F. der Richtlinie 94/12/EG; Richtlinie 93/116/EG zur Anpassung der Richtlinie 80/1268/EWG, wichtig bei § 3 b und § 9 Abs. 1 Nr. 2 KraftStG; Anhänge I und III A der Richtlinie 70/220/EWG, geändert durch die Richtlinien 88/76/EWG, 88/436/EWG, 89/458/EWG, 89/491/EWG, 91/441/EWG, 93/59/EWG, 94/12/EG.

425 Für § 3 b und § 9 Abs. 1 Nr. 2 KraftStG.

426 Für § 9 Abs. 1 Nr. 2 KraftStG.

427 In die Kategorie Ottomotor werden folgende Motoren eingeordnet: Wankelmotor (Drehkolbenmotor), Flüssiggasmotor (Treibgas), Hochdruckgasmotor, bivalenter Betrieb mit Vergaserkraftstoff oder komprimiertem Erdgas.

428 In die Kategorie Dieselmotor werden folgende Motoren eingeordnet: Vielstoffmotor, kombinierter Antrieb aus Elektro- und Dieselmotor (Binärantrieb), Glühkopf- oder Halbdieselmotor, wichtig bei § 3 d KraftStG.

429 Für bei § 3 b und § 9 Abs. 1 Nr. 2 KraftStG.

430 Bedingt schadstoffarm: Stufe A, Stufe C i. V. m. Anlage XXIV zu § 47 Abs. 4 StVZO, Stufe C i. V. m. Anlage XXV zu § 47 Abs. 5 StVZO, Stufe C i. V. m. Anlage XXIII zu § 47 Abs. 3 StVZO; schadstoffarm: Anlage XXIII oder gleichstehende EG-Richtlinien, Anlage XXV Bezeichnung „schadstoffarm E", Anlage XXIII oder gleichstehende EG-Richtlinien Bezeichnung „schadstoffarm E 1", „schadstoffarm E 2",für § 9 Abs. 1 Nr. 2 KraftStG.

431 Für § 3 b KraftStG (nur Erstzulassung) u. § 9 Abs. 1 Nr. 2 KraftStG (Erstzulassung und Nachrüstung).

432 Für § 9 Abs. 1 Nr. 2 KraftStG.

433 Für § 9 Abs. 1 Nr. 2 KraftStG.

Voraussetzung für die Gewährung der Steuerbefreiung nach § 3 b KraftStG ist das Halten[434] eines schadstoffarmen PKW und steht nur dem jeweiligen Halter zu. Die Steuerbefreiung ist fahrzeug- und nicht personengebunden, was dazu führt, daß im Veräußerungsfalle die nicht verbrauchte Steuerermäßigung auf den neuen Halter übergeht[435].

b) Besonders schadstoffreduzierte Personenkraftwagen gem. § 3b KraftStG

Die bedeutendste Steuerbefreiung ist die Steuerbefreiung aus ökologischen Gründen, § 3 b Abs. 1 KraftStG. Steuerfrei ist das Halten von PKW ab dem Tag der erstmaligen Zulassung, wenn diese die geforderten Grenzwerte an Schadstoffemissionen einhalten[436].

Tabelle 32: Grenzwerte[437] von Emissionen von Kraftfahrzeugen, sog. Euro-3-PKW

	Fremdzündungsmotor (Otto)	Selbstzündungsmotor (Diesel)
Kohlenstoffmonoxide (CO)	2,30 g/km	0,64 g/km
Kohlenwasserstoffmasse (CH)	0,20 g/km	
Stickoxidmasse (NO x)	0,15 g/km	0,50 g/km
Summe der Massen der Kohlenwasserstoffe und Stickoxide (CH + No x)		0,56 g/km
Partikelmasse		0,05 g/km

[434] Vgl. oben Seite 104.
[435] Heinz / Kopp / Mayer, S. 265.
[436] Richtlinie 70/220/EWG zur Angleichung der Rechtsvorschriften der Mitgliedstaaten über Maßnahmen gegen die Verunreinigung der Luft durch Emissionen von Kfz., ABl. EG Nr. L 76 S. 1. zuletzt geändert durch die Richtlinie. 98/96/EG, ABl. EG Nr. L 350 S. 1.
[437] Sog. Euro-3-PKW.

Tabelle 33: Grenzwerte[438] von Emissionen von Kraftfahrzeugen, sog. Euro-4-PKW

	Fremdzündungsmotor (Otto)	Selbstzündungsmotor (Diesel)
Kohlenstoffmonoxide (CO)	1,00 g/km	0,50 g/km
Kohlenwasserstoffmasse (CH)	0,10 g/km	
Stickoxidmasse (NO x)	0,08 g/km	0,25 g/km
Summe der Massen der Kohlenstoffe und Stickoxide (CH + No x)		0,30 g/km
Partikelmasse		0,025 g/km

Die Steuerbefreiung endet grundsätzlich am 31.12.2005; sie endet jedoch vorzeitig, falls und sobald die Steuerersparnis vor dem 01.01.2006 bei einem Euro-3-PKW mit Fremdzündungsmotor den Betrag von 127,82 Euro und mit Selbstzündungsmotor den Betrag von 255,65 Euro erreicht hat[439]. Bei Euro-4-PKW beträgt die maximale Steuerersparnis 306,78 Euro und 613,55 Euro, § 3 b Abs. 1 Satz 7 KraftStG.

Eine weitere Steuerbefreiung trat zum 01.07.1997 in Kraft und soll Fahrzeuge begünstigen, die besonders wenig Kraftstoff verbrauchen. Sie dürfen die Kohlendioxidemissionen von 90 g/km (sog. 3-Liter-Auto) und 120 g/km (sog. 5-Liter-Auto) nicht überschreiten[440]. Die Kohlendioxidemissionen entsprechen einem durchschnittlichen Verbrauch je 100 km:

1. bei einem 3-Liter Auto von 3,88 Liter Ottokraftstoff und 3,42 Liter Dieselkraftstoff und
2. bei einem 5-Liter Auto von 5,17 Liter Ottokraftstoff und 4,56 Liter Dieselkraftstoff.

Die Steuerbefreiung endet ebenfalls grundsätzlich am 31.12.2005; sie endet jedoch vorzeitig, falls und sobald die Steuerersparnis vor dem 01.01.2006 beim 3-Liter-Auto den Betrag von 511,29 Euro und beim 5-Liter-Auto den Betrag von 255,65 Euro erreicht hat, § 3 b Abs. 2 Satz 2 KraftStG[441].

---

438 Sog. Euro-4-PKW.

439 Auf der Grundlage der Steuersätze nach § 9 Abs. 1 Nr. 2 a KraftStG

440 Richtlinie 93/116/EG zur Anpassung der Richtlinie 80/1268/EWG des Rates über den Kraftstoffverbrauch an den technischen Fortschritt, ABl. EG Nr. L 329 S. 39.

441 Auf der Grundlage der Steuersätze nach § 9 Abs. 1 Nr. 2 a KraftStG

Nach Ablauf der befristeten Steuerbefreiung wird für ein Fahrzeug mit Hubkolbenmotor bis zu dessen endgültiger Außerbetriebsetzung beim 3-Liter-Auto und 5-Liter-Auto ein ermäßigter Steuersatz gewährt[442].

Liegen die Voraussetzungen sowohl für eine Steuerbefreiung nach § 3 b Abs. 1 KraftStG als auch nach § 3 b Abs. 2 KraftStG vor, wird dem Fahrzeughalter die Summe der Steuerbefreiungen, längstens bis zum 31.12.2005, gewährt.

Tabelle 34: Steuerersparnis bei Kombination von Steuerbefreiungen

	Ottomotor	**Dieselmotor**
Euro-3-PKW + 3-l-Auto	639,11 €	766,94 €
Euro-3-PKW + 5-l-Auto	383,47 €	511,29 €
Euro-4-PKW + 3-l-Auto	818,07 €	1.124,84 €
Euro-4-PKW + 5-l-Auto	562,42 €	869,20 €

Nach Ablauf der befristeten Steuerbefreiung erhält der Fahrzeughalter für das Halten eines Fahrzeugs mit Hubkolbenmotor bis zu dessen endgültiger Außerbetriebsetzung den jeweiligen zutreffenden Steuersatz gem. § 9 Abs. 1 Nr. 2 KraftStG. PKW mit Wankelmotor werden anschließend gem. § 8 Nr. 2 KraftStG nach dem verkehrsrechtlich zulässigen Gesamtgewicht besteuert.

c) Steuerbefreiung für Elektrofahrzeuge

Das Halten von Personenkraftwagen, die Elektrofahrzeuge sind und nach dem 31.07.1991 erstmals zugelassen werden, ist für fünf Jahre steuerbefreit, § 3 d KraftStG[443].

[442] DM und Euro-Beträge siehe Tabelle Seite 112.

[443] Elektrofahrzeuge, sind Fahrzeuge, die ganz oder überwiegend aus mechanischen oder elektromechanischen Energiespeichern gespeist werden, § 9 Abs. 2 KraftStG.

d) Steuerbefreiung von Fahrzeugen im Linienverkehr

Steuerbefreit ist das Halten von Kraftomnibussen und Personenkraftwagen mit 8 oder 9 Sitzplätzen sowie von Kfz-Anhängern hinter den genannten Fahrzeugen, die überwiegend, zu mehr als 50 vom Hundert der insgesamt gefahrenen Strecke im Linienverkehr verwendet werden. Diese Verwendung ist buchmäßig nachzuweisen, § 3 Nr. 6 KraftStG

e) Steuerbefreiung von Fahrzeugen der Land- und Forstwirtschaft

Nach § 3 Nr. 7 KraftStG werden folgende Kraftfahrzeuge begünstigt:

(1)Zugmaschinen
(2)Sonderfahrzeuge
(3)Kraftfahrzeuganhänger hinter Zugmaschinen oder Sonderfahr- zeugen
(4)einachsige Kraftfahrzeuganhänger (ausgenommen Sattelanhänger, aber einschließlich der zweiachsigen Anhänger mit einem Achsabstand von weniger als einem Meter).

Erforderlich ist, daß sie für typische Zwecke ausschließlich in land- oder forstwirtschaftlichen Betrieben verwendet werden.

f) Steuerbefreiung von Huckepackverkehr

Hiernach ist das Halten von Fahrzeugen steuerbefreit, wenn sie ausschließlich Behälter mit einem Rauminhalt von 5 m^3 oder mehr (Container), auswechselbare Aufbauten (von Fahrgestell zu Fahrgestell) befördern oder Anhänger ziehen, die ihrerseits davor oder danach per Eisenbahn, mit einem Binnenschiff oder im Seeverkehr befördert werden (also Zustellung oder Abholung über die Straße) und entsprechend kenntlich gemacht sind, § 3 Nr. 9 KraftStG.

III. Steuersätze

Das KraftStG geht von der Jahressteuer für Fahrzeuge aus, § 9 Abs. 1 KraftStG.

1. Krafträder mit Hubkolbenmotoren

Für Krafträder mit Hubkolbenmotoren beträgt die Kraftfahrzeugsteuer gem. § 9Abs. 1 Nr. 1 KraftStG 3,60 DM (1,84 Euro) je 25 cm^3 Hubraum oder einen Teil davon.

2. Personenkraftwagen mit Hubkolbenmotoren

Einen Regelsteuersatz gibt es seit dem 01.07.1997 nicht mehr. Die Kraftfahrzeugsteuer ist für jeweils angefangene oder volle 100 cm³ gleich hoch. Für die Ermittlung des Steuersatzes ist das Schadstoffemissionsverhalten eines PKW von Bedeutung. Es wird in den Fahrzeugpapieren unter einer Schlüsselnummer ausgewiesen. Grundsätzlich ist zwischen Fremdzündungsmotoren und Selbstzündungsmotoren zu unterscheiden.

Tabelle 35: Übersicht über Schlüsselnummern und Steuersätze

Emmissionsgruppe	**Schlüssel-Nr. in den Fahrzeugpapieren**	**Geltungsdauer**	**Steuersatz je angefangene 100 cm³ in DM Ottomotor**	**Steuersatz je angefangene 100 cm³ in DM Dieselmotor**
Euro-3, Euro-4, 3-Liter Auto	30, 31, 21, 33, *36*, *37*, *38*, *39* ,40 ,41, 42, 43	bis zum 31.12.2003 ab 01.01.2004	5,11 € 6,75 €	13,80 € 15,44 €
Euro-2	25, 26, 27, *35*	bis zum 31.12.2003 ab 01.01.2004	6,14 € 7,36 €	14,83 € 16,05 €
Euro-1 und vergleichbare	01, 02, 03, 04, 09, 11, 12, 13, 14, 16, 18, 21, 22, 28, 29, *34*, 77	ab 01.01.2001 ab 01.01.2005	10,84 € 15,13 €	23,06 € 27,35 €
nicht schadstoffarme PKW, die bei Ozonalarm fahren dürfen	10, 15, 17, 19, 20, 23, 24	ab 01.01.2001 ab 01.01.2005	15,13 € 21,07 €	27,35 € 33,29 €
schadstoffarme PKW die bei Ozonalarm nicht fahren dürfen	03, 04, 05, 09	ab 01.01.2001 ab 01.01.2005	21,07 € 25,36 €	33,29 € 37,58 €
übrige PKW	00, 05, 06, 07, 08, 10, 15, 88	ab 01.01.2001	25,36 €	37,58 €

Anmerkung: Die kursivgedruckten Schlüssel-Nr., betreffen jeweils das 5-l Auto.

3. Alle anderen Fahrzeuge

Bei Lastkraftwagen, Kraftomnibussen und Zugmaschinen mit einem verkehrsrechtlich zulässigen Gesamtgewicht bis 3.500 kg beträgt die Jahressteuer für je 200 kg Gesamtgewicht oder einen Teil davon:

a) bis zu 2.000 kg		11,25 Euro
b) über 2.000 kg	bis zu 3.000 kg	12,02 Euro
c) über 3.000 kg	bis zu 3.500 kg	12,78 Euro.

Diese Beträge enthalten keine Öko-Additive.

4. Schadstoffarme Kraftfahrzeuge mit einem verkehrsrechtlich zulässigen Gesamtgewicht von mehr als 3.5 t

Bei allen übrigen Kraftfahrzeugen mit einem verkehrsrechtlich zulässigen Gesamtgewicht von mehr als 3.500 kg ist die Kraftfahrzeugsteuer abhängig von der Schadstoffklasse oder der Geräuschklasse. Die geringste Steuerbelastung ist seit dem 01.04.1994 für Kraftfahrzeuge vorgesehen, die in die Schadstoffklasse S 2[444] Euro-II-Kfz oder S 1[445] Euro-I-Kfz eingestuft sind. Auch für besonders leise Kraftfahrzeuge, die zur Geräuschklasse G 1[446] gehören, gelten besondere Steuersätze.

---

[444] Zur Schadstoffklasse S 2 gehören Kraftfahrzeuge, die der Richtlinie 88/77/ EWG des Rates vom 3.12.1987, ABl. EG Nr. L 36 S. 33, in der Fassung der Richtlinie 91/542/EWG des Rates vom 1.10.1991, ABl. EG Nr. L 295 S. 1, entsprechen und die bei den Emissionen der gasförmigen Schadstoffe und luftverunreinigenden Partikel die im Anhang I der Richtlinie für Euro II-Kfz genannten Grenzwerte nicht überschreiten.

[445] Zur Schadstoffklasse S 1 gehören Kraftfahrzeuge, die der Richtlinie 88/77/ EWG des Rates vom 3.12.1987 in der Fassung der Richtlinie 91/542/EWG des Rates vom 1.10.1991 entsprechen und die bei den Emissionen der gasförmigen Schadstoffe und luftverunreinigender Partikel die im Anhang I der Richtlinie für Euro I-Kfz genannten Grenzwerte nicht überschreiten oder der Richtlinie 70/229/EWG des Rates vom 20.3.1970, ABl. EG Nr. L 76 S. 1, in der Fassung der Richtlinie 93/59/EWG des Rates vom 28.6.1993, ABl. EG Nr. L 186 S. 21, entsprechen und die im Anhang I der Richtlinie genannte Prüfung Typ I für Euro I-Kfz nachweisen.

[446] Zur Geräuschklasse G 1 gehören Kraftfahrzeuge, die der Richtlinie 70/157/ EWG des Rates vom 6.2.1970, ABl. EG Nr. L 42 S. 1, in der Fassung der Richtlinie 92/97/EWG des Rates vom 10.11.1992, ABl. EG Nr. L 371 S. 1, oder der Anlage zu § 49 Abs. 3 StVZO entsprechen. Die Vergünstigungen für geräuscharme Kraftfahrzeuge sollen auch für Kraftfahrzeuge, die den in Österreich geltenden Vorschriften für lärmarme Kraftfahrzeuge entsprechen, gelten, da die österreichischen und die deutschen Bestimmungen für die Geräuschklasse G 1 gleichwertig sind, Erlaß des Bundesministers für Verkehr vom 21.12.1993, a.a.O.

Tabelle 36: Übersicht über die Steuersätze für Kfz-S 2, S 1, G 1 und andere Kfz.

				Steuersatz Kfz.-S 2	Steuersatz Kfz.-S 1	Steuersatz Kfz.-G 1	Steuersatz Kfz.-andere
		bis zu	2.000 kg	6,42 €	6,42 €	9,64 €	11,25 €
über	2.000 kg	bis zu	3.000 kg	6,88 €	6,88 €	10,30 €	12,02 €
über	3.000 kg	bis zu	4.000 kg	7,31 €	7,31 €	10,97 €	12,78 €
über	4.000 kg	bis zu	5.000 kg	7,75 €	7,75 €	11,61 €	13,55 €
über	5.000 kg	bis zu	6.000 kg	8,18 €	8,18 €	12,27 €	14,32 €
über	6.000 kg	bis zu	7.000 kg	8,62 €	8,61 €	12,94 €	15,08 €
über	7.000 kg	bis zu	8.000 kg	9,36 €	9,36 €	14,03 €	16,36 €
über	8.000 kg	bis zu	9.000 kg	10,07 €	10,07 €	15,11 €	17,64 €
über	9.000 kg	bis zu	10.000 kg	10,96 €	10,96 €	16,44 €	19,17 €
über	10.000 kg	bis zu	11.000 kg	11,84 €	11,84 €	17,74 €	20,71 €
über	11.000 kg	bis zu	12.000 kg	13,01 €	13,01 €	19,51 €	22,75 €
über	12.000 kg	bis zu	13.000 kg	14,32 €	14,32 €	21,47 €	25,05 €
über	13.000 kg	bis zu	14.000 kg	15,77 €	15,77 €	23,67 €	27,61 €
über	14.000 kg	bis zu	15.000 kg	15,77 €	26,00 €	39,01 €	45,50 €
über	15.000 kg			15,77 €	36,23 €	54,35 €	63,40 €

Kfz.- S 2 insgesamt jedoch nicht mehr als 664,68Euro.
Kfz.- S 1 insgesamt jedoch nicht mehr als 1.022,58 Euro.
Kfz.- G 1insgesamt jedoch nicht mehr als 1.533,88 Euro.
Kfz.- andere insgesamt jedoch nicht mehr als 1.789,52 Euo.

Aus der Tabelle wird ersichtlich, daß die schadstoffarmen und geräuscharmen LKW gegenüber den anderen Kfz., nicht schadstoffarmen oder geräuscharmen LKW, einen erheblichen Vorteil beim Steuersatz haben. Die Jahressteuer reicht im Höchstbetrag von 664,68 Euro bei LKW S 2 bis 1.789,52 Euro bei anderen LKW.

Nach § 9 Abs. 1 Nr. 5 KraftStG beträgt für Kraftfahrzeuganhänger je 200 kg Gesamtgewicht oder einen Teil davon die Kraftfahrzeugsteuer 7,46 Euro jedoch nicht mehr als 894,76 Euro. Die Kraftfahrzeugsteuer ermäßigt sich um 50 v. H. des Betrags, der sich nach § 9 Abs. 1 Nr. 3 oder Nr. 4 a KraftStG ergibt, für Fahrzeuge mit Antrieb ausschließlich durch Elektromotoren[447], § 9 Abs. 2 KraftStG.

Tabelle 37: Übersicht über die Steuersätze für ausländische Kfz[448], gem. § 9 Abs. 3 KraftStG

				PKW in Euro	LKW in Euro
				0,51 €	
		bis zu	7.500 kg		1,53 €
über	7.500 kg	bis zu	15.000 kg		4,60 €
über	15.000 kg				6,14 €

[447] Elektrofahrzeuge, die ganz oder überwiegend aus mechanischen oder elektro- mechanischen Energiespeichern gespeist werden.
[448] Wenn sie tageweise entrichtet wird, für jeden ganz oder teilweise im Inland zugebrachten Kalendertag.

IV. Aufkommen der Kraftfahrzeugsteuer

Tabelle 38: Aufkommen der Kraftfahrzeugsteuer

Jahr	DM in Milliarden	Euro in Milliarden
1993	14,058	7,188
1994	14,169	7,244
1995	13,805	7,058
1996	13,743	7,027
1997	14,418	7,372
1998	15,171	7,757
1999	13,767	7,039

Quelle: Mineralölwirtschaft in Zahlen 1999, S. 44.

Diagramm 9: Aufkommen der Kraftfahrzeugsteuer

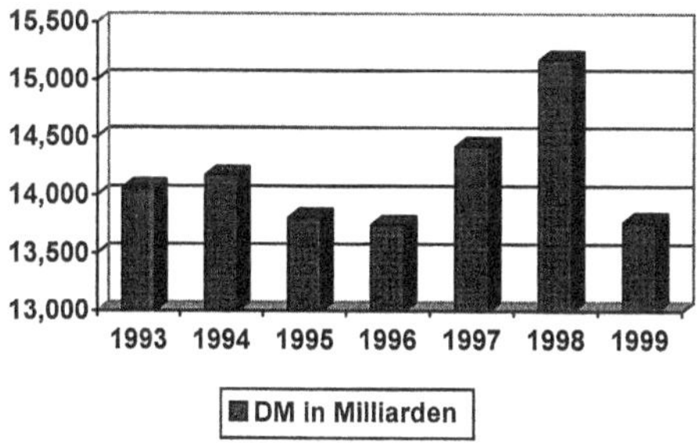

V. Bewertung

Die Erhebung der Kraftfahrzeugsteuer ist im Vergleich zu anderen Verkehrssteuern relativ aufwendig[449]. Sie verursacht einen erheblichen Verwaltungsaufwand. Die fortschreitende Automatisierung hat den Finanzämtern zwar gewisse Erleichterungen verschafft, doch ist der Personalaufwand nach wie vor beachtlich, vor allem in den Fällen der zwangsweisen Erhebung in Vollstreckungsverfahren. Ihre Abschaffung würde in den überlasteten Finanzämtern der Länder Kapazitäten für andere Aufgaben freisetzen[450]. Überdies ist in Anbetracht häufiger Änderungen und Ergänzungen des Kraftfahrzeugsteuerrechts, vor allem im Bereich der Vergünstigungen für schadstoff- und geräuscharme Kraftfahrzeuge, eine permanente Komplizierung eingetreten. Daher bleibt die Kraftfahrzeugsteuer wie seit Jahren als änderungsbedürftiges Steuergesetz im Gespräch.

Die jetzige Regelung der Steuervergünstigungen unter Schadstoffaspekten und die umfangreiche Steuerbefreiung bestimmter Berufsgruppen gemäß § 3 Nr. 1 – 16 KraftStG berücksichtigt den Verbrauch eines Kraftfahrzeugs in nur unangemessener Weise. Ein Kraftwagen mit einem hohen Verbrauch hat mehr Anteil an der Belastung der Umwelt als ein Wagen mit niedrigerem Verbrauch. Zwar ist über das 3-Liter-Auto und 5-Liter-Auto eine Verbrauchskomponente in das KraftStG eingefügt worden, die aber unter Berücksichtigung des geringen Marktanteils solcher Kraftfahrzeuge als nicht ausreichend erscheint.

Vor allem die Steuerbefreiungen für Kraftfahrzeuge der Land- und Forstwirtschaft und Schaustellerbetriebe gehören überprüft. Es handelt sich um Steuersubventionen für bestimmte Berufsgruppen, die Fahrzeuge mit sehr hohen Kraftstoffverbräuchen benutzen und diese Kraftfahrzeuge oftmals von beträchtlichem Alter sind. Sie entsprechen damit nicht dem Stand der Technik.

Ein gewisser Lenkungseffekt kommt in der Steuerbefreiung nach § 3 b KraftStG zum Ausdruck. Dieser findet sich aber nicht bei den Haltern von Kraftfahrzeugen die nach § 3 Nr. 1 – 16 KraftStG steuerbefreit sind. Der Anreiz für sie, ein schadstoffarmes Kraftfahrzeug zu benutzen, ist kraftfahrzeugsteuerlich minimal, da sie ökonomisch keinen Vorteil erzielen.

Hinsichtlich der Besteuerung von LKW ist anzumerken, daß, obwohl von der Emissionsbezogenheit der Kfz-Steuer Anreize zur Emissionsminderung je Fahrzeug ausgehen, die Lenkungswirkung insgesamt verfehlt ist. So führt die Senkung der Kfz-Steuer von vormals 10.500 DM (5.368,56 Euro)[451] auf minimal

---

[449] Heinz / Kopp / Mayer, S. 193.
[450] Meyer, S. 50.
[451] Vor dem 01.04.1994

1.300 DM (664,68 Euro) bei einem LKW S 2 zu einer umweltpolitisch unerwünschten Verbilligung des Straßengüterverkehrs gegenüber dem Gütertransport auf Schiene und Wasser[452].

Verfassungsrechtlich bedenklich ist die Ausgestaltung der Kraftfahrzeugsteuer, indem sie vormals als schadstoffarm eingestufte PKW nach Euro 1 und Euro 2 nachträglich durch höhere Steuersätze sanktioniert.

Bürger, die einen solchen PKW erwarben, haben sich mit einem solchen Kauf gesetzeskonform verhalten und die damaligen Anforderungen rechtstreu erfüllt; gleichwohl müssen sie nun Steuerzuschläge zahlen. Es könnte sich um einen Fall des verfassungsrechtlich unzulässigen rückwirkenden Gesetzes handeln. Das GG enthält in Art. 103 Abs. 2 GG nur für Strafgesetze ein geschriebenes Rückwirkungsverbot[453]. Angesichts der besonderen Schwere des strafrechtlichen Eingriffs kann dieses Verbot nicht analog auf andere Rechtsgebiete angewendet werden[454]. Aber auch außerhalb des Strafrechts kann das Vertrauen des Bürgers in den Bestand von Gesetzen für die Zukunft schutzwürdig sein[455]. Ein solcher Fall liegt vor, wenn die neue vergangenheitsbezogene Regelung für den Bürger ungünstiger ist als die bisherige Regelung, auf die er sich eingestellt hat[456].

Dies gilt sowohl bei belastungsverschärfenden als auch bei solchen Gesetzen, die Vergünstigungen aufheben oder einschränken[457]. Das *BVerfG* differenziert zwischen echter und unechter Rückwirkung. Während die echte Rückwirkung grundsätzlich für verfassungsrechtlich unzulässig angesehen wird, ist die unechte Rückwirkung grundsätzlich zulässig[458].

Wenn der Gesetzgeber nachträglich in Tatbestände eingreift, die in der Vergangenheit begonnen und abgeschlossen wurden und nunmehr an diese bereits abgewickelten Tatbestände andere Rechtsfolgen knüpft als die bisherige Regelung, liegt eine echte Rückwirkung vor[459]. Die unechte Rückwirkung zeichnet sich dadurch aus, daß der Gesetzgeber auf Sachverhalte, die in der Vergangenheit begonnen, jedoch noch nicht abgeschlossen wurden, für die Zukunft einwirkt[460].

---

452 So auch Huckestein, S. 44.
453 Offerhaus, DStZ 2000, S. 9 ff. (12).
454 Vgl. nur BVerfGE 7, 89 (95).
455 Vgl. BVerfGE 45, 142 (167 f.); BVerfGE 72, 200 (242); BVerfGE 83, 89 (109 f.).
456 BVerfGE 23, 85 (93); BVerfGE 30, 129 (140); BFHE 93, 332 (337); BFHE 95, 384 (387).
457 Vgl. BVerfGE 30, 367 (386); BVerfGE 38, 61 (83).
458 BVerfGE 95, 64 (86); BVerfGE 97, 67 (78 f.); zunächst wurde die Terminologie von beiden Senaten verwendet. Zwischenzeitlich hat der Zweite Senat des BVerfG die Terminologie Rückbewirkung von Rechtsfolgen und tatbestandliche Rückanknüpfung bezeichnet, verwendet aber nunmehr beide Begriffspaare gleichrangig nebeneinander, vgl. BVerfGE 97, 67 (78 f.)
459 BVerfGE 11, 139 (145 f.); BVerfGE 95, 64 (86).
460 BVerfGE 95, 64 (86).

Im Bereich des Steuerrechts differenziert das *BVerfG* wie folgt: Eine echte Rückwirkung liegt dann vor, wenn im Zeitpunkt der Verkündung des neuen Gesetzes die Steuerschuld bereits entstanden ist[461]. Dies bedeutet, daß das *BVerfG* nicht auf die Handlung des Steuerpflichtigen abstellt, die dieser in Vertrauen auf die Rechtslage ausführt, sondern auf das Entstehen des Steueranspruchs[462].

Die Rückwirkungsrechtsprechung des *BVerfG* ist im Schrifttum immer wieder Gegenstand von Kritik gewesen. Die besondere Schwierigkeit, eine allgemein einsehbare Rückwirkungsdogmatik zu entwickeln, wird an der relativ hohen Zahl abweichender Voten deutlich. Kritisiert wird insbesondere die Verknüpfung des Vertrauensschutzes mit dem Entstehungstatbestand der Steuerschuld. Gegenstand des rechtsstaatlich und grundrechtlich gewährleisteten Vertrauensschutzes ist die Vertrauensbetätigung, im Falle des Steuerrechts, das für die Besteuerung relevante Verhalten. Diesen Zweck verfehlt eine Rückwirkungsterminologie, die ausschließlich auf die Entstehung von Rechtsfolgen und die Verwirklichung des Steuertatbestandes ausgerichtet ist[463]. Dieser Kritik ist zuzustimmen. Maßgeblich für den Rückwirkungsbegriff sind zwei Zeitpunkte. Zum einen der Zeitpunkt, in dem die Disposition wirtschaftlich und rechtlich abgeschlossen ist und zum anderen der Zeitpunkt, in dem der Vertrauensschutz infolge legislatorischer Maßnahmen entfällt. Im Sinne einer Finalität beginnt das schutzwürdige Vertrauen des Bürgers mit Vornahme seiner Handlung, d. h. ohne Disposition keine Steuerentstehung[464].

Die Anknüpfung an die Steuerentstehung ermöglicht dem Gesetzgeber, über den Vertrauensschutz des Bürgers zu disponieren, indem er einfachgesetzlich festgelegte Veranlagungszeiträume über die Dauer eines Jahres etwa auf die Dauer von drei Jahren verlängert[465].

Die Kraftfahrzeugsteuer entsteht nach § 6 KraftStG mit Beginn der Steuerpflicht, bei fortlaufenden Entrichtungszeiträumen mit Beginn des jeweiligen Entrichtungszeitraums. Damit der Steuertatbestand überhaupt erfüllt wird, muß ein Kraftfahrzeug angeschafft und zum Verkehr zugelassen werden. Die Disposition des Bürgers liegt somit im Kauf und der Zulassung des Kfz zum Verkehr. Die Schutzwürdigkeit des Bürgers beginnt damit mit der Anschaffung des Kfz. Ab diesem Zeitpunkt ist es dem Gesetzgeber verwehrt, in die Steuersätze mit Steuerzuschlägen einzugreifen, die das vorausgehende legale umweltkonforme Verhalten „bestrafen".

---

[461] BVerfGE 19. 187 (195); BVerfGE 30, 392 (401 f.); BVerfGE 97, 67 (80).
[462] Wernsmann, JuS 2000, S. 39 (39).
[463] Lang in Tipke-Lang, § 4 Rdn. 114 m. w. N.
[464] Lang in Tipke-Lang, § 4, Rdn. 180.
[465] Wernsmann, JuS 2000, S. 39 (40).

Den Käufern eines Euro-1-PKW und Euro-2-PKW war beim Kauf nicht bekannt, daß sich die Besteuerung zu einem späteren Zeitpunkt verändern würde, weil es noch keine verschärften Euro-Normen gab. Folglich hat der Gesetzgeber in das schutzwürdige Vertrauen des Bürgers mittels echter Rückwirkung eingegriffen.

Damit liegt eine echte Rückwirkung vor, die dazu führt, daß die Verschlechterung der Steuerbedingungen für Euro-1-PKW und Euro-2-PKW nicht mit der Verfassung im Einklang steht.

Die Verschlechterung der Steuerbedingungen könnte auch gegen das im Rechtsstaatsprinzip verankerte verfassungskräftige Gebot des Grundsatzes der Verhältnismäßigkeit verstoßen. Das *BVerfG* leitet den Grundsatz der Verhältnismäßigkeit neben dem Gebot der Rechtssicherheit und des Vertrauensschutzes aus dem Rechtsstaatsprinzip ab[466].

Der Grundsatz der Verhältnismäßigkeit (im weiteren Sinne) besteht aus den Kriterien Eignung, Erforderlichkeit und Zumutbarkeit (sog. Verhältnismäßigkeit im engeren Sinne)[467]. Nach der Rechtsprechung des *BVerfG* ist das Mittel des Eingriffs dann geeignet, wenn mit seiner Hilfe der gewünschte Erfolg gefördert werden kann. Es ist erforderlich, wenn der Gesetzgeber nicht ein anderes, gleich wirksames, aber das Grundrecht nicht oder doch weniger fühlbar einschränkendes Mittel hätte wählen können[468]. Die Grundsrechtsverletzung muß im engeren Sinne verhältnismäßig sein, d. h. in angemessenem Verhältnis zu dem Gewicht und der Bedeutung des Grundrechtes stehen[469].

Bei Einführung der Steuerbegünstigung für die sog. Euro-1-PKW und Euro-2-PKW stand die Lenkung der Neuwagenkäufer zum Kauf eines umweltfreundlichen PKW im Vordergrund. Das Mittel zur Lenkung war die Differenzierung der Tarifsätze.

Entscheidet sich der Käufer für einen solch umweltfreundlichen PKW, hat die Lenkung Wirkung gezeigt. Diese Lenkungswirkung ist nur beim Kauf des PKW erreichbar. Ändern sich nach Anschaffung des PKW die steuerlichen Bedingungen, ist der Käufer eines Euro-1-PKW oder Euro-2-PKW nicht mehr lenkbar, weil er sich nicht mehr anders entscheiden kann.

---

[466] BVerfGE 24, 392 (403); BVerfGE 19, 342 (348); andere Auffassung aus dem Gleichheitssatz vgl. Dechsling, Das Verhältnismäßigkeitsgebot 1989; Degenhardt, Rdn 324 ff; Lerche, Übermaß und Verfassungsrecht, 1961; Stern, Staatsrecht I, § 20 IV 7.

[467] Von Münch, Rdn. 367.

[468] BVerfGE 30, 292 (316); BVerfGE 63, 88 (115).

[469] BVerfGE 30, 292 (316).

Dies hat zur Folge, daß der Lenkungseffekt, der hinter der Differenzierung bei den Tarifsätzen steht, nicht mehr erreichbar ist. Wenn aber die Lenkung nicht mehr erreichbar ist, fehlt der Maßnahme die Eignung.

Damit ist auch der Grundsatz der Verhältnismäßigkeit verletzt.

Insgesamt überwiegt bei der Kraftfahrzeugsteuer die Finanzierungsfunktion. Eine Lenkungswirkung ist aber derzeit auch erkennbar. So sind die Automobilhersteller bemüht, mit ihren Motoren die neuesten Euro-Normen zu erfüllen.

Auch die Lenkungsfunktion der Tarifdifferenzierung zwischen Dieselfahrzeugen und Benzinfahrzeugen ist mit empirischen Daten nicht zu belegen.

Zweckmäßig wäre es, die Kraftfahrzeugsteuer durch Umlegung auf die Mineralölsteuer abzulösen. Dafür spricht, daß es zu einer *„echten"* Steuervereinfachung käme. Weiterhin ergebe sich die Möglichkeit einer umweltgerechteren Gestaltung.

Soll die Kraftfahrzeugsteuer einen nachhaltigen Lenkungseffekt erzielen, so könnte dieser wirkungsvoll über die Besteuerung des Kraftstoffverbrauchs erzielt werden. Denkbar ist aber auch, die derzeitige Lenkung der Euro 1 – 4 Normen die über die Kraftfahrzeugsteuer wirkt, durch eine offene Subvention abzulösen[470].

---

470 Die europarechtlichen Vorgaben, die im Bereich der Kraftfahrzeugsteuer vom nationalen Gesetzgeber zweifelsohne zu beachten sind, werden hier nicht weiter verfolgt.

B. Mineralölsteuer

I. Allgemeines

Die Mineralölsteuer ist eine von den Bundesfinanzbehörden verwaltete Verbrauchsteuer auf im Erhebungsgebiet hergestelltes oder eingeführtes Mineralöl[471].

II. Besteuerungsgrundlage

Mineralöl unterliegt im Steuergebiet nach Maßgabe des § 1 Abs. 3 MinöStG[472] der Mineralölsteuer, § 1 Abs. 1 Satz 1 MinöStG. Steuergebiet ist das Gebiet der Bundesrepublik Deutschland ohne das Gebiet von Büsingen und ohne die Insel Helgoland, § 1 Abs. 1 Satz 2 MinöStG.

Die spezifische Einteilung des Mineralöls richtet sich nach der Kombinierten Nomenklatur[473].

---

471 Bunjes in Tilch, Stichwort Mineralölsteuer, S. 1024.

472 Mineralölsteuergesetz vom 21. Dezember 1992 (BGBl. I S. 2185), geändert durch Erste Gesetz zur Umsetzung des Spar-, Konsolidierungs- und Wachstumsprogramms vom 21. Dezember 1993 (BGBl. I S. 2353, 2365, bereinigt BGBl. I 1994 S. 72), durch die Verordnung über die Zulassung eines Kennzeichnungsstoffes für leichtes Heizöl, zur Anpassung des Mineralölsteuergesetz und zur Änderung der Heizölkennzeichnungsverordnung vom 19. September 1995 (BGBl. I S. 1171), durch das Jahressteuergesetz vom 1996 vom 11. Oktober 1995 (BGBl. I S. 1250, 1407), durch das Gesetz zur Änderung von Verbrauchsteuergesetzen und des EG-Amtshilfe-Gesetzes vom 12. Juli 1996 (BGBl. I S. 962, 971), durch die Verordnung zur Änderung der Verordnung über die Zulassung eines Kennzeichnungsstoffes für leichtes Heizöl, zur Anpassung des Mineralölsteuergesetzes und zur Änderung der Heizölkennzeichnungsverordnung und Verordnung zur Anpassung des Mineralölsteuergesetzes vom 20. November 1996 (BGBl. I S. 1811), durch das Jahressteuergesetz 1997 vom 20. Dezember 1996 (BGBl. I S. 2049, 2074), durch das Gesetz zum Einstieg in die ökologische Steuerreform vom 24. März 1999 (BGBL. I S. 378, 380), die Verordnung über die Zulassung eines Kennzeichnungsstoffes für leichtes Heizöl und zur Anpassung des Mineralölsteuergesetzes vom 18. Juli 1999 (BGBl. I S. 1631), zuletzt geändert durch das Gesetz zur Fortführung der ökologischen Steuerreform vom 16. Dezember 1999 (BGBl. I S. 2432).

473 Kombinierte Nomenklatur im Sinne dieses Gesetzes ist die Warennomenklatur nach Artikel 1 der Verordnung Nr. 2658/87/EWG des Rates vom 23. Juli 1987, ABl. EG Nr. L 256 S. 1, in der Fassung des Anhangs zur Verordnung Nr. 2552/93/EWG der Kommission vom 10. August 1993, ABl. EG Nr. L 241 S. 1 und die bis zum 1. Oktober 1994 zu seiner Durchführung erlassenen Rechtsvorschriften.

Tabelle 39: Mineralölsteuersätze nach § 2 Nr. 1 - 7 MinöStG

Einheit	Mineralölart	Steuersätze			
		01.01.2000 31.12.2000	01.01.2001 31.10.2001	01.11.2001 31.12.2001	01.01.2002 31.12.2002
1.000 Liter	Motorenbenzin unverbleit Schwefelgehalt über 50 mg/kg	562,40 €	562,40 €	608,40 €	639,10 €
	Schwefelgehalt bis 50 mg/kg	562,40 €	593,00 €	593,00 €	623,80 €
1.000 Liter	Motorenbenzin verbleit	613,60 €	644,20 €	659,60 €	690,30 €
1.000 Liter	mittelschwerer Flugturbinenkraftstoff und Leichtöl "Kerosin" (ausgenommen Flugbenzin)	562,40 €	593,00 €	593,00 €	623,80 €
1.000 Liter	Diesel (Gasöl aus Erdöl oder bituminösen Mineralien) Schwefelgehalt über 50 mg/kg	387,40 €	409,00 €	424,80 €	455,00 €
	Schwefelgehalt bis 50 mg/kg	387,40 €	409,00 €	424,80 €	439,70 €
1 MWh	Erdgas und andere gasförmige Kohlenwasserstoffe	27,30 €	28,80 €	28,80 €	30,30 €
	zum Antrieb von Verbrennungsmotoren in Fahrzeugen bis 31.12.2009	10,70 €	11,20 €	6,00 €	12,40 €
1.000 kg	Flüssiggase	1.058,40 €	1.111,20 €	1.111,20 €	595,20 €
	zum Antrieb von Verbrennungsmotoren in Fahrzeugen bis 31.12.2009	138,30 €	145,90 €	145,90 €	153,40 €
	in anderen Fällen	351,50 €	370,70 €	370,70 €	389,90 €
1.000 kg	schweres Heizöl	17,90 €	17,90 €	17,90 €	17,90 €

III. Steuerermäßigungen

Das MinöStG sieht nach § 3 MinöStG verschiedene steuerermäßigte Verwendungen von Mineralölen vor.

Die Spreizung der Steuersätze für schweres Heizöl, die der Herabsetzung der Subventionierung von Kohle diente[474], ist nunmehr abgeschafft worden. Bei der Kohlesubvention wird nicht mehr der Preisunterschied zwischen Kohle und Öl, sondern zwischen einheimischer und importierter Kohle herangezogen, so daß die höhere Besteuerung nicht mehr erforderlich ist[475].

Diesel (Gasöl aus Erdöl oder bituminösen Mineralien) darf steuerbegünstigt unmittelbar oder mittelbar zum ermäßigten Steuersatz von 61,35 Euro für 1.000 Liter verheizt werden, § 3 Abs. 2 Satz 1 Nr. 1 MinöStG.

---

[474] BT-Drs. 14/1524 S. 9.

[475] Bastein / Soyk, ZfZ 2000, S. 78 (80).

Erdgas, Flüssiggas und andere gasförmige Kohlenwasserstoffe können steuerermäßigt zur Gewinnung von Licht, zum Verheizen und zum Antrieb von Gasturbinen verwendet werden. Der ermäßigte Steuersatz beträgt dann für Erdgas und andere gasförmige Kohlenwasserstoffe, 3,47 Euro für 1 MWh und für Flüssiggase 38,34 Euro für 1.000 kg.

Bei der Verwendung von Leichtölen und mittelschweren Ölen zur Herstellung von Gasen beträgt der ermäßigte Steuersatz 34,76 Euro[476] für 100 Liter.

Gemäß § 3 Abs. 3 MinöStG dürfen Flüssiggase, Diesel und Schweröle, die besonders gekennzeichnet sind, zu den ermäßigten Steuersätzen nur zum Antrieb von Gasturbinen und Verbrennungsmotoren in ortsfesten Anlagen verwendet werden, wenn diese Anlagen ausschließlich:

1. der gekoppelten Erzeugung von Wärme und Kraft (Kraft-Wärme-Kopplung) oder
2. der Abdeckung von Spitzenlasten in der öffentlichen Stromversorgung oder
3. der Stromerzeugung aus gasförmigen Kohlenwasserstoffen nach § 3 Abs. 2 Satz 1 Nr. 3 a MinöStG, die als Entlösungsgase bei der Erdöl- und Erdgasgewinnung anfallen oder
4. dem leitungsgebundenen Gastransport oder der Gasspeicherung dienen.

Im Falle der Verwendung zur gekoppelten Erzeugung von Wärme und Kraft (Kraft-Wärme-Kopplung) hängt die Ermäßigung davon ab, daß im Jahresdurchschnitt mindestens 60 v. H. des Energie-Gehalts des verwendeten Mineralöls in Form der begünstigt erzeugten Wärme- und mechanischen Energie genutzt werden, § 3 Abs. 3 Satz 2 MinöStG.

IV. Steuerbefreiungen

Nach § 4 Abs. 1 MinöStG darf Mineralöl steuerfrei verwendet werden. Die wichtigsten unter ökologischen Aspekten erwähnenswerten Steuerbefreiungen sind die Verwendung:

1. als Luftfahrtbetriebsstoff;
2. als Schiffsbetriebsstoff auf Schiffen, die ausschließlich in der gewerblichen Schiffahrt und bei damit verbundenen Hilfstätigkeiten wie Lotsen-, Schlepper- und ähnlichen Diensten oder im Werksverkehr eingesetzt sind, auf Behörden- und Kriegsschiffen, auf Schiffen des Seenotrettungsdienstes sowie auf Schiffen der Haupterwerbsfischerei zum Motorenantrieb und zum Heizen. Schiffsbetriebsstoffe im Sinne dieses Gesetzes sind Mineralöle nach § 2 Abs. 1 Satz 1 Nr. 4 MinöStG, wenn sie auf Schiffen verwendet werden;

[476] BT-Drs. 14/408 S. 8.

3. von gasförmigen Kohlenwasserstoffen, die bei der Verwertung von Abfällen aus der Verarbeitung landwirtschaftlicher Rohstoffe oder bei der Tierhaltung, bei der Lagerung von Abfällen oder bei der Abwasserreinigung anfallen oder die bei Verfahren der chemischen Industrie, ausgenommen bei der Mineralölerstellung und beim Kohleabbau aus Gründen der Luftreinhaltung und aus Sicherheitsgründen aufgefangen werden, auch zur Stromerzeugung in anderen ortsfesten Anlagen als nach § 3 Abs. 3 Satz 1 Nr. 1 und 2 MinöStG, § 4 Abs. 2 MinöStG.

Eine weitere de facto Steuerbefreiung sieht § 25 Abs. 3 a Nr. 1.1, 2, 3.1 und 4.1 MinöStG vor. Danach wird für besondere Mineralöle, die in hochwirksamen Kraft-Wärme-Kopplungsanlagen eingesetzt werden die Mineralölsteuer erstattet. Begünstigt wird der Einsatz von Diesel, schwerem Heizöl, Erdgas und Flüssiggas. Voraussetzung für die Erstattung ist, daß der Monatsnutzungs-grad[477] der Kraft-Wärme-Kopplungsanlage mindestens 70 v. H. beträgt. Die Steuerentlastung wird nur für die Monate gewährt, in denen der Monatsmindestnutzungsgrad erreicht wurde, § 25 Abs. 3 c MinöStG. Gas- und Dampfanlagen ohne Wärmeauskopplung kommen nun auch in den Genuß der Steuererstattung, wenn neben der Einhaltung des Monatsnutzungsgrades von 70 v. H. ein elektrischer Wirkungsgrad[478] (netto) von mindestens 57,5 v. H. erreicht wird. Diese Begünstigung wird erstmalig für Anlagen gewährt, die nach dem 31.12.1999 errichtet worden sind, § 25 Abs. 3 d Satz 2 MinöStG; längstens für 10 Jahre ab Aufnahme der Stromerzeugung, § 25 Abs. 3 d Satz 1 MinöStG.

---

[477] Monatsnutzungsgrad ist gemäß § 25 Abs. 3 b MinöStG der Quotient aus der Summe der genutzten erzeugten mechanischen und thermischen Energie aus Mineralöl in einem Kalendermonat und der Summe der zugeführten Energie aus Mineralöl in derselben Berichtszeitspanne.

[478] Elektrischer Wirkungsgrad ist der Quotient aus der Brutto-Stromerzeugung, vermindert um den Betriebseigenverbrauch, und der zeitgleich technisch zugeführten Energie aus Mineralöl, § 25 Abs. 3 b MinöStG.

V. Entwicklung der Mineralölsteuer

1. Aufkommen der Mineralölsteuer

Tabelle 40: Aufkommen der Mineralölsteuer

Jahr	DM in Milliarden	Euro in Milliarden
1993	53,980	27,600
1994	60,908	31,142
1995	61,477	31,433
1996	62,334	31,871
1997	62,732	32,074
1998	63,315	32,372
1999	67,362	34,442

Quelle: Mineralölwirtschaft in Zahlen 1999, S. 44.

Diagramm 10: Aufkommen der Mineralölsteuer

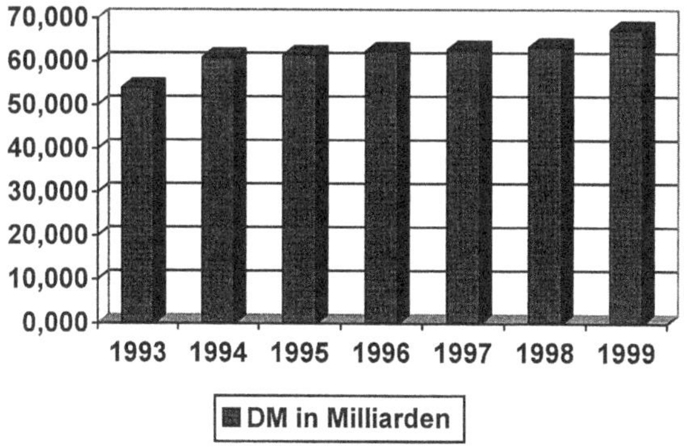

2. Entwicklung der Mineralölbesteuerung bestimmter Kraftstoffarten in DM je Liter

Tabelle 41: Tarifsätze der Mineralölsteuer in Landeswährung

Jahr	Mineralölsteuer				
	unverbleiter Vergaser-kraftstoff	verbleiter Vergaser-kraftstoff	Diesel-kraftstoff	Heizöl leicht	Flüssiggas Wärme pro 100 kWh
1980		0,44	0,42		
1990	0,57	0,65	0,45		0,36
1991	0,71	0,80	0,50		0,36
1992	0,85	0,92	0,55		0,36
1993	0,85	0,92	0,55	0,08	0,36
1994	0,98	1,08	0,62	0,08	0,36
1995	0,98	1,08	0,62	0,08	0,36
1996	0,98	1,08	0,62	0,08	0,36
1997	0,98	1,08	0,62	0,08	0,36
1998	0,98	1,08	0,62	0,08	0,36
1999	1,04	1,14	0,68	0,12	0,36
2000	1,10	1,20	0,74	0,12	0,68

Beträge sind Jahresdurchschnittswerte
Quelle: Bundesministerium für Verkehr (Hrsg.): Verkehr in Zahlen

3. Entwicklung der Verbraucherpreise für Mineralölprodukte in DM je Liter

Tabelle 42: Entwicklung der Verbraucherpreise

Jahr	Mineralölprodukte				
	Normalbenzin DM / Liter	**Suberbenzin** DM / Liter	**Dieselkraftstoff** DM / Liter	**leichtes Heizöl** DM / Liter	*schweres Heizöl DM /Tonne*
1980	1,132	1,178	1,142	0,620	*355,1*
1990	1,139	1,288	1,020	0,488	*236,1*
1991	1,275	1,438	1,071	0,517	*224,3*
1992	1,343	1,501	1,061	0,474	*202,1*
1993	1,348	1,528	1,086	0,484	*184,8*
1994	1,511	1,694	1,145	0,451	*182,9*
1995	1,502	1,695	1,130	0,429	*189,5*
1996	1,566	1,757	1,220	0,507	*206,1*
1997	1,617	1,666	1,246	0,520	*210,9*
1998	1,539	1,589	1,148	0,432	*179,6*
1999	1,645	1,695	1,249	0,519	*212,3*
2000	1,942	1,992	1,573	0,798	*341,7*

Beträge beim schweren Heizöl in DM je Tonne, ansonsten in DM je Liter.
Quelle: Mineralölwirtschaft in Zahlen 2000, S. 43.

4. Verbrauch von Kraftstoffen, Rohbenzin und Heizöl in Deutschland

Tabelle 43: Verbrauch von Mineralölen

Jahr	1995	1996	1997	1998	1999	2000
Ottokraftstoffe	30.306	30.276	30.226	30.281	30.250	28.807
Dieselkraftstoffe	26.208	25.982	26.186	27.106	28.775	28.922
Flugbenzin	26	22	27	24	25	26
Rohbenzin	13.370	13.430	15.071	15.960	15.810	16.091
Heizöl, leicht	34.875	38.420	36.292	34.631	29.633	27.875
Heizöl, schwer	8.744	7.820	7.490	7.771	6.876	6.213

Angaben in 1.000 Tonnen..
Quelle: Mineralölwirtschaft in Zahlen 2000, S. 32.

5. Primärenergieverbrauch in Deutschland nach Energieträgern

Tabelle 44: Übersicht über den Primärenergieverbrauch

Jahr	1990	1996	1997	1998	1999	2000
Mineralöl	194,10	198,20	196,30	197,10	191,40	186,90
Erdgas	95,50	106,90	102,10	103,00	103,30	102,10
Steinkohle	70,30	71,30	69,70	69,50	64,50	65,50
Braunkohle	59,20	57,60	54,30	51,60	50,10	52,60
Kernenergie	57,40	60,20	63,40	60,20	63,20	63,10
Wasserkraftstrom	3,40	1,90	2,10	2,60	3,10	4,00
Sonstie Energieträger	7,00	7,00	9,30	9,40	9,10	9,40
Gesamt	486,90	503,10	497,20	493,40	484,70	483,60

Angaben in Mio. t SKE.
Quelle: Mineralölwirtschaft in Zahlen 2000, S. 47.

VI. Bewertung

Im deutschen Steuersystem nimmt die Mineralölsteuer[479] gegenwärtig Rang drei nach Rang sieben im Jahr 1960 in der Reihenfolge der Steuerarten, gegliedert nach ihrem Aufkommen, ein. Ihr Anteil am gesamten Steueraufkommen erhöhte sich von 3,9 v. H. auf 8,1 v. H.

[479] Sie wird seit jeher als Verbrauchsteuer angesehen, vgl. Fischer-Menshausen in von Münch / Kunig, Bd. III, Art 106, Rdn. 16; Soyk, S. 1.

So betrug das Aufkommen 1999 rund 67 Milliarden DM (34 Milliarden Euro). Ursachen dafür sind die Expansion der Bemessungsgrundlage, die Erhöhung der Steuersätze, die Hereinnahme zusätzlicher Produkte in die Besteuerung und die Ausdehnung des Erhebungsgebietes auf die neuen Bundesländer ab 1989. Beispielsweise hat sich der versteuerte Absatz von Benzin zwischen 1960 und 1998 knapp versechsfacht, von Diesel versiebenfacht und von leichtem Heizöl mehr als verdreizehnfacht[480]. Die Steuersätze bei Benzin und Diesel sind derzeit dreimal so hoch wie 1960 und bei Heizöl achtmal so hoch. Mit 67 Milliarden DM (34 Milliarden Euro) liegen die Einnahmen aus der Mineralölsteuer 1999 um knapp das 27fache über den 2,7 Milliarden DM (1,3 Milliarden Euro) 1960. Hiermit wird deutlich, daß der Zwang besteht, die Mineralölsteuer als ergiebigste spezielle Verbrauchssteuer aus fiskalischen Gründen auszuweiten[481].

Für negative Tendenzen aus fiskalischer Sicht sorgen insbesondere der abnehmende spezifische Verbrauch je Fahrzeug und energiesparende Heizanlagen. Ein dazu einsetzender wirksamer Lenkungseffekt durch Verkehrsverlagerung auf den ÖPNV würde diese negativen Tendenzen noch verstärken. Ein solcher Lenkungseffekt kann sich allerdings nur dort realisieren, wo ein gut ausgebauter, leistungsfähiger ÖPNV mit dem Individualverkehr konkurriert. Dies ist vornehmlich in Großstädten und Ballungsgebieten der Fall, während dies im ländlichen Bereich nicht anzutreffen ist.

Allerdings ist die Mineralölsteuer nicht beliebig erhöhbar. Dies liegt an den ökonomischen Wirkungen, begegnet aber auch verfassungsrechtlichen Bedenken.

Aus ökonomischen Gründen, wegen des starken internationalen Wettbewerbs im Straßengüterverkehr, im Busverkehr und in der Binnenschiffahrt, wird ein deutscher Alleingang in Form einer Ökosteuer auf Dieselöl als problematisch angesehen[482].

Die ökonomischen Wirkungen werden anläßlich der Ölkrisen und des Golfkrieges deutlich. Während dieser Zeit schrumpfte z. B. der Benzinabsatz bei Preissteigerungen um rund 15 bzw. 25 Pfennig um bis zu 5 v. H[483].

Eine unbegrenzte Erhöhung der Mineralölsteuer begegnet verfassungsrechtlichen Bedenken. Durch die Mineralölsteuer soll ein Sondernutzen bzw. ein Sonderschaden abgegolten werden, der sich nach dem Äquivalenzprinzip bemißt[484].

---

480 Handelsblatt vom 16. / 17.01.1999.

481 Friedrich, DB 2000, S. 110 ff. (113).

482 Vgl. Donges / Eekhoff / Hamm, S. 55, Rdn. 51; Aberle, S. 152; Finke / Schindler, Internationales Verkehrswesen 12/1996, 23 (25); Berkelova, S. 210 ff.

483 Handelsblatt vom 16. / 17.01.1999.

484 Tipke, StRO I, S. 477.

Das Äquivalenzprinzip bemißt im Gegensatz zum Leistungsfähigkeitsprinzip die Steuer nach dem Nutzen, den der einzelne aus den empfangenen öffentlichen Leistungen zieht[485]. Mit dem Äquivalenzprinzip ließe sich jede Erhöhung der Mineralölsteuer rechtfertigen, zumindest so lange, bis das alle externen Kosten des Verkehrs gedeckt würden. Stellt man sämtliche externe Kosten des Verkehrs dem Steueraufkommen gegenüber, so verblieb im Jahre 1990 eine Deckungslücke im Bereich des Straßenpersonenverkehrs von 0,30 DM (0,15 Euro) bis 1,10 DM (0,56 Euro) je Liter und im Bereich des Güterverkehrs ein Defizit von 1,30 DM (0,66 Euro) bis 2,70 DM (1,38 Euro) je Liter[486].

Allerdings kann das Äquivalenzprinzip das Leistungsfähigkeitsprinzip nicht vollständig verdrängen, so daß eine beliebige Erhöhung der Mineralölsteuer nicht ohne Berücksichtigung der individuellen Leistungsfähigkeit gerechtfertigt werden kann[487].

Auch müssen sich weitere Erhöhungen der Mineralölsteuer am Gebot der Verhältnismäßigkeit messen lassen. Zum Erreichen des Lenkungszwecks ist eine Erhöhung der Mineralölsteuer geeignet. Allerdings muß beim Übermaßverbot (Verhältnismäßigkeit im engeren Sinne) die Abwägung zwischen dem Umweltschutz als Lenkungszweck und der Abgabenbelastung einer verfassungsrechtlichen Überprüfung stand halten.

Dabei gilt, daß je mehr die Abgabenlast von ihrer prohibitiven Wirkung her einem gesetzlichen Verbot gleichkommt, desto eher gilt der Rechtfertigungsstandard für eine Verbotsnorm[488]. Auch kommt es für die verfassungsrechtliche Abwägung darauf an, inwieweit der Steuerpflichtige der Steuerlast überhaupt ausweichen kann[489].

Unbefriedigend ist, daß es keine umweltschutzbedingte Zweckbindung[490] für die Mineralölsteuer gibt. Die Einnahmen fließen in den Bundeshaushalt und in die Rentenversicherung. Der Umweltschutz profitiert somit nicht automatisch von Erhöhungen bzw. vom Aufkommen der Mineralölsteuer.

---

[485] Birk in Hübschmann / Hepp / Spitaler, § 4, Rdn. 486.

[486] Bickel / Friedrich, S. 118.

[487] So auch Birk in Hübschmann-Hepp-Spitaler, § 4 Rdn 486; so auch Lang in Tipke-Lang, der das Leistungsfähigkeitsprinzip auf alle Steuern (direkte und indirekte) für anwendbar hält, § 4 Rdn. 85.

[488] Kirchhof Paul, DStJG 15, S. 11.

[489] Herdegen / Schön, S. 39: Sie sehen für die Steuerbelastung der Unternehmen des Güterverkehrs diese Grundsätze als verletzt an und keine Rechtfertigung für die Mineralölsteuererhöhung.

[490] Mit Einführung der Ökologischen Steuerreform gibt es eine indirekte Zweckbindung dergestalt, daß die Erhöhungen der Mineralölsteuer zur Senkung des Rentenversicherungsbeitrages verwendet werden.

Aus diesem Grunde läßt sich der Eindruck nicht leugnen, daß es bei den Mineralölsteuererhöhungen nur um die Ausweitung einer Finanzierungsquelle geht, ohne tatsächlich ökologische Gesichtspunkte zu verfolgen.

Systematisch nicht begründbar ist die Begünstigung des Flugkraftstoffes gemäß § 4 Abs. 1 Nr. 3 MinöStG durch völlige Steuerbefreiung. Aufgrund der Umweltbelastung die durch den immerfort zunehmenden Luftverkehr verursacht wird, ist eine Besteuerung des Flugbenzins anzumahnen. Diese Steuerbefreiung für Luftfahrtbetriebsstoffe in der gewerblichen Luftfahrt ist zum einen in der Verbrauchsteuerrichtlinie 92/81/EWG, Art. 8 Abs. 1 vom 19.12.1992 und zum anderen im sog. Chicago Abkommen und in 120 bilateralen Luftfahrtabkommen geregelt[491]. Insofern kann eine Abschaffung nur auf internationaler Ebene stattfinden[492].

Eine ähnliche Situation stellt sich im Bereich der Befreiung von Schiffbetriebsstoffen nach § 4 Abs. 1 Nr. 4 MinöStG dar. Auch hier wird durch internationale Abkommen, die sog. Mannheimer Akte, die Freistellung der Schiffbetriebsstoffe geregelt[493]. Auch hier ist eine Abschaffung nur auf internationaler Ebene möglich.

Die Steuerentlastung der Gas- und Dampfanlagen ist kontrovers diskutiert worden. Eine Lenkungswirkung kann von ihr erst in der Zukunft ausgehen. Derzeit gibt es überhaupt keine Anlagen die den elektrischen Wirkungsgrad von 57,5 v. H. erreichen. Die Anlagenbauer arbeiten derzeit an den technischen Voraussetzungen[494]. Vor allem der elektrische Wirkungsgrad von mindestens 57,5 v. H. ist politisch sehr umstritten[495]. Die gesetzlichen Materialien führen zur Begründung aus, daß der Wirkungsgrad und die zeitliche Komponente Mitnahmeeffekte durch bereits laufende Kraftwerke verhindern soll. Außerdem kann der Wirkungsgrad in absehbarer Zeit technisch erreicht werden. Im Rahmen einer Anhörung haben Hersteller die technische Erreichbarkeit des Wirkungsgrads zugesichert[496].

---

[491] Meyer, S. 25.
[492] Schrömbges, ZfZ 1989, S. 2 ff. (10).
[493] Meyer, S. 29.
[494] BT-Drs. 14/2044, S. 8.
[495] Bastein/Soyk, ZfZ 2000, S. 78 (81).
[496] BT-Drs. 14/2044, S. 7.

Die Oppositionsfraktionen sind allerdings der Auffassung, daß der elektrische Wirkungsgrad nicht aufgrund sachlicher Erwägungen festgesetzt wurde. Sie berufen sich auf einen Bericht in der Sendung *Tagesthemen*, in der ein Vertreter des skandinavischen Energiekonzerns Vasa Energy angekündigt hat, das in Lubmin bei Greifswald gelegene Kraftwerk voraussichtlich nach Osteuropa zu verlegen, falls sich herausstellen sollte, daß der Wirkungsgrad mit der Anlage nicht erreicht werden kann[497].

Die Zentrale des Konzerns in Stockholm habe bereits signalisiert, am Erreichen des Referenzwertes von 57,5 v. H. arbeiten zu wollen"[498].

Im Interesse des Umweltschutzes müssen alle Steuerbefreiungen überprüft werden und bei der Bemessung der Steuer sollte auch die hypothetische Umweltschädigung berücksichtigt werden. Nicht hinnehmbar ist es, daß das umweltfreundliche Erdgas[499] nicht aber die umweltschädliche Kohle besteuert wird. Dies bedeutet, daß die Mineralölsteuer in eine CO_2-Abgabe umgewandelt werden sollte[500].

Aufgrund der verbrauchsabhängigen Komponente hat die Mineralölsteuer nicht nur Finanzierungsfunktion, sondern auch eine Lenkungsfunktion. Dies wird zumindest dadurch belegt, daß der bleihaltige Kraftstoff fast vollständig vom Markt verdrängt wurde.

Fraglich ist auch, ob die von der Steuerpolitik gegenwärtig vorgenommene ökologische Umwidmung der Mineralölsteuer juristisch begründbar ist.

Die gegenwärtige Steuerpolitik begründet die Erhöhung der Mineralölsteuer aus ökologischen Gründen[501]. In der Begründung zum Gesetzentwurf[502] des „Gesetzes zur Fortführung der ökologischen Steuerreform" wird das Ziel, das mit dem Gesetzentwurf zum „Gesetz zum Einstieg in die ökologische Steuerreform"[503] genannt wurde, wiederholt. Dieses erklärte Ziel ist „die Beschäftigung zu fördern und umweltfreundliches Handel zu belohnen".

Es soll mit dem Gesetz zur Fortführung der ökologischen Steuerreform weitergeführt werden. Zur Begründung wird angeführt, daß sich durch die Erhöhung der Mineralölsteuer „gewissen Auswirkungen auf das Verbraucherpreisniveau"

---

[497] BT-Drs. 14/2044, S. 7.
[498] BT-Drs. 14/2044, S. 8.
[499] Friedrich, ZfZ 1990, S.9 (9); Friedrich, DB 1989, s. 647 ff. (647).
[500] Jatzke, ZfZ 1995, S. 278 ff. (282); Wasmeier, RIW 1996, S. 315 ff. (315); Cansier, BB 1998, S. 77 ff. (78).
[501] Lang, in Tipke-Lang, § 8, Rdn. 4.
[502] BT-Drs. 14/1524.
[503] BT-Drs. 14/40, S. 2.

ergäben. Außerdem ließe die Verteuerung von Energie „positive Auswirkungen auf die Umwelt erwarten"[504]. Zur Gegenfinanzierung der gesetzlichen Lohnnebenkosten und zur Minderung des umweltbelastenden Verbrauchs fossiler Energieträger, sei die Erhöhung der Mineralölsteuer vorgesehen[505].

Die Gründe die ausweislich der Materialen des Gesetzgebers zur Erhöhung der Mineralölsteuer angeführt werden sind die Gegenfinanzierung der Lohnnebenkosten und die Minderung des umweltbelastenden Verbrauchs fossiler Energieträger. Zumindest die Gegenfinanzierung der Lohnnebenkosten läßt keinen Bezug zu ökologischem Handeln erkennen, sondern es steht letztlich das Gegenfinanzierungsinteresse im Vordergrund, in dem die Lohnnebenkosten gesenkt und diese Ausfälle durch die Erhöhung der Mineralölsteuer ausgeglichen werden sollen.

Der zweite Grund, die Minderung des Verbrauchs fossiler Energieträger läßt zwar einen Bezug zum ökologischem Handeln erkennen, kann aber nicht darüber hinwegtäuschen, daß es sich nur um einen „Programmsatz" handelt. Dies liegt daran, daß über die Wirkungsweise des Benzinpreises derzeit keinerlei Erkenntnisse vorliegen. Dies kommt deutlich in einer Antwort auf die Frage des Abgeordneten an die *Bundesregierung*[506] zum Ausdruck. Gegenstand der Frage war, welche Höhe der Benzinpreis nach Ansicht der Bundesregierung haben müsse, damit hinreichende Einsparanreize für die Autofahrer ausgingen. Der zuständige parlamentarische Staatssekretär[507] antwortete, daß der Bundesregierung keine Erkenntnisse darüber vorliegen, welche Höhe des Benzinpreises für die Autofahrer verstärkt Anreize auslösen würde, Benzin zu sparen. Allerdings schaffe die „maßvolle stufenweise Erhöhung der Mineralölsteuer im Rahmen der ökologischen Steuerreform eine Signalwirkung, die bei den Autofahrern nachhaltig das Bewußtsein für umweltfreundliches Verhalten im Sinne von sparsamer Fahrweise und einer Orientierung hin zu sparsameren und damit umweltfreundlicheren Motoren" stärken würde[508].

Die Befürworter einer juristischen Umwidmung der Mineralölsteuer behaupten, daß es eine ökologische Umwidmung der Mineralölsteuer gäbe, begründen diese aber nicht näher[509].

---

[504] BT-Drs. 14/1524, S. 9.
[505] BT-Drs. 14/40, S. 10.
[506] BT-Drs. 14/3490, Frage 25 des Abgeordneten Heinz Seiffert.
[507] Karl Diller.
[508] Plenarprotokoll 14/107, Stenographischer Bericht der 107. Sitzung des Deutschen Bundestages, Berlin, Mittwoch, den 7. Juni 2000, Anlage 7.
[509] Lang, in Tipke-Lang, § 8, Rdn. 49 und Hey, NJW 2000, S. 640 ff. (640).

Als Zwischenergebnis bleibt festzuhalten, daß die Befürworter einer Umwidmung der Mineralölsteuer als „Ökosteuer" die Gründe schuldig bleiben, die die These der Umwidmung untermauern könnten.

Gegen die Umwidmung der Mineralölsteuer als „Ökosteuer" und die damit einhergehende Rechtfertigung als „Ökosteuer" spricht auch die Nichtveränderung der Konzeption der Mineralölsteuer seit ihrer Einführung. Die Mineralölsteuer ist eine Verbrauchssteuer auf im Erhebungsgebiet hergestelltes oder eingeführtes Mineralöl.

Steuerlich wurde das Vordringen des Erdöls nach dem Übergang zum modernen Tiefbohrsystem im 19. Jahrhundert, in Deutschland ab 1879 durch den „Petroleumszoll" erfaßt. Als Ausgleichs- und Ergänzungsmaßnahme wurde 1930 die Mineralölsteuer eingeführt. Dies war die Folge des drastisch erhöhten Zolls für ausländisches Mineralöl aufgrund der Weltwirtschaftskrise. 1939 wurde die Mineralölsteuer auf Diesel, 1951 auf bestimmte Produkte der Petrochemie und 1960 auch auf Heizöl ausgedehnt. Die Ausgestaltung der Mineralölsteuer als reine Finanzsteuer erfolgte 1953 aufgrund der Kriegsfolgelasten gestiegenen Finanzbedarfs[510].

Auch die Materialien zur Begründung des Gesetzentwurfes zum „Gesetz zum Einstieg in die ökologische Steuerreform"[511] lassen eher den Schluß zu, daß die Finanzierungsfunktion der Mineralölsteuer weiter ausgeschöpft werden soll. Schließlich heißt es dort, daß die Erhöhung der Mineralölsteuer zur Gegenfinanzierung der gesetzlichen Lohnnebenkosten notwendig sei[512].

„Öko-Steuern" sollen und wollen den schädlichen Verbrauch oder Gebrauch von Umweltgütern durch gewerbliche und private Verbraucher belasten. Die Verfolgung des Steuergesetzgebers von Umweltschutzzwecken mit dem Instrument der Steuer sei zulässig, solange eine „Ertragsrelevanz" vorliege. Bemessung einer „Öko-Steuer" nach dem Primärzweck Umweltschutz sei daher ebenfalls verfassungsrechtlich zulässig[513]. Dies führe aber nicht zu einer Entkoppelung von der Besteuerung nach der finanziellen Leistungsfähigkeit. Der Lenkungszweck könne aber nicht vom Leistungsfähigkeitsprinzip entbinden. Die „Öko-Steuer" beseitige aber das Leistungsfähigkeitsprinzip nicht, sondern schränke es bei Verbrauchsteuern nur ein. Der Verbrauch bzw. Gebrauch von Umweltgütern werde lediglich verteuert. Eine Bemessung der Steuern nach „ökologischen Aspekten" sei keinesfalls gerechter oder ungerechtet als die Belastung durch spezielle Verbrauchssteuern. Warum solle der „Verbrauch von Salz

---

510 http://www.bundesfinanzministerium.de/Service/Lexikon-Steuern, Stichwort Mineralölsteuer.
511 BT-Drs. 14/40, S. 2.
512 BT-Drs. 14/40, S. 10.
513 Söhn in Festschrift für Klaus Stern, S. 593.

oder Leuchtmitteln ein besserer Indikator sein als von Wasser“? Die Auswahl und die Bemessung der vorhandenen Verbrauchsteuern sei noch willkürlicher als „eine nach ökologischen Zielen bemessene Umweltsteuer“ wäre[514].

Dem ist zuzustimmen. Die Mineralölsteuer ist eine Verbrauchsteuer, die den Konsum von Gütern belastet[515]. Das *BVerfG* sieht hierin „Steuern auf die in der Einkommensverwendung für den persönlichen Lebensbedarf zum Ausdruck kommende wirtschaftliche Leistungsfähigkeit“. Dabei ist maßgebend, „daß die in der Einkommensverwendung zum Ausdruck kommende wirtschaftliche Leistungsfähigkeit getroffen werden soll“[516].

Die Begründung zur Erhöhung des Gesetzgebers vermag allerdings nicht die Mineralölsteuer als Verbrauchsteuer in eine Umweltsteuer als Verbrauchsteuer zu rechtfertigen. Dies liegt zum einen daran, daß sich der Lenkungsimpuls der „ökologisch-motivierten Steuer“ nicht konkret nachweisen läßt[517]. Zum anderen läßt das Mineralölsteuergesetz eine Anknüpfung an die Umwelt nicht erkennen. Besteuert wird lediglich der Verbrauch, nicht aber die eigentliche Umweltbeeinträchtigung durch den Verbrauch. Der Besteuerungsgegenstand ist daher nicht der Verbrauch oder Gebrauch von Umweltgütern, sondern der Verbrauch von Mineralölen.

Dem Mineralölsteuergesetz kann eventuell der Wunsch des Gesetzgebers entnommen werden, es möge möglichst wenig Mineralöl verbraucht werden. Dies ist aber ein unverbindlicher Wunsch, der sich inhaltlich nicht konkretisieren läßt[518]. Die Unverbindlichkeit rührt daher, daß das Steuergesetz nur ein finanzwirtschaftliches Motiv liefert, sich für eine vom Staat gewünschte Verhaltensweise zu entscheiden[519]. Das Mineralölsteuergesetz äußert sich auch nicht dazu, wie der Einzelne den Mineralölverbrauch senken soll. Der Lenkungszweck ist aus dem Mineralölsteuergesetz nicht ablesbar und daher auch nicht kontrollierbar[520].

Auch die Aufkommensverwendung spricht gegen eine Umwidmung da ein zweckgebundener Bezug zur Umwelt fehlt.

---

[514] Söhn in Festschrift für Klaus Stern, S. 593.
[515] Lang, in Tipke-Lang, § 3, Rdn. 32
[516] BVerfGE 16, 64 (74); 49, 343 (354); 65, 325 (346).
[517] Birk in Hübschmann/Hepp/Spitaler, §. 3, Rdn. 50.
[518] Trzaskalik, E 25.
[519] BVerfGE 98, 106 (121).
[520] Trzaskalik, E 64.

Im Zuge der Fortsetzung der Fortführung der ökologischen Steuerreform[521] ist die Mineralölsteuer auf Kraftstoffe in den Jahren 2001 und 2002 um jeweils 0,03 Euro je Liter, zzgl. Mehrwertsteuer, angehoben worden. Die letzte Stufe der Erhöhung findet zum 01.01.2003 statt[522].

C. Pfanderhebung auf Verpackungen[523]

I. Abgabengegenstand

Nach § 7 der Verordnung über die Vermeidung von Verpackungsabfällen[524] haben Vertreiber, welche flüssige Lebensmittel in Getränkeverpackungen, die keine Mehrwegverpackungen sind, mit einem Füllvolumen ab 0,2 l abgeben, von ihrem Abnehmer ein Pfand zu erheben. Für Verpackungen, die keine Mehrwegverpackungen sind, beträgt das Pfand mindestens 0,25 Euro einschließlich Umsatzsteuer.

Ab einem Füllvolumen von 1,5 l beträgt das Pfand mindestens 0,51 Euro einschließlich Umsatzsteuer. Das Pfand ist von jedem weiteren Vertreiber auf allen Handelsstufen bis zur Abgabe an den Endverbraucher zu erheben und bei Rücknahme der Verpackungen zu erstatten. Dies gilt gemäß § 8 VerpackV entsprechend für Wasch- und Reinigungsmittelverpackungen im Sinne des § 2 Abs. 1 des Wasch- und Reinigungsmittelgesetzes mit einem Füllvolumen ab 0,2 l, ausgenommen Weichverpackungen und kartongestützte Weichverpackungen, in denen Wasch- oder Reinigungsmittel zum Nachfüllen in Verkehr gebracht werden und für Verpackungen von Dispersionsfarben mit einer Füllmasse ab 2 kg. In diesem Falle beträgt das Pfand 1,02 Euro.

II. Abgabenbefreiungen

Die Pfanderhebungspflicht besteht nicht, sofern im Einzugsgebiet des letzten Vertreibers ein System, das eine regelmäßige Abholung gebrauchter Verkaufsverpackungen beim Endverbraucher oder in der Nähe des Endverbrauchers in ausreichender Weise gewährleistet, eingerichtet ist und die für die Abfallwirtschaft zuständige oberste Landesbehörde oder die von ihr bestimmte Behörde dies durch Allgemeinverfügung festgestellt hat.

---

[521] Zur Gesetzgebungstechnik vgl. Friedrich, DB 2000, 110 ff.; Kruhl, BB 2000, 25.

[522] Gesetz zur Fortführung der ökologischen Steuerreform, BGBl. I S. 2432.

[523] Zur Rechtfertigung der Aufnahme in die Untersuchung siehe 2. Kapitel Punkt G, Verpakkungsverordnung Republik Österreich Seite 95 ff., da die Problematik identisch ist.

[524] Verpackungsverordnung – VerpackV vom 12. Juni 1991 (BGBl. I S. 1234), zuletzt geändert am 26. Oktober 1993 (BGBl. I S. 1782).

Für Getränkeverpackungen von Bier, Mineralwasser, Quellwässer, Tafelwässer, Trinkwässer und Heilwässer, Erfrischungsgetränke mit Kohlensäure, Fruchtsäfte, Fruchtnektare, Gemüsesäfte und Erfrischungsgetränke ohne Kohlensäure, Wein (ausgenommen Perl-, Schaum-, Wermut- und Dessertweine) gilt die Freistellung nur solange, wie der Anteil für Mehrwegverpackungen dieser Getränke im jeweiligen Einzugsgebiet nicht unter den im Jahre 1991 im Einzugsgebiet bestehenden Anteil, unabhängig davon aber insgesamt im Geltungsbereich des Abfallgesetzes nicht unter 72 v. H. sinkt; bei Mehrwegverpackungen für pasteurisierte Konsummilch beträgt der entsprechende Anteil 17 v. H.

Als System, das eine regelmäßige Abholung gebrauchter Verkaufsverpackungen beim Endverbraucher sichert, wurde, basierend auf § 6 Abs. 2 VerpackV, das Duale System[525] gegründet[526]. Nach § 2 des Gesellschaftsvertrages ist Gegenstand des Unternehmens *„die Organisation und der Betrieb des privatwirtschaftlichen Teils des dualen Entsorgungssystems in Deutschland zum Zwecke der Vermeidung von Abfall – insbesondere aus Verpackungen“*[527]. Das DSD finanziert sich ausschließlich durch Erhebung kostendeckender Produktumlagen bei den an das DSD angeschlossenen Herstellern und Vertreibern[528].

III. Anforderungen an das System der regelmäßigen Abholung

Im Anhang zu § 6 Abs. 3 VerpackV werden die Anforderungen an das System, das eine regelmäßige Abholung gebrauchter Verkaufsverpackungen beim Endverbraucher oder in der Nähe des Endverbrauchers in ausreichender Weise gewährleistet, definiert.

1. Allgemeine Anforderungen

Es ist mit geeigneten Systemen sicherzustellen, daß Verpackungen beim Endverbraucher (Holsysteme) oder in der Nähe des Endverbrauchers durch Container oder andere geeignete Sammelbehältnisse (Bringsysteme) oder durch eine Kombination beider Systeme erfaßt und anschließend sortiert und stofflich verwertet werden. Dabei sind die bestehenden Systeme der kommunalen Gebietskörperschaften einzubeziehen. Mit den Systemen müssen die festgelegten Erfassungsquoten, festgelegten Sortierungsquoten und festgelegten Anforderungen an die Wertstoffverwertung erreicht werden.

---

525 Der Grüne Punkt Duales System Deutschland Gesellschaft für Abfallvermeidung und Sekundärrohstoffgewinnung AG (DSD) mit Sitz in Köln.

526 Die Verpackungsverordnung 1991 und das daraufgegründete System Grüner Punkt war von Beginn an heftiger und vielfältiger Kritik ausgesetzt, vgl. Koch, NVwZ 1998, S. 1155 (1156); m. w. N.

527 Velte, S. 100.

528 Vgl. Bartling, WUW 1995, S. 183 (184).

2. Quantitative Anforderungen an Erfassungssysteme

Entsprechend dem Anhang zu § 6 Abs. 3 VerpackVO Ziffer II müssen ab 1. Juli 1995 im Jahresmittel im Einzugsgebiet vom Antragsteller bestimmte Mindestsammelquoten, jeweils bezogen auf das gesamte Aufkommen an Verpackungsmaterialien im Einzugsgebiet in Gewichtsprozent nachgewiesen werden.

Tabelle 45: Mindestsammelquoten

Material	v. H. Satz
Glas	80
Weißblech	80
Aluminium	80
Pappe, Karton	80
Papier	80
Kunststoff	80
Verbunde	80

Die Bundesregierung gibt alle drei Jahre, erstmals bis zum 31. August 1992, auf der Grundlage geeigneter Erhebungen, bezogen auf das jeweilige Einzugsgebiet, das auf jeden Einwohner im Mittel entfallende Aufkommen an gebrauchten Verpackungen, aufgeschlüsselt nach Verpackungsmaterialien und Pro-Kopf-Verbrauch, im Bundesanzeiger bekannt.

Der Nachweis der tatsächlich erfaßten Anteile ist ab 1995 bis zum 31. Dezember des jeweiligen Jahres, auf der Grundlage der Einwohnerstatistik für das Einzugsgebiet und das von der Bundesregierung bekannt gemachte Pro-Kopf-Aufkommen an gebrauchten Verpackungen zu erbringen. Das Bundesumweltministerium hat am 28. Januar 1999 im Bundesanzeiger die Mehrweganteile für Getränke (bundesweit) bekanntgegeben[529].

[529] http://www.gruener-punkt.de/d/content/daten/quote.htm.

Tabelle 46: Mehrweganteile für Getränke (bundesweit)

Getränke-bereich	1991	1992	1993	1994	1995	1996	1997	1998	1999	2000
Alle Getränke (ohne Milch)	71,69	73,54	73,55	72,87	72,27	72,21	71,35	70,13	68,68	65,46
Mineralwasser	91,33	90,25	90,89	89,53	89,03	88,68	88,32	87,44	84,94	80,96
Fruchtsäfte u.andere Getränke	34,56	38,98	39,57	38,76	38,24	37,93	36,65	35,66	34,75	33,35
Erfrischungs-getränke mit CO2	73,72	76,54	76,67	76,66	75,31	77,50	77,54	77,02	74,90	68,45
Bier	82,16	82,37	82,25	81,03	79,07	79,02	78,00	76,14	74,83	73,07
Wein	28,63	26,37	28,90	28,54	30,42	28,66	28,55	26,20	26,75	25,76
Milch Mehrweg	24,17	26,80	26,56	24,69	22,54	20,10	17,99	15,20	13,20	11,80
Milch Schlauchbeutel	2,10	1,53	1,41	2,25	5,90	10,50	12,22	15,20	8,70	7,10

Zahlen in v. H.; Quelle: Bundesanzeiger vom 30.04.2002, S. 9541.

Der Mehrweganteil des Jahres 1997 liegt für alle Getränke (ohne Milch) bei 71,35 v. H. Damit wurde erstmals die Mehrwegquote in Höhe von 72 v. H. unterschritten.

3. Quantitative Anforderungen an Sortieranlagen

Von den im Einzugsgebiet erfaßten Verpackungen müssen gemäß dem Anhang zu § 6 Abs. 3 VerpackVO Ziffer III im Jahresmittel bestimmte Stoffarten in stofflich verwertbarer Qualität in Gewichtsprozent aussortiert werden.

Tabelle 47: Sortierungsquoten

	am 1. Januar 1995
Material	**v. H. Satz**
Glas	90
Weißblech	90
Aluminium	90
Pappe, Karton	80
Papier	80
Kunststoff	80
Verbunde	80

Die Sortierungsquoten sind vom Antragsteller in überprüfbarer Form zu den genannten Terminen nachzuweisen. Stofflich nicht verwertbare Sortierreste sind den Trägern der öffentlichen Abfallentsorgung als Gewerbeabfall zu überlassen.

4. Anforderungen an die Wertstoffverwertung

Die aussortierten Wertstoffmengen sind einer stofflichen oder thermischen Verwertung zuzuführen. Der Antragsteller hat in überprüfbarer Form zu den genannten Terminen Nachweise zu erbringen, daß eine stoffliche Verwertung der aussortierten Wertstoffe gewährleistet ist.

IV. Bewertung

Nach der amtlichen Begründung ist die Verpackungsverordnung eine besondere Ausprägung des umweltrechtlichen Kooperationsprinzips[530]. Dadurch hat sich neben der öffentlich-rechtlichen Abfallentsorgung ein privatrechtliches Abfallentsorgungssystem etabliert[531].

Unbestritten sind begrenzte Vermeidungserfolge und eindrucksvolle Sammel- und Verwertungsquoten, die auf das System des DSD zurückzuführen sind[532]. Dennoch ist die Verpackungsverordnung nicht frei von Kritik. Insbesondere hinsichtlich der Frage nach den realen Auswirkungen, besser nach den abfallwirtschaftlichen Erfolgen und den sonstigen relevanten Wirkungen der Verpackungsverordnung, wie das Zwangspfand[533].

Ein besonderer Schwachpunkt der Verpackungsverordnung ist, daß sie keine ausreichende Vermeidungsanreize enthält, obwohl nach § 1 VerpackVO die Vermeidung als Ziel festgeschrieben wurde[534]. Dies liegt daran, daß der Grüne Punkt auf Verpackungen und die anschließende Sammlung dem Verbraucher suggeriert, daß die Verpackung umweltverträglich recycelt wird. Dabei erfährt er nicht, ob die Verpackung und wenn ja, zu wieviel Prozent die Verpackung tatsächlich wieder in den Verwertungskreislauf gelangt.

Das Verpackungspfand sieht sich erheblicher Kritik ausgesetzt. So wird die Pfanderhebung auf Verpackungen für umweltpolitisch sinnvoll gehalten, wenn je nach Verpackungsart unterschiedliche Sätze festgelegt würden[535]. Wieder-

---

[530] BT-Drs. 13/5999, S. 14; Jobs, DÖV 1998, S. 1039 ff. (1040).

[531] Vgl. insoweit die Ausführungen zur Verpackungsabgabe in der Republik Österreich, die mit dem bundesrepublikanischem System identisch ist, 2. Kapitel Punkt G, Seite 94 ff.

[532] Vgl. m. w. N. Rat der Sachverständigen für Umweltfragen, Umweltgutachten 1998, BT-Drs. 13/10195, S. 208 ff.; auf die Erfolge verweist auch BT-Drs. 13/5999.

[533] Koch, NVwZ 1998, S. 1155 (1157).

[534] So auch Kock, NVwZ 1998, S. 1155 (1158).

[535] Benkert / Bunde, ZAU, 1990, S. 280 ff. (286).

verwendbare Verpackungen sollten einer geringeren Belastung unterliegen als lediglich verwendbare Verpackungen[536]. Das mögliche Verhalten des Verbrauchers nach der Einführung des Verpackungspfands wird in zwei Szenarien diskutiert. Der Verbraucher meidet die mit Verpackungspfand belegten Einwegverpackungen und wendet sich Mehrwegsystemen zu.

Möglich ist aber auch, daß sich der Verbraucher mit dem Verpackungspfand abfindet und trotzdem auf Produkte in Einwegverpackungen zurückgreift, weil er bei der Rückgabe das Verpackungspfand erstattet bekommt[537]. Diese Kritik verkennt, daß die Umwelt in jedem Falle der Gewinner ist. Es gibt aus Sicht der Umwelt keine Gründe gegen Einwegsysteme mit Pfand.

Entstehen zusätzliche Sammelkreisläufe, kann dies für die Umwelt nur positiv sein. Dem Verbraucher wird es gleich sein, ob er Mehrweg- oder Einwegverpackungen nimmt. Industrie und Handel werden die Entscheidung für ein System unter ökonomischen Gesichtspunkten treffen. Es wird Produkte geben, bei denen sich Mehrweg durchsetzen wird und andere, wo Einweg sinnvoller ist.
Auch die pauschale Verurteilung von Einwegverpackungen wird durch eine neueste Studie des *Umweltbundesamtes*[538] relativiert. In der Ökobilanz Getränkeverpackungen für alkoholfreie Getränke und Wein sind die Ergebnisse sehr different:

1. Die bestehenden PET-Mehrwegsysteme sind gegenüber den bestehenden Glas-Mehrwegsystemen bei Mineralwasser und CO_2-haltigen Erfrischungsgetränken aus Umweltsicht vorzuziehen. Dies zeigt sich besonders bei den wichtigen Wirkungskategorien Ressourcenbeanspruchung, Treibhauseffekt und Versauerung;
2. Zwischen den bestehenden Glas-Mehrwegsystemen und Getränkekartonverpackungs-Systemen läßt sich bei stillem Mineralwasser, CO_2-freien Getränken und Wein mit der hier durchgeführten Bewertungsmethode kein entscheidender ökologischer Vor- oder Nachteil erkennen. Das liegt offenbar auch am hohen Stand des Getränkekarton-Recyclings.
3. Glas-Einwegsysteme sowie Getränkedosen-Systeme aus Weißblech und Aluminium zeigen gegenüber vergleichbaren Mehrwegsystemen deutliche

---

[536] Schuld, in Zimmermann, S. 98 ff. (114).
[537] Ergebnis einer Studie des Forschungsinstituts der Universität Köln, die das Zwangspfand in den USA, Kanada und Schweden untersucht hat. Fazit: Handel und Industrie würden das Einsammeln und Recycling von Dosen schnell organisieren und nicht etwa Dosen abschaffen. In den USA existieren dafür Selbstbedienungsautomaten. Diese Systeme könnten so perfektioniert werden, daß sie sogar profitabel arbeiten und Dosen gegenüber Flaschen verbilligen; http://www.gruener-punkt.de/d/content/daten/ df3e.thm.
[538] Ökobilanz Getränkeverpackungen für Alkoholfreie Getränke und Wein, Umweltbundesamt, http://www.umweltbundesamt.de.

ökologische Nachteile. Auch hier sind Ressourcenbeanspruchung, Treibhauseffekt und Versauerung die entscheidenden Indikatoren.

Als Fazit kommt die Studie zu dem Ergebnis, daß Mehrwegflaschen, ganz gleich ob es Kunststoff (PET)- oder Glasflaschen sind, gegenüber den Einwegdosen und Einwegflaschen klare ökologische Vorteile haben. Zwischen Mehrweg-Glasflaschen und den Einweg-Getränkekartons gibt es dagegen aus Umweltsicht ein Patt.

Durch die Einführung des Zwangspfandes kann der ökologische Vorteil der Einwegdosen und Einwegflaschen zusätzlich gesteigert werden. Läßt sich der Verbraucher nämlich zur Rückgabe der Einwegdosen und Einwegflaschen lenken, ist eine erhöhte Sammelquote in dieser Kategorie die Folge.

Wegen der grundsätzlichen Kritik am DSD wird auf die Ausführungen zu den österreichischen Systemen verwiesen[539]. Auf die besonders starke Stellung des DSD soll aber weiter eingegangen werden am Beispiel des Falles Lahn-Dill-Kreis.

Nach der vorgeschriebenen Abstimmung mit dem Lahn-Dill-Kreis war dem DSD 1992 vom Hessischen Umweltministerium die für seinen Betrieb erforderliche landesweite Systemfeststellung nach der bundesrechtlichen Verpackungsverordnung erteilt worden.

Seit Sommer 1997 betreibt der Lahn-Dill-Kreis eine Anlage, in der Restmüll der Trocknung und Aussortierung mechanisch-biologisch zu sog. Trockenstabilat verarbeitet wird. Dieses soll als Brennstoff verwertet werden, wird derzeit aber noch weitgehend zu Ballen verpreßt und mit Kunststoffolie umhüllt auf der Kreismülldeponie zwischengelagert. Die bisher im „Gelben Sack" erfaßten Verpackungsabfälle sollen zusammen mit dem Restmüll im Trockenstabilatverfahren behandelt werden. Die dagegen vom DSD beantragte einstweilige Anordnung lehnte das *Verwaltungsgericht Gießen* im April 1998 ab.

Der *Hessische Verwaltungsgerichtshof* hat diese Entscheidung aufgehoben und dem Lahn-Dill-Kreis vorläufig untersagt, ein eigenes konkurrierendes Erfassungs- und Verwertungssystem für Verpackungsabfälle zu betreiben. Der *HessVGH* sieht sowohl im Betrieb eines eigenen wie auch durch die Beteiligung an einem nicht zugelassenen Konkurrenzsystem einen Verstoß gegen das Konzept der Verpackungsverordnung.

---

[539] Siehe oben Seite 74.

Durch die Verpackungsverordnung wurde die Entsorgung gebrauchter Verpackungen der öffentlichen Abfallentsorgung zur Schonung staatlicher Deponie- und Verwertungskapazitäten entzogen und auf die beteilige Privatwirtschaft verlagert. Den Herstellern und Vertreibern von Verkaufsverpackungen wurden Rücknahme- und Verwertungspflichten auferlegt. Eine Befreiung von diesen Pflichten kann durch die Beteiligung – beim DSD in Form von Lizenzzahlungen für den Grünen Punkt – an einem neben der öffentlichen Abfallentsorgung betriebenen, behördlich zugelassenen, zweiten – dualen – System zur gezielten Erfassung gebrauchter Verkaufsverpackungen beim Endverbraucher erreicht werden.

Auch setzt sich der *Lahn-Dill-Kreis* mit dem Ziel der Verdrängung des *DSD* in Widerspruch zu seiner 1992 erteilten Abstimmungs- bzw. Einverständniserklärung, die u. a. Grundlage für die landesweit flächendeckende Einrichtung und Zulassung des DSD-Systems gewesen ist[540].

D. Abnahmepflicht und Mindestvergütung regenerativer Energie

Auf den ersten Blick scheint die Mindestvergütung regenerativer Energie nicht mit der in der vorliegenden Untersuchung verwendeten Definition in Einklang zu stehen, da es sich nicht um eine Abgabe zu handeln scheint. Es könnte sich aber um eine Sonderabgabe handeln[541]. Hieraus ergibt sich die Legitimation zur Aufnahme in die Untersuchung, auf die noch näher eingegangen wird.

I. Anwendungsbereich

Das Gesetz über die Einspeisung von Strom aus erneuerbaren Energien in das öffentliche Netz (Stromeinspeisungsgesetz)[542] regelt die Abnahme und die Vergütung von Strom durch öffentliche Elektrizitätsversorgungsunternehmen, der ausschließlich aus Wasserkraft, Windkraft, Sonnenenergie, Deponiegas, Klärgas oder Biomasse im Geltungsbereich dieses Gesetzes gewonnen wird, § 1 Stromeinspeisungsgesetz.

II. Abnahmepflicht

Gemäß § 2 StrEG sind Elektrizitätsversorgungsunternehmen, die ein Netz für die allgemeine Versorgung betreiben, verpflichtet, den in ihrem Versorgungsgebiet erzeugten Strom aus erneuerbaren Energien abzunehmen und den eingespeisten Strom zu vergüten. Für Strom aus Erzeugungsanlagen, die sich nicht im

---

540 Hess.VGH, Urt. AZ: 8 TG 3140/98; = Pressemitteilung des HessVGH, http://www.marktplatzrecht.de

541 Diese Problematik wird unten ausführlich behandelt.

542 StrEG vom 7. Dezember 1990 (BGBl. I S. 2633), zuletzt geändert am 24. April 1998 (BGBl. I S. 730).

Versorgungsgebiet eines Netzbetreibers befinden, trifft diese Verpflichtung das Unternehmen, zu dessen Netz die kürzeste Entfernung vom Standort der Anlage besteht. Mehrkosten auf Grund der Abnahmepflicht, Vergütung und Härteklausel, §§ 2 und 4 StrEG, können bei der Rechnungslegung, der Verteilung oder Übertragung zugeordnet und bei der Ermittlung des Durchleitungsentgelts in Ansatz gebracht werden.

III. Höhe der Vergütung

Nach § 3 Abs. 1 StrEG beträgt die Vergütung für Strom aus Wasserkraft, Deponiegas und Klärgas sowie aus Biomasse mindestens 80 v. H. des Durchschnittserlöses[543] je Megawattstunde aus der Stromabgabe von Elektrizitätsversorgungsunternehmen an alle Letztverbraucher. Bei einem Wasserkraftwerk, einer Deponiegas- oder Klärgasanlage mit einer Leistung über 500 Kilowatt gilt dies nur für den Teil des eingespeisten Stroms des jeweiligen Abrechnungsjahres, der dem Verhältnis von 500 Kilowatt zur Leistung der Anlage in Kilowatt entspricht; dabei bemißt sich die Leistung nach dem Jahresmittel der in den einzelnen Monaten gemessenen höchsten elektrischen Wirkleistung. Der Preis für den sonstigen Strom beträgt mindestens 65 v. H. des Durchschnittserlöses. Für Strom aus Sonnenenergie und Windkraft beträgt die Vergütung mindestens 90 v. H. des Durchschnittserlöses, § 3 Abs. 2 StrEG.

IV Härteklausel

Soweit die nach dem StrEG zu vergütenden Megawattstunden 5 v. H. der vom Elektrizitätsversorgungsunternehmen im Kalenderjahr insgesamt über sein Versorgungsnetz abgesetzten Megawattstunden übersteigen, ist der vorgelagerte Netzbetreiber[544] verpflichtet, dem aufnehmenden Elektrizitätsversorgungsunternehmen die Mehrkosten, die durch diesen Anteil übersteigenden Megawattstunden entstehen, zu erstatten, § 4 StrEG.

---

[543] Durchschnittserlös ist der in der amtlichen Statistik des Bundes jeweils für das vorletzte Kalenderjahr veröffentlichte Wert ohne Umsatzsteuer in Pfennigen pro Megawattstunde. Bei der Berechnung der Vergütung ist auf zwei Stellen hinter dem Komma zu runden, § 3 Abs. 3 StrEG.

[544] Der Stromlieferant; Durch den massiven Zuwachs von Windkraftanlagen in Norddeutschland wird bei Preußen Elektra noch in 1999 der im Stromeinspeisungsgesetz festgeschriebene, sogenannte 5 %-Deckel überschritten. Die Überschreitung dieses Deckels hat zur Folge, daß für die Regionalversorger Schleswag und EWE ab dem 1. Januar 2000 keine Anschluß- und Vergütungspflicht gemäß Stromeinspeisungsgesetz für Neuanlagen besteht. Bereits errichtete Anlagen werden weiter nach den gesetzlichen Regeln gefördert, http://www.strominfos.de/strominfos/news_button_long_id_article_199_rubrik_News.html.

Zu diesen Mehrkosten zählt bei vorgelagerten Netzbetreibern auch die Belastung mit dem Erstattungsanspruch. Ist ein vorgelagerter Netzbetreiber nicht vorhanden, so entfällt für diejenigen Elektrizitätsversorgungsunternehmen, bei denen die in den § 4 S. 1 und 2 StrEG bezeichneten Voraussetzungen vorliegen, mit Beginn des Kalenderjahres, das auf den Eintritt dieser Voraussetzungen folgt, die Pflicht nach § 2 Satz 1 StrEG bei Anlagen, die zu diesem Zeitpunkt in wesentlichen Teilen noch nicht errichtet waren; bei Windkraftanlagen ist insoweit die Aufstellung von Mast und Rotor maßgeblich.

Die Verpflichtungen zur Abnahme und zur Mindestvergütung bestehen nicht, soweit ihre Einhaltung auch bei Anwendung der Erstattungsregelung nach Absatz 1 eine unbillige Härte darstellt. In diesem Fall gehen die Verpflichtungen auf den vorgelagerten Netzbetreiber über. Eine unbillige Härte liegt insbesondere vor, wenn das Elektrizitätsversorgungsunternehmen seine Stromabgabepreise spürbar über die Preise gleichartiger oder vorgelagerter Elektrizitätsversorgungsunternehmen hinaus anheben müßte.

V. Vergütungsschuldner

Die Elektrizitätsunternehmen sind zur Zahlung der Vergütung verpflichtet. Allerdings werden die Elektrizitätsunternehmen in der Kalkulation ihrer Strompreise die erhöhte Vergütung als Stromeinkauf berücksichtigen. Tatsächlich belastet ist daher der Stromverbraucher, er zahlt die Mindestvergütung.

VI. Bewertung

Die Förderung regenerativer Energien wurde mit dem Stromeinspeisungsgesetz von 1990 begonnen und mit dem Stromeinspeisungsgesetz von 1998 fortgeführt. Die Wirksamkeit der Lenkungswirkung wird durch Zahlen der Jahre 1991 bis 1995 eindrucksvoll belegt.

In dieser Zeit erhöhte sich die Anzahl der Windkraftanlagen von 500 auf fast 4.000. Die Kapazität der Stromförderung stieg im selben Zeitraum von 20 Megawatt auf 1.100 Megawatt[545].

---

[545] Vorläufige Übersetzung der Schlußanträge des Generalanwaltes Jacobs vom 26.10.2000, Rechtssache C-379/98 PreussenElektra gegen Schleswag AG unterstützt durch Windpark Reussenköge III GmbH und Land Schleswig-Holstein (Vorabentscheidung des Landgerichts Kiel), Nr. 20, http://www.rws-verlag.de/volltext/2eughv2.htm.

Nach Berechnungen des Statistischen Bundesamtes nahmen die Elektrizitätsversorgungsunternehmen 1998 von Letztverbrauchern durchschnittlich 17,89 Pf (0,0914 Euro) je kWh Strom ein[546]. Somit betragen die für das Jahr 2000 relevanten Sätze für die Einspeisung von Strom aus erneuerbaren Energien nach dem Stromeinspeisungsgesetz:

1. bei Strom aus Sonnenenergie und Windkraft:
   (90 % Vergütung) - 0,0823 Euro / kWh,
2. bei Strom aus Wasserkraft, Deponiegas, Klärgas und Biomasse:
   (80 % Vergütung) - 0,0731 Euro / kWh.
3. bei Strom aus sonstigen erneuerbaren Energien:
   (65 % Vergütung) - 0,0594 Euro / kWh[547].

Trotzdem stößt die Begünstigung erneuerbarer Energien in Form der Mindestvergütung auf erhebliche europarechtliche und verfassungsrechtliche Bedenken.

1. Europarechtliche Bedenken gegen das StrEG

Die europarechtlichen Bedenken ergeben sich aus möglichen Verstößen gegen Artikel 87 Abs. 1 EGV, Verbot staatlicher Beihilfen und Artikel 28 EGV, Verbot mengenmäßiger Einfuhrbeschränkungen und Maßnahmen gleicher Wirkung.

a) Artikel 87 EGV - Verbot staatlicher Beihilfen

Die europarechtlichen Bedenken sind begründet, wenn die gesetzliche Statuierung einer Abnahme- und Vergütungspflicht in § 2 i. V. m. § 3 StrEG als Verstoß gegen das Beihilfeverbot im Sinne des Artikel 87 EGV (Artikel 92 EGV a. F.) anzusehen sind. Das vom Landgericht Kiel[548] vorgelegte Ersuchen um Vorabentscheidung, ob die Abnahme von Strom zu Mindestpreisen eine staatliche Beihilfe im Sinne des Artikel 92 EGV darstellt, hat der *EuGH*[549] dahingehend entschieden, daß die *"Regelung eines Mitgliedstaates, durch die private Elektrizitätsversorgungsunternehmen verpflichtet werden, den in ihrem Versorgungsgebiet erzeugten Strom aus erneuerbaren Energiequellen zu Mindestpreisen abzunehmen, die über dem tatsächlichen wirtschaftlichen Wert dieses Stroms liegen, und durch die sich aus dieser Verpflichtung ergebenden finanziellen Bela-*

---

546 Die Vergütungssätze, die Elektrizitätsversorgungsunternehmen für die Abnahme von Strom aus erneuerbaren Energien nach dem Stromeinspeisungsgesetz im Jahr 2000 zu zahlen haben, ergeben sich aus dem Durchschnittserlös (ohne Umsatzsteuer) je Kilowattstunde (kWh), den die Unternehmen der Elektrizitätsversorgung aus der Stromabgabe an Letztverbraucher im Jahr 1998 erzielt haben.

547 http://www.statistik-bund.de/presse/deutsch/pm/p9245155.htm.

548 Diese Bedenken haben das LG Kiel mit Beschluß v. 1.9.1998 – 15 O 134/98 = EuZW 1999, S. 29 ff. den Rechtsstreit ausgesetzt und den EuGH um Vorhabentscheidung ersucht.

549 EuGH, Urteil vom 13.3.2001 - Rs. C-379/98, (PreussenElektra AG/Schleswag AG) = EuZW 2001, S. 242 ff.

stungen zwischen den Elektrizitätsversorgungsunternehmen und den privaten Betreibern der vorgelagerten Stromnetze aufgeteilt werden, keine staatliche Beihilfe im Sinne von Artikel 92 Absatz 1 EG-Vertrag darstellt".

Ferner sieht der *EuGH* auch nicht die Möglichkeit einer Behinderung des innergemeinschaftlichen Handels im Sinne des Artikel 28 EGV. Es heißt im Tenor der Entscheidung: *"Beim gegenwärtigen Stand des Gemeinschaftsrechts auf dem Gebiet des Elektrizitätsmarkts verstößt eine solche Regelung nicht gegen Artikel 30 EG-Vertrag (nach Änderung jetzt Artikel 28 EG)"*[550].

Dieses Urteil ist nicht frei von Bedenken und wird einer kritischen Betrachtung unterzogen.

aa) Vorteil der die normalen Belastungen vermindert

Nach der Rechtsprechung des *EuGH* ist eine Beihilfe eine Maßnahme, die als Mittel zur Verfolgung spezieller Zwecke dient, die in der Regel nicht ohne fremde Hilfe erreicht werden können[551]. Dabei stellt der *EuGH* nicht auf die Gründe und Ziele einer Maßnahme ab, sondern stützt sich auf das objektiv belegbare Kriterium der begünstigenden Wirkung einer Leistungsgewährung bzw. Belastungsverminderung und zieht jeweils die konkreten Besonderheiten des zu entscheidenden Einzelfalls heran[552].

Die zur Abnahme und Vergütung verpflichteten Netzbetreiber erhalten keine ihren Zahlungen wertmäßig entsprechende Gegenleistung.

Daneben entfalten die Einspeisevergütungen eine finanziell begünstigende Wirkung zugunsten der Einspeiser, die sich nach den ursprünglichen Berechnungen der Kommission zwischen 28 v. H. und 48 v. H. erhöhten Vergütungssätzen niederschlägt. Dies führt somit dazu, daß den Erzeugern von Strom aus regenerativen Energiequellen unter der Geltung des Stromeinspeisungsgesetzes ein marktwirtschaftlich nicht gerechtfertigter Vorteil zufließt[553]. Dies sieht der *EuGH* ebenso, da er unstreitig einen wirtschaftlichen Vorteil darin sieht, daß die Mindestpreise beim vereinnahmenden Unternehmen zwangsläufig zu höheren Gewinnen führen[554].

---

[550] EuGH, Urteil vom 13.3.2001 - Rs. C-379/98, (PreussenElektra AG/Schleswag AG) = EuZW 2001, S. 242 ff.

[551] Siehe oben Seite 63.

[552] Klaus, RdE 1999, S. 23 (24).

[553] Iro, RdE 1998, S. 11 (13).

[554] EuGH, Urteil vom 13.3.2001 - Rs. C-379/98, (PreussenElektra AG/Schleswag AG) = EuZW 2001, S. 242 (245), Rdn. 54.

bb) Gewährung des Vorteils aus staatlichen Mitteln

Der Vorteil muß vom Staat oder aus staatlichen Mitteln unmittelbar oder mittelbar gewährt werden[555] oder eine zusätzliche Belastung für den Staat darstellen[556]. Die Unterscheidung zwischen "staatlichen" und "aus staatlichen Mitteln gewährten" Beihilfen dient nur dazu, sowohl vom Staat unmittelbar gewährte Vorteile als auch die "über eine vom Staat benannte öffentliche oder private Einrichtung" gewährten Vorteile mit dem Beihilfebegriff zu erfassen[557]. Dabei ist ausreichend, wenn der Staat als Anteilseigner an den belasteten Unternehmen durch die Festsetzung eines wirtschaftlich nicht gerechtfertigten Vorzugspreises auf einen Teil seines Gewinnes verzichtet[558]. Andererseits ist die staatliche Festsetzung von Mindestpreisen, die den "Verkäufer zu Lasten der Käufer" begünstigen, keine staatliche Beihilfe, weil hierdurch dem Staat keine Einnahmeverluste entstehen und die Mittel weder mittel- noch unmittelbar aus staatlichen Mitteln stammen[559].

Bezogen auf das Stromeinspeisungsgesetz sind nun folgende Fälle denkbar:

Fall 1: der Staat ist an dem zur Abnahme verpflichteten Unternehmen als Anteilseigner beteiligt und die Stromeinspeisungsvergütung kann nicht auf die Verkaufspreise abgewälzt werden;
Fall 2: der Staat ist an dem zur Abnahme verpflichteten Unternehmen als Anteilseigner beteiligt und die Stromeinspeisungsvergütung kann auf die Verkaufspreise abgewälzt werden;
Fall 3: der Staat ist nicht an dem zur Abnahme verpflichteten Unternehmen als Anteilseigner beteiligt und die Stromeinspeisungsvergütung kann nicht auf die Verkaufspreise abgewälzt werden;
Fall 4: der Staat ist nicht an dem zur Abnahme verpflichteten Unternehmen als Anteilseigner beteiligt und die Stromeinspeisungsvergütung kann auf die Verkaufspreise abgewälzt werden.

Nach der Rechtsprechung des *EuGH* bis zum Urteil über das "Deutsche Stromeinspeisungsgesetz"[560] war die Lösung der Fälle folgende:

---

[555] Mitteilung der Kommission über die Anwendung der Vorschriften über staatliche Beihilfen auf Maßnahmen im Bereich der direkten Unternehmensbesteuerung, BStBl. I 1999, S. 205 (206).

[556] EuGH, Urteil vom 17.6.1999 – Rs. C-295/97 (Industrie Aeronautiche e Meccaniche Rinaldo Piaggio SpA/Internatinal Factors Italie SpA, Dornier Luftfahrt GmbH. U. Ministero della Difesa) = EuZW 1990, S. 530 ff., Rdn. 34.

[557] Mederer in Groeben-Thiesing-Ehlermann, Art. 92, Rdn. 16, mit Verweis auf die entsprechenden EuGH Urteile.

[558] EuGH Slg. 1998, 219 (225).

[559] Mederer in Groeben-Thiesing-Ehlermann, Art. 92, Rdn. 18.

[560] EuGH, Urteil vom 13.3.2001 - Rs. C-379/98, (PreussenElektra AG/Schleswag AG) = EuZW 2001, S. 242 ff.

Im Fall 1 verzichtet der Staat als Anteilseigner auf Einnahmen. Der Gewinn wird durch die Zahlung der Stromeinspeisungsvergütung verringert, weil eine Weiterberechnung an die Verbraucher nicht möglich ist. Der Staat verzichtet demnach auf eine höhere Gewinnausschüttung als Anteilseigner.

Darüber hinaus verzichtet er aber auch auf Ertragssteuereinnahmen, da durch die Zahlung der Stromeinspeisungsvergütung dem Unternehmen höherer Aufwand entsteht der die Bemessungsgrundlage zur Berechnung der Ertragsteuer vermindert. Es liegt daher die Gewährung eines Vorteils aus staatlichen Mitteln vor.

Für den Fall 2 ergibt sich das Ergebnis, daß keine Gewährung eines Vorteils aus staatlichen Mitteln vorliegt, da der Staat als Anteilseigner nicht auf Gewinn verzichtet, weil die Stromeinspeisungsvergütung an die Verbraucher des Stroms weiter berechnet wird. Der Staat verzichtet auch nicht auf Steuereinnahmen, da die Bemessungsgrundlage zur Berechnung der Ertagsteuern nicht beeinflußt wird. Deswegen liegt keine Gewährung eines Vorteils aus staatlichen Mitteln vor.

Im Fall 3 verzichtet der Staat als Anteilseigner nicht auf Einnahmen, da er kein Recht auf Gewinnausschüttung hat. Allerdings entstehen dem Staat auch hier Einnahmeverluste, da er nämlich auf Ertragssteuereinnahmen verzichtet, insoweit entspricht das Ergebnis dem Fall 1. Daher liegt die Gewährung eines Vorteils aus staatlichen Mitteln vor.

Nur im Fall 4 verzichtet der Staat weder auf Einnahmen als Anteilseigner aus einem Recht auf Gewinnausschüttung als auch auf Steuereinnahmen, da der Gewinn von der Zahlung der Stromeinspeisungsvergütung nicht berührt wird, weil das zahlenden Unternehmen aufgrund der Weiterberechnung nicht belastet ist. Somit ist die Gewährung eines Vorteils aus staatlichen Mitteln nicht gegeben.

In dem oben genannten Urteil hat der *EuGH*, die Klägerin war eine 100%ige Tochtergesellschaft einer anderen Gesellschaft, deren Anteile in vollem Umfang in Privatbesitz waren[561], entschieden, daß "die Verpflichtung privater Elektrizitätsunternehmen zur Abnahme von Strom aus erneuerbaren Energiequellen zu festgelegten Mindestpreisen nicht zu einer unmittelbaren oder mittelbaren Übertragung staatlicher Mittel auf die Unternehmen, die diesen Strom erzeugen, führt"[562]. Somit kann auch die Aufteilung einer finanziellen Belastung zwischen privaten Unternehmen keine unmittelbare oder mittelbare Übertragung staatli-

---

561 EuGH, Urteil vom 13.3.2001 - Rs. C-379/98, (PreussenElektra AG/Schleswag AG) = EuZW 2001, S. 242 (245), Rdn. 55.

562 EuGH, Urteil vom 13.3.2001 - Rs. C-379/98, (PreussenElektra AG/Schleswag AG) = EuZW 2001, S. 242 (246), Rdn. 59.

cher Mittel sein[563]. Nur weil die Mindestvergütung auf einem Gesetz beruht, liegt nicht der Charakter einer staatlichen Beihilfe vor[564]. Auch die negative Auswirkung auf "das wirtschaftliche Ergebnis" der der Abnahmepflicht unterliegenden Unternehmen durch die Verringerung von Steuereinnahmen des Staates führt zu keinem anderen Ergebnis. "Diese Folge ist einer derartigen Regelung immanent und kann nicht als Mittel angesehen werden, den Erzeugern von Strom aus erneuerbaren Energiequellen auf Kosten des Staates einen bestimmten Vorteil zu gewähren"[565].

Deswegen sind die Fälle nunmehr wie folgt zu lösen:

Im Fall 1 liegt nur deshalb die Gewährung eines Vorteils aus staatlichen Mitteln vor, weil der Staat als Anteilseigner auf Einnahmen verzichtet. Die Minderung der Steuereinnahmen ist als Argument nicht geeignet, weil dies "einer derartigen Regelung immanent ist". Im Ergebnis ändert sich die Lösung nicht.

Für Fall 2 ergibt sich kein anderes Ergebnis.

Im Fall 3 ist das Ergebnis aber nunmehr, daß die Gewährung eines Vorteils aus staatlichen Mitteln nicht vorliegt, weil der Verzicht des Staates auf Steuereinnahmen in diesem Regelungszusammenhang nicht als Begründung ausreicht.

Für Fall 4 ergibt sich ebenfalls kein anderes Ergebnis.

Das Urteil des *EuGH* bezüglich des deutschen Stromeinspeisungsgetzes führt also nur bei Beteiligung des Staates an einem privaten Unternehmen, das zur Zahlung der Mindestvergütung verpflichtet ist und damit negative Auswirkungen auf das Betriebsergebnis vorliegen, zu einem anderen Ergebnis.

Zahlt ein privates Unternehmen die Mindestvergütung, liegt die Gewährung eines Vorteils aus staatlichen Mitteln nicht vor, zahlt dagegen ein Unternehmen an dem der Staat beteiligt ist die Mindestvergütung, liegt die Gewährung eines Vorteils aus staatlichen Mitteln vor.

Dies führt de facto zu einer Einschränkung der Beihilfevorschrift des Artikels 92 EGV. Die europäischen Staaten haben nunmehr die Möglichkeit, durch Eingriffe in die Preise und damit auch in den Wettbewerb, bestimmten Unternehmen Vorteile zukommen zu lassen, ohne die Gefahr eine Beihilfe zu gewähren. Dies

---

[563] EuGH, Urteil vom 13.3.2001 - Rs. C-379/98, (PreussenElektra AG/Schleswag AG) = EuZW 2001, S. 242 (246), Rdn. 60.

[564] EuGH, Urteil vom 13.3.2001 - Rs. C-379/98, (PreussenElektra AG/Schleswag AG) = EuZW 2001, S. 242 (246), Rdn. 61.

[565] EuGH, Urteil vom 13.3.2001 - Rs. C-379/98, (PreussenElektra AG/Schleswag AG) = EuZW 2001, S. 242 (246), Rdn. 62.

führt zum Unterlaufen, gar Leerlaufen, des Artikel 92 EGV. Würde der Staat die Mindestvergütung direkt an die Stromerzeuger von erneuerbaren Energien zahlen, liege unproblematisch die Gewährung eines Vorteils aus staatlichen Mitteln vor. Durch das Auseinanderfallen von Begünstigten und Verpflichteten wird dieses nun vermieden. Ein nicht sachgerechtes Ergebnis. Denn wirtschaftlich sind beide Verfahren gleichwertig. Der Staat greift in den Strommarkt ein um eine bestimmte Sache, die Erzeugung von regenerativer Energie, zu fördern. Dies läuft der Zielsetzung des Artikel 87 EGV den Gemeinsamen Markt vor solchen Eingriffen zu schützen zuwider. Dieses Ergebnis ist nicht sachgerecht. Fraglich ist, wie es vermieden werden kann.

Die *Kommission* wollte zur Sicherung der praktischen Wirksamkeit von Art. 92 und 93 EGV den Begriff der staatlichen Beihilfe im Wege einer Analogie zu der Rechtsprechung des *EuGH* zu Art. 81 EGV, die es verbiete im Wege von Gesetzen oder Verordnungen Maßnahmen zu treffen, die die praktische Wirksamkeit von Wettbewerbesregeln aushebeln könnten, so auszulegen, daß auch solche Unterstützungsmaßnahmen erfaßt würden, die der Staat beschließt aber private Unternehmen finanzierten[566].

Der *EuGH* hat diese Lösung mit knappen Worten verworfen, in dem er feststellt, daß Art 92 EGV im Gegensatz zu Art. 85 EGV nur auf Maßnahmen der Mitgliedstaaten zugeschnitten sei, nicht aber auf das Verhalten von Unternehmen[567]. Auf die Frage, ob überhaupt eine Analogie nötig ist geht, er nicht ein.

Die Analogie setzt die Rechtsfolgen von zwei unterschiedlichen Tatbeständen gleich. Erforderlich zur Anwendung einer Analogie ist, daß eine Regelungslükke, "eine planwidrige Nichterfassung" vorliegt. Wird also der zu beurteilende Sachverhalt bereits vom Gesetz erfaßt, ist für die Anwendung einer Analogie kein Raum. Ferner darf nicht durch eine Auslegung die Feststellung möglich sein, daß die Gesetzesregelung den zu beurteilenden Tatbestand bereits umfaßt[568].

Damit Art. 87 Abs. 1 EGV überhaupt zur Anwendung kommen kann, muß eine staatliche oder aus staatlichen Mitteln gewährte Beihilfe vorliegen. Nach der Rechtsprechung des *EuGH* werden auch die Fälle von Art. 87 Abs. 1 EGV erfaßt, in denen der Staat auf Leistungen verzichtet, wie z. B. Steuern, die normalerweise vom Begünstigten gezahlt werden müßten. Darüber hinaus muß der Begünstigte einen unentgeltlichen wirtschaftlichen Vorteil erhalten[569]. Es wer-

---

566 EuGH, Urteil vom 13.3.2001 - Rs. C-379/98, (PreussenElektra AG/Schleswag AG) = EuZW 2001, S. 242 (246), Rdn. 63.

567 EuGH, Urteil vom 13.3.2001 - Rs. C-379/98, (PreussenElektra AG/Schleswag AG) = EuZW 2001, S. 242 (246), Rdn. 63.

568 Köbler in Tilch, Stichwort Analogie, S. 158.

569 Rawlinson in Lenz, Art. 87, Rdn. 3.

den die Tatbestände erfaßt, bei denen der Staat auf Einnahmen verzichtet und der Begünstigte dadurch einen Vorteil erhält. Zwischen Staat und Begünstigtem liegt folglich ein zwei Personenverhältnis vor.

Nicht erfaßt werden aber die Fälle, in denen der Begünstigte und der Vorteilsempfänger auseinanderfallen, wie bei der Mindestvergütung. Die Voraussetzung, daß der Staat auf Einnahmen verzichtet, liegt in der Person des die Mindestvergütung zahlenden Unternehmers vor. Der Vorteil aus der gesetzlichen Regelung kommt aber einer anderen Personen, nämlich dem Stromproduzenten der die regenerative Energie produziert zu gute. Es liegt demnach ein drei Personenverhältnis vor.

Somit ist das Vorhandensein einer planwidrigen Nichterfassung und damit einer Lücke gegeben.

Fraglich ist nun, ob diese Lücke nur durch eine Analogie oder aber auch durch eine Auslegung geschlossen werden kann.
Nach Savigny werden vier Auslegungsarten unterschieden. Es sind dies die grammatische, die historische, die logische und die systematische Auslegung[570]. Die logische Methode wird in der neueren Literatur auch als systematische und die systematische als teleologische Auslegung bezeichnet[571].

Die grammatische Auslegung kann nicht zur Anwendung kommen, da der Wortlaut des Artikel 87 Abs. 1 EGV nur die Tatbestände der staatlichen Finanzierung umfaßt, dagegen nicht die Tatbestände in denen die mögliche Beihilfe privat finanziert wird. Die historische und logische Methode führen offensichtlich nicht weiter.

Demnach bleibt nur die teleologische Auslegung. Diese stellt das Ziel, das mit der Norm verwirklicht werden soll, in den Vordergrund. An dieser Stelle wird nun diskutiert, ob dabei auf subjektiven Vorstellungen des Gesetzgebers bei Erlaß der Norm oder aber die objektiven Vorstellungen zum Zeitpunkt der Entscheidung abzustellen ist[572]. Auf diese Unterscheidung kommt es im vorliegenden Fall nicht an, da die subjektiven Vorstellungen des Gesetzgebers deckungsgleich sind mit den objektiven Vorstellungen zum Zeitpunkt der Entscheidung. Artikel 87 EGV wurde zum Schutz des Gemeinsamen Marktes vor Eingriffen der EU-Mitgliedstaaten geschaffen. An dieser Ausgangslage hat sich bis zum heutigen Tage nichts geändert.

Nun fragt sich, ob vom Sinn und Zweck des Artikel 87 EGV auch die Tatbestände zu erfassen sind, in denen der Begünstigte und der Bevorteilte auseinan-

[570] Savigny, S. 206 (213).
[571] Vgl. Köbler in Tilch, Stichwort Auslegung, S. 395.
[572] Mittenzwei, S. 261 ff.; Maasch in Schmidt / Schwark, S. 424.

derfallen, also die privat finanzierten Beihilfen, die der Staat vorschreibt. Konkret geht es um die Frage, ob es für die Gewährung eines Vorteils aus staatlichen Mitteln ausreicht, daß der Staat im Verhältnis zum die Mindestvergütung zahlenden Unternehmen auf Steuern verzichtet oder ob dieses Unternehmen auch noch den Vorteil erzielen muß.

Artikel 87 EGV will den Gemeinsamen Markt vor Wettbewerbsverfälschung schützen. Dieser Sinn und Zweck erfordert es nicht, daß der Vorteil und die Begünstigung zwangsläufig in einer Person vorliegen müssen. Auch diese Tatbestände sind geeignet den Gemeinsamen Markt im Wege einer Wettbewerbsverfälschung zu beeinträchtigen, weil das Unternehmen, welches die Mindestvergütung erhält, zusätzliche aus dem Wettbewerb nicht hervorgehende Einnahmen erhält. So sind vom Staat vorgeschriebene privat finanzierte Begünstigungen geeignet dem Sinn und Zweck des Artikel 87 Abs. 1 EGV zu widerlaufen.

Dieses Ergebnis kann durch eine teleologische Auslegung vermieden werden, in dem die Tatbestände bei denen ein drei Personenverhältnis vorliegt, also eine privat finanzierte staatlich vorgeschriebene Begünstigung, auch als Gewährung eines Vorteils aus staatlichen Mitteln und damit als Beihilfe aufzufassen sind. Daher bleibt für eine Analogie wie sie die *Kommission* vorgeschlagen hat, kein Raum. Der Ablehnung der Analogie durch den *EuGH* ist im Ergebnis aber mit anderer Begründung zuzustimmen[573].

Als zusätzliche Begründung der hier vertretenen Meinung kann zusätzlich auf die Auswirkungen von Beihilfen auf das Steuerschuldverhältnis zwischen Begünstigtem und Staat verwiesen werden. Es kann keinen Unterschied machen, ob der Staat der aufgrund der Gewährung eines gesetzlichen Steuerabzugsbetrages, wie beispielsweise § 7g Abs. 7 EStG, auf Steuereinnahmen verzichtet, oder aufgrund der Zahlung einer Mindestvergütung durch ein Unternehmen, dem dadurch höhere Aufwendungen entstehen und dies zur Senkung der Bemessungsgrundlage der Ertragsteuer führt. In beiden Fällen ist der Staat bereit auf Steuereinnahmen zu verzichten. Dies kann im letzteren Fall auch nicht mit einer Weiterberechnung der Mindestvergütung gerechtfertigt werden[574], da der Staat bei Erlaß der Regelung weder vorhersehen, noch sicher sein kann, daß diese Weiterberechnung im Wettbewerb tatsächlich gewährleistet ist, dies gilt in gleichem Maße auch für den ersten Fall.

---

[573] Siehe oben Seite 84.

[574] So aber Fouquet in Zusammenfassung der Begründungen: StreG und EEG keine Beihilfevorschriften, Bundesverband Windenergie e. V., http://www. wind-energie.de.

Auch der Einwand, daß der Staat durch die Zahlung der Mindestvergütung zusätzliche Umsatzsteuer vereinnahme greift nicht, weil der Umsatzsteuersatz immer noch unter den Ertragsteuersätzen, gleich ob nach EStG oder KStG, liegt[575]. Auch die Aussage, daß der "Staat überhaupt keine Geldmittel oder Vermögenswerte" einsetze[576] ist nicht uneingeschränkt haltbar. Da der Staat auf Steuereinnahmen verzichtet, setzt er zwar keine Geldmittel aber dafür Vermögenswerte ein.

Als Ergebnis läßt sich festhalten:

In den Fällen, in denen die öffentliche Hand an kommunalen Energieversorgungsunternehmen in starkem Maße beteiligt ist, ist ihr Gewinnanteil niedriger, da durch die gesetzlich erhöhten Einspeisungspreise zusätzliche Kosten entstehen[577]. Somit liegt ein Vorteil, der mittelbar aus staatlichen Mitteln gewährt wird, vor.

Für die verbleibenden Fälle wird hier vertreten, daß die Mindestvergütung zahlenden Unternehmen weniger Ertragsteuern zu entrichten haben und deswegen eine Gewährung eines Vorteils aus staatlichen Mitteln vorliegt. Die etwaige Weiterverrechnung der Mindestvergütung ist ohne Belang. Im Wege der teleologischen Auslegung werden auch diese Tatbestände von Artikel 87 Abs. 1 EGV erfaßt.

cc) Beeinträchtigung des Handels zwischen den Mitgliedstaaten

Nach ständiger Rechtsprechung des *EuGH* ist die Voraussetzung der Handelsbeeinträchtigung erfüllt, wenn das begünstigte Unternehmen einer Wirtschaftstätigkeit nachgeht, die Gegenstand eines Handels zwischen den Mitgliedstaaten ist. Schon die Tatsache, daß die Beihilfe die Stellung des Unternehmens gegenüber anderen im innergemeinschaftlichen Handel konkurrierenden Unternehmen verstärkt, berechtigt als solche zu der Feststellung, daß dieser Handel beeinträchtigt wurde. Weder die relativ geringe Bedeutung einer Beihilfe noch die geringe Größe des Beihilfeempfängers oder sein äußerst geringer Anteil am Gemeinschaftsmarkt oder gar das Fehlen einer Exporttätigkeit bei diesem oder die Tatsache, daß das Unternehmen fast seine gesamte Produktion aus der Gemeinschaft ausführt, ändern etwas an dieser Feststellung[578].

---

[575] So aber Fouquet in Zusammenfassung der Begründungen: StreG und EEG keine Beihilfevorschriften, Bundesverband Windenergie e. V., http://www.windenergie.de.

[576] Nagel, Vortrag EU-Gemeinschaftsrecht und nationales Gestaltungsrecht, Vortrag vor Eurosolar am 29.04. 2000 in Bonn, http://www.wind-energie.de.

[577] So auch Iro, RdE 1998, S. 11 (13).

[578] Mitteilung der Kommission über die Anwendung der Vorschriften über staatliche Beihilfen auf Maßnahmen im Bereich der direkten Unternehmensbesteuerung, BStBl. I 1999, S. 205 (206).

Da die Möglichkeit der Exporttätigkeit ausreicht und eine ausdrückliche Exporttätigkeit nicht gefordert wird, liegt eine Beeinträchtigung des Wettbewerbs zwischen den Mitgliedstaaten vor.

dd) Begünstigung bestimmter Unternehmen oder Produktionszweige

Artikel 87 Abs. 1 EGV ist nicht anwendbar auf allgemeine Maßnahmen der Konjunktur- oder Wirtschaftspolitik, wie eine generelle Senkung des Körperschaftsteuersatzes oder eine Möglichkeit der beschleunigten Abschreibung von Investitionsausgaben, die von allen Unternehmen unabhängig von ihrer Größe, ihrer Branchenzugehörigkeit und ihrem Standort beansprucht werden[579].
Zu prüfen ist, ob die Maßnahme ausschließlich bestimmte Unternehmen oder bestimmte Wirtschaftszweige begünstigt und damit die Voraussetzung der Spezifität erfüllen, die eines der Merkmale des Begriffs der staatlichen Beihilfe ist, ob sie also selektive Maßnahmen sind[580].

Der selektive Charakter einer Maßnahme kann jedoch durch die Natur oder den inneren Aufbau des Systems[581] gerechtfertigt sein. In diesem Fall entzieht sich die Maßnahme dem Zugriff des Artikel 87 Abs. 1 EGV.

Eine Maßnahme ist demnach auch dann als Beihilfe einzustufen, wenn sie sich nicht durch das Wesen und die Struktur des allgemeinen Systems in das die Maßnahme eingebettet ist, rechtfertigt[582].

Die Gruppe der Erzeuger von Strom aus regenerativen Energiequellen ist ein Teil der Gruppe von Stromerzeugern, da sie mit den Stromerzeugern konkurrieren, die nicht vom StrEG geförderten werden. Ausschlaggebend ist die Substituierbarkeit des Produktes. Da die zur Abnahme verpflichteten Energieversorgungsunternehmen ihren Bedarf auch mit anders erzeugtem Strom decken könnten, kommt das Gesetz nur einem bestimmten Produktionszweig zugute. Eine Rechtfertigung aus dem inneren System liegt nicht vor, da diese Art der Förderung dem marktwirtschaftlichen Prinzip zuwiderläuft. Daher liegt nicht eine Maßnahme allgemeiner Wirtschaftspolitik vor[583]. Somit ist das Tatbestandsmerkmal der Spezifität erfüllt.

---

579 VfGH Beschluß B 2251/97, B2594/97 v. 03.10.1999, 3.5. http://www.ris.bka. gv.at.

580 Ständige Rspr. des EuGH, vgl. Urteile Frankreich/Kommission, Rdn. 24, und Ecotrade, Rdn. 40, Urteil EuGH vom 17.6.1999 – Rs. C-75/97 (Belgien/Kommission) = EuZW 1999, S. 534 ff., Rdn. 26.

581 EuGH-Urteil v. 2. 7. 1974, Rs. 173/73, Italien/Kommission, Slg. 1974, S.709.

582 EuGH-Urteil v.17.6.1999 – Rs. C-75/97, Rdn. 34.(Belgien/Kommission): eine Maßnahme, durch die die Schaffung von Arbeitsplätzen begünstigt werden soll, indem für bestimmte Unternehmen die Sozialversicherungsbeiträge ermäßigt werden, ist als staatliche Beihilfe einzustufen, wenn sie nicht durch das Wesen und die Struktur des allgemeinen Sozialversicherungssystems gerechtfertigt ist = EuZW 1999, S. 534 ff., Rdn. 34.

583 So auch Iro, RdE 1998, S. 11 (14) und Klaus, RdE 1999, S. 23 (26).

Als Ergebnis bleibt festzuhalten, daß die gesetzliche Statuierung einer Abnahme- und Vergütungspflicht in § 2 i. V. m. § 3 StrEG eine Beihilfe i. S. d. Artikel 87 Abs. 1 EGV ist.

ee) Vereinbarkeit mit dem Gemeinsamen Markt

Weiter ist zu untersuchen, ob die Beihilfe nach Artikel 87 Abs. 3 EGV durch die Kommission genehmigt werden kann. In Betracht könnte eine Genehmigung als Beihilfe zur Förderung wichtiger Vorhaben von gemeinsamen europäischem Interesse gemäß Artikel 87 Abs. 3 Buchstabe b, 1. Alternative EGV kommen.

In den Fällen einer Ausnahme nach Artikel 87 Abs. 3 EGV liegt die Genehmigung der Beihilfe im Ermessen der Europäischen Kommission[584]. Die Kommission verfügt über ein weites Ermessen, dessen Ausübung wirtschaftliche und soziale Wertungen voraussetzt, die auf die Gemeinschaft als Ganzes zu beziehen sind[585]. Daß der Umweltschutz im gemeinsamen europäischen Interesse steht ist unbestritten[586]. Die Beihilfen im Bereich des Umweltschutzes werden durch den Gemeinschaftsrahmen für staatliche Umweltschutzbeihilfen[587] näher konkretisiert.

Danach fallen auch Quersubventionen zur Deckung der zusätzlichen Produktionskosten für erneuerbare Energien unter Umweltschutzbeihilfen[588]. Die Förderung von erneuerbaren Energien wird auch als wichtig erachtet und steht auf der Prioritätenliste der Gemeinschaft an oberster Stelle[589].

Damit kann als Zwischenergebnis festgestellt werden, daß die Förderung von erneuerbaren Energien nach § 2 i. V. m. § 3 StrEG tatbestandlich der Ausnahmeregelung des Art. 87 Abs. 3 EGV unterfällt.

---

584 Rawlinson in Lenz, Art. 87, Rdn. 26.

585 EuGH, Slg. 1991, I-1433, Rdn. 34 – Italien/Kommission; EuGH Urteil vom 17.6.1999 – RS. C-75/97 (Belgien/Kommission) = EuZW 1999, S. 534 ff. Rdn. 55; dies ist in der Literatur einhellig anerkannt; statt vieler Mederer in Groeben-Thiesing-Ehlermann, Art. 92, Rdn. 40.

586 Siehe oben Seite 3.

587 Abl. C 72/3 v. 10.3.1994, S. 3 ff.

588 Abl. C 72/3 v. 10.3.1994, S. 3 (4) unter 1.5.3., Abschnitt 3, Spiegelstrich 1.

589 Gemeinschaftsrahmen für staatliche Beihilfen an kleine und mittlere Unternehmen, Abl. C 213/4 v. 23.7.1996 S. 8 unter 4.2.5; EuGH, Urteil vom 13.3.2001 - Rs. C-379/98, (PreussenElektra AG/Schleswag AG) = EuZW 2001, S. 242 (246), Rdn. 74.

ff) Genehmigung der Beihilfe

Nach Artikel 87 Abs. 3 EGV können Beihilfen, die einer der aufgezählten Ausnahmen unterfallen im Rahmen einer Ermessensentscheidung von der Kommission genehmigt werden. Sie überprüft die strittige Beihilfe anhand der Kriterien der Zielverwirklichung, der Notwendigkeit und der Angemessenheit[590].

(1) Zielverwirklichung

Die Beihilfe dient der Zielverwirklichung, wenn die staatliche Beihilfe durch eine Gegenleistung im Sinne eines positiven Beitrags zur Zielverwirklichung zumindest ausgeglichen wird. Die Abnahme- und Vergütungspflicht nach § 2 i. V. m. § 3 StrEG hat zu einem außerordentlich starken Ausbau vor allem der Windenergie geführt[591]. Damit wurde ein deutlicher Beitrag zur Verwirklichung des Umweltschutzes geleistet. Das Erfordernis der Zielverwirklichung ist damit erfüllt.

(2) Notwendigkeit

Das Merkmal der Notwendigkeit ist erfüllt, wenn ohne die strittige Beihilfe das angestrebte Ziel nicht oder zumindest nicht in einem ausreichenden Maße erreichbar erschiene[592]. Die vor Inkrafttreten der Regelung des § 2 i. V. m. § 3 StrEG gewährte Vergütung genügte in Anbetracht der sehr hohen Stromproduktionskosten der Windenergie nicht, um einen kostendeckenden oder gar gewinnbringenden Betrieb von Windkraftanlagen zu gewährleisten[593].

Ohne staatliche Intervention wäre ein nennenswerter Ausbau der regenerativen Energie nicht erreicht worden[594]. Folglich ist das Tatbestandsmerkmal der Notwendigkeit zu bejahen.

(3) Angemessenheit

Allerdings müßte sich die Fördermaßnahme nach § 2 i. V. m. § 3 StrEG als angemessen erweisen. Die Beurteilung bezieht sich auf die Abwägung zwischen den wettbewerbspolitischen Erfordernissen Art. 87 Abs. 1 EGV und der umweltpolitischen Zielsetzung der Förderung von regenerativen Energien[595]. Dabei sind insbesondere die konkreten Modalitäten der Beihilfegewährung zu beach-

---

[590] Iro, RdE 1998, S. 11 (16) und Klaus, RdE 1999, S. 23 (29), jeweils m. w. N.
[591] So bereits das BMWi, Erfahrungsbericht zum StrEG, BT-Drs. 13/2681 S. 4 unter C. 2.
[592] Statt vieler, EuGH Rs. 730/79, Philip Morris/Kommission, Slg. 1980, S. 2671 (2690, Rdn. 16).
[593] BT-Drs. 11/7971, S. 4.
[594] So auch Iro, RdE 1998, S. 11 (16) und Klaus, RdE 1999, S. 23 (29)
[595] Klaus, RdE 1999, S. 23 (30)m, m. w. N.

ten, wie Ausgestaltung, Intensität und Laufzeit[596]. Wettbewerbsverfälschende Beihilfen, wie hier, sind nur ausnahmsweise zulässig und müssen sehr hohen Anforderungen genügen[597]. Derartige Beihilfen müssen Anreizcharakter haben und dürfen lediglich die Produktionsmehrkosten im Vergleich zu den übrigen Kosten ausgleichen. Sie dürfen nur vorübergehend gewährt und müssen grundsätzlich degressiv gestaffelt werden, um einer Verfestigung der Beihilfen entgegenzusteuern und den Begünstigten zu eigener Initiative zwingen[598].

§ 2 i. V. m. § 3 StrEG sieht weder eine zeitliche, noch produktionsbezogene Begrenzung, noch eine degressive Staffelung der Vergütungszahlung vor.
Dies führt dazu, daß einmal errichtete Anlagen während ihrer gesamten Betriebsdauer uneingeschränkt und aufgrund starrer Vergütungssätze relativ betrachtet in gleicher Höhe gefördert werden, unabhängig davon, ob Aufwendungen für Instandhaltungen beziehungsweise Modernisierungen erforderlich sind oder eine Amortisation der Investition zwischenzeitlich stattgefunden hat. Insbesondere besteht zwischen den Investitionskosten und der Förderung kein Zusammenhang. Ebenso fehlt eine Verknüpfung zwischen Betriebskosten und Förderung, da sich die Förderung aus dem Durchschnittserlös (ohne Umsatzsteuer) je Kilowattstunde (kWh), den die Unternehmen der Elektrizitätsversorgung aus der Stromabgabe an Letztverbraucher im Jahr 1998 erzielt haben, ergibt[599]. Folglich liegt eine nicht genehmigungsfähige Beihilfe vor.

Eine andere Auffassung sieht die Abnahme- und Vergütungspflicht für regenerative Energien nach § 2 i. V. m. § 3 StrEG als genehmigungsfähig an. Begründet wird dies im wesentlichen damit, daß eine Bindung der Mindestpreise an den Nachweis entsprechender Kosten des Erzeugerunternehmens mit dem dadurch entstehenden Verwaltungsaufwand und den dadurch entstehenden Unsicherheiten bei Planung und Bau neuer Anlagen nicht im Einklang stehen würde. Der konkrete Nachweis wird als schwierig beurteilt[600].

Diese Argumentation vermag nicht zu überzeugen. Sie widerspricht jeglichen rationellen Entscheidungen von Investoren. Bevor ein Investor sich zum Bau einer Windkraftanlage entscheidet, wird er die Kosten dieser Maßnahme berechnen. Ebenso wird er eine Kalkulation vornehmen müssen, um den Preis seines Produktes zu ermitteln. Da die Windkraftanlagen zumeist durch Windparkfonds[601] finanziert werden, müssen den Investoren Renditeberechnungen vorge-

---

[596] Iro, RdE 1998, S. 11 (17) und Klaus, RdE 1999, S. 23 (29), jeweils m. w. N.
[597] Vgl. Europäische Kommission, 94/C/72/03, Gemeinschaftsrahmen für staatliche Umweltschutzbeihilfen, Abl. 72/3 v. 10.3.1994, S. 3 ff.
[598] Vgl. Europäische Kommission, 94/C/72/03, Gemeinschaftsrahmen für staatliche Umweltschutzbeihilfen, Abl. 72/3 v. 10.3.1994, S. 3 ff.
[599] So auch Klaus, RdE 1999, S. 23 (30).
[600] Vgl. Iro, RdE 1998, S. 11 (17); BT-Drs. 13/2681, S. 9.
[601] Vgl. Handelsblatt v. 16.12.1998.

legt werden, damit diese sich ein Urteil über die zu erwartende Rendite bilden können. Die Ermittlung dieser Daten ist nicht schwieriger als die Ermittlung der Daten zum Zwecke der Berechnung einer Mindestvergütung. Außerdem können moderne Kostenrechnungssysteme Daten für die Berechnung einer Mindestvergütung liefern.

Festzuhalten bleibt daher, daß die Abnahme- und Vergütungspflicht für regenerative Energien nach § 2 i. V. m. § 3 StrEG in ihrer derzeitigen Ausgestaltung eine nicht genehmigungsfähige Beihilfe nach Artikel 87 Abs. 3 EGV darstellt.

b) Artikel 28 EGV - Verbot mengenmäßiger Beschränkungen und Maßnahmen gleicher Wirkung

Nach Artikel 28 EGV sind mengenmäßige Einfuhrbeschränkungen, wie Maßnahmen mit gleicher Wirkung nach der Rechtsprechung des *EuGH* auf sämtliche nationale Maßnahmen anzuwenden, wenn sie geeignet sind, den innergemeinschaftlichen Handel "unmittelbar oder mittelbar, tatsächlich oder potentiell zu behindern"[602].

Nach §§ 1 und 2 StrEG kommt die Abnahmepflicht nur für den Strom aus erneuerbaren Energiequellen in Betracht, der im Geltungsbereich des Gesetzes und im Versorgungsgebiet des betreffenden Unternehmens erzeugt wurde. Somit liegt eine potentielle Beeinträchtigung des innergemeinschaftlichen Handels vor.

Auch der *EuGH* stuft die Regelung des StrEG als diskriminierende Maßnahme ein, weil die Förderung von Strom aus regenerativen Energiequellen nur für Erzeuger im Inland, nicht aber für ausländischen Strom gilt. Außerdem werden die Regionalversorger bei der Auswahl ihrer Stromdeckung beeinträchtigt, da sie zwingend einen Teil des inländischen Stroms, nämlich den aus regenerativen Energien abnehmen müssen[603].

Fraglich ist nun, ob diese Beeinträchtigung durch zwingende Erfordernisse gerechtfertigt werden kann.

Die Rechtfertigung durch zwingende Erfordernisse kommt dann zur Anwendung, wenn "eine Gemeinschaftsregelung für das Inverkehrbringen bestimmter Erzeugnisse fehlt und sich Handelshemmnisse allein daraus ergeben, das Waren bestimmten - unter den Mitgliedstaaten voneinander abweichenden - Vorschriften entsprechen müssen". Solche Vorschriften können sein die Bezeichnung, die

---

602 EuGH, Urteil vom 13.3.2001 - Rs. C-379/98, (PreussenElektra AG/Schleswag AG) = EuZW 2001, S. 242 (246), Rdn. 70; m.w.N.

603 EuGH, Urteil vom 13.3.2001 - Rs. C-379/98, (PreussenElektra AG/Schleswag AG) = EuZW 2001, S. 242 (246), Rdn. 70 und 71.

Form, Abmessungen, Gewicht. Soweit eine derartige nationale Regelung für einheimische und aus anderen Mitgliedstaaten stammende Waren gilt, sind derartige Unterschiede hinzunehmen, wenn sie aus zwingenden Erfordernissen gerechtfertigt sind. Als zwingendes Erfordernis sind anerkannt, die steuerlichen Kontrolle, der Schutz der öffentlichen Gesundheit, die Lauterkeit des Handelsverkehrs und des Verbraucherschutzes. Die zwingenden Erfordernisse des Artikels 28 EGV kommen aber nur bei nicht-diskriminierenden Maßnahmen zu Anwendung[604].

Bei der Regelung des StrEG handelt es sich aber gerade um eine diskriminierende Maßnahme, daher kommt eine Rechtfertigung aus zwingenden Erfordernissen nicht in Betracht.

Gleichwohl hat der *EuGH* entschieden[605], daß die Regelung des StrEG nicht gegen Artikel 28 EGV verstößt, da sie aus Gründen des Umweltschutzes gerechtfertigt sei. Er verweist dazu auf das Abkommen von Kyoto sowie auf die Entscheidungen Nr. 646/2000/EG des Europäischen Parlamentes und des Rates vom 28.2.2000, die die Förderung regenerativer Energien vorsehen[606]. Hierdurch würde der Schutz des Lebens und der Gesundheit der Menschen, Pflanzen und Tieren bezweckt[607]. Daneben seien die Erfordernisse des Umweltschutzes nach Artikel 6 EGV bei der Gemeinschaftspolitik zu berücksichtigen[608]. Er verweist ferner auf die Richtlinie 96/92/EG, die die Mitgliedstaaten in Artikel 8 Abs. 3 und 11 Abs. 3 ermächtige, aus Gründen des Umweltschutzes der Erzeugung von Strom aus regenerativen Energien den Vorzug zu geben[609].

Die Ausführungen des *EuGH* zum Umweltschutz und dem Zusammenhang mit regenerativen Energien begegnet keinerlei Bedenken. Problematisch ist aber, wie der *EuGH* den Rechtfertigungsgrund des Umweltschutzes in seine bisherige Dogmatik einordnen will. Bisher war unstreitig, daß der Umweltschutz im Bereich der diskriminierenden Maßnahmen keine Anwendung finden konnte, gemäß Artikel 30 Satz 2 EGV. Also ist der Umweltschutz nicht geeignet diskriminierende Maßnahmen zu rechtfertigen[610].

---

604 Lux in Lenz, Art. 28, Rdn. 30.

605 EuGH, Urteil vom 13.3.2001 - Rs. C-379/98, (PreussenElektra AG/Schleswag AG) = EuZW 2001, S. 242 ff.

606 EuGH, Urteil vom 13.3.2001 - Rs. C-379/98, (PreussenElektra AG/Schleswag AG) = EuZW 2001, S. 242 (247), Rdn. 74.

607 EuGH, Urteil vom 13.3.2001 - Rs. C-379/98, (PreussenElektra AG/Schleswag AG) = EuZW 2001, S. 242 (247), Rdn. 75.

608 EuGH, Urteil vom 13.3.2001 - Rs. C-379/98, (PreussenElektra AG/Schleswag AG) = EuZW 2001, S. 242 (247), Rdn. 76.

609 EuGH, Urteil vom 13.3.2001 - Rs. C-379/98, (PreussenElektra AG/Schleswag AG) = EuZW 2001, S. 242 (247), Rdn. 77.

610 So auch Ruge in Anmerkung zum EuGH, Urteil vom 13.3.2001 - Rs. C-379/98, (PreussenElektra AG/Schleswag AG), EuZW 2001, S. 242 (248).

Da die Regelung des StrEG aber eine diskriminierende Maßnahme darstellt, ist eine Rechtfertigung durch den Umweltschutz nicht möglich. Daher ist die Begründung des *EuGH* abzulehnen.

Ob die Begründung des *EuGH* tatsächlich den Schluß zuläßt, daß er die dogmatische Unterscheidung zwischen einer Rechtfertigung nach Art. 30 EGV für diskriminierende Maßnahmen und zwingende Erfordernisse für nichtdiskriminierende Maßnahmen aufgibt, ist mehr als zweifelhaft[611], weil dahingehend dem Urteil keine Hinweise zu entnehmen sind. Diese Auffassung ist daher abzulehnen.

Festzuhalten bleibt als Ergebnis, daß die Regelung des StrEG als diskriminierende Maßnahme nicht durch den Umweltschutz nach Art. 30 Satz 2 EGV gerechtfertigt werden kann und daher ein Verstoß gegen Artikel 28 EGV vorliegt.

2. Verfassungsrechtliche Bedenken gegen das Stromeinspeisungsgesetz

Die verfassungsrechtliche Zulässigkeit der Vergütungsregelung wurde bereits nach Inkrafttreten des StrEG bezweifelt[612]. Auch hat das Stromeinspeisungsgesetz die Gerichte vielfach beschäftigt. Ferner haben mehrere Energieversorgungsunternehmen gegen das StrEG Verfassungsbeschwerden erhoben[613]. Eine Entscheidung des in der Sache *BVerfG* steht noch aus[614].

Neben einem Verstoß gegen die verfassungsrechtlichen Voraussetzungen einer Sonderabgabe kommen als mögliche Verfassungsverstöße die Verletzung von Artikel 12 Abs. 1 und 3 Abs. 1 GG in Betracht.

Zunächst wird der Meinungsstand der Rechtsprechung dargestellt. Der Meinungsstand in der Literatur wird dann im Rahmen der eigenen Beurteilung der möglicherweise vorliegenden Verfassungsverstöße dargestellt.

---

611 Ruge in Anmerkung zum EuGH, Urteil vom 13.3.2001 - Rs. C-379/98, (PreussenElektra AG/Schleswag AG), EuZW 2001, S. 242 (248).

612 Vgl. Blanke / Peilert, RdE 1999, S. 96 (97).

613 Schleswag AG vgl. FAZ vom 9.4.1998 und PreussenElektra vgl. FAZ vom 2.6.1998 und Handelsblatt vom 26.10.1998.

614 Lt. telefonischer Auskunft des AG Plön vom 05.11.2000.

a) Meinungsstand der Rechtsprechung

Die verschiedenen gerichtlichen Verfahren haben bisher zu unterschiedlichen Ergebnissen geführt.

Das *BVerfG* hatte sich mit dem Beschluß vom 09.01.1996 - 2 BvL 12/95, ergangen auf Vorlagebeschluß des *LG Karlsruhe* mit der Verfassungsmäßigkeit des Stromeinspeisungsgesetzes zu befassen[615].

Mit Beschluß vom 29. 9. 1995 setzte das LG Karlsruhe das Verfahren aus und legte dem *BVerfG* die Frage vor, ob die Regelung des § 3 Abs. 1 StrEG, "daß die Vergütung für Strom aus Wasserkraft mindestens 80 v.H. des Durchschnittserlöses je Kilowattstunde aus der Stromabgabe von Elektrizitätsversorgungsunternehmen an alle Letztverbraucher beträgt", verfassungswidrig sei.

Diesen Vorlagebeschluß sah das *BVerfG* als unzulässig an, weil sich das *LG Karlsruhe* nicht ausreichend genug mit der betreffenden Rechtsfrage auseinandergesetzt habe und in diesem Zusammenhang die Meinungen, die in Literatur und Rechtsprechung vertreten werden, nicht hinreichend gewürdigt worden wäre. Hierzu sei das Gericht aber verpflichtet[616].

Das *BVerfG* weist in seinem Beschluß darauf hin, daß vom *LG Karlsruhe* zunächst die Frage geklärt werden müsse, ob die Regelung des Stromeinspeisungsgesetzes überhaupt als Abgabe zu qualifizieren sei. Denkbar sei auch eine "Preisfestsetzung ohne abgabenrechtlichen Charakter"[617].

In der Sache selbst mußte das *BVerfG* wegen der Unzulässigkeit der Vorlage nicht entscheiden.

Als nächstes Zivilgericht hat sich das *OLG Stuttgart* mit der Verfassungsmäßigkeit der Vergütungsregelung nach dem Stromeinspeisungsgesetz befaßt[618]. Es gelangt dabei zu der Auffassung, daß die Vergütungsregelung eine Preisfestsetzung ohne abgabenrechtlichen Charakter sei. Einschränkend fährt es aber fort, daß sich die Eingriffe in die Preisfreiheit an den Berufsausübungsregelungen messen lassen müssen, da sie nicht uneingeschränkt zulässig seien[619]. Vor allem der Grundsatz der Belastungsgleichheit, also sämtliche Bürger zur Finanzierung von Gemeinlasten heranzuziehen, sei zu beachten. Denkbar sei zwar Energie-

---

[615] BVerfG, NJW 1997, S. 573 ff.

[616] Vgl. BVerfGE 78, 165 (172) = NJW 1988, S. 2293; BVerfGE 80, 68 (72); BVerfGE 80, 96 (100) = NZA 1989, S. 864; BVerfGE 88, 70 (74) = DtZ 1993, S. 209; jeweils m.w.N.

[617] BVerfG, NJW 1997, S. 573.

[618] OLG Stuttgart, NJW 1997, S. 595 ff.

[619] Breuer, HdBStR VI, § 148 Rdn. 24; BVerfGE 69, 373 = NJW 1986, S. 307 BVerfGE 85, 226 (236) = NZA 1992, S. 641 = NJW 1992, S. 2749).

versorgungsunternehmen und über die Weiterberechnung mittelbar auch die Stromverbraucher im Interesse des Umweltschutzes zur Finanzierung heranzuziehen, aber erforderlich sei, daß alle Energieversorgungsunternehmen und Stromverbraucher in gleicher Weise betroffen seien. Gerade diese Gleichbehandlung gewährleiste die Regelung des Stromeinspeisungsgesetzes nicht. Die Belastung sei nämlich von dem zufälligen und nicht von den belasteten Energieversorgungsunternehmen zu verantworteten Zustand abhängig, ob in dem betroffenen Gebiet viel oder nicht viel einzuspeisender Strom aus den geförderten Quellen anfiele. Daher sei es möglich, daß das Stromeinspeisungsgesetz verfassungswidrig sei, obwohl die Vergütungsregelung keine unzulässige Sonderabgabe darstelle[620].

Das *LG Karlsruhe* hat mit Urteil v. 10.05.1996 – 2 O 176/95 weder einen Verstoß gegen finanzverfassungsrechtliche Grundsätze noch gegen Artikel 3 Abs. 1 und 12 Abs. 1 GG festgestellt. Die Vergütungsregelung sei keine Sonderabgabe und unterliege deswegen nicht den Voraussetzungen, die das *BVerfG* für die Zulässigkeit einer Sonderabgabe aufstelle und zuletzt in der Kohlepfennigentscheidung vom 11. 10. 1994 nochmals bestätigt habe. Die öffentliche Hand erhebe keine einmalige oder laufende Geldleistung mittels eines Sonderfonds. Sie verteile folglich das Aufkommen auch nicht an einen bestimmten Kreis von Begünstigten weiter. Zwar hätte der Gesetzgeber auch den Weg einer Sonderabgabe wählen können, dies habe er aber letztlich nicht getan. Die Förderung der regenerativen Energien auf andere Weise als durch eine Sonderabgabe ließe nicht den Schluß zu, daß diese Regelung sich an der Sonderabgabe messen lassen müsse. Nach Auffassung des LG Karlsruhe sei durch die Preisregelung weder das Budgetrecht des Parlamentes noch der Grundsatz der Vollständigkeit des Haushaltsplanes berührt. Daher müsse sich die Vergütungsregelung des Stromeinspeisungsgesetzes die eine "Subventionierung Privater durch Private" darstelle, nur an grundrechtlichen Positionen der betroffenen Rechtssubjekte messen lassen. Ein Verstoß gegen Artikel 12 Abs. 1 Satz 2 GG liege aber nicht vor. Zwar handele es sich bei der Preisregelung um einen Eingriff in die Berufs- und Gewerbefreiheit, dieser erfolge aber nur in einen kleinen Teilbereich der gewerblichen Tätigkeit. Das gesamte Unternehmen sei nicht durch den Eingriff bedroht. Der Eingriff sei deswegen gerechtfertigt, weil er nicht gegen das Prinzip der Verhältnismäßigkeit verstöße.

Die Ressourcenschonung sei ein wichtiges Allgemeininteresse. Die Belastung der Energieversorgungsunternehmen, und mittelbar der Stromverbraucher, erschiene vernünftig um das Ziel des Gesetzgebers zu erreichen. Das Mittel sei geeignet, weil die Förderung der regenerativen Energien Anreize zur Ausweitung und Fortführung solcher Anlagen gäbe[621].

---

620 OLG Stuttgart, NJW 1997, S. 595 (596).
621 LG Karlsruhe, NJW 1997, S. 590.

Der Grundsatz der Erforderlichkeit würde hinreichend beachtet, da es für die Endverbraucher keinen Unterschied mache, ob sie durch "geringfügig höhere Strompreise" oder durch "erhöhte Steuern" belastet seien.

Den Energieversorgungsunternehmen entstünden keine höheren Aufwendungen, da sie die Mindestvergütung an die Endverbraucher weiter berechnen können. Außerdem käme den "Energieversorgungsunternehmen eine besondere Gruppenverantwortung für die umweltschonende Erzeugung von Strom" zu[622].

Ein Verstoß gegen Artikel 3 Abs. 1 GG liege auch nicht vor, weil keine sachfremde Ungleichbehandlung weder auf seiten der betroffenen Energieversorgungsunternehmen noch auf seiten der Endverbraucher gegeben sei. Die vom Gesetzgeber vorgenommene Differenzierung führe nicht zur Ungleichbehandlung in der Sache selbst. Sie sei auch mit einer am "Gerechtigkeitsgedanken orientierten Betrachtungsweise" vereinbar. Die Regelung sei auch nicht evident unsachlich[623].

Das *AG Plön* hat mit Vorlageschluß vom 13.06.1996 - 2 C 350/96 das *BVerfG* angerufen um klären zu lassen, ob die §§ 2 und 3 des Stromeinspeisungsgesetzes mit den Grundrechten aus Art. 12 I und 3 I GG sowie den verfassungsrechtlichen Voraussetzungen, die an eine Sonderabgabe in Einklang stünden[624].

Nach seiner Auffassung würden die §§ 2 und 3 Stromeinspeisungsgesetz zunächst gegen die Berufsfreiheit, nach Artikel 12 Abs. 1 GG verstoßen, weil sie in den Schutzbereich der Norm eingriffen und der Eingriff nicht zu rechtfertigen sei[625]. Der Schutzbereich des Art. 12 Abs. 1 GG umfasse die gesamte gewerbliche Betätigung und "nach allgemeiner Auffassung auch die Preis- Vertragsfreiheit"[626].

In diesen Schutzbereich greife die Mindestvergütungsregelung belastend ein, weil die Ausübung der Tätigkeit der Energieversorgungsunternehmen gewählt worden sei, um belastende Rechtsfolgen auszulösen[627].

---

622 LG Karlsruhe, NJW 1997, S. 590 (591).
623 LG Karlsruhe, NJW 1997, S. 590 (591).
624 AG Plön, NJW 1997, S. 591 ff.
625 AG Plön, NJW 1997, S. 591 (591 und 592).
626 Friauf, Rechtsgutachten für die Badenwerk AG, Juli 1995, S. 130; Ossenbühl, Rechtsgutachten für die Preußen–Elektra, September 1995, S. 30; Scholz, Rechtsgutachten im Auftrag des Bundesverbandes Dt. Wasserkraftwerke, Windenergie Aktuell 7/1995, 8 Spalte 3.
627 AG Plön, NJW 1997, S. 591 (592).

Der Eingriff erfolge in Form einer Berufsausübungsregelung, weil die Existenz und die Führung der Elektrizitätsversorgungsunternehmen nicht gefährdet seien. Dies entspräche der Definition der Berufsausübungsregelung. Eine solche regele lediglich die Modalitäten der beruflichen Betätigung[628].

Jeder Eingriff in ein Grundrecht bedürfe aber der Rechtfertigung. Hier sei der Eingriff nicht zu rechtfertigen, weil er nicht erforderlich sei. Die Regelung der §§ 2 und 3 Stromeinspeisungsgesetz sei nicht das mildeste Mittel um regenerative Energien staatlich zu fördern. Das mildeste Mittel wäre die "direkte staatliche Subventionierung aus allgemeinen Steuermitteln" gewesen. Der Gesetzgeber besäße zwar bei Berufsausübungsregeln einen weiten Gestaltungsspielraum, dennoch müsse er zwischen den Gemeinwohlbelangen und der Schwere des Eingriffs abwägen. Der Eingriff dürfe nicht übermäßig belasten. Das *AG Plön* stützt seine Erwägungen dann auf die Entscheidung des *BVerfG* zur Bevorratungspflicht für Mineralölerzeugnisse[629]. Hier hat das *BVerfG* drei Kriterien entwickelt an denen sich die Entscheidung des Gesetzgebers messen lassen muß.

Diese sind:

- "Der Gesetzgeber darf die Berufsausübung nur im Interesse des Gemeinwohls und nur zur Lösung legitimer, mit der Wertordnung des Grundgesetzes vereinbarer gesetzgeberischer Sachaufgaben beschränken";
- "das vom Gesetzgeber eingesetzte Mittel muß geeignet und erforderlich sein, den erstrebten Zweck zu erreichen. Das Mittel ist geeignet, wenn mit seiner Hilfe der gewünschte Erfolg gefördert werden kann. Es ist erforderlich, wenn der Gesetzgeber kein anderes, gleich wirksames, aber das Grundrecht nicht oder doch weniger fühlbar einschränkendes Mittel hätte wählen können";
- "bei einer Gesamtabwägung zwischen der Schwere des Eingriffs und der Dringlichkeit der ihn rechtfertigenden Gründe muß in jedem Fall die Grenze der Zumutbarkeit gewahrt bleiben. Je empfindlicher die Betroffenen in ihrer Berufsfreiheit beeinträchtigt werden, desto stärker müssen die Interessen des Gemeinwohls sein, denen die Regelung dienen soll".

Das erste Kriterium sieht das *AG Plön* als erfüllt an, weil der Gesetzgeber schließlich selbst befinde, welche Ziele er erreichen wolle und welche Regelungen dafür notwendig seien. Das die Schonung von Ressourcen im Interesse der Allgemeinheit stehe, sei unstreitig. Auch die Eignung der Mindestvergütung sei nicht in Frage gestellt.

---

[628] AG Plön, NJW 1997, S. 591 (592).
[629] BVerfGE 30, 292 (316, 317) = NJW 1971, S. 1255.

Aber es vereint die Erforderlichkeit des Mittels. Dies liege daran, weil kein Zusammenhang zwischen der Tätigkeit der Energieversorgungsunternehmen und der Finanzierung der Ressourcenschonung bestünde. Nicht nur die Energieversorgungsunternehmen seien für den Klimaschutz verantwortlich, sondern eben der Staat selbst und die Allgemeinheit. Dies würde deutlich durch Artikel 20a GG belegt[630].

Außerdem sieht das *AG Plön* den Gleichheitssatz des Artikel 3 Abs. 1 GG gleich zweifach verletzt.

Eine Verletzung liege in der unterschiedlichen Belastung der Energieversorger. Diese ergebe sich aus klimatischen Gründen und nehmen keine Rücksicht auf die unterschiedlichen Gegebenheiten in der Bundesrepublik Deutschland.
Die zweite Verletzung liege in der Lastentragung der benachteiligten Unternehmen ohne Ausgleich für die Mindestvergütung. Im zu entscheidenden Fall habe die Klägerin einen Marktanteil von 2 v. H., aber einen Anteil am gesamten Mindestvergütungsaufkommen von 13,5 v. H. Die Härtefallregelung des § 4 Stromeinspeisungsgesetz gleiche dies nicht aus[631].

Schließlich beurteilt es die Mindestvergütungsregelung als unzulässige Sonderabgabe, gleichwohl es unstreitig sei, daß formell nur eine Preisregelung vorliege. Aber es komme nicht nur auf die formelle Betrachtung sondern auch auf die materielle Betrachtung an.

Für die Energieversorger wirke sich die Mindestvergütung als "Mittel-Transfer" belastend aus. In der Wirkung unterscheide sich dieses Konstrukt nicht von einer "formal ausgestalteten öffentlichen Abgabe". Es sei nicht entscheidend, daß der Staat die Einnahmen keinem Sonderfond zukommen ließe. Die Wirkung der Mindestvergütung entspräche dem "traditionellen Muster der zur Förderung eines bestimmten Zwecks außerhalb des staatlichen Haushalts eingeführten Sonderabgaben".

An wen die Mittel gezahlt würden, sei für die Energieversorger bedeutungslos. Dies führe zur Überprüfung anhand der Kriterien die das *BVerfG* für Sonderabgaben entwickelt habe. Die Rechtfertigung als Sonderabgabe scheitere schließlich an der fehlenden Gruppenhomogenität[632].

Gruppenhomogenität bedeutet, daß die mit der Abgabe belastete Gruppe dem verfolgten Zweck evident näher steht als alle anderen Gruppen. Dem gesetzgeberischen Ziel, Umwelt- und Klimaschutz zu fördern, stünden die Energieversorgungsunternehmen aber nicht näher als alle anderen Unternehmen und Bür-

---

630 AG Plön, NJW 1997, S. 591 (593).
631 AG Plön, NJW 1997, S. 591 (593).
632 AG Plön, NJW 1997, S. 591 (594).

ger der Bundesrepublik Deutschland[633]. Jeder sei aufgefordert seinen Beitrag zu leisten. In der Kohlepfennigentscheidung[634] habe das *BVerfG* ausgeführt: "Das Interesse an einer Stromversorgung ist heute so allgemein wie das Interesse am täglichen Brot. Die Befriedigung eines solchen Interesses ist eine Gemeinwohlaufgabe des Parlaments, das Finanzierungsinstrument die Gemeinlast der Steuer[635].

Der *BGH* kommt mit Urteil vom 22.10.1996 - KZR 19/95 (Karlsruhe) zu dem Ergebnis, daß die Verpflichtung der öffentlichen Elektrizitätsversorgungsunternehmen Strom aus regenerativen Energien zu einem Mindestpreis abzunehmen zu keiner Grundrechtsverletzung der betroffenen Unternehmen führt[636].

Das Grundrecht aus Artikel 12 Abs. 1 GG sieht der *BGH* nicht als verletzt an. Auch er beurteilt die Mindestvergütungsregelung als Berufsausübungsregelung. Er stellt zunächst fest, daß Berufsausübungsregelungen statthaft seien, wenn sie aus Gründen des Gemeinwohls gerechtfertigt seien und die Verhältnismäßigkeitsprüfung zu dem Ergebnis führe, daß das gewählte Mittel geeignet, erforderlich und zumutbar sei[637].

Die Ziele des Stromeinspeisungsgesetzes, nämlich über die Förderung von regenerativen Energien einen Beitrag zur Ressourcenschonung und zum Klima- und Umweltschutz zu leisten, sieht der BGH durch das Allgemeinwohl als gerechtfertigt an. Dabei verweist er auch auf Artikel 20a GG, der Staatszielbestimmung Umweltschutz. Er sieht das gewählte Mittel auch als geeignet an, das gewählte Ziel zu erreichen, wobei eine Förderung ausreichend ist.

Auch die Erforderlichkeit bejaht der *BGH.* Bedenken gegen die Erforderlichkeit läßt der BGH nicht gelten. Die Finanzierung durch den öffentlichen Haushalt berücksichtige nicht den Gestaltungsspielraum des Gesetzgebers. Dieser sei nicht gehalten die Belastung einer bestimmten Gruppe zu Lasten der Allgemeinheit zu verschieben. Eine Lastenverschiebung sei kein milderes Mittel.

Allerdings führt der *BGH* auch Sachgründe für den Weg der Mindestvergütung an. Er verweist dabei auf die schon immer bestehende kartellrechtliche Verpflichtung der Energieversorgungsunternehmen Strom aus erneuerbaren Energien abzunehmen. Die Schwierigkeit der Vergütungshöhe aus § 35 i. V. mit § 26 Abs. 2 GWB und das Ziel der Planungssicherheit ließen es zweckmäßig erscheinen eine Preisregelung vorzunehmen. Dadurch entstünde auch noch der Vorteil, daß keine Behörde mit der Gewährung von Subventionen betraut werden müsse,

---

[633] AG Plön, NJW 1997, S. 591 (594).
[634] BVerfGE 91, 186 (206) = NJW 1995, S. 381.
[635] AG Plön, NJW 1997, S. 591 (595).
[636] BGH, NJW 1997, S. 574 ff.
[637] BGH, NJW 1997, S. 574 (577).

was zu Verwaltungsaufwand führe. Da die Energieversorger letztlich die Mindestvergütung auf die Strompreise umlegen würden, seien nicht sie, sondern die Allgemeinheit belastet[638].

Auch die Grenze der Zumutbarkeit sieht der *BGH* in dem fraglichen Zeitraum, 1991 bis 1993, nicht als überschritten an, weil die Energieversorger aufgrund der Monopolstellung die Mindestvergütung an die Verbraucher weiter belasten könnten.

Allerdings müsse die Inanspruchnahme "Privater im öffentlichen Interesse", vor allem bei finanzieller Belastung, besonders gerechtfertigt werden. Dies folge aus dem Grundsatz der Gleichheit der Bürger. Eine stärkere Inanspruchnahme erfordere einen besonderen Verantwortungszusammenhang zwischen denen die belastet werden und der verfolgten Aufgabe. Diese Rechtfertigung sieht der BGH als gegeben an. Die öffentlichen Energieversorgungsunternehmen seien aufgrund ihrer Monopolstellung verpflichtet, Stromerzeuger nicht zu behindern, die ihren selbst erzeugten Strom nutzen wollten. Die Monopolstellung folge aus dem Interesse des Gemeinwohls an einer gesicherten Stromversorgung. Dabei habe sie das öffentliche Interesse an der langfristigen Sicherheit und der Ressourcenschonung zu beachten[639].

Ob sich die Frage der Zumutbarkeit für die Zeiträume nach 1994 anders beurteilt, läßt der BGH offen. Er führt ausdrücklich aus, daß sich diese Äußerungen durchweg auf die Verhältnisse in den Jahren 1991 bis 1993 bezögen[640].

Die Überprüfung des Stromeinspeisungsgesetzes an der allgemeinen Handlungsfreiheit nach Artikel 2 Abs. 1 GG scheide wegen der Spezialität des Artikel 12 Abs. 1 GG aus. Die Eigentumsgarantie des Artikel 14 Abs. 1 GG sei nicht verletzt, weil der Schutzbereich nicht Chancen und Verdienstmöglichkeiten umfasse[641].

Auch der allgemeine Gleichheitsgrundsatz sei nicht verletzt, weil die Abnahme durch das örtliche Versorgungsunternehmen schon aus technischen Gründen notwendig sei, wegen der Verluste beim Stromtransport. Der Gesetzgeber habe auch keinen Anlaß ein anderes Differenzkriterium zu wählen, weil allgemein die Möglichkeit nicht gesehen würde, daß sich aufgrund des unterschiedlichen Aufbaus von regenerativen Stromerzeugern eine unterschiedliche Belastung ergeben würde.

---

[638] BGH, NJW 1997, S.574 (578).
[639] BGH, NJW 1997, S. 574 (579).
[640] BGH, NJW 1997, S. 574 (579).
[641] BGH, NJW 1997, S. 574 (579).

Für eine solche Beurteilung sei dem Gesetzgeber ein angemessener Zeitraum zuzubilligen um Erfahrungen zu sammeln. Die Ausführungen hierzu begrenzt der *BGH* auch wieder auf die Jahre 1991 bis 1993[642].

Letztlich verwirft der *BGH* die Ansicht, daß die Mindestvergütungsregelung eine Sonderabgabe ist. Die Mindestvergütung sei auch materiell keine Sonderabgabe, weil der materielle Gehalt der Regelung keine Abgabenlast darstelle und eine Aufkommenswirkung zugunsten der öffentlichen Hand nicht erreicht werde. Die öffentliche Hand erhielte weder unmittelbar noch mittelbar Einnahmen. Eine andere Gestaltungsmöglichkeit der Förderung bedeute keine Messung an der Sonderabgabenrechtsprechung. Es liege kein Formenmißbrauch vor. Der Grundsatz, daß öffentliche Aufgaben aus öffentlichen Mitteln finanziert werden müssen ist nicht existent. Die Mindestpreisregelung sei "nicht ohne weiteres als Maßnahme zur Entlastung des öffentlichen Haushalts" anzusehen[643].

Zuletzt hat sich der *BGH* mit Beschluß vom 25.3.1998 - VIII ZR/97 (Karlsruhe) mit der Verfassungsmäßigkeit des Stromeinspeisungsgesetzes befaßt[644]. Es ging um die Zulässigkeit der Aussetzung des Verfahrens ohne gleichzeitige Vorlage an das *BVerfG.* Diese wurde für zulässig erachtet. Zur Begründung führt er sehr knapp aus, daß keine Bedenken gegen die Zulässigkeit der Verfassungsbeschwerde gegen das Urteil des Kartellsenats des *BGH* vom 22.10.1996[645] bestünden und eine Entscheidung des *BVerfG* in der Sache zu erwarten sei[646].

b) Meinungsstand der Literatur

Nach der Meinung von *Arndt* ist die Mindestvergütungsregelung des Stromeinspeisungsgesetzes aus finanzverfassungsrechtlichen Gründen verfassungswidrig[647]. Er folgert aus der Gesetzesbegründung, daß der Gesetzgeber materiell eine Subvention und nicht eine Preisfestsetzung angeordnet habe. Außerdem weiche der Gesetzgeber von preisrechtlichen Prinzipien ab, vor allem dem Prinzip der adäquaten Gegenleistung. Weil der Gesetzgeber den Weg der Subvention gehe, habe er den gegenleistungslosen Weg und damit den abgabenrechtlichen Weg beschritten. *Arndt* weist ferner darauf hin, daß sowohl in der Rechtsprechung als auch in der Literatur die Frage, ob eine staatliche Preisbindung in öffentlich-rechtliches Abgabenrecht im "Mantel staatlicher Preisbindung" umschlagen kann, bisher nicht diskutiert wurde[648]. Er bejaht dies deswegen, weil die Belastung der die Mindestvergütung zahlenden Unternehmen bei der Ausge-

---

642 BGH, NJW 1997, S. 574 (580).
643 BGH, NJW 1997, S. 574 (580)
644 BGH, NJW 1997, S.1957 ff.
645 BGHZ 134, 1 = NJW 1997, S. 574 ff.
646 BGH, NJW 1997, S.1957 (1958).
647 Arndt, RdE 1995, S. 41 (48).
648 Arndt, RdE 1995, S. 41 (42).

staltung als Preisregelung oder Sonderabgabe völlig gleich sei und der Gesetzgeber selbst von einer Subventionierung ausgehe. Daher müsse das Stromeinspeisungsgesetz den finanzverfassungsrechtlichen Grundsätzen der Sonderabgabe entsprechen[649].

Diese finanzverfassungsrechtlichen Grundsätze der Sonderabgabe seien aber nicht erfüllt. Der Umweltschutz und die Ressourcenschonung sei allgemeine Staatsaufgabe. Für eine solche dürfe aber das Aufkommen einer Sonderabgabe nicht verwandt werden. Auch das zweite Kriterium, die von der Allgemeinheit abgrenzbare homogene Gruppe mit einer gemeinsamen Interessenlage, sei nicht erfüllt. Nicht nur die Energieversorgungsunternehmen hätten ein Interesse am Umweltschutz, sondern die Allgemeinheit. Die Nachfrage nach Energie entstünde durch die Allgemeinheit. Die Energieversorgungsunternehmen erfüllten die Aufgabe eines Versorgers. Die Verantwortung für die Nachfrage könne nicht die Energieversorgungsunternehmen treffen[650].

Auch die vom *BVerfG* geforderte Gruppenverantwortung bzw. die besondere Sachnähe sei nicht ersichtlich. Diese Frage ließe sich nicht eindeutig beantworten. Aber es liege im Interesse der Allgemeinheit und der nachfolgenden Generationen, daß soweit wie möglich regenerative Energien verbraucht werden sollten. Werde auf die Stromverbraucher abgestellt, sei daher eine Prüfung wegen einer nicht abgrenzbaren Gruppe unmöglich[651].
Die Frage der Gruppennützigkeit ließe sich eindeutig verneinen, da die Allgemeinheit vom Klimaschutz profitiert, während die Energieversorger zahlten[652].

Friauf sieht im Stromeinspeisungsgesetz ein Mittel einer unzulässigen Zwangssubventionierung zu Lasten privater Unternehmen. Nach seiner Meinung liegt ein Verstoß gegen finanzverfassungsrechtliche Grundsätze vor. Das Stromeinspeisungsgesetz liege materiell auf der gleichen Linie wie der Kohlepfennig. In beiden Fällen würde eine bestimmte Energiegewinnungsart aus öffentlichem Interesse gefördert[653]. Der Kern der Frage sei, ob der Gesetzgeber durch die Wahl einer bestimmten Rechtsform die materiell-verfassungsrechtlichen Schranken unterlaufen könne[654]. Es gehe nicht darum, ob die Finanzverfassung auf Sonderabgaben angewandt werden könne, sondern es gehe um die materielle Wertungslage. Auf die formale Wertungslage könne es nicht ankommen, da Sonderabgaben kein Instrument der Finanzverfassung seien, sondern auf einer außerhalb liegenden Sachgesetzgebungskompetenz beruhten. Der materielle Verstoß liege darin, daß die Förderung der Stromeinspeiser von regenerativen

---

[649] Arndt, RdE 1995, S. 41 (43).
[650] Arndt, RdE 1995, S. 41 (45).
[651] Arndt, RdE 1995, S. 41 (46).
[652] Arndt, RdE 1995, S. 41 (46).
[653] Friauf, ET 1995, S. 597 (598).
[654] Friauf, ET 1995, S. 597 (599).

Energien als "öffentliche Aufgabe" aus dem allgemeinen Haushalt finanziert werden müsse und nicht von einer einzelnen Gruppe[655].

Auch liege ein Verstoß gegen Artikel 12 Abs. 1 GG vor, weil die gesetzliche Regelung weder erforderlich noch den Belasteten zuzumuten sei. Berufsausübungsregelungen mit denen eine bestimmte Finanzierung von öffentlichen Aufgaben vom Staatshaushalt auf einzelne Gruppen von Wirtschaftsunternehmen verlagert würden, seien kein legitimes Mittel[656].

Hucko sieht in dem Stromeinspeisungsgesetz die Regelung einer Privatrechtsbeziehung und nicht die Erhebung einer Sonderabgabe, die von der öffentlichen Hand "in einem Topf" gesammelt werde. Dieser Sachverhalt könne nicht mit der Erhebung einer Sonderabgabe gleichgesetzt werden[657]. Der Einstieg in eine finanzverfassungsrechtliche Prüfung sei verwehrt, weil es nicht "um staatliche Töpfe außerhalb des Budgets" gehe. Mit grundrechtlichen Fragen setzt er sich nicht auseinander[658].

Auch *Ossenbühl* sieht in der Mindestvergütungsregelung des § 3 StrEG eine Berufsausübungsregel, die in den Schutzbereich des Artikel 12 Abs. 1 GG eingreift. Der Eingriff erfolge in die Vertrags- und Preisfreiheit, die vom Schutzbereich des Artikel 12 Abs. 1 GG umfaßt würden. Eine Rechtfertigung sei dann gegeben, wenn vor allem kein Verstoß gegen das Übermaßverbot, die Verhältnismäßigkeitsprüfung vorliege. Diese bestünde mithin aus drei Elementen, Eignung, Erforderlichkeit und Proportionalität. Bei "kostenverursachenden Berufsausübungsregelungen" habe eine Erweiterung um zwei Punkte stattzufinden, nämlich die Frage, ob das Ziel des Gesetzgebers legitim sei und eine Doppellegitimation der Doppelbelastung, sog. "Abgabenpflicht plus Kostentragung", gegeben sei. Die letzten beiden Punkte sieht *Ossenbühl* als erfüllt an[659]. Die Vergütungsregelung müsse sich aber als Gegenstand eines "staatlichen Subventionsprogramms" mit dem Grundsatz der Belastungsgleichheit aller Bürger für die Finanzierung von Gemeinlasten vereinbaren lassen. Deshalb habe sich die Vergütungsregelung an den Kriterien der Sonderabgaben messen zu lassen. Vor allem an dem Kriterium der Gruppenverantwortlichkeit und Gruppennützigkeit. Diesen beiden Kriterien werde die Mindestvergütungsregelung aber nicht gerecht. Das Ziel des Gesetzgebers der Ressourcenschonung und der Klimaschutz sei "eine Gemeinschaftsaufgabe des Staates, keine spezifische Gruppenaufgabe".

---

655 Friauf, ET 1995, S. 597 (599).
656 Friauf, ET 1995, S. 597 (599).
657 Hucko, RdE 1995, S. 141.
658 Hucko, RdE 1955, S. 141 (142).
659 Ossenbühl, ET 1996, S. 94 (97).

Daher gäbe es auch keine spezifische Gruppenverantwortlichkeit. Daß die Gruppennützigkeit nicht gegeben sei, liege klar auf der Hand. Daher verstieße die Mindestvergütungsregelung des § 3 StrEG gegen Artikel 12 Abs. 1 GG[660].

Der Gesetzgeber habe bei allen eigentumsrelevanten Gesetzen den Artikel 3 Abs. 1 GG besonders zu beachten. Dieser sei bei Artikel 14 Abs. 1 GG neben dem Grundsatz der Verhältnismäßigkeit und dem Grundsatz des Vertrauensschutzes als Schranken-Schranke besonders zu berücksichtigen. Da die Energieversorgungsunternehmen gegenüber anderen Eigentümern ungleich belastet würden, liege ein Verstoß gegen diese Schranke vor. Daher verstieße die Vergütungsregelung des § 3 StrEG auch gegen Artikel 14 Abs. 1 GG[661].

Auch gegen Artikel 3 Abs. 1 GG liege ein Verstoß vor, weil die Vergütungsregelung die regionalen Unterschiede der Energieversorgungsunternehmen nicht berücksichtige[662].

Pohlmann sieht das Stromeinspeisungsgesetz als verfassungswidrig an, weil die Vergütungsregelung des § 3 StrEG nicht mit den finanzverfassungsrechtlichen Grundsätzen der Sonderabgabe vereinbar sei[663].

Er beantwortet die Frage, ob die finanzverfassungsrechtliche Sonderabgabenproblematik aus einer formellen oder materiellen Sicht zu entscheiden ist, zugunsten einer materiellen Sichtweise, weil es nicht auf die formale Bezeichnung, sondern auf den materiellen Gehalt der Regelung ankomme[664]. Die Regelung des Stromeinspeisungsgesetzes verletzte das Budgetrecht des Parlaments. Dadurch würden die bundesstaatlichen Regelungen des Finanzausgleichs und der Grundsatz der Belastungsgleichheit nicht beachtet. Ein Wahlrecht, daß dem Gesetzgeber die Möglichkeit gäbe, einen Weg einzuschlagen, der diese Grundsätze umgehe, sei von der Ordnungsfunktion der bundesstaatlichen Verfassung nicht gedeckt[665]. Die Feststellung, daß der Ressourcen- und Klimaschutz eine Aufgabe der Allgemeinheit und nicht der Energieversorgungsunternehmen sei, erfordere daher die Zahlung von Mitteln zur Erreichung dieses Zieles aus dem allgemeinen Haushalt. Dies führe aber nicht zu dem Grundsatz, daß "Aufgaben, deren Erfüllung im allgemeinen Interesse liege, stets aus dem Haushalt finanziert werden" müßten, sondern dies eröffnet lediglich die Prüfung als Sonderabgabe. Die Elektrizitätsversorger seien eine homogene Gruppe, die sich von der Allgemeinheit abgrenzen ließe. Deren gemeinsame Interessenlage werde durch die Verbindung zur VDEW deutlich. Die Elektrizitätsversorger seien auch die vom

660 Ossenbühl, ET 1996, S. 94 (99).
661 Ossenbühl, ET 1996, S. 94 (99).
662 Ossenbühl, ET 1996, S. 94 (100).
663 Pohlmann, NJW 1997, S. 545 (549).
664 Pohlmann, NJW 1997, S. 545 (547).
665 Pohlmann, NJW 1997, S. 545 (546).

Stromeinspeisungsgesetz Belasteten. Allerdings fehle es an der Gruppennützigkeit, da die finanziellen Mittel nicht an die Energieversorger, sondern an die Stromproduzenten von regenerativer Energie flössen[666].

Einen Verstoß gegen Artikel 3 Abs. 1 GG sieht Pohlmann nicht, weil die unterschiedlichen Auswirkungen durch die verschiedenen Versorgungsgebiete durch die Härteklausel des § 4 StrEG ausgeglichen werden. Diese Regelung verstieße nicht gegen das Bestimmtheitsgebot, weil die Richter zur Ausfüllung von unbestimmten Rechtsbegriffen berufen seien. Es reiche aus, wenn der Adressat für den Regelfall die Anwendbarkeit der gesetzlichen Regelung voraussehen könne und für Grenzfälle wenigstens die Möglichkeit erkennbar sei[667].

Nach der Auffassung von *Sali* ist die Härteklausel des § 4 StrEG mit dem Rechtsstaatsprinzip nicht in Einklang zu bringen. Er sieht die Härteklausel als einen "Schuldnerwechsel kraft Gesetzes" an. Es handele sich um eine private Schuldübernahme, weil das übernehmende Energieversorgungsunternehmen lediglich zur Abnahme und zur Zahlung von Vergütung verpflichtet sei[668]. Das Rechtsstaatsprinzip, welches aus Artikel 20 Abs. 3 GG folge, verlange, daß grundrechtsrelevante Vorschriften in ihren Voraussetzungen und Inhalten klar formuliert seien. Dies sei erforderlich, um dem Betroffenen die Rechtslage deutlich zu machen[669]. Allerdings korrespondiere der Grad des Bestimmtheitserfordernisses mit der Intensität des staatlichen Eingriffs. Den grundrechtsrelevanten Eingriff sieht er hier in der Einschränkung der Vertragsfreiheit, die auch vom Schutzbereich des Artikel 12 GG umfaßt wird. Die Tatbestandsmerkmale "unbillige Härte", "spürbar" und "anheben müßte", sieht er als "weiche" Kriterien an, weil sich die Ausfüllung dieser Begriffe lediglich erahnen ließe. Diese seien aber nicht nach außen ohne weiteres festzustellen. Wegen dieser fast ausgeschlossenen Bestimmbarkeit von Menge und Preis, verstieße die Regelung des § 4 StrEG gegen das Rechtsstaatsprinzip des Artikel 20 GG[670].

Scholz sieht im Stromeinspeisungsgesetz ein Mittel verfassungsmäßiger Wirtschaftslenkung und Umweltpolitik. Das Stromeinspeisungsgesetz und der Kohlepfennig unterschieden sich im Sachverhalte, der nichts miteinander gemein habe. Dies liege daran, weil beim Stromeinspeisungsgesetz keine Abgabe erhoben werde, die in einen Sonderfond der öffentlichen Hand fließe.

---

[666] Pohlmann, NJW 1997, S. 545 (549).
[667] Pohlmann, NJW 1997, S. 545 (551).
[668] Sali, ET 1996, S. 171 (173).
[669] Sali, ET 1996, S. 171 (175); ständige Rechtsprechung des BVerfG, BVerfGE 21, 73 (79).
[670] Sali, ET 1996, S. 171 (175)

Es handele sich vielmehr um eine Abnahmepflicht, die mit einer "annexen Preisregelung" verbunden sei[671]. Deswegen schieden finanzverfassungsrechtliche Maßstäbe bei der Überprüfung der Verfassungsmäßigkeit aus[672].

Auch eventuelle Verstöße gegen Artikel 12 oder Artikel 14 GG, "soweit ersichtlich aber bisher nicht behauptet", sieht er als gerechtfertigt an. Zwar könne eine Vergütungsregelung in die Schutzbereiche der Freiheit der Berufsausübung oder in den Schutz des Eigentums eingreifen, aber diese seien wegen der vernünftigen, insbesondere umweltpolitischen Gemeinwohlerwägungen hinreichend verfassungsrechtlich gerechtfertigt[673].

Das Stromeinspeisungsgesetz ist nach *Studenroth* eine preisrechtliche Regelung und verfassungsrechtlich nicht zu beanstanden[674]. Zur Begründung führt er aus, daß im Gegensatz zum Kohlepfennig die Betrachtung, daß der Endverbraucher die Mehraufwendungen zahle unberücksichtigt bleiben müsse. Dies liege daran, weil es zum einen nicht zwingend sei, daß tatsächlich Mehraufwendungen auf den Verbraucher zukämen, als auch deswegen, weil staatliche Handlungen in gewissen Maßen immer zu Preiserhöhungen führten[675]. Eine Abgabe liege deswegen nicht vor, weil weder an Bund, Land noch Gemeinde gezahlt werde, sondern direkt an ein Elektrizitätsunternehmen[676]. Die Eingriffe in Artikel 12 GG, Artikel 14 GG, Artikel 3 GG und Artikel 2 GG seien durch das wichtige Gemeingut Umweltschutz und Ressourcenschonung gerechtfertigt, weil die Preisregelung ein geeignetes Mittel sei.

Eine Subventionierung sei kein milderes Mittel, weil die Wahl des Gesetzgebers, welchen Weg er einschlüge kein Problem der Erforderlichkeit sei.[677] Die Regelung sei deswegen zumutbar, weil aus dem Stromeinspeisungsgesetz keine nennenswerte Belastung der Energieversorgungsunternehmen entstünde und diese den Aufwand auch weitergeben können[678].

Die Regelung sei auch nicht sachfremd, weil dem Gesetzgeber zur Erreichung eines Ziels ein weiter Gestaltungsspielraum bliebe. Zwar liege der Umweltschutz auch im Interesse der Allgemeinheit, aber erst die Elektrizitätsnachfrage und die entsprechende Stromerzeugung bereiteten eben jene Umweltprobleme, die durch das Stromeinspeisungsgesetz langfristig vermieden oder abgeschwächt werden sollten. Demzufolge erschiene es zumindest gerechtfertigt, als Finanzie-

---

[671] Scholz, ET 1995, S. 600.
[672] Scholz, ET 1995, S. 600 (601).
[673] Scholz, ET 1995, S. 600 (602).
[674] Studenroth, DVBl. 1995, S. 1216 (1223).
[675] Studenroth, DVBl. 1995, S. 1216 (1218).
[676] Studenroth, DVBl. 1995, S. 1216 (1219).
[677] Studenroth, DVBl. 1995, S. 1216 (1221).
[678] Studenroth, DVBl. 1995, S. 1216 (1222).

rungsinstrument nicht die Gemeinlast der Steuer einzusetzen. Ferner folge die Zulässigkeit der Preisregelung aus der Monopolstruktur der Elektrizitätsversorgung und der damit verbundenen Probleme für neuartige Technologien[679].

Nach der Meinung von *Theobald* ist die Vergütungsregelung des § 3 StrEG in "in jedem Fall verfassungsgemäß, sei es in der Form der Preisregelung, sei es als Sonderabgabe. Er favorisiert aber die Form der Preisregelung[680]. Zur Begründung führt er an, daß das StrEG keinen Abgabentatbestand im Sinne der AO festgelegt habe, so daß keine Abgabe vorliege. Eine Sonderabgabe sei auch nicht gegeben, da im Gegensatz zur Kohlepfennigentscheidung, Zahlungsrichtung und endgültiger Träger der Belastung unterschiedlich geregelt seien[681].

Aber auch die Prüfung der Voraussetzungen, die das *BVerfG* an eine Sonderabgabe stellt, führe nicht zu einer Verfassungswidrigkeit. Die Energieversorgungsunternehmen seien eine abgrenzbare homogene Gruppe. Die Gruppenverantwortung folge aus den Regelungen der Bundestarifordnung Elektrizität. So sei in § 1 BTO Elt und § 11 Abs. 1 Nr. 3 BTO Elt die Koppelung der Strompreise an eine ressourcenschonende und gering umweltbelastende Elektrizitätsversorgung geregelt. Daß die Energieversorger mit den Stromverbrauchern in einem Boot säßen, ändere nichts an der besonderen Verantwortung der Energieversorger. Auch die Gruppennützigkeit des Aufkommens sei gewährleistet, wenn die Realisierung maximaler betriebswirtschaftlicher Gewinne nicht als Interesse der Gruppe der Energieversorger angesehen werde. Er folgert aus der besonderen Verantwortung der Energieversorger für die Umwelt, ein gleichgerichtetes Interesse mit den regenerativen Stromerzeugern[682].

Die Rechtfertigung als Preisregelung sieht er in der "Minimierung von Ressourcen-Input und Schadstoff-Output", weil dies ein überragend wichtiges Gemeinschaftsgut sei, wie die Staatszielbestimmung nach Artikel 20a GG fordere[683].

Etwaige Grundrechtseingriffe in Artikel 12 GG und Artikel 14 GG seien gerechtfertigt. Zweifel an der Erforderlichkeit seien aufgrund des Gestaltungsspielraums des Gesetzgebers unbegründet. Die direkte Subventionierung sei kein milderes Mittel, weil dann eine Behörde nötig sei und entsprechender Verwaltungsaufwand entstünde[684]. Das Übermaßverbot sei auch beachtet, weil dem Gesetzgeber auch Maßnahmen zur Verfügung stünden, die wesentlich einschneidender seien, wie z. B. Mindestabnahmepflichten. Außerdem würden unter-

---

679 Studenroth, DVBl. 1995, S. 1216 (1222).
680 Theobald, NJW 1997, S. 550 (554).
681 Theobald, NJW 1997, S. 550 (552).
682 Theobald, NJW 1997, S. 550 (553).
683 Theobald, NJW 1997, S. 550 (553).
684 Theobald, NJW 1997, S. 550 (553).

schiedliche Auswirkungen durch die Härteklausel des § 4 StrEG ausgeglichen[685].

Treffer[686] sieht die Vergütungsregelung des § 3 StrEG weder unter dem Gesichtspunkt der Gruppenverantwortung noch unter der Gruppennützigkeit als gerechtfertigt an. Im Ergebnis folgt er der Meinung von *Ossenbühl*[687].

c) Eigene Stellungnahme

Die verfassungsmäßigen Bedenken betreffen zwei unterschiedliche Sachgebiete. Zum einen die finanzverfassungsrechtlichen Aspekte, ob die Mindestvergütung als Sonderabgabe anzusehen ist und zum anderen die Frage der Grundrechtsverletzungen. Ausgehend von dieser Unterscheidung soll zunächst zu den finanzverfassungsrechtlichen Aspekten Stellung bezogen werden.

aa) Mindestvergütungsregelung, eine öffentliche Abgabe im Rahmen der Finanzverfassung

Ob sich die Mindestvergütungsregelung an den finanzverfassungsrechtlichen Grundsätzen der Sonderabgabe messen lassen muß, wird kontrovers diskutiert.

(1) Formelle oder materielle Kriterien

Dabei ist zunächst die Entscheidung zu treffen, nach welchen Kriterien die Beurteilung der Mindestvergütung als Sonderabgabe zu erfolgen hat. Denkbar sind formelle oder materielle Kriterien. Es stehen sich zwei Meinungen gegenüber.

Zum einen wird vertreten, daß die Mindestvergütung als Preisregelung definiert ist und daher aus formellen Gründen die finanzverfassungsrechtliche Prüfung als Sonderabgabe nicht in Betracht komme[688]. Zum anderen wird die finanzverfassungsrechtliche Prüfung als Sonderabgabe bejaht, weil eine materielle Gleichwertigkeit zwischen der Mindestvergütung und einer Sonderabgabe vorliege[689].

---

685 Theobald, NJW 1997, S. 550 (554).
686 Treffer, UPR 1996, S. 128 (131).
687 Insoweit sei auf Seite 165 verwiesen.
688 Scholz, Windenergie aktuell 1995, S. 15ff.; Hucko, RdE 1995, S. 141 f.; LG Karlsruhe, NJW 1997, S. 590 ff.; Theobald, NJW 1997, S. 550 ff.; OLG Stuttgart, NJW 1997, S. 595 (596) nimmt eine Preisfestsetzung ohne abgabenrechtlichen Charakter an, allerdings ohne jedwede Begründung.
689 BGH, NJW 1997, S. 574 ff.; Pohlmann, NJW 1997, S. 545 ff.; Arndt, RdE 1995, S. 41 ff.; Zinow, EW 1995, S. 1085 ff.; LG Karlsruhe, RdE 1996, S. 75 ff.; Friauf, ET 1995, S. 597 ff.; AG Plön, NJW 1997, S. 591 ff.; Forsthoff, BB 1965, S. 381.

Die Antwort auf diese Frage und damit die Entscheidung des Meinungsstreits kann nur aufgrund "der Funktion der finanzverfassungsrechtlichen Begrenzung staatlicher Einnahmen auf Steuern" beantwortet werden. Von besonderer Bedeutung hierbei ist die Sicherung des Budgetrechts durch das Parlaments und den daran anschließenden Finanzausgleichsregelungen sowie der Belastungsgleichheit. Die Berücksichtigung dieser Kriterien vermag eine formelle Sichtweise nicht zu leisten[690]. Eine solche führt vielmehr dazu, daß der Gesetzgeber nur durch die formelle Gestaltung sich der Budgetkontrolle des Parlaments als auch der Problematik der Belastungsgleichheit entziehen kann[691]. Der Gesetzgeber würde über ein Wahlrecht verfügen, welches ihm von der Finanzverfassung der Bundesrepublik Deutschland nicht zugestanden wird[692]. Er könnte dann durch die Subventionierung Privater von Privaten die Finanzverfassung unterlaufen.

Die Funktion der Finanzverfassung wird sowohl in den Fällen einer Sonderabgabe als auch in dem hier zu begutachtenden Fall einer Mindestvergütungsregelung tangiert. Es spielt keine Rolle ob der Staat die Geldleistungspflicht aufgrund einer Abgabe oder aber aufgrund einer gesetzlich erzwungenen privatrechtlichen Geldleistungspflicht stützt[693]. Sowohl für die Energieversorger als auch für die Verbraucher, falls die Mindestvergütung weitergeben wird, ist es unerheblich, ob die Geldmittel an einen Sonderfond oder an die regenerativen Stromerzeuger direkt gezahlt werden.

Hiergegen wird von *Hucko*, *Scholz*, *Studenroth*, *Theobald*, dem *BGH* und dem *LG Karlsruhe*, die einen formalen Ansatz verfolgen, eingewandt, daß der Gesetzgeber gerade nicht den Weg des Sonderfonds gegangen sei[694]. Es liege auch kein gesetzlicher Formenmißbrauch vor[695]. Der *BGH* meint weiter, der Staat erhielte weder mittelbar noch unmittelbar Einnahmen und der öffentliche Haushalt erführe auch keine Entlastung.

---

690 Pohlmann, NJW 1997, S. 545 (546).

691 Gerade diese erachtet das BVerfG aber auch Sonderabgaben als problematisch, vgl. BVerfG, NJW 1995, S. 381.

692 BVerfGE 55, 274 (300ff.) = NJW 1981, S. 329; das LG Karlsruhe, NJW 1997, S. 590 (591) äußert ebenfalls materielle Bedenken, folgt aber dann der formellen Sichtweise; Pohlmann, NJW 1997, S. 545 (546).

693 Pohlmann, NJW 1997, S. 545 (546).

694 BGH, NJW 1997, S. 574 (580); Hucko, RdE 1995, S. 141 ff.; Scholz, RdE 1996, S. 600; Studenroth, SVBl. 1995, S. 1216 ff.; Theobald, NJW 1997, S. 550 (552); LG Karlsruhe, NJW 1997, S. 590.

695 BGH, NJW 1997, S. 574 (580); Theobald, NJW 1997, S. 550 (552) der dem BGH ohne Begründung folgt.

Auch gäbe es keinen finanzverfassungsrechtlichen Grundsatz, der besage, daß die Finanzierung von Aufgaben die im öffentlichen Interesse liegen, stets aus einem öffentlichen Haushalt zu erfolgen habe[696]. Das *LG Karlsruhe* sieht gar überhaupt keinen Verstoß gegen einen haushaltsflüchtigen Ertrag der das Budgetrecht des Parlaments und den Grundsatz der Vollständigkeit des Haushaltsplans berührt, weil es eine preisrechtliche Lösung sei[697]. *Studenroth* stellt lediglich auf den Geldleistungsempfänger ab. Da dies die Elektrizitätsunternehmen seien, liege keine Abgabe vor. Eine Abgabe müsse an Bund, Länder oder Gemeinden gezahlt werden[698].

Gegen die Begründung des *LG Karlsruhe* ist einzuwenden, daß ein System sich nicht aus sich selber begründen kann. Es hätte die Frage problematisiert werden müssen, ob eben doch ein Verstoß gegen das Budgetrecht des Parlaments und den Grundsatz der Vollständigkeit des Haushaltsplanes vorliegt.

Auch ein Blick auf die Rechtsprechung des *BVerfG* läßt die Sichtweise von *Hucko*, *Scholz*, *Studenroth*, *Theobald*, dem *BGH* und dem *LG Karlsruhe* als nicht vorzugswürdig erscheinen. Nach dem *BVerfG* geht die Finanzverfassung des Grundgesetzes davon aus, daß Gemeinlasten aus Steuern finanziert werden[699]. Selbst unter Berufung auf eine Sachkompetenz versagt diese dem Gesetzgeber, zur Finanzierung allgemeiner Staatsaufgaben den dafür benötigten Finanzbedarf aus einer Sonderabgabe zu erzielen[700].

Als Einnahmen sind die Steuern ausnahmslos in den Haushaltsplan einzustellen nach Artikel 110 I GG.

"Der Verfassungsgrundsatz der Vollständigkeit des Haushaltsplans hat seinen Sinn nicht nur in dessen finanzwirtschaftlicher Funktion und in dem Umstand, daß das Haushaltsbewilligungsrecht eines der wesentlichen Instrumente der parlamentarischen Regierungskontrolle ist[701]. Es geht eben darum, daß das staatliche Finanzierungsvolumen der " Budgetplanung und -entscheidung" von Regierung und Parlament unterstellt wird.

Anders ist nicht zu gewährleisten, daß das Parlament in regelmäßigen Abständen den vollen Überblick über das dem Staat verfügbare Finanzvolumen und damit auch über die dem Bürger auferlegte Abgabenlast erhält. Andernfalls laufen die vorgesehenen Planungs-, Kontroll- und Rechenschaftsverfahren für Aus-

---

[696] BGH, NJW 1997, S. 574 (580).
[697] LG Karlsruhe, NJW 1997, S. 590.
[698] Studenroth, DVBl. 1995, S. 1216 (1219).
[699] BVerfG, NVwZ 1991, S. 53 (54); BVerfGE 67, 256 (278) = NJW 1985, S. 37; BVerfGE 78, 249 (266 f.) = NJW 1988, S. 2529.
[700] BVerfG, NVwZ 1991, S. 53 (54); BVerfGE 75, 108 (147) = NJW 1987, S. 3115.
[701] BVerfGE 55, 274 (303) = NJW 1981, S. 329.

gaben und Einnahmen leer. Diesen Grundsatz der Vollständigkeit des Haushaltsplanes verletzt der Gesetzgeber immer dann, wenn er Einnahme- und Ausgabekreisläufe außerhalb des Budgets organisiert[702]. Neben diesen eher formalen Aspekten hat der Verfassungsgrundsatz der Haushaltsvollständigkeit aber auch noch eine materielle Wirkung. Dieser Grundsatz sorgt nämlich für den fundamentalen Grundsatz der Gleichheit der Bürger bei der Auferlegung öffentlicher Lasten[703].

Die pauschale Behauptung, es liege kein Formenmißbrauch vor, ohne weitere Begründung kann ebenfalls nicht überzeugen. Zwar läßt sich ein Formenmißbrauch nicht durch objektive Umstände belegen. Insbesondere ist in den Materialien zum Stromeinspeisungsgesetz kein Hinweis zu finden. Aber dann muß die Frage des Formenmißbrauches anhand der Wirkungsweisen und Auswirkungen der in Rede stehenden Regelung geklärt werden. Diese sind deutlich sichtbar. Bei der hier zu beurteilenden Form wird das Budgetrecht des Parlamentes umgangen. Auch der Grundsatz der parlamentarisch kontrollierten Belastungsgleichheit wird außer Kraft gesetzt, gleichwohl sich eine Berührung und die damit verbundenen Bedenken geradezu aufdrängen mußten. Gleich ob eine Abgabe direkt an den Staat oder aber staatlich angeordnet an privatrechtlich Begünstigte gezahlt wird, die Frage der Belastungsgleichheit kann aus allgemeinen Gerechtigkeitserwägungen nicht vollständig ausgeblendet werden. Ebenso können die finanzverfassungsrechtlichen Grundsätze aus Sicht des Gesetzgebers nicht einfach außer Betracht bleiben. Der Gesetzgeber hat auch einen Einnahmen- und Ausgabenkreislauf außerhalb des Haushalts organisiert. Hierbei kommt es nicht darauf an, daß kein Sonderfond oder keine Behörde die mit der Verwaltung des Aufkommens betraut ist vorliegt. Der Gesetzgeber hat die Förderung von wirtschaftlicher Betätigung, unter Berufung auf den Klima- und Umweltschutz, vorgenommen, ohne die engen Fesseln der Finanzverfassung.

Alles in allem ein bequemer Weg, der es dem Gesetzgeber erlaubt, schrankenlos belastende Regelungen zu kreieren. Wählt der Gesetzgeber aber bewußt diesen bequemen Weg, so muß sich die Regelung an den materiellen Vorgaben für eine Sonderabgabe messen lassen. Eine rein formale Betrachtung geht in diesem Falle fehl. Der Schluß des *BGH*, daß der öffentliche Haushalt durch die Mindestvergütung nicht entlastet werde, ist ein Trugschluß. Hätte der Gesetzgeber die Form der direkten Subventionierung gewählt, so hätte er die Finanzierung durch den öffentlichen Haushalt sicherstellen müssen. Eine Belastung wäre auf den öffentlichen Haushalt zugekommen. Diese fällt nun durch den privatrechtlichen Weg fort. Also wird der öffentliche Haushalt entlastet.

---

[702] BVerfG, NVwZ 1991, S. 53 (54).
[703] BVerfGE 55, 274 (303) = NJW 1981, S. 329.

Hierdurch wird deutlich, daß die "kompetenz- und freiheitssichernde Funktion der verfassungsrechtlichen" Finanzverfassung nur mit einer Bewertung anhand von materiellen Kriterien sicherzustellen ist[704].

(2) Mindestvergütungsregelung als Sonderabgabe

Eine Sonderabgabe liegt vor, wenn die in Frage stehende Abgabe eine auf die Sachkompetenz gestützte, gegenleistungsfrei erhobene, nicht den allgemeinen Finanzbedarf deckende und nicht die Allgemeinheit der Steuerzahler belastende, zweckgebundene, öffentlich-rechtliche Abgabe ist. Dagegen liegt eine Preisregelung vor, wenn der Staat aus versorgungstechnischen oder politischen Gründen durch die gesetzlich festgelegte Garantie von Mindestpreisen auf den Wettbewerb Einfluß nehmen will[705].

Für die Einordnung als eine Sonderabgabe spricht, daß es zentrales Anliegen des Gesetzgebers war, die Vergütung für alle Betreiber regenerativer Energiequellen festzusetzen und zwar in einer derart attraktiven Höhe, daß sich Investitionen in diesem Bereich lohnen würden[706]. Das nicht die Abnahmeverpflichtung des § 2 StrEG im Vordergrund steht ist daran zu erkennen, daß eine derartige Abnahmepflicht der Energieversorger bereits vor dem StrEG bestand[707].

Durch die Abnahmeverpflichtung erzwingt der Gesetzgeber einen Transfer von finanziellen Mitteln von den Energieversorgungsunternehmen zu den begünstigten Erzeugern von Strom aus erneuerbaren Energien, der sich in seiner Zwangswirkung von der hoheitlichen Auferlegung einer formal ausgestatteten öffentlichen Abgabe in keiner Weise unterscheidet[708]. Hierdurch verstärkt sich noch die bei Sonderabgaben als problematisch empfundene Haushaltsflüchtigkeit[709]. Die Gefährdung der Finanzverfassung, vor allem die Belastungsgerechtigkeit rechtfertigt die Anwendung der Voraussetzungen für Sonderabgaben[710].

---

704 Arndt, RdE 1995, S. 41 (43); Friauf, ET 1995, S. 597 (599); Pohlmann, NJW 1997, S. 545 (546); Theobald, NJW 1997, S. 550 (552) trifft keine Entscheidung darüber, ob formelle oder materielle Kriterien maßgebend sind, weil er die Voraussetzungen für eine Sonderabgabe nicht als erfüllt ansieht.

705 Vgl. Blanke / Peilert, RdE 1999, S. 96 (101), m. w. N; Pohlmann, NJW 1997, S. 545 (547).

706 BT-Drs. 11/7816, S. 4 (5).

707 AG Plön, NJW 1997, S. 591 (594).

708 Arndt, RdE 1995, S. 41 (43); Friauf, ET 1995, S. 597 (599); AG Plön, NJW 1997, S. 591 (594).

709 Pohlmann, NJW 1997, S. 545 (547); auch das BVerfG, NJW 1997, S. 573 (574) sieht die Haushaltsflüchtigkeit als problematisch an.

710 Arndt, RdE 1995, S. 41 (43); Friauf, ET 1995, S. 597 (599); Pohlmann, NJW 1997, S. 545 (548).

Die Verfassungsmäßigkeit als Sonderabgabe hängt von folgenden Kriterien ab: Es muß einer homogenen Gruppe eine Sonderbelastung auferlegt werden, die eine spezifische Sachnähe zur verfolgten Aufgabe aufweist und die Abgabe muß gruppennützig verwendet werden[711].

aa) Homogenität der Gruppe

Zentrales Tatbestandsmerkmal zur Beurteilung der Zulässigkeit des StrEG als Sonderabgabe ist die Gruppenhomogenität.

Gruppenhomogenität liegt dann vor, wenn der Gesetzgeber nur eine von ihm vorgefundene homogene Gruppe in Anspruch nehmen will und deren Interessenlage oder Gemeinsamkeit von der Allgemeinheit abgrenzbar ist[712].

Pohlmann sieht die gemeinsame Interessenlage dadurch gegeben, daß sich die Elektrizitätsversorgungsunternehmen in einer eigenen Organisation dem VDEW organisiert hätten, der Mitgliederinteressen vertrete[713].

Theobald sieht die etwa 1.000 Stromversorger als homogene Gruppe an, weil ihr Interesse der Stromerzeugung diene und alle Gewinne erzielen wollen[714].
Arndt und das *AG Plön* treten dem entgegen und meinen, daß die Stromerzeuger keine homogene Gruppe seien, weil die Interessenlage oder Gemeinsamkeit dieser Gruppe nicht von der Allgemeinheit abgrenzbar sei. Die Interessenlage müsse aber gerade im Hinblick auf das vom Gesetzgeber ausgedrückte Ziel bestehen. An dieser fehle es hier aber. Außerdem seien die Gebiete der Stromerzeuger unterschiedlich groß[715].

Die Auffassung von *Pohlmann* und *Theobald* ist abzulehnen, weil sie darunter leiden, daß sie das Homogenitätskriterium aufgrund irgendeiner Übereinstimmung bejahen. Erforderlich ist aber die Übereinstimmung unter Betrachtung der beabsichtigten Regelung, wie *Arndt* und das *AG Plön* sie vornehmen. Wird auf die Verknüpfung mit der beabsichtigten Regelung verzichtet, läßt sich immer ein übereinstimmendes Kriterium finden um die Homogenität zu bejahen. Dadurch wird das Merkmal der Homogenität konturenlos.

---

[711] BVerfGE 55, 274 (305 ff.) = NJW 1981, S. 329; BVerfGE 82, 159 (182) = NVwZ 1990, S. 53 = NJW 1991, S. 830; Arndt, RdE 1995, S. 41 (43); Friauf, ET 1995, S. 597 (599); Pohlmann, NJW 1997, S. 545 (548).
[712] BVerfG E 82, 159, 180.
[713] Pohlmann, NJW 1997, S: 545 (548).
[714] Theobald, NJW 1997, S. 550 (553).
[715] Arndt, RdE 1995, S. 41 (43); AG Plön, NJW 1997, S. 591 (594).

bb) Besondere Sachnähe

Ferner muß die mit der Abgabe belastete Gruppe mit dem der Abgabenerhebung verfolgten Zweck evident näherstehen als jede andere Gruppe oder die Allgemeinheit der Steuerzahler[716].

Nach *Pohlmann* folgt die besondere Sachnähe aus der "einzigartigen physikalisch und rechtlich begründeten Monopolstellung der Energieversorger[717].

Die Sachnähe zu dem Zweck des Gesetzes wird nach *Theobald* durch die Regelungen der Bundestarifordnung Elektrizität deutlich, da hier die Strompreise an ressourcenschonende und gering umweltbelastende Elektrizitätsversorgung gekoppelt war. Auch die Tatsache, daß die Energiekonsumenten in dem gemeinsamen Boot der Ressourcenschonung säßen, ändere deswegen nichts an der Sachnähe der Energieversorger, weil die Konsumenten keinen Einfluß auf die Energieversorger und damit den Anfang der Stromkette hätten[718].

Arndt, Friauf, Ossenbühl, Treffer und das *AG Plön* sehen die mit der Abgabe belastete Gruppe dem beabsichtigten Zweck der Regelung nicht evident näher als die Allgemeinheit oder aber eine andere Gruppe, weil Umwelt- und Klimaschutz jeden angehe und nicht nur die Stromversorger[719].

Auch die Begründung der besonderen Sachnähe von *Pohlmann* und *Theobald* begegnet unter den heutigen Entwicklungen des Strommarktes erheblichen Bedenken. Zum einen hat die Öffnung des Strommarktes dazu geführt, daß die Energieversorgungsunternehmen zur Durchleitung von Strom verpflichtet worden sind, gemäß § 6 Abs. 1 EnWG[720]. Außerdem können die Endverbraucher nunmehr gleichwohl auf die Art des verbrauchten Stromes hinwirken, indem sie beispielsweise nur Strom aus Wasserkraft abnehmen. Es bieten sich aber auch mittlerweile Kombinationsmöglichkeiten von Atomstrom und Ökostrom an[721]. Daher ist der Begründung der besonderen Sachnähe mit der Monopolstellung der Energieversorger das Fundament entzogen. Ebenso ist die These, daß der Endverbraucher nicht auf die Stromversorger einwirken kann in der Form nicht mehr zu halten.

---

[716] BVerfG E 91, 186, 206.

[717] Pohlmann, NJW 1997, S: 545 (548).

[718] Theobald, NJW 1997, S. 550 (553).

[719] Arndt, RdE 1995, S. 41 (43); Friauf, ET 1995, S. 597 (599); Ossenbühl, ET 1996, S. 94 (100); Treffer, UPR 1996, S. 128 (131); AG Plön, NJW 1997, S. 591 (594).

[720] Gesetz über die Elektrizitäts- und Gasversorgung (Energiewirtschaftsgesetz - EnwG) vom 24. April 1998 (BGBl. I S. 730) geändert durch Art. 2 Abs. 8 Sechstes Gesetz zur Änderung des Gesetzes gegen Wettbewerbsbeschränkungen vom 26.8.1998 (BGBl. I S. 2521).

[721] Hier sei auf die Werbekampagne der Firma eon in den Monaten August bis November 2001 mit dem Strom "Mixpower" verwiesen.

Es mag zutreffen, daß die Energieversorgungsunternehmen, eine kleine Anzahl von Großbetrieben, unterschiedlich große Gebiete versorgen. Um die Betriebe als Gruppe im Sinne der Sonderabgabenrechtsprechung des Bundesverfassungsgerichts einordnen zu können, müßten alle Energieversorger gerade in Bezug auf das mit der Abgabenerhebung verfolgte gesetzgeberische Ziel dasselbe Interesse haben[722].

Gesetzgeberisches Ziel mit der Einführung des Stromeinspeisungsgesetzes war es, einen Beitrag zum Klimaschutz zu leisten. Dem Umwelt- und Klimaschutz stehen die Energieversorger nicht evident näher, sondern jeder Bürger ist aufgefordert, seinen Beitrag zum Umweltschutz über den Strompreis zu leisten.

Auch sind nicht nur alleine die Stromverbraucher, die bei Abwälzung die Last zu tragen haben, für den Klimaschutz verantwortlich.

Es handelt sich somit um eine Gemeinwohlaufgabe, wie durch die Staatszielbestimmung des Artikel 20a GG deutlich wird[723]. Dann ist diese Aufgabe aber auch durch Steuermittel zu finanzieren[724].
Nach der Rechtsprechung des *BVerfG* fällt die finanzierende Aufgabe nicht in die Sachverantwortung der belasteten Stromverbraucher, sondern vielmehr in die Verantwortlichkeit der staatlichen Allgemeinheit. Die bloße Nachfrage nach dem gleichen Wirtschaftsgut formt die Verbraucher nicht zu einer Gruppe, die eine Finanzierungsverantwortlichkeit für eine bestimmte Aufgabe träfe. Das Interesse an einer Stromversorgung ist heute so allgemein wie das Interesse am täglichen Brot. Die Befriedigung eines solchen Interesses ist eine Gemeinwohlaufgabe, das Finanzierungsinstrument die Gemeinlast der Steuer[725].

Die Energieversorger stellen somit keine homogene Gruppe im Sinne der Sonderabgabenrechtsprechung des Bundesverfassungsgerichts dar.

Pohlmann und *Theobald* sehen dagegen die Energieversorger als eine homogene Gruppe an[726].

---

[722] BVerfG E 91, 186, 206.
[723] Diese erkennen auch Theobald NJW 1997, S. 550 (553) und der BGH, NJW 1997, S: 574 (577) an.
[724] Arndt, RdE 1995, S. 41 (43); Friauf, ET 1995, S. 597 (599); Ossenbühl, ET 1996, S. 94 (100); Treffer, UPR 1996, S. 128 (131); AG Plön, NJW 1997, S. 591 (594).
[725] BVerfGE 91, 186, 206.
[726] Siehe oben Seite 170.

cc) Gruppennützigkeit

Gruppennützigkeit erfordert, daß die finanziellen Mittel überwiegend im Interesse der Gruppe verwendet werden. Nicht erforderlich ist, daß das Aufkommen der Sonderabgabe im Interesse jedes einzelnen Abgabenschuldners eingesetzt wird[727].

Arndt, Ossenbühl, Treffer und *Pohlmann* sehen dies als nicht gegeben an, weil die Mindestvergütung nicht an die Elektrizitätsversorgungsunternehmen direkt zurückflösse, sondern an die Erzeuger von regenerativer Energie [728].

Theobald sieht dagegen auch dieses Merkmal als erfüllt an. Er verweist darauf, daß das Interesse der Energieversorger mit dem Interesse der Erzeuger von regenerativen Energien übereinstimme, weil die Energieversorger eine besondere Verantwortung hätten. Dies solle aber nur gelten unter der Voraussetzung, daß die Realisierung maximaler betriebswirtschaftlicher Gewinne nicht als Interesse der Energieversorger angesehen werde[729].

Hier ist der Meinung von *Arndt, Ossenbühl, Treffer* und *Pohlmann* der Vorzug zu geben. Die Auffassung von *Theobald* scheitert schon daran, daß die Energieversorger als zum Teil börsennotierte Unternehmen natürlich die Gewinnmaximierung als Ziel haben.
Aus diesem Grunde ist es nicht vorstellbar, daß zwischen den Erzeugern von regenerativer Energie und den Energieversorgern eine gemeinsame Interessenlage besteht. Schließlich läßt sich mit der Auffassung von *Theobald* auch der Geldfluß nicht erklären, denn die Mindestvergütung fließt den Erzeugern von regenerativer Energie zu und nicht den Energieversorgern die sie bezahlen.

Festzuhalten bleibt, daß die Regelung über die Mindestvergütung nach § 3 Stromeinspeisungsgesetz nicht den verfassungsmäßigen Anforderungen einer Sonderabgabe entspricht und damit verfassungswidrig ist.

bb) Verletzung des Grundrechts der Berufsfreiheit - Artikel 12 Abs. 1 GG

Als möglicher Grundrechtsverstoß soll nun auf die Verletzung der Berufsfreiheit, die Artikel 12 Abs. 1 GG gewährleistet, eingegangen werden.

---

727 BVerfGE 55, 307 f.; 67, 276 f.; 82, 180 f.

728 Arndt, RdE 1995, S. 41 (43); Friauf, ET 1995, S. 597 (599); Ossenbühl, ET 1996, S. 94 (100); Treffer, UPR 1996, S. 128 (131); Pohlmann, NJW 1997, S. 545 (549).

729 Theobald, NJW 1997, S.550 (554).

(1) Schutzbereich des Art. 12 Abs. 1 GG

Der Schutzbereich des Art. 12 Abs. 1 GG umfaßt die Berufs- und Gewerbefreiheit. Diese schließt anerkanntermaßen auch die Preis- und Vertragsfreiheit ein[730].

Die §§ 2 und 3 StrEG greifen belastend in die gewerblich-berufliche Tätigkeit der Elektrizitätsversorgungsunternehmen ein, in dem sie den Netzbetreibern die Einspeiser als Vertragspartner aufdrängen und die maßgeblichen Vertragsbedingungen bzgl. der Vergütungsregelung diktieren[731]. Damit ist der Schutzbereich des Art. 12 Abs. 1 GG berührt.

(2) Eingriff in die Berufsausübungsregelung

Die durch das Stromeinspeisungsgesetz auferlegten Abnahme- und Vergütungspflichten greifen als Berufsausübungsregelungen in die Berufsfreiheit ein. Der Eingriff als solcher und die Qualifizierung als Berufsausübungsregelung ist nicht umstritten.[732]

In das Grundrecht der Berufsfreiheit darf nur eingegriffen werden, wenn eine verfassungsrechtliche Rechtfertigung vorliegt.

Das *BVerfG* stellt seit dem *„Apothekenurteil"* zur Beurteilung der Intensität des staatlichen Eingriffs auf die Drei-Stufentheorie ab[733]. Dabei wird unterschieden, ob es sich um einen Eingriff in eine Berufsausübungsregelung, eine subjektive Zulassungsvoraussetzung oder eine objektive Zulassungsschranke handelt[734].

Eine bloße Regelung der Berufsausübung liegt vor, wenn der Gesetzgeber lediglich Modalitäten der beruflichen Betätigung reglementiert, deren Vorhandensein die Identität des Berufes nicht in Frage stellen. Dagegen ist ein Eingriff in die

---

[730] Vgl. statt vieler Scholz in Maunz / Dürig, Art. 12 , Rdn. 130; dem folgend Friauf, ET 1995, S. 597 (599); Ossenbühl, ET 1996, S. 94 (100); Treffer, UPR 1996, S. 128 (130); LG Karlsruhe, NJW 1997, S. 590; AG Plön, NJW 1997, S. 591 (592).

[731] Friauf, ET 1995, S. 597 (599); Ossenbühl, ET 1996, S. 94 (100); Treffer, UPR 1996, S. 128 (130); LG Karlsruhe, NJW 1997, S. 590; AG Plön, NJW 1997, S. 591 (592); Blanke / Peilert, RdE 1999, S. 96 (99).

[732] Friauf, ET 1995, S. 597 (599); Ossenbühl, ET 1996, S. 94 (100); Treffer, UPR 1996, S. 128 (130); BGH, NJW 1997, S. 574 (577); OLG Stuttgart, NJW 1997, S. 595 (596); LG Karlsruhe, NJW 1997, S. 590; AG Plön, NJW 1997, S. 591 (592); Theobald, NJW 1997, S. 550 (553) sieht etwaigen Eingriff in Artikel 12 Abs.1 GG ohne auf die Form als Berufsausübungsregelung einzugehen; anders nur Scholz, RdE 1995, S. 600 (602) der die tatbestandliche Berührung des Schutzbereiches von Artikel 12 GG "bezweifelt", ohne näher zu begründen.

[733] BVerfGE 7, 377 ff.; BVerfGE 13, 97 ff.

[734] BVerfGE 7, 377 ff.; BVerfGE 13, 97 ff.

freie Berufswahl gegeben, wenn die Regelung dergestalt auf die Substanz des betroffenen Berufs durchschlägt, daß es sich bei der unter Beachtung der Regelung noch möglichen Tätigkeit um einen anderen Beruf handelt als denjenigen, den der Grundrechtsträger nach seiner eigenen Entschließung ausüben möchte[735].

Da die Existenz und die Führung der Elektrizitätsversorgungsunternehmen nicht gefährdet werden, sind die §§ 2 und 3 StrEG folglich nach dieser Definition als Berufsausübungsregelung anzusehen[736].

(3) Verfassungsrechtliche Rechtfertigung

Bei der Überprüfung der verfassungsrechtlichen Rechtfertigung ist darauf abzustellen, ob vernünftige Erwägungen des Gemeinwohls die Regelung zweckmäßig erscheinen lassen[737]. Hinzu kommen muß jedoch auch stets eine Abwägung zwischen dem Gewicht der vom Gesetzgeber jeweils verfolgten Gemeinwohlbelange und der Schwere und Bedeutung des Eingriffs für die Betroffenen; denn der Grundsatz der Verhältnismäßigkeit, auf dem die Stufentheorie insgesamt beruht[738], findet auch bei der Abwägung innerhalb der Stufe der bloßen Berufsausübungsregelung Anwendung[739]. Dies bedeutet, daß der Eingriff in einem vernünftigen Verhältnis zu dem gegebenen Anlaß und mit dem ihm verfolgten Zweck stehen muß. Insbesondere darf er nicht übermäßig belasten. Greift die Regelung empfindlich in die Freiheit der Berufsausübung ein, kann der Eingriff nicht mehr mit jeder vernünftigen Erwägung des Gemeinwohls gerechtfertigt werden.

Er setzt vielmehr Interessen des Gemeinwohls voraus, die so schwer wiegen, daß sie den Vorrang vor der Berufsbehinderung der Betroffenen verdienen[740].

---

[735] Scholz in Maunz-Dürig, Art. 12, Rdn. 263 ff.

[736] Friauf, ET 1995, S. 597 (599); Ossenbühl, ET 1996, S. 94 (100); Treffer, UPR 1996, S. 128 (130); BGH, NJW 1997, S. 574 (577); OLG Stuttgart, NJW 1997, S. 595 (596); LG Karlsruhe, NJW 1997, S. 590; AG Plön, NJW 1997, S. 591 (592); Blanke / Peilert, RdE 1999, S. 96 (99).

[737] BVerfGE 7, 377, 405; BVerfGE 21, 227, 232; BVerfGE 26, 259, 264; BVerfGE 30, 336, 351

[738] BVerfG E 13, 97, 104-1; BVerfGE 30, 292, 31.

[739] BVerfGE 81, 156 (188) = NJW 1990, S. 1230; Friauf, ET 1995, S. 597 (599); Ossenbühl, ET 1996, S. 94 (98); Treffer, UPR 1996, S. 128 (130); BGH, NJW 1997, S. 574 (577); OLG Stuttgart, NJW 1997, S. 595 (596); LG Karlsruhe, NJW 1997, S. 590; AG Plön, NJW 1997, S. 591 (592).

[740] BVerfG E 16, 147, 167-1; BVerfGE 17, 232, 242; BVerfGE 17, 269, 276; BVerfGE 30, 336, 351.

Zur Abgrenzung hat das *BVerfG* in ständiger Rechtsprechung entschieden, daß der Gesetzgeber die Berufsausübung nur zur Lösung legitimer, mit der Wertordnung des Grundgesetzes vereinbarer gesetzgeberischer Sachaufgaben beschränken darf, die im Interesse des Gemeinwohls stehen. Ferner muß das eingesetzte Mittel geeignet und erforderlich sein, den erstrebten Zweck zu erreichen. Das Mittel ist dann geeignet, wenn mit seiner Hilfe der gewünschte Erfolg gefördert werden kann. Erforderlich ist es, wenn der Gesetzgeber kein anderes, gleich wirksames, aber das Grundrecht nicht oder doch weniger fühlbar einschränkendes Mittel hätte wählen können.

Bei einer Gesamtabwägung zwischen der Schwere des Eingriffs und der Dringlichkeit der ihn rechtfertigenden Gründe muß in jedem Fall die Grenze der Zumutbarkeit gewahrt bleiben. Je empfindlicher die Betroffenen in ihrer Berufsfreiheit beeinträchtigt werden, desto stärker müssen die Interessen des Gemeinwohls sein, denen die Regelung dienen soll[741].

Die Förderung der regenerativen Energien in der Absicht, um Ressourcen zu schonen und das Klima zu verbessern, steht zweifellos im Interesse des Allgemeinwohls. An der Eignung der Maßnahme besteht kein Zweifel, wie die Entwicklung der Windparks, bereits 169 Windparks mit 790 Anlagen, zeigt[742].

Problematisch ist aber die Erforderlichkeit des Mittels. Hier stehen sich zwei Grundauffassungen gegenüber. Der *BGH*, das *LG Karlsruhe*, *Studenroth* und *Theobald* sehen keine Bedenken gegen die Erforderlichkeit[743]. Der Gestaltungsspielraum des Gesetzgebers eine finanzielle Belastung statt durch öffentliche Haushalte durch privatrechtliche Gestaltung vorzunehmen, werde eingeschränkt, so *Theobald*[744].

Der *BGH* führt zur Erforderlichkeit an, daß durch die privatrechtliche Gestaltung die "Einschaltung von Behörden und entsprechender Verwaltungsaufwand" entfiele. Auch sei die Belastung einer anderen Gruppe und damit die Einschränkung der Grundrechte dieser Gruppe bei Beurteilung des Grundrechtseingriffs nicht als milderes Mittel anzusehen[745].

---

[741] Vgl. BVerfGE 36, 47, 59; BVerfGE 53, 135, 1441, BVerfGE 61, 291, 312; BVerfGE 76, 196, 207-1; BVerfGE 77, 84, 102; BVerfGE 85, 97, 106; BVerfGE 85, 226, 234.

[742] So auch AG Plön, NJW 1997, S. 591 (593); auch Friauf, ET 1995, S. 597 (599); Ossenbühl, ET 1996, S. 94 (98); Studenroth, DVBl. 1996, S: 1216 (1221); Treffer, UPR 1996, S. 128 (130) äußern keine Zweifel an der Geeignetheit.

[743] BGH, NJW 1997, S. 574 (577); LG Karlsruhe, NJW 1997, S. 590; Studenroth, DVBl. 1996, S. 1216 (1221); Theobald, NJW 1997, S. 550 (553).

[744] Theobald, NJW 1997, S. 550 (553).

[745] BGH, NJW 1997, S. 574 (577).

Das *LG Karlsruhe* sieht die Erforderlichkeit deswegen als gegeben an, weil die Belastung der "Beklagten" durch die Mindestvergütung oder durch eine direkte Subventionierung oder die Gewährung von Zinszuschüssen nicht weniger "spürbar belastet" würden[746].

Dagegen sehen *Friauf* und das *AG Plön* Probleme bei der Erforderlichkeit. Sie betrachten als mildestes Mittel die Förderung der regenerativen Energien durch direkte staatliche Subventionen. Sie erkennen zwar den weiten Gestaltungsspielraum des Gesetzgebers bei Berufsausübungsregelungen an, sehen aber dennoch eine Abwägung zwischen dem Gemeinwohlbelang und der Schwere des Eingriffs als notwendig an. Diese Abwägung löst das *AG Plön* mit Blick auf die Entscheidung des *BVerfG* zur Bevorratungspflicht für Mineralölerzeugnisse. Es verneint die Erforderlichkeit schließlich mit der mangelnden Verknüpfung zwischen der Finanzierung durch die Energieversorger zugunsten der Allgemeinheit. Dies vertreten auch *Friauf*, *Ossenbühl* und *Treffer*[747].

Theobald ist nur insoweit zuzustimmen, als daß dem Gesetzgeber ein Gestaltungsspielraum zusteht, nachdem er entweder durch eine öffentliche oder durch eine privatrechtliche Ausgestaltung Förderungsmaßnahmen durchführen kann. Allerdings setzt er sich nicht mit der Frage auseinander, ob die privatrechtliche Gestaltung geeignet ist. Er verwirft die "Zweifel an der Erforderlichkeit des Stromeinspeisungsgesetzes" durch eine pauschale Verletzung des gesetzgeberischen Gestaltungspielraums. Daher ist diese Auffassung abzulehnen.

Auch die Argumente des *BGH* sind nicht geeignet die Erforderlichkeit zu begründen. Zu kurz gesprungen ist die Sichtweise, daß Verwaltungsaufwand gespart werde, weil keine Behörde mit der Umsetzung des Gesetzes betraut werden muß.

Erstens verkennt diese Betrachtung, daß gleichwohl Verwaltungsaufwand anfällt, zugegebenermaßen nicht auf Seiten der öffentlichen Hand, aber gleichwohl bei den an der Mindestvergütungsregelung beteiligten Betrieben. Zweitens wird dieser Argumentation folgend, die Erforderlichkeit nicht mit der eigentlichen Regelung, sondern mit einer Nebenfolge der Regelung begründet. Drittens ist der Schluß, daß die Einschränkung von Grundrechten einer anderen Gruppe bei der Beurteilung des Grundrechtseingriffs nicht als milderes Mittel anzusehen ist, nicht schlüssig. Die Prüfung der Erforderlichkeit muß zwangsläufig an zwei oder mehreren Modellen stattfinden. Dabei können bei jedem Modell unterschiedliche Gruppen von Grundrechtsträgern betroffen sein. Fällt die Entscheidung zu Gunsten von Modell eins aus, sind die Grundrechtsträger des Modells zwei betroffen und umgekehrt. Hierdurch wird deutlich, daß dem *BGH* folgend die Prüfung der Erforderlichkeit obsolet wäre. Dies ist abzulehnen.

---

[746] LG Karlsruhe, NJW 1997, S. 590.
[747] Ausführlich, siehe oben Seite 160 und 164.

Auch die Meinung des *LG Karlsruhe* ist abzulehnen. Die Begründung, die Beklagte würde durch eine andere Art der Regelung "nicht spürbar weniger belastet", verkennt völlig, daß die Beklagte in dem anhängigen Rechtsstreit zur Zahlung der Mindestvergütung verurteilt werden sollte. Wenn nun aber die Förderung der regenerativen Energie durch eine direkte Subvention aus dem allgemeinen Haushalt gewählt worden wäre, so wäre die zugrundeliegende Klage offensichtlich unbegründet, weil der Kläger keinen Anspruch gegen die Beklagte gehabt hätte. Wie ist es nun aber zu erklären, daß hierdurch die Beklagte "nicht spürbar weniger belastet" wird. Denn sie wird ja gerade durch die Nichtzahlung der Mindestvergütung entlastet.

Abzulehnen ist auch die von *Studenroth* vertretene Meinung, daß die Wahl des Mittels kein Problem der Erforderlichkeit ist. Er behauptet dies, ohne es zu begründen. Eine Meinung ohne Begründung ist aber von vornherein abzulehnen. Es läßt sich für diese Meinung keine Begründung finden, da bei der Frage der Erforderlichkeit zwangsläufig mehrere Alternativen verglichen werden müssen. Deshalb ist die Wahl des Mittels gleichwohl auch ein Problem innerhalb der Erforderlichkeit.

Vorzugswürdig ist die Auffassung von *Friauf*, *Ossenbühl*, *Treffer* und dem *AG Plön*, die einer schlüssigen Begründung standhält. Dem Gesetzgeber standen andere Instrumentarien zur Verfügung um regenerative Energien zu fördern, beispielsweise direkte Subventionen, die die Grundrechte der Stromversorger weniger beeinträchtigt hätten. Die Grundrechtsbeeinträchtigung der Stromversorger ist nicht dadurch ausgeschlossen, daß sie die Mehrkosten auf die Verbraucher abwälzen können. Nach Angaben des *Landgerichts Kiel* konnten die klagenden Unternehmen die Mehrkosten aufgrund des Stromeinspeisungsgesetzes weder aus rechtlichen, noch aus tatsächlichen Gründen an die Kunden weitergeben.

Dies ist darauf zurückzuführen, daß das Land Schleswig-Holstein es abgelehnt hat, höhere Tarife für die Stromlieferung an Verbraucher zu genehmigen und daß der Wettbewerbsdruck durch die fortlaufende Liberalisierung des Strommarktes gestiegen ist[748]. Die Abwälzbarkeit ist ferner nur auf die Tarifkunden möglich. Bei gewerblichen Stromkunden ist eine Abwälzung aufgrund des Wettbewerbsdrucks eher schwierig. Eine enge Verantwortungsbeziehung zwischen der Finanzierungslast und der Aufgabenverantwortung der Energieversorgungsunternehmen ist nicht ersichtlich.

---

[748] Vorläufige Übersetzung der Schlußanträge des Generalanwalts Jacobs vom 26.10.2000, Rechtssache C-379/98 PreussenElektra gegen Schleswag AG unterstützt durch Windpark Reussenköge III GmbH und Land Schleswig-Holstein (Vorabentscheidung des Landgerichts Kiel), Nr. 52, http://www.rws-verlag.de/volltext/2eughv2.htm.

Vor allem ist der Klimaschutz als Teil des Umweltschutzes nicht primär Aufgabe der Energieversorger, sondern eine Staatsaufgabe. Dies ergibt sich allein schon durch die Aufnahme des Staatsziels Umweltschutz in Art. 20a GG[749].

Studenroth, *Theobald*, der *BGH* und das *LG Karlsruhe* kommen schließlich auch zu dem Ergebnis, daß der Gesetzgeber das Übermaßverbot ausreichend beachtet habe[750].

Die prozentuale Abnahmepflicht von regenerativer Energie durch die Energieversorger sieht *Theobald* als einschneidenderes Mittel an. Zum anderen seien die regionalen Unterschiede nicht geeignet, die Regelung über "die Schwelle zur Verfassungswidrigkeit" zu heben. Dies werde durch die Härteklausel des § 4 Stromeinspeisungsgesetzes verhindert. Daß diese bisher nicht zur Anwendung gekommen sei, spreche für das Stromeinspeisungsgesetz[751].

Der *BGH* verweist für den Zeitraum 1991 bis 1993 auf die Monopolstellung der Energieversorgungsunternehmen. Diese hätten die Möglichkeit die Mindestpreise auf die Stromverbraucher abzuwälzen, obwohl auch Fälle denkbar sind in denen dies nicht möglich ist. Aus dieser Monopolstellung heraus erwüchse für die Energieversorger die Pflicht, Stromerzeuger die in eigenen Anlagen erzeugten Strom verwerten wollten, nicht zu behindern. Die Versorgung insgesamt müßten die endlichen Primärenergien und den Klima- und Umweltschutz berücksichtigen. Schließlich sei die Belastung der Energieversorger auch deswegen nicht unangemessen, weil sie die Preise abwälzen könnten. Außerdem diente die Förderung der Erschöpfung von Innovationspotential außerhalb der öffentlichen Energiewirtschaft.

Der *BGH* weist die Äußerungen, daß die Energieversorger in Gegenden mit viel Windenergie stärker belastet sind als Energieversorger die in anderen Gegenden tätig sind mit Hinweis auf die streitgegenständlichen Jahre 1991 bis 1993 zurück. Ob sich danach eine Entwicklung ergeben hat die zu einer anderen Beurteilung führt, läßt er offen[752].

---

[749] Friauf, ET 1995, S. 597 (599); Ossenbühl, ET 1996, S. 94 (100); Treffer, UPR 1996, S. 128 (130); AG Plön, NJW 1997, S. 591 (593); Dieses Staatsziel erkennen auch Theobald NJW 1997, S. 550 (553) und der BGH, NJW 1997, S. 574 (577) an, kommen aber gleichwohl zu anderen Ergebnissen.

[750] Theobald, NJW, 1997, S. 550 (554); BGH, NJW 1997, S. 574 (580); LG Karlsruhe, NJW 1997, S. 590 (591).

[751] Theobald, NJW 1997, S.550, (554).

[752] BGH, NJW 1997, S: 574 (579).

Die Begründung des *BGH* unter Zugrundelegung einer Monopolstellung der Energieversorger läßt sich heute nicht mehr aufrechterhalten. Eine besondere Verantwortung für das Klima- und den Umweltschutz wurde bereits oben verneint.

Aber auch die Erschließung von Innovationspotential ist nur eine Hoffnung, die verkennt, daß dieses auch durch andere Maßnahmen erschlossen werden kann. Die unterschiedliche Belastung der Energieversorger durch regionale Gegebenheiten weist er nur für die streitgegenständlichen Jahre 1991 bis 1993 zurück. Daher sind die Ausführungen des *BGH* nicht geeignet die Verfassungsmäßigkeit des Stromeinspeisungsgesetzes nach Einführung des EnWG zu begründen.

Studenroth und das *LG Karlsruhe* haben auch keine Bedenken die Zumutbarkeit zu bejahen, weil die Energieversorger nicht zusätzlich belastet seien, da sie die Mehrkosten auf die Stromverbraucher abwälzen könnten[753]. Außerdem führt das *LG Karlsruhe* auch hier zur Begründung an, daß die Energieversorger eine besondere Verantwortung für umweltschonende Erzeugung von Strom hätten[754].

Die Auffassung des *LG Karlsruhe* ist abzulehnen. Zunächst bleibt es jedwede Erklärung dafür schuldig, woher die Kammer ihren Eindruck der besonderen Verantwortung für die Produktion von umweltschonenden Strom nimmt. Dies ist eine pauschale Behauptung für die jede Begründung offen bleibt. Auch die von *Studenroth* und dem *LG Karlsruhe* behauptete Nichtbelastung der Energieversorger ist in ihrer Pauschalität nicht geeignet die Zumutbarkeit zu bejahen, da auf die regionalen Besonderheiten dabei überhaupt nicht eingegangen wird.

Das *BVerfG* sieht die Grenze der Zumutbarkeit im Rahmen der Gesamtabwägung zwischen der Schwere des Eingriffs und dem Gewicht und der Dringlichkeit der ihn rechtfertigenden Gründe. Je empfindlicher die Beeinträchtigung der Berufsfreiheit der Berufsausübenden ist, desto stärker müssen die Interessen des Gemeinwohls wiegen[755].

Diesem Abwägungsgebot halten die Auffassungen von *Studenroth*, *Theobald*, dem *BGH* und dem *LG Karlsruhe* nicht stand. Weder die Argumente der besonderen Verantwortung der Energieversorger für den Klima- und Umweltschutz noch die Abwälzbarkeit genügen diesem Abwägungsgebot. Abzuwägen ist hier die Mindestvergütungsregelung mit dem Allgemeininteresse des Klima- und Umweltschutzes. Es stehen sich auf der einen Seite die wenigen Energieversorger und auf der anderen Seite die Allgemeinheit mit dem Klima- und Umwelt-

---

[753] Studenroth, DVBl. 1996, S. 1216 (1222); LG Karlsruhe, NJW 1997, S. 590 (591).

[754] LG Karlsruhe, NJW 1997, S. 590 (591).

[755] BVerfGE 11, 30 (42 f.) = NJW 1960, S. 715; BVerfGE 13, 97 (104 f.) = NJW 1961, 2011; BVerfGE 23, 50 (56); 25, 1 (22) = NJW 1969, S. 499; BVerfG, NJW 1971, S. 1255 (1256 und 1257).

schutz gegenüber. Die Wenigen zahlen für das Interesse der Allgemeinheit. Allein dies ist schon fragwürdig. Selbst bei Abwälzung der Mindestvergütungen auf die Stromverbraucher, zahlen die Stromverbraucher für das Allgemeingut Klima- und Umweltschutz, der alle etwas angeht, nicht nur Energieversorger und Stromverbraucher. Zwar mag die Höhe der Mindestvergütung auf den ersten Blick ein so geringer Betrag sein, der die Abwägung zugunsten des Eingriffs in die Berufsausübung ausgehen läßt, aber diese Sicht verkennt die eigentliche Problematik. Diese liegt darin, daß der Staat mit einer Preisregelung in den Wettbewerb, den Stromwettbewerb, der durch das EnWG sichergestellt werden soll, eingreift. Dies ist die Schwere des Eingriffs, mit denen er die wenigen Energieversorger zugunsten der Allgemeinheit belastet. Das legitime Ziel des Klima- und Umweltschutzes muß mit Maßnahmen geschultert werden, die die Allgemeinheit treffen und nicht mit einer Berufsausübungsregelung zu Lasten einer kleinen Gruppe. Hier liegt der Verstoß gegen die Zumutbarkeit und damit gegen die Verhältnismäßigkeit im engeren Sinne.

Nach alledem ist das gewählte Mittel des Gesetzgebers nach der hier vertretenen Auffassung nicht erforderlich. Folglich liegt ein nicht gerechtfertigter Eingriff durch §§ 2 und 3 StrEG in das Recht auf freie Berufsausübung vor.

cc) Verletzung des Gleichheitsgrundsatzes - Artikel 3 Abs. 1 GG

(1) Ungleichbehandlung

Art. 3 Abs. 1 GG enthält die allgemeine Weisung an den Gesetzgeber, Gleiches gleich, Ungleiches seiner Eigenart nach verschieden zu behandeln[756]. Eine Maßnahme ist nicht am Gerechtigkeitsgedanken orientiert, wenn sich für sie keine vernünftigen Erwägungen finden lassen, die sich aus der Natur der Sache ergeben oder sonstwie einleuchtend sind, und die Maßnahme also als willkürlich bezeichnet werden muß[757]. Demnach ist Art. 3 Abs. 1 GG verletzt, wenn eine Gruppe von Normadressaten im Vergleich zu anderen Normadressaten anders behandelt wird, obwohl zwischen beiden Gruppen keine Unterschiede von solcher Art und solchem Gewicht bestehen, daß sie die ungleiche Behandlung rechtfertigen könnten[758].

Das *LG Karlsruhe* verneint einen Verstoß gegen Artikel 3 Abs. 1 GG, weil keine Unsachlichkeit in Mindestvergütungsregelung zu erkennen sei. Die Belastung sei gering und die Härteklausel des § 4 Stromeinspeisungsgetzes verhinderten unbillige Härten[759].

---

[756] BVerfGE 3, 58, 135; BVerfGE 181 38, 46.
[757] BVerfGE 10, 234, 246; BVerfGE 1, 14, 52; BVerfGE 25, 101, 105; BVerfGE 71, 39, 58.
[758] BVerfGE 55, 72, 88; E 82, 60, 86.
[759] LG Karlsruhe, NJW 1997, S. 590 (591).

Artikel 3 Abs. 1 GG ist nach Auffassung des *BGH* nicht verletzt, weil sachliche Gründe für eine Ungleichbehandlung sprechen. So seien bereits technische Gründe für die Abnahme durch das örtliche Versorgungsunternehmen ausschlaggebend, weil ansonsten ein hoher Verlust von Energie beim Stromtransport stattfände. Auch sei kein anderes Differenzkriterium notwendig gewesen, weil der Gesetzgeber nicht mit einem unterschiedlichen Aufbau von regenerativen Stromerzeugern rechnen müsse[760].

Das *LG Karlsruhe* verliert sich auch hier wieder in pauschale Aussagen, ohne diese in ausreichendem Maße zu begründen. Die Rechtfertigung des BGH durch technische Gründe vermag der besonderen Bedeutung der Grundrechte des Grundgesetzes nicht gerecht zu werden. Dieser Begründung übersieht, daß gerade aus diesem Grund ein Ausgleichsmechanismus zwischen den Energieversorgern notwendig wäre, um die unterschiedliche Belastung auszugleichen. Dies wäre dann aber auf jeden Fall der geringere Eingriff in den allgemeinen Gleichheitssatz. Auch die besondere Rücksichtnahme auf den Gesetzgeber, der eine unterschiedliche Entwicklung von regenerativen Energieproduzenten nicht vorhersehen konnte, vermag nicht zu überzeugen. Es liegt auf der Hand, daß Windkraftanlagen schwerpunktmäßig in Windgebieten, die auch dem Gesetzgeber bekannt sein müssen, errichtet werden. Die Erkenntnisse der unterschiedlichen Entwicklung von regenerativen Energieproduzenten mußte der Gesetzgeber bei dieser Maßnahme berücksichtigen, weil sie aus Gutachten vorhersehbar waren.

Beide Auffassungen können aber auch deswegen nicht überzeugen, weil sie beide nicht prüfen, worin eigentlich ein Verstoß gegen den Gleichheitssatz liegt, sondern beschränken sich auf die Rechtfertigung eines Eingriffs in den Gleichheitssatz. Wird aber der Eingriff nicht deutlich gemacht, kann die Rechtfertigung nicht zielgerichtet stattfinden.

Auch *Pohlmann* sieht keinen Verstoß gegen Artikel 3 Abs. 1 GG, weil sich die Ungleichbehandlung nicht nach den regional unterschiedlichen Wind- und Wasserbedingungen richte, sondern nach den "unterschiedlichen Potentialen der Versorgungsgebiete". Diese Unterschiede hätten die Energieversorger hinzunehmen[761].

Aber auch diese Auffassung vermag nach in Kraft treten des EnWG den Eingriff Artikel 3 Abs. 1 GG nicht mehr zu rechtfertigen, da die Potentiale der Versorgungsgebiete keine Rolle mehr spielen. Die Energieversorger sind nach § 6 Abs. 1 EnWG verpflichtet jedem Anbieter den Strom durchzuleiten. Außerdem kann jeder Stromverbraucher wählen, welcher Stromanbieter den Strom liefern soll.

---

[760] BGH, NJW 1997, S. 574 (580).

[761] Pohlmann, NJW 1997, S. 545 (549); auch Scholz, RdE 1995, S. 600 (601) bezweifelt einen Verstoß gegen den Schutzbereich des Artikel 3 GG, ohne nähere Begründung.

Insoweit hat sich die sicherlich auch früher schützende Abschottung der Versorgungsgebiete überholt.

Nach *Ossenbühl* und *Treffer*, läßt das StrEG die unterschiedliche Belastung der einzelnen Energieversorgungsunternehmen evident außer acht[762]. Ebenso berücksichtigte es nicht, daß die klimatischen Unterschiede innerhalb des Bundesgebietes zu unterschiedlichen Nutzungsmöglichkeiten regenerativer Energien führten.

Es ist unbestritten, daß Windenergieanlagen vornehmlich in Norddeutschland, vor allem aber im Starkwindgebiet Schleswig-Holstein betrieben werden[763]. Dies wird besonders deutlich, wenn dem Anteil der *Schleswag AG* am Stromabsatz sämtlicher deutscher Energieversorger das Stromeinspeisungsvolumen gegenüberstellt wird. So betrug in 1998 ihr Anteil am Stromabsatz 1,93 v. H., während der Einspeisungsanteil 12,2 v. H. betrug[764]. Folglich liegt eine Ungleichbehandlung i. S. d. Art. 3 Abs. 1 GG vor.

Daran vermag auch die Härtefallregelung des § 4 StrEG nichts zu ändern, da sie keinen Binnenausgleich zwischen den Energieversorgern leistet, sondern die Belastung bestenfalls auf den Vorlieferanten verlagert. Dadurch ergibt sich jedoch keine Gleichbehandlung[765]. Darüber hinaus gewährt das StrEG den betroffenen Energieunternehmen keinen Ausgleich für ihre Belastung[766]. Auch die Abwälzbarkeit kann hieran nichts ändern, da diese rechtlich und tatsächlich unmöglich sein kann. Somit liegt eine Ungleichbehandlung vor.

(2) Rechtfertigung

Mit dem Beschluß vom 7.10.1980[767] hat zunächst der *Erste Senat des Bundesverfassungsgerichts* die sog. *„Neue Formel"* entwickelt, die die Anforderungen an die Rechtfertigung von Ungleichbehandlungen gegenüber dem Willkürverbot[768] erhöht hat. Hiernach liegt eine Verletzung von Art. 3 Abs. 1 GG vor, wenn *„eine Gruppe von Normadressaten im Vergleich zu anderen Normadressaten anders behandelt wird, obwohl zwischen beiden Gruppen keine Unterschiede von solcher Art und solchem Gewicht bestehen, daß sie die ungleiche Behandlung rechtfertigen könnten"*[769].

---

[762] Ossenbühl, ET 1996, S. 94 (100); Treffer, UPR 1996, S. 128 (131).
[763] Vgl. dazu das Amtsblatt für Schleswig-Holstein 1995, S. 478.
[764] Vgl. Blanke / Peilert, RdE 1999, S. 96 (101).
[765] Vgl. Blanke / Peilert, RdE 1999, S. 96 (101).
[766] AG Plön, NJW 1997, S. 591 ff.
[767] BVerfGE 55, 72 (88 ff).
[768] Sog. *„Alte Formel"*.
[769] BVerfGE 55, 72 (88 ff.).

Mit dieser Formel erfolgt eine strengere Bindung des Gesetzgebers an *„Verhältnismäßigkeitsgesichtspunkte"*[770]. Die *„Neue Formel"* stellt eine Verbindung zwischen dem Grad der Gleich- bzw. Ungleichbehandlung und dem sie rechtfertigenden sachlichen Grund her. Der Grund muß von solcher Art und solchem Gewicht sein, daß er imstande ist, das Vorgehen der Staatsorgane auch dem Ausmaß nach zu rechtfertigen[771]. Der *Zweite Senat des Bundesverfassungsgerichts* hat sich dieser *„Neuen Formel"* alsbald angeschlossen[772].

Mittlerweile liegen von beiden Senaten zahlreiche Entscheidungen vor in denen die *„Neue Formel"* verwendet wird[773].

Die Abstufung der Anforderungen vom bloßen Willkürverbot bis zu einer strengen Bindung an Verhältnismäßigkeitsgesichtspunkte leitet das *Bundesverfassungsgericht* aus Wortlaut und Sinn des Art. 3 Abs. 1 GG sowie aus seinem Zusammenhang mit anderen Verfassungsnormen ab[774]. Einfluß hierauf hat auch die stetige Aufwertung und der Ausbau der Freiheitsrechte und insbesondere der mit Art. 3 Abs. 1 GG parallel zu setzende Art. 2 Abs. 1 GG genommen. Die strenge Prüfung am Maßstab des Verhältnismäßigkeitsprinzips wird immer dann vorgenommen, wenn die Ungleichbehandlung für die Betroffenen mit unzumutbaren Konsequenzen verbunden ist[775]. *„Ungleichbehandlung und rechtfertigender Grund müssen in einem angemessenen Verhältnis zueinander stehen"*[776]. Prüfungsmaßstab ist also der allgemeine Gleichheitssatz[777]. Jede Differenzierung muß einem legitimen öffentlichen Interesse dienen.

Daher muß in jedem Einzelfall geprüft werden, welchem Ziel die Differenzierung dient und ob gegen die Verfolgung dieses Ziels durch den Staat verfassungsrechtliche Bedenken bestehen[778].

Das Anliegen des Gesetzgebers, mit Hilfe von Typisierungen im Stromeinspeisungsgesetz vor allem den Verwaltungsaufwand geringzuhalten, kann die verfassungsrechtliche Ungleichbehandlung nicht rechtfertigen, da Pauschalierungen nur den Verwaltungsaufwand bezüglich der Vergütungsregelung gering hal-

---

770 BVerfGE 89, 15 (22); BVerfGE 88, 87 (96); BVerfGE 89, 365 (375); BVerfGE 91, 389 (401).

771 Herzog in Maunz-Dürig, Anh. Art 3, Rdn. 6.

772 Erstmals BVerfGE 65, 377 (384).

773 BVerfGE 58, 369 (373 f.); BVerfGE 60, 123 (133 f.); BVerfGE 64, 229 (239); BVerfGE 65, 104 (112 f.); BVerfGE 66, 234 (242); BVerfGE 70, 230 (239 f.); BVerfGE 71, 146 (154 f.).

774 BVerfGE 88, 87 (96).

775 Sachs, JuS 1997, 124 (128 f.).

776 BVerfGE 82, 126 (146).

777 Siehe oben Seite 69.

778 Stein, S. 400.

ten, nicht aber den regional unterschiedlichen Belastungen der Energieversorger Rechnung tragen sollen. Andere Rechtfertigungsgründe sind nicht ersichtlich[779].

Demnach läßt sich die Ungleichbehandlung der norddeutschen Energieversorger nicht rechtfertigen. Somit verstoßen § 2 i. V. m. § 3 StrEG gegen Art. 3 Abs. 1 GG.

dd) Verletzung des verfassungsrechtlichen Bestimmtheitserfordernisses durch die Härteklausel des § 4 StrEG

In der Literatur finden sich Stimmen, die die Verfassungswidrigkeit des Stromeinspeisungsgesetzes mit § 4 Stromeinspeisungsgesetz begründen, da dieser wegen seiner Unbestimmtheit gegen das verfassungsrechtliche Bestimmtheitserfordernis und damit gegen das aus Artikel 20 Abs. 3 GG folgende Rechtsstaatsprinzip verstößt[780].

Zwar sind in § 4 Stromeinspeisungsgesetz eine Reihe unbestimmter Rechtsbegriffe enthalten, aber diese finden sich auf der Tatbestandsebene. Für die Tatbestandsebene ist aber verfassungsrechtlich anerkannt, daß der Richter diese durch Deutung ausfüllen kann[781]. Von dem Wortlaut abweichend, sieht § 4 Stromeinspeisungsgesetz nicht den gesetzlichen Übergang eines Schuldverhältnisses an, sondern bestimmt eine Ersatzhaftung des vorgelagerten Energieversorgungsunternehmens bei Vorliegen der Tatbestandsvoraussetzungen, die dessen eigene Verpflichtung anstelle des zunächst betroffenen Unternehmens begründet. Dies ist mit der in § 1607 BGB geregelten Ersatzhaftung hinsichtlich familienrechtlicher Unterhaltspflichten vergleichbar, auch hier wird ein Verpflichtungsübergang ohne festes Kriterium angeordnet[782].

Als Ergebnis bleibt festzuhalten, daß § 2 i. V. m. § 3 StrEG gegen Art. 12 Abs. 1, 3 Abs. 1 GG sowie die verfassungsrechtlichen Voraussetzungen einer Sonderabgabe verstoßen.

---

779 Ossenbühl, ET 1996, S. 94 (100); Treffer, UPR 1996, S. 128 (131); AG Plön, NJW 1997, S. 591 (593).

780 Salje, ET 1996, S. 171 (175); Treffer, UPR 1996, S. 128; ablehnend der BGH, NJW 1977, S. 574 (578).

781 Vgl. dazu auch BVerfGE 87, 209 (224) zu Art. 103 Abs. 2 GG, bei dem anerkannt ist, daß die Tatbestandsmerkmale die der Deutung durch die Rechtsprechung bedürfen nicht per se ausgeschlossen sind; Pohlmann, NJW 1997, S. 545 (550).

782 BGH, NJW 1977, S. 574 (578); Pohlmann, NJW 1997, S. 545 (550).

E. Stromsteuergesetz[783]

I. Steuergegenstand, Steuergebiet

Nach § 1 Abs. 1 StromStG unterliegt elektrischer Strom[784] im Steuergebiet[785] einer Verbrauchsteuer im Sinne der AO[786], nämlich der Stromsteuer.

II. Steuertarif

Tabelle 48: Steuersätze für Strom

Steuersätze je 1 MWh Strom			
01.01.2000 - 31.12.2000	**01.01.2001 - 31.12.2001**	**01.01.2002 - 31.12.2002**	**01.01.2003 - 31.12.2003**
12,80 €	15,30 €	17,90 €	20,50 €

III. Steuerbefreiungen, Steuerermäßigungen

1. Steuerbefreiungen

Nach § 9 Abs. 1 StromStG ist Strom von der Steuer befreit, wenn er aus erneuerbaren Energieträgern im Sinne des § 2 Nr. 7 StromStG[787] erzeugt wird und von Letztverbrauchern aus einem ausschließlich aus solchen Energieträgern gespeisten Netz (sog. Ökostromnetz) oder einer entsprechenden Leitung entnommen wird. Ferner ist die Entnahme von Strom durch den Letztverbraucher zur Stromerzeugung steuerbefreit.

---

[783] Gesetz zum Einstieg in die ökologische Steuerreform vom 24.3.99, BGBl. I S. 378, zuletzt geändert durch das Gesetz zur Fortführung der ökologischen Steuerreform vom 16.12.99, BGBl. I S. 2437; Darstellung der Gesetzgebungstechnik im Einzelnen bei: Bongartz, ZfZ 1999, S. 182 ff; Heller, NWB Nr. 17 vom 26.04.1999, S. 1555; Bastein / Soyk, ZfZ 1999, s. 218; Friedrich, DB 1999, S. 661 ff.

[784] Position 2716 der Kombinierten Nomenklatur: Kombinierte Nomenklatur im Sinne dieses Gesetzes ist die Warennomenklatur nach Artikel 1 der Verordnung (EWG) Nr. 2658/87 des Rates vom 23. Juli 1987 (ABl. EG Nr. L 256 S. 1) in der Fassung des Anhangs zur Verordnung (EG) Nr. 2086/97 der Kommission vom 14. November 1997 (ABl. EG Nr. L 312 S. 1) und die bis zum 26. Oktober 1998 zu seiner Durchführung erlassenen Rechtsvorschriften.

[785] Steuergebiet ist das Gebiet der Bundesrepublik Deutschland ohne das Gebiet von Büsingen und ohne die Insel Helgoland.

[786] Hidien, BB 1999, S. 341 ff. (341); Kaeser, DB 1999, S. 2383 ff. (2383); Bloehs, BB 1999, S. 1845 ff. (1845); Drzoda / Storm, NJW 1999, S. 2333 ff. (2333); Bastein / Soyk, ZfZ 1999, S. 218 ff. (219).

[787] D. h. Strom aus erneuerbaren Energieträgern: ausschließlich aus Wasserkraft, Windkraft, Sonnenenergie, Erdwärme, Deponiegas, Klärgas oder aus Biomasse erzeugt wird, ausgenommen Strom aus Wasserkraftwerken mit einer installierten Generatorleistung über 10 Megawatt, § 2 Abs. 7 StromStG.

2. Steuerermäßigungen

Vom 1. Januar 2000 bis zum 31. Dezember 2000 unterliegt Strom einem ermäßigten Steuersatz von 6,39 Euro für eine Megawattstunde, wenn er zum Betrieb von Nachtspeicherheizungen, die vor dem 1. April 1999 installiert worden sind, oder für den Fahrbetrieb im Schienenbahnverkehr, mit Ausnahme der betriebsinternen Werkverkehre und Bergbahnen, entnommen wird und er nicht gemäß § 9 Abs. 1 StromStG von der Steuer befreit ist, § 9 Abs. 2 StromStG.

Das gesamte Produzierende Gewerbe und Unternehmen der Land- und Forstwirtschaft zahlen für Strom einen ermäßigten Steuersatz von 2,55 Euro vom 01. Januar bis 31. Dezember 2000 für eine Megawattstunde, soweit er als Letztverbraucher im Kalenderjahr für betriebliche Zwecke entnommen wird und die Verbrauchsmenge von 40 MWh nicht übersteigt, § 9 Abs. 3 i. V. m. Abs. 5 StromStG [788].

Tabelle 49: Entwicklung der Verbrauchsmengen und ermäßigtem Steuersatz

Zeitraum	01.01.2000 - 31.12.2000	01.01.2001 - 31.12.2001	01.01.2002 - 31.12.2002	01.01.2003 - 31.12.2003
Verbrauchsmenge die der vollen Steuerlast unterliegt	40 MWh	33,3 MWh	28,6 MWh	25 MWh
ermäßigte Steuersatz je 1 MWh Strom	2,60 €	3,10 €	3,60 €	4,10 €

IV. Erlaß, Erstattung oder Vergütung

Nach § 10 Abs. 1 StromStG wird auf Antrag die Steuer für Strom, für die ein Unternehmen des produzierenden Gewerbes im Sinne von § 2 Nr. 3 StromStG als Eigenerzeuger oder als Letztverbraucher Steuerschuldner geworden oder mit der das Unternehmen als Letztverbraucher belastet ist, nach Maßgabe des § 10 Abs. 2 StromStG erlassen, erstattet oder vergütet, soweit die Steuer im Kalenderjahr den Betrag von 511,30 Euro übersteigt. Erlaß-, erstattungs- oder vergütungsberechtigt ist das Unternehmen des produzierenden Gewerbes, das den Strom zu betrieblichen Zwecken entnommen hat. Der Erlaß, die Erstattung oder die Vergütung wird nur insoweit gewährt, als die Stromsteuer im Kalenderjahr das 1,2fache des Betrages übersteigt, um den sich für das Unternehmen der Arbeitgeberanteil an den Rentenversicherungsbeiträgen durch Senkung der Beitragssätze[789] bei entsprechender Anwendung der abgesenkten Beitragssätze im gleichen Zeitraum des Jahres 1998 vermindert hätte.

---

[788] Peters in Peters-Bongartz-Schröer-Schallenberg, Rdn. N 22.

[789] § 1 Beitragssatzgesetz 1999 vom 19. Dezember 1998 (BGBl. I S. 3843, 3848).

V. Aufkommen der Stromsteuer

Tabelle 50: Aufkommen der Stromsteuer

Jahr	DM in Milliarden	Euro in Milliarden
1999	3,2	1,6
2000	6,9	3,5
2001	8,4	4,3
2002	15,8	8,1
2003	21,2	10,8

Quelle: 1999 - 2001, http://www.bundesfinanzministerium.de;
2002 - 2003 Planwerte, EuZW 1999, S. 676.

VI. Europarechtliche Bedenken gegen die Stromsteuer

1. Steuerbefreiung der produzierenden Unternehmen und der Land- und Forstwirtschaft ein Verstoß gegen Art. 87 EGV ?

In der Steuerbefreiung der energieintensiven Betriebe nach § 9 Abs. 3 StromStG könnte ein Verstoß gegen das Beihilfeverbot gemäß Art. 87 EGV liegen.

Für die Anwendung der Gemeinschaftsvorschriften über staatliche Beihilfen ist der steuerliche Charakter einer Maßnahme unerheblich, da der Beihilfebegriff des EGV alle Begünstigungen bestimmter Unternehmen oder Produktionszweige umfaßt, soweit sie nicht durch eine marktgerechte Gegenleistung des Begünstigten kompensiert werden[790]. Unter den Beihilfebegriff dieses Artikels werden auch Befreiungen von Steuern und Abgaben subsumiert[791].

a) Vorteil, der die normalen Belastungen vermindert

Die Maßnahme muß dem Begünstigten einen Vorteil verschaffen, durch den seine normalerweise zu tragenden Belastungen vermindert werden. Ein solcher Vorteil kann durch die Minderung der Steuerbemessungsgrundlage, durch vollständige oder teilweise Ermäßigung oder durch Zahlungsaufschub, Aufhebung der Steuerschuld gewährt werden[792].

---

[790] Geiger, Art. 93, Rdn. 10 – 12.

[791] Moritz, RdU 1998, S. 58 ff. (61).

[792] Mitteilung der Kommission über die Anwendung der Vorschriften über staatliche Beihilfen auf Maßnahmen im Bereich der direkten Unternehmensbesteuerung, BStBl. I 1999, S. 205 (206).

§ 9 Abs. 3 StromStG enthält eine teilweise Ermäßigung der produzierenden Unternehmen und der Land- und Forstwirtschaft durch die Anwendung eines ermäßigten Steuersatzes. Ohne den § 9 Abs. 3 StromStG müßten diese Betroffenen den normalen Steuersatz zahlen. Insofern liegt ein Vorteil für die betroffenen Unternehmen vor.

b) Gewährung des Vorteils aus staatlichen Mitteln

Der Vorteil muß vom Staat oder aus staatlichen Mitteln gewährt werden[793]. Diese Voraussetzung ist erfüllt, da das Aufkommen der Stromsteuer dem *„Staat"* zusteht.

c) Beeinträchtigung des Handels zwischen den Mitgliedstaaten

Die Beeinträchtigung des Handels zwischen den Mitgliedstaaten setzt voraus, daß der Begünstigte unabhängig von seiner Rechtsform oder Finanzierungsweise eine Wirtschaftstätigkeit ausübt.

Da aufgrund der Rechtsprechung dieses Tatbestandsmerkmal äußerst extensiv ausgelegt wird, sind die aufgrund von § 9 Abs. 3 StromStG begünstigten produzierenden Unternehmen und die Land- und Forstwirtschaft regelmäßig betroffen. Somit ist eine Beeinträchtigung des Wettbewerbs zwischen den Mitgliedstaaten gegeben.

d) Begünstigung bestimmter Unternehmen oder Produktionszweige

Schließlich muß die betreffende Maßnahme spezifisch oder selektiv sein, also bestimmte Unternehmen oder Produktionszweige begünstigen. Der selektive Charakter einer Maßnahme kann jedoch durch die Natur oder den inneren Aufbau des Systems[794] gerechtfertigt sein.

Nach § 9 Abs. 3 StromStG kommen in den Genuß der Steuervergünstigung nur das produzierende Gewerbe wie die Unternehmen des Bergbaus, des verarbeitenden Gewerbes, des Baugewerbes, der Elektrizitäts-, Gas-, Fernwärme- oder Wasserversorgungswirtschaft und die Unternehmen der Land- und Forstwirtschaft, nicht aber Banken, Versicherungen, Dienstleister, Handel, Werkstätten u. ä.

---

[793] Mitteilung der Kommission über die Anwendung der Vorschriften über staatliche Beihilfen auf Maßnahmen im Bereich der direkten Unternehmensbesteuerung, BStBl. I 1999, S. 205 (206).

[794] EuGH-Urteil vom 2. 7. 1974, Rs. 173/73, Italien/Kommission, Slg. 1974, S. 709.

e) Steuerart

Nach § 1 Abs. 1 Satz 3 StromStG ist die Stromsteuer formell als Verbrauchsteuer einzuordnen. Sie fügt sich als weitere Bundessteuer in das Bundesdeutsche Verbrauchsteuersystem ein[795]. Der Bund besitzt das Steuerfindungsrecht für solche überörtliche Verbrauchsteuern[796]. Ob die Stromsteuer inhaltlich als Verbrauchsteuer angesehen werden kann, wird in der Literatur kontrovers diskutiert.

Die Meinungen gehen von Zustimmung[797] bis hin zu der Auffassung[798], daß die Stromsteuer weder Steuer noch Vorzugslast noch Sonderabgabe sei. Dies vermag freilich nichts daran zu ändern, daß die Stromsteuer materiell als Verbrauchsteuer anzusehen ist[799]. Verbrauchsteuern sind Warensteuern, die als indirekte Steuer den Konsum belasten[800].

Das Stromsteuergesetz belastet den Stromverbrauch mit dem Steuersatz von 12,78 Euro je MWh. Lediglich die produzierenden Unternehmen und die Unternehmen der Land- und Forstwirtschaft zahlen einen ermäßigten Steuersatz von 2,55 Euro je MWh für Strom der über den Sockelverbrauch von 40 MWh hinaus geht und der auf der zweiten Stufe limitiert wird (Minderung der Sozialversicherungsbeiträge). Es ist kein tragendes Prinzip des deutschen Steuersystems, daß produzierende Unternehmen und die Unternehmen der Land- und Forstwirtschaft ermäßigte Steuersätze gewährt bekommen.

Folglich läßt sich der ermäßigte Steuersatz nicht durch Natur oder den inneren Aufbau des Steuersystems begründen. Somit stellt die Gewährung des ermäßigten Steuersatzes an die produzierenden Unternehmen und die Land- und Forstwirtschaft eine Beihilfe nach Art. 87 Abs. 1 EGV dar.

f) Vereinbarkeit mit dem Gemeinsamen Markt

Mit der Feststellung, daß eine wettbewerbsverändernde Beihilfe vorliegt, ist noch nichts über die Vereinbarkeit mit dem Gemeinsamen Markt gesagt. In Betracht kommt aber nur eine Genehmigung der Beihilfe nach Artikel 87 Abs. 3 EGV, die im weiten Ermessen der Europäischen Kommission liegt[801].

---

[795] Friedrich in Friedrich-Meißner, Einführung, Rdn. 54.
[796] Bach, StuW 1995, 264 (271).
[797] Bongartz / Schröer-Schallenberg, DStR 1999, 962 (966).
[798] List, DB 1999, 1623 (1625 f.).
[799] So auch Drozda / Storm, NJW 1999, 2333 (2334); Friedrich in Friedrich-Meißner, StromStG § 1, Rdn. 2; Jatzke, S. 55; ders. DStZ 1999, 520 (521).
[800] Ax / Große / Cämmerer, Rdn. 40.
[801] Rawlinson in Lenz, Art. 87, Rdn. 26.

Die Förderung der Entwicklung gewisser Wirtschaftszweige fällt unter Artikel 87 Abs.3 Buchstabe c) EGV[802]. Eine solche Förderung kann auch durch umweltschützende Maßnahmen erfolgen[803]. Aber nach dem bis 1999 gültigen Gemeinschaftsrahmen für staatliche Umweltschutzsteuern und –abgaben sind einhergehende Beihilfen nur zulässig, wenn sie lediglich die Produktionsmehrkosten im Vergleich zu den übrigen Kosten ausgleichen und grundsätzlich degressiv sind. Die Kommission will danach keine Betriebsbeihilfen mehr genehmigen, die die Unternehmen von Kosten ihrer umweltverschmutzenden oder –belastenden Tätigkeiten befreien. Damit kann nur eine vorübergehende Entlastung der energieintensiven Branchen von Umweltabgaben als mit dem Gemeinsamen Markt vereinbar angesehen werden. Einer besonderen Rechtfertigung bedarf es, wenn eine gegen das Verursacherprinzip verstoßende Beihilfe fakultativ als genehmigungsfähig angesehen werden soll[804].

Die Gewährung eines ermäßigten Steuersatzes für das produzierende Unternehmen und die Unternehmen der Land- und Forstwirtschaft stellt Beihilfe dar, die gegen das Verursacherprinzip verstößt[805]. Eine Rechtfertigung i. S. d. Umweltschutzes ist nur schwer möglich, da die Umweltsteuern erhoben werden, um umweltschädigendes Verhalten zu ändern.

So ist allenfalls vorstellbar, daß den produzierenden Unternehmen und den Unternehmen der Land- und Forstwirtschaft für einen Anpassungszeitraum auf energieschonendere Produktionsverfahren die Beihilfe genehmigungsfähig wäre[806]. Bei der derzeitigen Ausgestaltung der Stromsteuer handelt es sich aber um eine unbefristete Beihilfe. Dies wird insbesondere dadurch deutlich, daß im Zuge der Fortführung der „ökologischen Steuerreform“ keine zeitliche Befristung aufgenommen worden ist.

Diese Auffassung wird durch das Urteil des *EuGH* zur österreichischen Energieabgabenvergütung bestätigt. Der *EuGH* hat hier befunden, daß der Umweltschutz eine unterschiedliche Verschonung von besonderen Unternehmenszweigen, im fraglichen Urteil gütererzeugende Unternehmen, nicht rechtfertigt, da der Energieverbrauch gleich schädlich sei unabhängig vom Gegenstand des Unternehmen[807].

---

802 Frenz, EuZW 1999, S. 616 (618).
803 Entscheidung der Kommission v. 11.3.1992, Abl. EG Nr. L 170 S. 34 (38) für die Tierzuchtwirtschaft aufgrund umweltverträglicher Beseitigung überflüssiger Gülle.
804 Frenz, EuZW 1999, S. 616 (618).
805 So auch Frenz, EuZW 1999, S. 616 (618).
806 So auch Frenz, EuZW 1999, S. 616 (618).
807 EuGH, Urteil vom 8. 11.2001 - Rs. C-143/99, (Adria-Wien Pipeline GmbH, Wietersdorfer & Peggauer Zementwerke GmbH/Finanzlandesdirektion Kärnten), http://europa.eu.int

Als Ergebnis bleibt somit festzuhalten, daß die Entlastung energieintensiver Branchen von der Stromsteuer eine Beihilfe nach Artikel 87 Abs. 1 EGV darstellt, die nicht mit dem Gemeinsamen Markt vereinbar ist[808].

2. Systemtragende Verfassungsrechtliche Bedenken gegen das Stromsteuergesetz - Verletzung des Gleichheitsgrundsatzes - Art. 3 Abs. 1 GG

a) Der Gleichheitssatz des Art. 3 Abs. 1 GG im Steuerrecht

Prinzipien des Steuerrechts sind Rechtsprinzipien, die das steuerrechtliche System im ganzen tragen. So ist die Steuergesetzgebung an die rechtsstaatliche Ordnung des Grundgesetzes und besonders die Grundrechte gebunden, Art. 1 Abs. 3 GG und Art. 20 Abs. 3 GG. Der Rechtsstaat des Grundgesetzes repräsentiert neben dem Gesetzesstaat auch den materiellen Rechtsstaat, der dem Ziel der Gerechtigkeit dient[809]. Der materielle Rechtsstaat umfaßt die Fragen der Steuergerechtigkeit und die Rechtfertigung von Steuern[810].

Im Sinne der verfassungsrechtlichen Wertordnung sind Steuern gerecht, wenn sie hinsichtlich ihrer Existenz sowie der Auswahl der Steuersubjekte, der Auswahl, Bemessung und Belastung der Steuergüter mit den Prinzipien materieller Rechtsstaatlichkeit vereinbart werden können[811]. Art. 3 Abs. 1 GG verbietet ungleiche Belastung[812]. Für das Steuerrecht bedeutet der Gleichheitssatz, daß die Steuerpflichtigen durch ein Steuergesetz rechtlich und tatsächlich gleich belastet werden müssen[813]. Auch im Bereich von ökologisch bestimmten Besteuerungsregeln sind die gleichheitsrechtlichen Schranken zu beachten[814]. Der Schwerpunkt der verfassungsrechtlichen Überprüfung von Steuervergünstigungen liegt bei Art. 3 Abs. 1 GG[815].

b) Ungleichbehandlung nach dem StromStG

Das StromStG belastet den Verbrauch von Strom mit einer Stromsteuer, § 5 Abs. 1 StromStG. Ausgangspunkt für die Beurteilung ob eine Ungleichbehandlung vorliegt, sind somit die Stromverbraucher.

---

808 Gleichwohl hat die Europäische Kommission am 21.04.1999 für 3 Jahre bis 31.3.2002 diese Begünstigung genehmigt; vgl. Friedrich in Friedrich-Meißner, Einführung, Rdn. 39.

809 Stern, Bd. I, 1984, S. 796 ff.

810 Tipke, StRO I, S. 253 ff.

811 Tipke, StRO I, S. 251 ff.

812 Dürig in Maunz-Dürig , Art 3 Abs. 1, Rdn. 345.

813 BVerfGE, 93, 121 (134); Arndt, ZRP 1996, S. 176 ff. (181); Starck in v. Mangoldt-Klein-Starck, Art. 3 Abs. 1 Rdn. 82 ff; Osterloh in Sachs, Art 3 Rdn. 134 ff.; Hein in Dreier, Band I, Art 3, Rdn. 65; Kirchhof Paul in Isensee-Kirchhof, HbStR, Band IV, § 88, Rdn. 104; ders. StuW 1984, 297 (297).

814 Lang, UTR 16, 1992, S. 55 (67).

815 Lambrecht in Kirchhof-Söhn, § 7 d, Rdn. A 86.

aa) Steuerbefreiung von Strom aus erneuerbaren Energieträgern

§ 9 Abs. 1 Nr. 1 a StromStG sieht die Befreiung von der Strom-teuer für Strom vor, der aus erneuerbaren Energieträgern im Sinne des § 2 Nr. 7 StromStG[816] erzeugt wird und aus einem ausschließlich aus solchen Energieträgern gespeisten Netz oder einer entsprechenden Leitung entnommen wird.

Bei dieser Steuerbefreiung stehen sich zwei Gruppen von Normadressaten gegenüber. Zum einen die Stromverbraucher, die Strom aus herkömmlichen Energieträgern verbrauchen und zum anderen Stromverbraucher, die Strom aus erneuerbaren Energieträgern verbrauchen.

Die erste Gruppe zahlt pro Kilowattstunde Strom 0,03 DM (0,01 Euro) Stromsteuer, die zweite Gruppe zahlt keine Stromsteuer. Es liegt somit eine Ungleichbehandlung vor.

bb) Steuervergünstigung von Nachtspeicherheizungen

Gemäß § 9 Abs. 2 Nr. 1 StromStG unterliegt Strom einem ermäßigten Steuersatz von 12,50 DM (6,39 Euro) für eine Megawattstunde, wenn er zum Betrieb von Nachtspeicherheizungen, die vor dem 1. April 1999 installiert worden sind, entnommen wird und nicht steuerbefreit ist.

Auch hier sind zwei Gruppen von Normadressaten betroffen. Zum einen die Stromverbraucher, die keinen Strom durch Nachtspeicherheizungen verbrauchen und zum anderen die Stromverbraucher, die Strom durch Nachtspeicherheizungen verbrauchen. Da die Stromverbraucher beim Verbrauch von Strom durch Nachtspeicherheizungen nur einen ermäßigten Steuersatz zu zahlen haben, liegt eine Ungleichbehandlung vor.

cc) Steuervergünstigung des ÖPNV

Nach § 9 Abs. 2 Nr. 2 StromStG unterliegt Strom einem ermäßigten Steuersatz von 12,50 DM (6,39 Euro) für eine Megawattstunde, wenn er für den Fahrbetrieb im Schienenbahnverkehr mit Ausnahme der betriebsinternen Werkverkehre und Bergbahnen entnommen wird und nicht gemäß § 9 Abs. 1 StromStG von der Steuer befreit ist. Auch hier ist eine Ungleichbehandlung festzustellen, da eine Gruppe von Stromverbrauchern begünstigt wird.

---

[816] Sog. Ökostrom.

dd) Ermäßigter Steuersatz für das produzierende Ge werbe und die Land- und Forstwirtschaft

Die Gestaltungsfreiheit des Gesetzgebers umfaßt die Festlegung des Steuersatzes. Hierdurch kann er auf das freie Spiel der Kräfte im Rahmen der privaten Wirtschafts- und Sozialordnung einwirken[817]. Die Gewährung des ermäßigten Steuersatzes nach § 9 Abs. StromStG an Unternehmen des produzierenden Gewerbes oder Unternehmen der Land- und Forstwirtschaft ist eine Ungleichbehandlung, da eine Gruppe von Stromverbrauchern begünstigt wird.

c) Rechtfertigung der Ungleichbehandlung nach Art. 3 Abs. 1 GG

Die Ungleichbehandlung ist dann gerechtfertigt, wenn die Differenzierung einem legitimen öffentlichen Interesse dient[818].

aa) Steuerbefreiung von Strom aus erneuerbaren Energieträgern

Als Rechtfertigungsgrund kommt das Gemeinwohlprinzip in Betracht, da es sich um eine Steuervergünstigung handelt. Die Erhaltung der Umwelt ist ein Gemeinwohlgrund, der grundgesetzlich verankert ist[819].

Zur Begründung für diese Befreiung wurde von der Bundesregierung ausgeführt, daß diese Befreiung aus umweltpolitischen Gründen wünschenswert sei[820]. Im Antrag für die *„Entlastung durch Einführung einer ökologischen und sozialen Steuerreform"*[821] wird das Ziel der ökologisch-sozialen Steuerreform umschrieben. Ziel ist die schrittweise Erhöhung der Steuern auf den Verbrauch von natürlichen Ressourcen und die vollständige Verwendung des damit erzielten Aufkommens zur Senkung der Abgabenlast auf den Faktor Arbeit. So können gleichzeitig zwei Ziele erreicht werden, zum einen die Reduzierung der Umweltbelastung und zum anderen die Schaffung von Arbeitsplätzen[822].

In der *Beschlußempfehlung des Finanzausschusses* wird ausgeführt, daß die Preise für die Nutzung von Energie zu wenig Anreize bieten, vorhandene Energieeinsparpotentiale auszuschöpfen, erneuerbare Energien stärker auszubauen und energiesparende sowie ressourcenschonende Produkte und Produktionsverfahren zu entwickeln[823].

---

[817] Selmer, S. 356 ff.
[818] Ausführlich, Siehe oben Seite 181.
[819] BVerfGE 93, 121 (148).
[820] BT-Drs. 14/440, S. 32.
[821] BT-Drs. 14/66 (neu), S. 1.
[822] BT-Drs. 14/66 (neu), S. 1.
[823] BT-Drs. 14/408, S. 1.

Traditionell erzeugter Strom belastet die Umwelt, entweder durch Luftverschmutzung oder durch die Produktion von radioaktivem Abfall. Strom aus der Erzeugung von erneuerbaren Energien, belastet die Umwelt weitaus weniger. So sind die Windenergie, Sonnenkraft und Wasserkraft unendlich verfügbar. Bei ihrer Verwendung entstehen keine direkten schädlichen Umweltbeeinträchtigungen, gleichwohl das Bild der Landschaft durch Windmühlen und Stauseen beeinträchtigt werden kann.

Da sich diese Art der Produktion aufgrund höherer Produktionskosten nur schwer auf dem Markt durchsetzen kann, ist eine staatliche Hilfe geboten. Dies resultiert natürlich auch aus der Verantwortung für die nachwachsenden Generationen, ihnen eine lebenswerte Umwelt zu hinterlassen.

Somit könnte die Steuerbefreiung gerechtfertigt sein. Problematisch ist aber die Einschränkung der Steuerfreiheit, da die Vergünstigung nur für Eigenerzeuger und für Bezieher von „sauberem" Strom aus erneuerbaren Energieträgern gewährt wird. Die Steuerbefreiung entfällt damit beim Bezug von gemischtem Strom.

Nach der Gesetzesbegründung ist eine umweltpolitisch wünschenswerte umfassende Freistellung des aus erneuerbaren Energieträgern erzeugten Stroms von der Stromsteuer aus tatsächlichen und rechtlichen Gründen nicht möglich, weil nach der Einspeisung in das Versorgungsnetz der Nachweis des aus alternativen Energiequellen herrührenden Stroms immer schwieriger wird"[824].

Diese Einschränkung bei der Behandlung der Steuerfreiheit hat nichts mit der ökologischen Zielsetzung des Gesetzes zu tun, sondern beruht auf Praktikabilitätserwägungen. Sie führen dazu, daß es zu einer totalen Versagung der Inanspruchnahme der Steuerbefreiung kommt. Fraglich ist, ob derzeit überhaupt genügend Versorgungsnetze vorhanden sind, die ausschließlich mit Strom aus erneuerbaren Energieträgern gespeist werden, so daß der Gesetzgeber sein Differenzkriterium hierauf stützen kann.

Es sind weder Pauschalierungen noch Staffelungen vorgesehen. Insofern läßt sich diese Versagung verfassungsrechtlich nicht rechtfertigen[825].

Damit ist § 9 Abs. 1 Nr. 1 a und Nr. 1 b StromStG nicht mit Artikel 3 Abs. 1 GG vereinbar.

---

[824] BT-Drs. 14/40, S. 9.

[825] So auch Bongartz / Schröer-Schallenberg , DStR 1999, S. 962 (970).

bb) Steuervergünstigung von Nachtspeicherheizungen

Die Steuervergünstigung für Nachtspeicherheizungen, § 9 Abs. 2 Nr. 1 StromStG, knüpft an das Differenzierungskriterium Stromverbrauch durch Nachtspeicherheizungen an. Differenzierungsziel ist, sozial Schwache weniger mit Stromsteuer zu belasten.

Die Begründung zum ursprünglichen Gesetzentwurf nennt für diese Steuervergünstigung Gründe sozialer Natur. Nachtspeicherheizungen werden häufig von Beziehern kleinerer Einkommen genutzt.

Da der Stromverbrauch hierfür aber relativ hoch ist, werden sozial Schwache in diesen Fällen durch die Stromsteuer in ungleich höherem Ausmaße als andere Stromkunden wirtschaftlich belastet[826]. Der *Bericht des Finanzausschusses* nennt dagegen als Ziel die Reduktion bzw. Abschaffung von Nachtspeicherheizungen[827].

Hier steht die Begründung des Gesetzentwurfes im Widerspruch zum Bericht des Finanzausschusses. Denn wenn das Ziel, die Reduktion, bzw. Abschaffung von Nachtspeicherheizungen, erreicht werden soll, so darf der Stromverbrauch durch Nachtspeicherheizungen nicht begünstigt, sondern muß erheblich verteuert werden.

Außerdem läßt sich die Behauptung, daß sozial Schwache häufig Nachtspeicherheizungen benutzen, nicht mit empirischen Zahlen absichern. So verfügen die Statistischen Landesämter und das Statistische Bundesamt über keinerlei Daten zu Nachtspeicherheizungen, da diese nicht erhoben werden. Lediglich bei der Gebäude- und Wohnungsstichprobe 1993 wurde nach der Beheizungsart gefragt.
Es wurde dabei unterschieden nach Block-, Zentral-, Etagen- und Ofenheizung und der Energieart darunter auch Strom. Eine Verknüpfung mit sozialen Verhältnissen wurde nicht vorgenommen und ist nicht möglich[828]. Auch die Mikrozensus-Zusatzerhebung im April 1998 unterscheidet lediglich die Energiearten für die Beheizung. Eine soziale Verknüpfung ist auch bei dieser Erhebung nicht vorgenommen worden[829]. Die Behauptung, daß sozial Schwache vornehmlich Nachtspeicherzungen nutzen ist daher nicht aufgrund empirischer Daten zu belegen.

---

[826] BT-Drs. 14/40, S. 12.
[827] BT-Drs. 14/440, S. 32.
[828] E-mail vom Landesamt für Datenverarbeitung und Statistik Nordrhein-Westfalen vom 29. August 2000.
[829] Statistisches Bundesamt, Bauen und Wohnen, http://www.statistik-bund.de.

Es kann nicht ausgeschlossen werden, daß in Gebäuden mit Nachtspeicherheizungen nicht nur sozial Schwache wohnen, so daß Mitnahmeeffekte möglich sind. Die Steuervergünstigung kommt also nicht nur sozial Schwachen, sondern auch nicht sozial Schwachen zugute. Daher ist als Differenzkriterium das Betreiben einer Nachtspeicherheizung nicht geeignet, das Differenzierungsziel zu erreichen.

Auch ein Vertrauensschutz in die Investition einer Nachtspeicherheizung läßt keinen anderen Schluß zu, da mit der Begünstigung ein Differenzierungsziel erreicht werden soll, das derzeit nur als Behauptung existiert.

Das Differenzierungskriterium ist unbrauchbar, das Differenzierungsziel zu erreichen. Daher läßt sich diese Ungleichbehandlung nicht rechtfertigen[830]. Die Steuervergünstigung des § 9 Abs. 2 Nr. 1 StromStG verstößt gegen den Gleichheitssatz des Art. 3 Abs. 1 GG.

cc) Steuervergünstigung des ÖPNV

Bei der Steuervergünstigung des ÖPNV nach § 9 Abs. 2 Nr. 2 StromStG ist Differenzierungskriterium die Art des Transportmittels. Differenzierungsziel ist die Förderung des ÖPNV durch eine geringere Belastung mit Stromsteuer und damit letztlich auch der Umweltschutz, der grundgesetzlich verankert ist[831]. Die Benutzung des öffentlichen Personennahverkehrs ist umweltschonender als die Benutzung von Individualverkehrsmitteln. So kann der öffentliche Personennahverkehr mit einer geringeren Umweltbelastung weit mehr Fahrgäste befördern, als der Individualverkehr. Erklärtes Ziel der Politik ist die Verlagerung des Verkehrs von der Straße auf die Schiene. Durch diese Maßnahmen läßt sich ein positiver Effekt auf die Umweltbelastung erzielen.

Aus diesem Grunde ist die Steuervergünstigung des ÖPNV nach § 9 Abs. 2 Nr. 2 StromStG gerechtfertigt und es liegt somit kein Verstoß gegen Art. 3 Abs. 1 GG vor.

dd) Ermäßigter Steuersatz für das produzierende Ge werbe und die Land- und Forstwirtschaft

Auch als Rechtfertigung des ermäßigten Steuersatzes für das produzierende Gewerbe und die Land- und Forstwirtschaft kommt eine Rechtfertigung durch das Gemeinwohlprinzip in Betracht.

---

[830] So auch Jacobs / Spengel / Wünsche, DB 1999, 57 (61) die in der Befreiung von Nachtspeicherheizungen einen inneren Bruch in der Tatbestandsbildung des Gesetzes sehen.
[831] Siehe oben Seite 11.

Die Einführung des einheitlichen ermäßigten Steuersatzes von 20 v. H. des Regelsteuersatzes wurde im Laufe des Gesetzgebungsverfahrens entschieden[832]. Diese Regelung ersetzt die Unterscheidung der Unternehmen in energieintensive und nicht energieintensive, wie sie in der ursprünglich geplanten Fassung vorgesehen war[833]. Eine neue Begründung zur Begünstigung der Unternehmen wird nicht angeführt, so daß auf die ursprüngliche Begründung zurückgegriffen werden muß.

In der ursprünglichen Begründung zum Entwurf des Stromsteuergesetzes wird die Steuerbefreiung der energieintensiven Betriebe damit begründet, daß diese Wirtschaftszweige, die nach dem StromStG in Verbindung mit der Anlage zum StromStG von Gesetzes wegen als energieintensiv gelten, im Vergleich zu Unternehmen anderer Wirtschaftszweige, bereits jetzt einen überdurchschnittlich hohen Energiekostenanteil bezogen auf die Produktionskosten aufweisen. Die Wettbewerbsfähigkeit der energieintensiven Branchen wird ohne die steuerliche Entlastung beeinträchtigt, da das Energiepreisniveau in Deutschland ohnehin eines der höchsten in der EU ist[834].

In der Begründung zum endgültigen Entwurf wird die Steuerbefreiung für energieintensive Unternehmen aufgegeben und einheitlich ein ermäßigter Steuersatz für das produzierende Gewerbe von 20 v. H. des Regelsatzes eingeführt.

Damit sollen Abgrenzungsschwierigkeiten vermieden werden. Insbesondere soll es auf die Begriffsbestimmung „energieintensive Branchen“ nicht mehr ankommen[835]. Im Zusammenhang mit der Wettbewerbsfähigkeit der deutschen Unternehmen wird angeführt, daß durch die Einführung der Stromsteuer ein Arbeitsplatzabbau entstehen könne[836]. Dies wird im wesentlichen damit begründet, daß die höheren Energiepreise dazu führen, daß die Herstellungskosten der Produkte steigen und langfristig energieintensive Betriebe ihren Standort aus der Bundesrepublik Deutschland verlagern werden. So befürchtet insbesondere die Chemische Industrie ein weiteres Auseinanderklaffen der Herstellungskosten für chemische Produkte im Vergleich zu den angrenzenden Ländern Belgien, Frankreich und Niederlande. Aber auch im Vergleich zu Italien, Großbritannien, Spanien, USA und Südkorea könnten die Kostenvorteile dieser Länder steigen[837].

---

[832] BT-Drs. 14/440, S. 28.

[833] BT-Drs. 14/40, S. 4.

[834] BT-Drs. 14/40, S. 12.

[835] BT-Drs. 14/408. S. 37, S. 38.

[836] Positionspapier: „Ökosteuern sind ein Irrweg“, Abt. Steuer- und Haushaltspolitik des BDI e. V., September 1998.

[837] http://www.chemische-industrie.de.

Tabelle 51: Veränderung der Kostennachteile der chemischen Industrie vor und nach der Einführung der Ökosteuer

Kostennachteil gegenüber	vor Ökosteuer	nach Ökosteuer
Belgien, Frankreich, Niederlande	5 - 10 v. H.	15 - 20 v. H.
Italien, Großbritannien, Spanien, USA, Südkorea	10 - 20 v. H.	20 - 25 v. H.
China	30 v. H.	38 v. H.

Quelle: http://www.chemische-industrie.de.

Sicher ist die Arbeitslosigkeit ein Problem, dessen Bekämpfung nach politischen Aussagen oberste Priorität genießt. Gleichwohl darf dies nicht dazu führen, daß der Gesetzgeber marktwirtschaftliche Anpassungsprozesse durch Steuervergünstigungen verhindert.

Nicht nur die von der Stromsteuer begünstigten Unternehmen erhalten und schaffen Arbeitsplätze, sondern die Gesamtheit der Unternehmen. So ist fraglich, ob bestimmte Produktionszweige in der Zukunft überhaupt noch wettbewerbsfähig sein werden. Schon heute wird ein Großteil der Arbeitsplätze im Dienstleistungsbereich geschaffen, der aber nicht von der Stromsteuervergünstigung für Unternehmen profitiert. Auch wird der Nachweis der konkreten Wettbewerbsnachteile kaum zu führen sein und darüber hinaus werden die Wettbewerbsnachteile auch höchst unterschiedlich ausfallen. Ebenso werden die Unternehmen benachteiligt, die trotz Stromsteuer wettbewerbsfähig sind. Es ließe sich darlegen, daß auch der Endverbraucher von einer Stromsteuervergünstigung profitieren muß, da er als letztes Glied im Absatzprozeß ebenfalls Arbeitsplätze durch den Kauf der Produkte erhält und schafft. Zwar ist dies nur eine indirekte Schaffung von Arbeitsplätzen. Besteht aber keine Nachfrage nach Produkten oder Dienstleistungen, so werden diese nicht produziert.

Somit läßt sich durch die mangelnde Wettbewerbsfähigkeit eine Rechtfertigung der Ungleichbehandlung aus Gemeinwohlgründen nicht ableiten. Ebenso ist nicht ersichtlich, warum nur die produzierenden Unternehmen und die Land- und Forstwirtschaft durch die Stromsteuer Wettbewerbsnachteile erleiden sollen. Die Abgrenzung erscheint zweifelhaft.

Das hohe Energiepreisniveau kann ebenfalls nicht als Rechtfertigung für die Ungleichbehandlung herangezogen werden. Die Stromkosten[838] der privaten Haushalte lagen im Januar 1999 bei 0,1334 Euro je kWh[839]. Für andere als private Haushalte lagen sie, repräsentativ, im Januar 1999 deutlich darunter[840].

Tabelle 52: Strompreise von anderen Nachfragern als private Haushalte im Januar 1999

Abnahmemenge	Euro je kWh
500 kW	0,0831
10 MW	0,0699
50 MW	0,0551

Insofern besteht zwischen den privaten Haushalten und den anderen Verbrauchern ein erheblicher Preisunterschied. Dieser wird durch den ermäßigten Steuersatz weiter erhöht. Folglich läßt sich der ermäßigte Steuersatz nicht durch die unterschiedlichen Energiepreise rechtfertigen. Ebensowenig kann das Energiepreisniveau der EU als Rechtfertigungsgrund herangezogen werden, da die deutschen Strompreise im Mittelfeld liegen.

Tabelle 53: Strompreise Januar 1999

		Pfennig/kWh			
Maximale Leistung		Haushalt	500 kW	10 MW	50 MW
Belgien	niedrig		12,78	8,61	7,22
	hoch		17,90	13,03	10,36
	repräs.	**33,02**	**15,67**	**10,87**	**8,40**
Deutschland	niedrig		13,61	9,05	7,70
	hoch		19,40	15,69	12,87
	repräs.	**28,99**	**16,25**	**13,69**	**10,79**
Finnland	niedrig		7,82	6,49	4,90
	hoch		9,70	8,48	7,67
	repräs.	**18,74**	**8,52**	**7,26**	**7,00**
Frankreich	niedrig		10,26	8,71	6,41
	hoch		14,03	12,64	8,63
	repräs.	**23,89**	**12,42**	**10,41**	**7,92**
Großbritannien	niedrig		12,00	9,94	8,56
	hoch		13,59	11,36	9,61
	repräs.	**20,89**	**12,95**	**10,65**	**8,97**
Italien	niedrig		15,96	10,53	8,88
	hoch		22,05	15,33	12,28
	repräs.	**43,77**	**19,44**	**12,75**	**10,34**
Niederlande	niedrig		10,82	8,82	6,90
	hoch		14,84	13,13	11,50
	repräs.	**24,49**	**12,98**	**10,65**	**9,71**
Österreich	niedrig		16,06	11,80	9,65
	hoch		21,43	16,97	14,19
	repräs.	**28,51**	**18,62**	**14,01**	**11,97**

Quelle: Erdöl- / Energie-Informationsdienst Nr. 7 / 99.

838 Erdöl-/Energie-Informationsdienst Nr. 7/99, S. 20.
839 Angaben Stromabrechnungen der VEW.
840 Dies liegt auch darin begründet, daß nach der Freigabe des Strommarktes die Strompreise sowohl für private und gewerbliche Verbraucher erheblich gesunken sind.

Schließlich wird durch den ermäßigten Steuersatz das Ziel der Einführung einer ökologischen und sozialen Steuerreform unterlaufen. In der Beschlußempfehlung des Finanzausschusses zur Einführung einer ökologischen und sozialen Steuerreform wird ausdrücklich auf den Lenkungseffekt zu ressourcenschonenden Produkten und Produktionsverfahren hingewiesen[841]. Produkte und Produktionsverfahren werden von Unternehmen entwickelt und eingesetzt.

Der Verbraucher hat hierauf nur einen bedingten Einfluß. Insofern entscheiden die Unternehmen über die Entwicklung und den Einsatz neuer Produktionsverfahren. Sie entscheiden über das *„Ob"* und *„Wie"* der Produktion.

Aus der Problemumschreibung zum StromStG ergibt sich, daß die Preise für Energie dazu genutzt werden sollen, die Unternehmen zu ressourcenschonenden Produktionsverfahren anzuhalten. Da der Steuersatz der Unternehmen aber nur 20 v. H. des Regelsteuersatzes beträgt, ist der Anreiz sehr gering, so daß der Lenkungseffekt weitgehend leerläuft. § 9 Abs. 3 StromStG unterläuft daher die selbstgenannte Zielbestimmung des Gesetzes in systemwidriger Weise. Eine Rechtfertigung nach dem Gemeinwohlprinzip ist daher nicht möglich.

Eine Rechtfertigung nach dem Bedürfnisprinzip kommt nicht in Betracht, weil die wirtschaftliche Bedürftigkeit, die durch die Steuerentlastung kompensiert[842] werden soll, nicht vorliegt. Eine steuerliche Leistungsunfähigkeit liegt bei den betroffenen Unternehmen nicht vor.

Auch das Verdienstprinzip kann nicht als Rechtfertigung bemüht werden. Das Verdienstprinzip belohnt ein Verhalten, das dem Allgemeininteresse dient[843]. Die Stromsteuer soll den Energieverbrauch verteuern und damit zur Energiesparung beitragen[844]. Dieses Ziel wird durch Begünstigung der Hauptverbraucher unterlaufen[845].

Folglich liegt in der Einführung des ermäßigten Steuersatzes für die produzierenden Unternehmen und die Land- und Forstwirtschaft nach § 9 Abs. 3 StromStG ein Verstoß gegen das Gleichheitsgebot des Art. 3 Abs. 1 GG.

---

[841] BT-Drs. 14/408, S. 1.
[842] Lang in Tipke-Lang, § 4 Rdn. 127.
[843] Lang in Tipke-Lang, § 4 Rdn. 129.
[844] BT-Drs. 14/1524, S. 2.
[845] Siehe oben Seite 187.

ee) Erlaß, Erstattung oder Vergütung

Der Erlaß, die Erstattung oder Vergütung der Stromsteuer nach § 10 StromStG ist ebenfalls verfassungswidrig, weil weder eine Rechtfertigung nach dem Gemeinwohl-, Bedürfnis- noch Verdienstprinzip begründbar ist. Vom ökologischen Ansatz her läuft diese Vergünstigung dem Gesetzesziel zuwider. Ein Verstoß gegen das Gleichheitsgebot des Art. 3 Abs. 1 GG ist gegeben.

3. Verfassungsrechtliche Bedenken gegen die Verwendung des Stromsteueraufkommens zur Lohnnebenkostensenkung - Verletzung des Gleichheitsgrundsatzes - Artikel 3 Abs. 1 GG

Entsprechend dem Gesetzesentwurf[846] zum Einstieg in die ökologische Steuerreform wird das zusätzliche Aufkommen aus der Energiebesteuerung zur Finanzierung der Senkung der Sozialversicherung verwendet. Die Senkung soll im ersten Schritt um 0,8 v. H. betragen. In der Begründung wird dies als Grundphilosophie der ökologischen Steuerreform bezeichnet. Diese Limitierung auf die Sozialversicherungsabgaben ist nicht frei von verfassungsrechtlichen Bedenken. Ein Verstoß gegen Art. 3 Abs. 1 GG könnte vorliegen.

a) Ungleichbehandlung

Von der Senkung der Lohnnebenkosten durch einen Teil des Stromsteueraufkommens profitieren nur die Beitragszahler zur Rentenversicherung. Dagegen werden Rentner, Arbeitslose, Beamte und Selbstständige von dieser Vergünstigung ausgenommen. Somit liegt eine ungleiche Begünstigung vor. Auch fehlt es im vorliegenden Fall am sachgerechten Maßstab für das Vergünstigungsbedürfnis. Nimmt die Vergünstigung mit zunehmenden Bedürfnis ab und umgekehrt, so ist der Gleichheitssatz und mit ihm die Vergünstigungs- oder Subventionsgerechtigkeit verletzt[847].

Eine Studie der *Arbeiterkammer Wien*[848] ist zu dem Ergebnis gekommen, daß durch die Energiebesteuerung nicht nur einkommensschwache Gruppen belaste, sondern bestimmte einkommensschwache Gruppen überproportional belastet würden [849]. Betroffen seien vor allem Rentner, Arbeitslose und Sozialhilfeempfänger[850]. Diese einkommensschwachen Gruppen subventionierten somit die Beitragssenkung. Auch sei nicht frei von Bedenken, daß die Begünstigung mit zunehmendem Einkommen steige, da sie vom Bruttoarbeitsentgelt abhängig sei.

---

846 Fraktionen SPD und Bündnis 90/Die Grünen; BT-Drs. 14/40 S.1
847 Lang in Tipke-Lang, § 20, Rdn. 78, m. w. N.
848 Ritt, S. 41.
849 Ritt, S. 41.
850 Ritt, S. 31.

Ferner hätte die Zahlung aus dem Stromsteueraufkommen auch an die Arbeitslosenversicherung, die Krankenversicherung, die beamtenrechtlichen Versorgungsfonds, die Versorgungskassen der Ärzte, Rechtsanwälte und Steuerberater usw. erfolgen könnten.

b) Rechtfertigung der Ungleichbehandlung nach Artikel 3 Abs. 1 GG

Grundsätzlich beläßt Art. 3 Abs. 1 GG dem Gesetzgeber einen weiten Gestaltungsspielraum. Dieser hat regelmäßig zu entscheiden, welche Sachverhaltselemente so wichtig sind, daß ihre Verschiedenheit eine Ungleichbehandlung rechtfertigt.

Sein Spielraum endet erst dort, wo die ungleiche Behandlung der geregelten Sachverhalte nicht mehr mit einer am Gerechtigkeitsgedanken orientierten Betrachtungsweise vereinbar ist, weil ein einleuchtender Grund für die Differenzierung fehlt[851]. Der Gesetzgeber unterliegt bei der Verschiedenbehandlung von Personengruppen einer strengen Bindung[852]. Hier wird ein Teil des „Ökosteueraufkommens" an eine bestimmte Gruppe zurückgewährt.

Die Auswahl der Gruppe orientiert sich an der politischen Zielsetzung, die Lohnnebenkosten zu senken, weil diese den Arbeitsmarkt belasten, deshalb müßten die Beitragszahler entlastet werden[853]. Die mit der Stromsteuer belasteten Steuerpflichtigen stehen „in keinem gewachsenen besonderen Verhältnis symbiotischer Art zu den Versicherten"[854]. Bei dieser Auswahl handelt es sich um eine Entscheidung des Gesetzgebers, die mit einer am Gerechtigkeitsgedanken orientierten Betrachtungsweise nicht mehr vereinbar ist. Insbesondere ist der begünstigte Personenkreis nicht sachgerecht ausgewählt worden. Dies verlangt das *BVerfG* aber[855]. Zwar sind Vergünstigungen im Gemeinwohlinteresse grundsätzlich zulässig, allerdings müssen Rechtfertigungsgründe erkennbar sein. An diesen fehlt es hier. Eine Rechtfertigung nach dem Gemeinwohlprinzip[856] oder aus dem damit zusammenhängenden Sozialstaatsprinzip, Art. 20 Abs. 1 GG, kommt nicht in Betracht[857].

---

851 Vgl. BVerfGE 9, 334 (337); BVerwGE 25, 269 (293); BVerfGE 48, 227 (235) und ständige Rechtsprechung.

852 Herzog in Maunz-Dürig, Anh. Art. 3, Rdn. 69.

853 BT-Drs. 14/45 S. 1.

854 Vgl. Spellbrink, 423 (425 f.), der sogar von einem „verkappten Sozialversicherungsbeitrag" spricht.

855 Lang in Tipke-Lang, § 20, Rdn. 77, m. w. N.

856 Siehe oben Seite 201.

857 Lang in Tipke-Lang, § 20, Rdn. 75.

Der Staat kann sich gestützt auf diese zwei Prinzipien für eine staatsfinanzierte Rente entscheiden. Auch wird bereits jedes Jahr ein beträchtlicher Zuschuß aus dem Bundeshaushalt an die Rentenversicherung gezahlt, der zum Ausgleich der Finanzierung von versicherungsfremden Lasten wie z. B. Kindererziehungszeiten, Rentenersatzzeiten usw. dient.

Ebenso kann die Wirtschaftspolitik das Gemeinwohl, als allgemeines staatliches Interesse[858] fördern. Die Senkung der Lohnnebenkosten ist auch ein legitimer politischer Zweck. Aber es ist nicht Aufgabe des Gemeinwohls nur die Lohnnebenkosten der Betriebe zu senken die Arbeitnehmer beschäftigen, die in der gesetzlichen Rentenversicherung pflichtversichert sind.

Die Finanzierung der gesetzlichen Rentenversicherung ist primär Aufgabe der Systempartner, also nicht der Allgemeinheit, das sind entsprechend dem Solidaritätsprinzip anteilig Arbeitgeber und Arbeitnehmer. Diesen obliegt die Finanzierung der gesetzlichen Rentenversicherung. Leidet das System unter Finanzmangel, so müssen entweder die Leistungen gekürzt oder die Beiträge erhöht werden. Die Finanzierung der Rentenversicherung läßt sich auch nicht dadurch rechtfertigen, daß sie in hohem Maße mit Fremdlasten belastet ist. Die Lösung dieses Problems läßt sich nur durch eine vollständige Entlastung der Rentenversicherung von diesen sozialversicherungsfremden Lasten herbeiführen[859].

Auch die Auswahl des Begünstigten, der Rentenversicherung, läßt sich nicht rechtfertigen. Der Staat müßte alle Versicherungssysteme gleich behandeln und allen einen Teil des „Ökosteueraufkommens" gewähren.

Somit liegt in der Rückvergütung von Ökosteueraufkommen durch die Subventionierung des Rentenversicherungsbeitrages ein Verstoß gegen Art. 3 Abs. 1 GG.

4. Verfassungsrechtliche Bedenken gegen die Verwendung des Stromsteueraufkommens zur Lohnnebenkostensenkung - Verletzung des Haushaltsgrundsatzes - Artikel 110 Abs. 1 GG

Nach § 110 Abs. 1 GG sind alle Einnahmen und Ausgaben des Bundes ausnahmslos in den Haushaltsplan einzustellen. Hiergegen könnte die zwar nicht rechtliche, aber doch faktische Bindung, einen bestimmten Teil des „Ökosteueraufkommens" zur Senkung der Rentenversicherungsbeiträge zu verwenden, verstoßen.

---

[858] Lang in Tipke-Lang, § 20 Rdn. 70.
[859] Leisner, NZS 1996, 97 (98 f.).

Der Verfassungsgrundsatz der Vollständigkeit des Haushaltsplans[860] hat seinen Sinn nicht nur in dessen finanzwirtschaftlicher Funktion und in dem Umstand, daß das Haushaltsbewilligungsrecht eines der wesentlichen Instrumente der parlamentarischen Regierungskontrolle ist; er aktualisiert auch den fundamentalen Grundsatz der Gleichheit der Bürger bei der Auferlegung öffentlicher Lasten[861]. Dieser Grundsatz zielt darauf ab, das gesamte staatliche Finanzvolumen der Budgetplanung und -entscheidung von Parlament und Regierung zu unterstellen. Nur dadurch ist gewährleistet, daß das Parlament in regelmäßigen Abständen den vollen Überblick über das dem Staat verfügbare Finanzvolumen und damit auch über die dem Bürger auferlegte Abgabenlast erhält, soweit sie der Verantwortung des Parlaments unterliegen. Nur so können Einnahmen und Ausgaben vollständig den dafür vorgesehenen Planungs-, Kontroll- und Rechenschaftsverfahren unterworfen werden. Demgemäß ist der Grundsatz der Vollständigkeit des Haushaltsplans berührt, wenn der Gesetzgeber Einnahme- und Ausgabekreisläufe außerhalb des Budgets organisiert[862].

Im Zusammenhang mit dem Grundsatz des Haushaltsausgleichs steht der Grundsatz der Non-Affektation. Dieser Grundsatz besagt, daß sämtliche Einnahmen eines öffentlich-rechtlichen Gemeinwesens als Einheit anzusehen und unterschiedslos zur Deckung sämtlicher Ausgaben dienen müssen[863]. Bestimmte Einnahmen dürfen nicht für bestimmte Ausgaben zweckgebunden werden, wie es für die Fondswirtschaft typisch ist[864].

Nach der Gesamtkonzeption der ökologischen Steuerreform soll der Faktor Arbeit entlastet und der Energieverbrauch belastet werden[865]. Ein Teil des Steueraufkommens wird zur Senkung der Rentenversicherungsbeiträge eingesetzt[866]. Eine rechtliche Zweckbindung hat der Gesetzgeber vermieden. Es existiert lediglich eine faktische Bindung. Mag diese auch so stark sein, daß ein Abweichen von diesem politischen Ziel unmöglich erscheint, reicht sie dennoch nicht aus um einen Ausgabenkreislauf außerhalb des Haushalts zu schaffen[867].

---

860 Zur Zulässigkeit von Zwecksteuern BVerfGE 7, 244 (254 f.); BVerfGE 9, 291 (300); Bach, StuW 1995, 264 (273); Stern, Bd. II, S. 1244 f.; Vogel / Waldhoff in Dolzer / Vogel, Verbemerkung zu Art 104 a bis 115, Rdn. 383.

861 Vgl. BVerfGE 55, 274 (303).

862 BVerfGE, Beschluß vom 11.10.1994 – 2 BvR 663/86 = NJW 1995, S. 381; BVerfGE, 31.05.90, 2 BvL 12/88 = TopCases-Nr. B0116 = BVerfGE 82, 159-198.

863 List, DB 1999, S. 1623 ff. (1625).

864 Maunz in Maunz-Dürig, Art. 110, Rdn. 43.

865 Vgl. Löwer, S. 9, der bei der Beschreibung des Konzeptes der Ökosteuer fragt, soll man sich auf den Text des Gesetzes konzentrieren oder gehören immer wieder beschworene Zwecksetzungen dazu?,

866 Siehe oben Seite 203.

867 Zitzelsberger, DB 1996, S. 1791 ff. (1793); a. A. Herdegen / Schön, S. 43, die in der nicht im Gesetzestext offengelegten Zweckbindung einen Verstoß gegen die im Haushaltsrecht zu fordernde Normenklarheit sehen, also von einer Zweckbindung ausgehen.

Somit verstößt die Verwendung eines Teils des Ökosteueraufkommens nicht gegen das Gesamtdeckungsprinzip und damit nicht gegen den Grundsatz der Vollständigkeit des Haushalts nach Art. 110 Abs. 1 GG.

VII. Bewertung

Die Ökologisierung des Steuersystems hat bereits Mitte der achtziger Jahre begonnen[868]. Kontrovers wird in der Politik diskutiert, welche Ziele durch Ökosteuern erreicht werden können, wie z. B. Anreizfragen, Aufkommen und fiskalische Ergiebigkeit[869].

In neuerer Zeit werden Ökosteuern in Zusammenhang mit den hohen Lohnnebenkosten gebracht[870]. Die Instrumentalisierung des Steuerrechts zugunsten des Umweltschutzes ist im Rahmen der Finanzverfassung des Grundgesetzes, wenn auch in Grenzen, möglich[871]. Nach ständiger Rechtsprechung des *Bundesverfassungsgerichtes*[872] ist der Gesetzgeber befugt, mit Steuern ordnend und lenkend in das Wirtschaftsleben einzugreifen[873]. Der Gesetzgeber verfügt über das Entscheidungsrecht, Steuern einzuführen. Er bestimmt über die Art und Ausgestaltung der Steuer. Dabei hat er zu beachten, daß ein sachlicher Zusammenhang zwischen den beabsichtigten Lenkungswirkungen, dem Steuergegenstand und dem Steuersatz besteht[874]. Das Steuerrecht kann daher seinen Beitrag zum Überleben von Natur und Menschheit leisten[875].

Weder aus der Problemstellung noch aus der Begründung zum Stromgesetz oder dem Stromgesetz selbst läßt sich eine rechtliche Zweckbindung des Steueraufkommens für Umweltaufgaben entnehmen.

---

[868] Vgl. Teufel, D: Ökosteuern als marktwirtschaftliches Instrument im Umweltschutz, Vorschläge einer ökologischen Steuerreform, Heidelberg 1988 = Bericht des Umwelt- und Prognoseinstituts Heidelberg, Nr. 9.

[869] Heins / Ströbele, Zeitschrift für angewandte Umweltforschung 1995, S. 385 ff. (392); Voss, S. 5.

[870] BT-Drs. 14/40, S. 1; Die Europäische Kommission neigt in ihrer jüngeren Steuerpolitik dazu, in parallelen Schritten eine Entlastung des Faktors Arbeit und eine Verteuerung des Faktors Energie anzustreben, vgl. Jarass / Obermaier, IStR 1998, 289 (289 ff.).

[871] Vgl. Selmer, UTR 16, 1992, 15 ff.

[872] BVerfGE 4, 7, (13); 6, 55, (81); 13, 181,(292 f); 16, 147, (160).

[873] Birk, NuR 1985, S. 90 ff. (90).

[874] Vgl. Kirchhof Ferdinand in Rengeling, Bd I, § 38, Rdn. 20; ders. UTR 16, 1992, 101 (106, 108 f., 117 f.); Kirchhof Paul, DStJG 15, 3 (7 f.); Hendeler, AöR 115, 1990, 577 (592); Höfling, StuW 1992, 242 (248 f.); Birk, NuR, 1985, 90 (91 f.).

[875] Lang, UTR 16, 1992, S. 55 ff.; Sprenger, S. 16.

Es besteht lediglich die politische Absichtserklärung, daß es eine Grundphilosophie ist, den Energieverbrauch zu verteuern und im Gegenzug den Faktor Arbeit zu entlasten[876]. Der Fiskus kann aber nicht dazu verpflichtet werden, dies tatsächlich zu tun[877]. Der Umweltschutz geht weithin leer aus, wenn produzierende Unternehmen als Hauptverbraucher weitgehend freigestellt werden. „Ökosteuern", die ihr umweltpolitisches Ziel verfehlen oder die gar keine umweltpolitische Wirkung entfalten können, dienen nur noch fiskalischen Zwecken[878]. Es konkurrieren bei der Erhebung von „Ökosteuern" Umweltschutzinteressen mit fiskalischen Interessen des Staates[879].

Der geplante Lenkungseffekt durch die Erschließung von Energiesparpotentialen läuft weithin ins Leere[880]. Energiesparpotentiale lassen sich auf drei Arten erschließen, über Verbote, Appelle oder über den Preis[881]. Über Verbote den Energieverbrauch zu beeinflussen, braucht nicht näher betrachtet zu werden, da dies der Einstieg in die Zwangswirtschaft wäre. Daß Appelle an Verbraucher nicht die gewünschte Wirkung zeigen, mag an zweierlei liegen. Die Verbraucher können sie ignorieren. Ferner kann der Verbraucher keine Möglichkeit haben, dem Appell zu folgen, um Energie zu sparen oder stromfressende Anlagen zu ersetzen[882]. Einkommenschwache Verbraucher sind kaum lenkbar, da ihnen die finanziellen Mittel für zumeist teurere Energiespargeräte fehlen[883]. Lenkbar sind aber die Verbraucher, deren eigene Bequemlichkeit das Stromsparen verhindert, wie z. B. statt Elektrogeräte im Stand-By-Modus eingeschaltet zu lassen, bei Nichtgebrauch oder über Nacht ganz abzuschalten.

Die wirksamste Lenkung läßt sich über den Preis erreichen. Dies gilt aber nur, wenn die Erhöhung des Preises so massiv ist, daß sie dem Verbraucher bewußt wird. Der Lenkungseffekt läuft ins Leere, wenn die Preiserhöhung für den Verbraucher unmerklich ist. In diesen Fällen wird der Verbraucher nach einer gewissen Übergangsphase zu seinen alten Gewohnheiten zurückkehren.

Dies wird durch die Erhöhungen der Mineralölsteuer in der Vergangenheit belegt. Durch die Stromsteuer wird der Verbrauch von Strom um 0,02 DM (0,01 Euro) je Kilowattstunde verteuert. Dies ist, um Energiesparpotentiale durch Lenkung zu erschließen, viel zu gering. Der Verbraucher bemerkt die Stromsteuer nicht, dies führt dazu, daß die Energiesparpotentiale nicht ausgeschöpft werden.

---

876 BT-Drs. 14/40 S. 9.
877 Zitzelsberger, DB 1996, S. 1791 ff. (1793).
878 Ritter, DB 1996, S. 1961 ff. (1965).
879 Kirchhof, DStJG 15, S. 9.
880 Siehe oben Seite 191.
881 Gretzschmann / Voelzkow in Nutzinger-Zahrnt, S. 80.
882 Schmidt, BB 1998, S. 130 ff. (130).
883 Hey, NJW 2000, S. 640 ff. (642).

Ferner begünstigt die Erhebungsform das Leerlaufen des Lenkungseffektes. Die Erhebung von Verbrauchsteuern wird dem Verbraucher nicht bewußt, wenn sie im Preis enthalten sind. Erhält der Verbraucher für die Erhebung einer Steuer einen Steuerbescheid, z. B. Einkommensteuerbescheid mit Festsetzung einer Nachzahlung oder einen Grundsteuerbescheid, so ist ihm die Steuerzahlung viel bewußter.

Wie sich ein Engagement zur Entwicklung von energiesparenden und ressourcenschonenden Produkten und Produktionsverfahren bei einer weitgehenden Steuerbefreiung der produzierenden Unternehmen und der Land- und Forstwirtschaft entwickeln soll, bleibt ungeklärt. Durch die Begünstigung der produzierenden Unternehmen und der Land- und Forstwirtschaft werden diese Energiesparpotentiale überhaupt nicht mit in den geplanten Lenkungseffekt einbezogen. Darunter leidet die ökologische Effizienz der Energiebesteuerung im Unternehmenssektor. Eine Energiebesteuerung ist dann ökologisch effizient, wenn das Verhalten betrieblicher Entscheidungsträger derart beeinflußt wird, daß Energiesparmaßnahmen im Unternehmen durchgeführt werden[884]. Dieses Verhalten ist bei einer vollständigen Befreiung der produzierenden Unternehmen und der Land- und Forstwirtschaft nicht zu erwarten[885].

Die gesamte Lenkungswirkung der Umweltsteuer gerät in Gefahr, wenn die größten Energieverbraucher von der Energiesteuer weitgehend ausgenommen werden[886].

Ein Problem ist auch die sog. *„Doppelte Dividende"*. Gemeint ist *eine „Erste Dividende"* in Gestalt verringerter Umweltbelastung und ein *„Zweite Dividende"* in Gestalt zunehmender Beschäftigung. Diese ist nach dem Antrag zur Einführung einer ökologischen und sozialen Steuerreform beabsichtigt[887]. Die Steuern auf den Verbrauch von natürlichen Ressourcen sollen erhöht und mit dem Steueraufkommen die Senkung der Abgabenlast auf den Faktor Arbeit erreicht werden. So lassen sich gleichzeitig zwei Ziele erreichen, nämlich die Reduzierung der Umweltbelastung und die Schaffung von Arbeitsplätzen[888].

---

[884] Dendl, DStR 1998, S. 307 ff. (308).

[885] Herdegen / Schön, S. 85, sehen auch den Gleichheitssatz des Grundgesetzes durch die Belastung der Unternehmen des gewerblichen Straßengüterverkehrs mit den Erhöhungen der Mineralölsteuer als verletzt an.

[886] Jacobs, H. Otto / Spengel, Christoph / Wünsche, Alexandra, Auswirkungen von Umweltsteuern auf die Steuerbelastung von Unternehmen. Quantifizierung und Analyse der Wirkung von Umweltsteuern mit Hilfe eines Computersimulationsprogramms im Auftrag des Ministeriums für Umwelt und Verkehr Baden-Württemberg, S. 183; dagegen Fiederer, S. 59. Dieser spricht sich, zumindest übergangsweise für Steuererleichterungen und Steuerbefreiungen für die Unternehmen mit hohem spezifischem Energieverbrauch aus.

[887] Weinbrenner, S. 28.

[888] Schemmel, S. 39.

Dieses Ziel der *„Doppelten Dividende"* ist widersprüchlich. Sollen beide Ziele erreicht werden, bedeutet dies:

1. die Verminderung der Umweltbelastung durch Lenkungseffekte zu mehr Energieeinsparung[889],
2. die Senkung der Sozialversicherungsbeiträge,
3. die Belastung von kapitalbedingten Kosten gegenüber Arbeitslohn (Stromsteuer als Maschinenbelastung).

Diese Ziele lassen sich nicht verknüpfen. Ein effizientes Ökosteuersystem muß ökonomisch und damit fiskalisch unergiebig sein[890].
Zeigt der Lenkungseffekt zu mehr Energieeinsparung und damit weniger Energieverbrauch Wirkung, so verringert sich die Bemessungsgrundlage für die Stromsteuer und damit auch das Steueraufkommen[891]. Im Gegenzug steht der Senkung der Sozialversicherungsbeiträge ein unzureichendes Steueraufkommen gegenüber.

Daher ist es völlig unklar, wie die *„Doppelte Dividende"* langfristig erreicht werden soll. So haben auch der Sachverständigenrat zur Begutachtung der wirtschaftlichen Entwicklung und führende Wirtschaftswissenschaftler und auch die OECD erhebliche Zweifel an der „doppelten Dividende"[892]. Auf Dauer läßt sich die *„Doppelte Dividende"* nur realisieren, wenn die Steuersätze mit sinkendem Steueraufkommen stetig erhöht werden, um den Steuerausfall aufgrund von Lenkungswirkungen zu kompensieren. Damit verstärkt sich der Vermeidungseffekt allerdings und die Spirale muß noch schneller bewegt werden. Trotzdem wird diese Kombination von Energiesteuern mit Senkung der lohnbezogenen Abgaben in der Politik befürwortet. In mehreren Ländern hat sie in die Steuergesetzgebung Eingang gefunden, u. a. Belgien, Dänemark, Finnland, Niederlande, Norwegen, Schweden und dem Vereinigte Königreich[893].

Fest steht auch, daß die Erstattung der Stromsteuer an Unternehmen mit einer Energieverbrauchsrechnung von über 511,30 Euro im Jahr, falls die Energieverbrauchsrechnung das 1,2fache der Einsparung durch die Senkung der Rentenbeiträge um 0,8 v. H. übersteigt, ein äußerst kompliziertes Verfahren darstellt.

---

[889] Zur Ersetzung der umweltbelastenden durch eine umweltfreundliche Verfahrensweise vgl. Fischer in Festschrift für W. Ritter, 343 (348), Gosch, StuW 1990, 201 (211); Balmes, S. 168; Hey, StuW 1998, 32 (34).

[890] List, DB 1999, S. 1623 ff. (1623).

[891] Umweltsteuern aus finanzwissenschaftlicher Sicht, BMF Schriftenreihe Heft 63, S. 104.

[892] OECD, S. 35; Jahresgutachten 1998/99 des Sachverständigenrates zur Begutachtung der gesamtwirtschaftlichen Entwicklung, BT-Drs. 14/73, S. 267, Rdn. 476; siehe auch den Vergleich von Simulationsstudien bei Kirchgässner in Krause / Junk, 279 (295 ff.); Fischer in Festschrift für W. Ritter, 343 (357).

[893] Nachweise bei OECD, S. 36.

Nach Angaben von Koalitionsexperten werden die Hauptzollämter, in deren Zuständigkeit die Erhebung der Stromsteuer fällt, für die Abwicklung der Erstattungen 530 zusätzliche Mitarbeiter benötigen. Das bedeutet einen Personalaufwand von 25,56 Millionen Euro, der aber nur 0,47 v. H. des Energiesteueraufkommens ausmacht[894]. Darüber hinaus werden 1999 einmalig zusätzliche 250 Sachbearbeiter benötigt.

Der zusätzliche Personalaufwand ergibt sich durch die Prüfung der Stromsteueranmeldungen. Im produzierenden Gewerbe müssen rund 200.000 Erlaubnisse zum steuerbegünstigten Bezug von Strom erteilt, rund 130.000 Unternehmen und rund 5.500 Kraftwerken die Mineralölsteuer auf Heizöl und Erdgas vergütet und rund 30.000 Unternehmen die Ökosteuer erstattet werden. Überdies macht die Ökosteuer zusätzliche Betriebs- und Außenprüfungen erforderlich[895]. Wenn auch die veröffentlichten Zahlen mit einer gewissen Unsicherheit behaftet sind, so wird dennoch deutlich, daß mit der Einführung der Stromsteuer, insbesondere durch die Vergütungsregelung, ein erheblicher Verwaltungsaufwand produziert wird.

Ob die Verfassungsverstöße ausreichen, damit das Bundesverfassungsgericht die „Ökosteuer" insgesamt für verfassungswidrig erklärt, ist fraglich. Derzeit liegen 10 Klagen mit unterschiedlichen Zielen vor[896]. Eine Entscheidung wird mit Spannung erwartet. Diese Spannung dürfte noch gestiegen sein, seit das französische Pendant zum Bundesverfassungsgericht die in Frankreich geplante Ökosteuer mit der Begründung gestoppt hat, die Steuer verstoße gegen den Gleichheitsgrundsatz, da sie Steuersubjekte ungleich behandele und dem Besteuerungsziel *„Bekämpfung des Treibhauseffektes"* zuwiderliefe[897].

F. Autobahnbenutzungsgebühren

Nach § 1 Abs. 1 des Gesetzes zur Durchführung des Übereinkommens vom 9. Februar 1994 über die Erhebung von Gebühren für die Benutzung bestimmter Straßen mit schweren Nutzfahrzeugen werden Autobahnbenutzungsgebühren in der Bundesrepublik Deutschland erhoben.

---

[894] Handelsblatt vom 10.02.1999; Leitgeb / Pilz, ÖStZ 2000, S. 122 ff. (124); Friedrich, DB 1999, S. 661 ff. (666).
[895] Handelsblatt vom 03.03.1999.
[896] Handelsblatt vom 20.12.2000.
[897] Handelsblatt vom 02.01.2001.

Tabelle 54: Straßenbenutzungsgebühr für schwere LKW in der Bundesrepublik derzeit[898]:

	Tag	Woche	Monat	Jahr
LKW mit bis zu 3 Achsen	6 €	20 €	75 €	750 €
LKW mit mehr als 3 Achsen	6 €	125 €	125 €	1.250 €

Eine emissionsabhängige Spreizung der Straßenbenutzungsgebühren für LKW, die nicht die Schadstoffnormen EURO I/II und höher erfüllen, ist in der Bundesrepublik Deutschland derzeit noch im Gesetzgebungsverfahren[899]. Die Autobahnbenutzungsgebühren verfolgen Finanzierungszwecke.

898 Beträge in Euro.
899 Auskunft Bundesministerium der Finanzen II B 2 – VE 0199 – 11/00 vom 07. September 2000.

§ 2 Landesgesetzliche Regelungen des Bundeslandes Nordrhein-Westfalen

A. Abfallgesetz für das Land Nordrhein-Westfalen[900]

I. Allgemeines

Der Bund hat im Gesetz zur Förderung der Kreislaufwirtschaft und Sicherung der umweltverträglichen Beseitigung von Abfällen[901] keine Bestimmungen über die Erhebung von Abfallabgaben oder Abfallgebühren vorgenommen, sondern im wesentlichen Ziele und Begriffe definiert. Die neue Definition des Abfallbegriffs in § 3 KrW-/AbfG löst sich von der bisherigen Definition in § 1 AbfG 1986 und lehnt sich an die Vorgaben des EG-Rechts[902] an[903]. Die Länder haben ihrerseits in den Landesabfallgesetzen die näheren Bestimmungen geregelt. In Nordrhein-Westfalen wurde dies mit dem LAbfG umgesetzt.

Die Regelung über die Kosten der Abfallentsorgung findet sich in § 9 LAbfG. In § 9 Abs. 2 LAbfG werden die Kostenbestandteile und zusätzlichen Bestandteile aufgelistet, die in die Benutzungsgebühren auf Grundlage des Kommunalabgabengesetzes eingehen sollen. Zu ansatzfähigen Kosten zählen insbesondere:

1. die Kosten für das Einsammeln, Befördern und Endbeseitigen einschließlich verbotswidriger Abfallablagerungen auf den der Allgemeinheit zugänglichen Grundstücken;
2. die Kosten der getrennten Erfassung von Abfällen außerhalb der regelmäßigen Grundstücksentsorgung, einschließlich der Kosten für die Aufstellung, Unterhaltung und Entleerung der Straßenpapierkörbe;
3. die Aufwendungen für Vorkehrungen im Sinne des § 10 Abs. 2 LAbfG, insbesondere auch die Zuführung zu Rücklagen für die vorhersehbaren späteren Kosten der Nachsorge und die Kosten der Nachsorge für stillgelegte Abfall-

[900] Landesabfallgesetz – LAbfG vom 21. Juni 1988, GV NW S. 250, unter Berücksichtigung der umfangreichen Änderungen durch die Gesetze vom 20.06.1989, GV NRW S. 366; 14.1.1992, GV NRW S. 32, 23.11.1993; GV NRW S. 887; 15.12.1993, GV NRW S. 987; 7.2.1995, GV NRW S. 134; 24. 11.1998, GV NRW S. 666.

[901] Kreislaufwirtschafts- und Abfallgesetz - KrW-/AbfG vom 27. September 1994 (BGBl. I S. 2705), geändert durch Art. 3 Gesetz zur Beschleunigung von Genehmigungsverfahren (GenBeschlG) vom 12.09.1996 (BGBl. I S. 1354), Art. 2 Gesetz zum Schutz des Bodens vom 17.3.1998 (BGBl. I S. 502), Art. 4 Gesetz zur Reform des Güterkraftverkehrsrechts vom 22.6.1998 (BGBl. I S. 1485) und Art. 4 Gesetz zur Ausführung des Protokolls vom 7.11.1996 zum Übereinkommen über die Verhütung der Meeresverschmutzung durch das einbringen von Abfällen und anderen Stoffen von 1972 vom 25.8.1998 (BGBl. I S. 2455).

[902] EG-Richtlinie 75/442/EWG, Abl. EG Nr. L 194/47 ff. und Änderungsrichtlinie 91/156/EWG, Abl. EG Nr. L 78/32, vgl. Klage der EG-Kommission gegen die Bundesrepublik Deutschland vor dem EuGH mit der Rüge, daß der Abfallbegriff des § 1 AbfG nicht mit der EG-Richtlinie übereinstimme, Versteyl, NVwZ 1993, 961 ff.

[903] Breuer in Schmidt-Aßmann, Rdn. 250.

entsorgungsanlagen, soweit diese nicht durch vorausgehende Rücklagen gedeckt sind; stillgelegte Anlagen gelten, solange sie der Nachsorge bedürfen, als Teil der bestehenden Gesamtanlage der entsorgungspflichtigen Körperschaft;
4. die Kosten der Beratung der Abfallbesitzer.

Ein zusätzlicher Bestandteil der Benutzungsgebühren sind die Lizenzentgelte und Zahlungen an den Abfallentsorgungs- und Altlastensanierungsverband Nordrhein-Westfalen, § 11 AbfG.

Mit der Aussage, daß mit dem Gebührenmaßstab wirksame Anreize zur Vermeidung und Verwertung von Abfällen geschaffen werden sollen, § 9 Abs. 2 LAbfG, ist eine Lenkungsabsicht in das LAbfG aufgenommen worden. In der Beschlußempfehlung und Bericht des Ausschusses für Umweltschutz und Raumordnung heißt es, daß die Möglichkeit offengehalten werden soll, wirksame Anreize zur Vermeidung, Getrennthaltung und Verwertung zu schaffen[904].

Ob nach der Neuregelung des Abfallgesetzes die Berücksichtigung von Öko-Additiven bei der Bemessung der Abfallgebühr zulässig sein soll, geht aus den Materialien zum AbfG 1986 nicht hervor[905].

Da § 9 LAbfG bestimmt, daß die Abfallgebühr in Nordrhein-Westfalen eine Benutzungsgebühr darstellt, sind bei der Bemessung sowohl der bundesrechtliche Grundsatz der Gebührengerechtigkeit i. S. d. Art. 3 Abs. 1 GG, das Äquivalenzprinzip als auch die in § 4 Abs. 2 2. Fall und § 6 KAG NW landesrechtlich normierten Grundsätze zu berücksichtigen. Zu diesen Grundsätzen gehört das Kostenüberschreitungsverbot und der Grundsatz der Leistungsproportionalität[906]. Die Neuregelung und die Aufnahme von speziellen ansatzfähigen Kosten sind nicht als vorrangige Spezialregelung zu verstehen. Dies wird bei näherer Betrachtung durch die Gesetzesbegründung bestätigt[907].

Nach § 4 Abs. 2 KAG NW ist die Gebühr eine Gegenleistung für eine besondere Leistung der Verwaltung oder für eine Inanspruchnahme öffentlicher Einrichtungen oder Anlagen. Zu beachten ist zunächst das sog. Äquivalenzprinzip als Ausgestaltung des allgemeinen verfassungsrechtlichen Grundsatzes der Verhältnismäßigkeit. Die Gebühr darf danach nicht im Mißverhältnis zu der von der öffentlichen Gewalt gebotenen Leistung stehen[908].

---

[904] LT-Drs. 12/3482, S. 62.
[905] LT-Drs. 12/3143 und LT-Drs. 12/3482.
[906] Schulte in Driehaus, § 6, Rdn. 344.
[907] LT-Drs. 12/3143 zu Nr. 15 c) aa) S. 69 f.; so auch Schulte in Driehaus, § 6 Rdn. 344.
[908] BVerwG, DVBl. 1989, S. 413 (414).

Das Äquivalenzprinzip bezieht sich auf die Bemessung der Gebührenhöhe im Einzelfall, also auf das Verhältnis von Leistung und Gegenleistung[909].

Am nächsten kommt dem Äquivalenzprinzip die Gebührenerhebung nach dem sogenannten Wirklichkeitsmaßstab, also die genaue Ermittlung von Art und Umfang der Inanspruchnahme oder der besonderen Leistung der Verwaltung. Ist dies jedoch aus technischen, finanziellen, praktischen oder sonstigen Gründen nicht möglich, beziehungsweise wegen besonderer Schwierigkeiten nicht zumutbar, kann auch ein Wahrscheinlichkeitsmaßstab gewählt werden. Bei Anlegung dieses Maßstabs wird mittels Indikatoren auf Art und Umfang der Inanspruchnahme geschlossen.

Beide Maßstabsarten bilden keine Gegensätze, sondern gehen ineinander über[910].

Zu beachten ist schließlich das landesrechtlich geregelte Kostendeckungsprinzip. Dieses zielt auf die Höhe des gesamten Gebührenaufkommens ab[911]. Das Kostendeckungsprinzip verlangt nach der Rechtsprechung des *BVerwG* keine Gebührenbemessung nach Maßgabe der durch die einzelne Inanspruchnahme verursachten Kosten, sondern verbietet es, die Gebühren so zu kalkulieren, daß das veranschlagte Gebührenaufkommen die voraussichtlichen Kosten der Einrichtung in ihrer Gesamtheit planwidrig übersteigt[912].

Aufgrund des Kostendeckungsprinzips besteht durchaus die Möglichkeit Öko-Additive als Bestandteil der Abfallgebühr zu berücksichtigen. Als Obergrenze muß aber beachtet werden, daß das Gesamtgebührenaufkommen die voraussichtlichen Kosten nicht überschreitet.

Wenn das Gesamtaufkommen nicht überhöht ist, können einzelne Leistungen mit additiven Gebühren verbunden werden, z. B. Sonderabfälle oder recycelbare Stoffe, die nicht recycelt werden.

Von Bedeutung für die Gebührenbemessung ist auch die Regelung des § 9 Abs. 2 Satz 6 LAbfG. Hiernach ist es nunmehr möglich, Grundgebühren sowie Mindestgebühren zu erheben.

---

909 BVerwG, Urteil v. 14.4.1967 – IV C 179.65 = DVBl. 1967, Rdn. 578; VGH Kassel, Urteil v. 25.8.1966 – IS V 26/65 = DÖV 1966, S. 872.

910 Umweltgutachten 1998, Rat von Sachverständigen für Umweltfragen, BT-Drs. 13/10195, Rdn. 481.

911 BVerwG, Urteil vom 14.4.1967 – IV C 179.65 = DVBl. 1967, Rdn. 578; VGH Kassel, Urteil vom 25.8.1966 – IS V 26/65 = DÖV 1966, S. 872.

912 BVerwG, KStZ 1975, S. 191; Dahmen in Driehaus, § 6, Rdn. 29.

Damit wird zugelassen, daß die Fixkosten, die für die Errichtung und den Betrieb von kommunalen Abfallentsorgungsanlagen anfallen, zumindest teilweise über eine Grund- oder Mindestgebühr abgerechnet werden können[913].

Allerdings bedeutet dies keine Ausnahme bei der Höhe der Gebühr, also keine Durchbrechung des Äquivalenzprinzips[914].

II. Höhe der Müllgebühren

Tabelle 55: Aufkommen der Müllgebühren[915] in NRW

Jahr	DM in Millionen	Euro in Millionen
1993	2.966	1.516
1994	3.288	1.681
1995	3.349	1.712
1996	3.403	1.740
1997	3.368	1.722
1998	2.973	1.520

Quelle: 1993 – 1996 Landesamt für Datenverarbeitung und Statistik Nordrhein-Westfalen, vom 26.01.1999,
1997 – 1998 Landesamt für Datenverarbeitung und Statistik Nordrhein-Westfalen, e-mail vom 17.11.2000.

Diagramm 11: Aufkommen der Müllgebühren in NRW

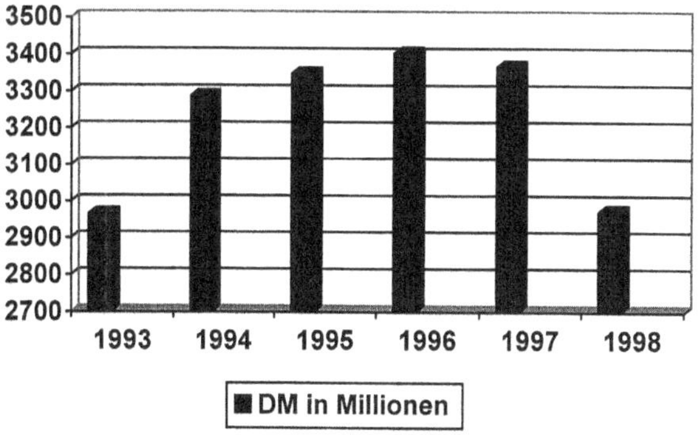

[913] Schlink, S. 31.
[914] So auch Schlink, S. 31.
[915] Einnahmeposition 72011 des kommunalen Haushalts, Benutzungsgebühren und ähnliche Entgelte.

III. Bewertung

Die Situation der Abfallwirtschaft in Nordrhein-Westfalen ist durch folgende Rahmenbedingungen gekennzeichnet:

1. die Restmüllmengen sind rückläufig, insbesondere das Gewerbe entsorgt zunehmend über kommerzielle Betriebe,
2. ein kostenintensiver Stand der Technik ist rechtsverbindlich vorgegeben,
3. dieser Stand der Technik ist von Körperschaft zu Körperschaft sehr unterschiedlich weit umgesetzt,
4. die für die künftige Siedlungsabfallentsorgung erforderlichen Anlagen sind sehr ungleich auf die Kreise und kreisfreien Städte als öffentlich-rechtliche Entsorgungsträger verteilt,
5. Müllverbrennungsanlagen mit Überkapazität (Folge: Abfalltourismus).

Die Konsequenzen dieser Situation sind einerseits zunehmende Auslastungsprobleme moderner Anlagen mit hohem Fixkostenblock, die sich in steigenden Gebühren niederschlagen und andererseits Planungs- und Entscheidungsbedarf in den Kreisen und kreisfreien Städten, die noch nicht über die erforderlichen Anlagen für eine komplette Anlageninfrastruktur nach dem Stand der Technik verfügen[916].

Die Verpackungsverordnung hat dazu geführt, daß heute viel weniger Verpackungen im Restmüll landen, da sie durch das DSD eingesammelt werden[917]. Das Abfallaufkommen an Haus- und Sperrmüll ist seit 1993 in Nordrhein-Westfalen rückläufig.

Während im Jahr 1993 etwa 5,5 Millionen Tonnen Haus- und Sperrmüll beseitigt wurden, lag diese Menge 1997 etwa bei 4,8 Millionen Tonnen[918].

Beim Gewerbemüllaufkommen ist die Situation anders. Von 1993 bis 1996 war ein Rückgang von etwa 3,2 Millionen Tonnen auf etwa 2 Millionen Tonnen zu verzeichnen. Dagegen ist von 1996 im Vergleich zu 1997 eine Zunahme auf etwa 2,6 Millionen Tonnen festzustellen. Diese Zunahme ist darauf zurückzuführen, daß einige Entsorgungsanlagen bundesweit Abfälle akquirieren, um die

---

[916] Abfallwirtschaftsplan für die öffentlich-rechtliche Entsorgung von Siedlungsabfällen im Regierungsbezirk Arnsberg, 1997, S. 19.

[917] Petersen / Faber / Herrmann, Müll und Abfall 1999, S. 537 (538, 539).

[918] Statusbericht der Siedlungsabfallwirtschaft in Nordrhein-Westfalen 1997, S. 18; mit dem Statusbericht 1997 liegt erstmals eine umfassende Darstellung der abfallwirtschaftlichen Situation aller nordrhein-westfälischen Kommunen vor. Dabei beschränkt er sich auf die wesentlichen Abfallarten aus dem Bereich der Siedlungsabfälle. Im Vordergrund stehen die Abfallarten, die im Verantwortungsbereich der öffentlichen Hand bzw. der Kommunen gesammelt werden bzw. an den öffentlichen Entsorgungsanlagen zur Beseitigung anfallen.

Auslastung ihrer Anlagen zu erhöhen[919]. So verlangt die Deponie im Kreis Siegen-Wittgenstein für eine Tonne Sortierreste 85,00 DM (43,50 Euro), während in der Stadt Hagen die Gebühren für Baustellenabfälle 200,00 DM (102,20 Euro) pro Tonne und für hausmüllähnliche Gewerbeabfälle 345,00 DM (176,40 Euro) pro Tonne betragen. Im Regierungsbezirk Köln liegt die Preisspanne bei Entsorgungspreisen für Sortierreste in der Stadt Köln zwischen 110,00 DM (56,20 Euro) und 480,00 DM (245,40 Euro) in der Stadt Bonn. Die höchsten Entsorgungspreise werden im Kreis Wesel angesetzt, hier werden 600,00 DM (306,80 Euro) für brennbare Abfälle veranschlagt. Im benachbarten Kreis Viersen liegen diese bei 220,00 DM (112,50 Euro) pro Tonne[920].

Die Ursache hierfür ist, daß die Entsorger, die in der Vergangenheit ökologische Belange bei der Entsorgung in den Vordergrund gerückt und Müllverbrennungsanlagen oder Deponien mit hohem ökologischen Standard errichtet oder nachgerüstet haben, in der aktuellen Situation generell benachteiligt sind. Die ökologischen Standards erfordern hohe Investitionen.

Daraus resultieren wiederum hohe Fixkosten, die dazu führen, daß hohe Entsorgungsgebühren angesetzt werden müssen. Damit sind sie für Gewerbetreibende unattraktiv. Dies hat die mehr als fragwürdige ökologische Lenkung, daß billigere Betreiber von MVA und Deponien mit niedrigerem ökologischem Standard höhere Auslastungen ihrer Anlagen erzielen und damit wirtschaftlich besser dastehen[921].

Eine weitere Folge dieser Situation ist, daß die Betreiber von MVA den Gewerbedirektanlieferern den Marktpreis berechnen, den Abfallentsorgungspflichtigen dagegen den Selbstkostenpreis. Dies resultiert daraus, daß bei der Berechnung des Marktpreises die sog. Leerkosten nicht mit in den Preis kalkuliert werden, während bei der Berechnung der Selbstkosten nach der Verordnung PR-Nr. 30/53 diese mit in der Kalkulation berücksichtigt werden. Außerdem ist ein Interesse an thermisch gut verwertbaren Abfällen bestimmend. Die erstinstanzlichen Urteile zu dieser Frage sind uneinheitlich.

In dem vom *VG Köln* entschiedenen Fall zahlte eine entsorgungspflichtige Stadt an die MVA GmbH einen Verbrennungspreis pro Tonne für das Jahr 1994 von 408,25 DM (208,70 Euro)/t. Für Fremdanlieferer erhob die MVA GmbH ein Verbrennungsentgelt von 207,00 DM (105,80 Euro)/t.

---

919 Statusbericht der Siedlungsabfallwirtschaft in Nordrhein-Westfalen 1997, S. 19; werden die 6 Millionen Tonnen auf LKW's mit einer Ladekapazität von 40 Tonnen umgelegt, ergeben sich daraus 150.000 LKW Fuhren, d. h. täglich etwa 576 Transporte.

920 Statusbericht der Siedlungsabfallwirtschaft in NRW, S. 103.

921 Statusbericht der Siedlungsabfallwirtschaft in NRW, S. 96.

Nach Auffassung des *VG Köln* dürfe die beklagte Stadt auf Grund der im konkreten Einzelfall getroffenen vertraglichen Vereinbarung nicht ein Entgelt von 408,25 DM (208,0 Euro)/t in die Kalkulation der Abfallgebühren einstellen, sondern allenfalls 300,00 DM (153,40 Euro)/t[922].

Das *VG Köln* stützt seine Entscheidung auf die Nichtanwendbarkeit der VO PR Nr. 30/53 zur Berechnung der Selbstkosten für nicht marktgängige Leistungen. Nach Auffassung des *VG Köln* sei die Leistung der MVA marktgängig, da sie auf einem allgemeinen Markt der marktmäßigen Preisbildung zugänglich sei. Daher fehle es am Anwendungsbereich der VO PR 30/53. Die Verbrennung von Abfällen sei im Jahre 1996 eine von unterschiedlichen in öffentlich-rechtlicher oder auch privatrechtlicher Weise organisierten Betreibern in Konkurrenz zueinander angebotene Leistung[923].

Das *VG Düsseldorf* kommt in einem ähnlichen Fall zu einem anderen Ergebnis. Nach seiner Auffassung ist die VP PR 30/53 bei der Berechnung von Abfallverbrennungsleistungen anzuwenden, weil die Verbrennung von Abfällen eben keine marktgängige Leistung sei, da das Gebot der ortsnahen Beseitigung von Abfällen die Verbrennung außerhalb eines bestimmten Einzugsbereichs nicht zulassen würde[924].

Auch das *VG Arnsberg* vertritt die Auffassung, daß es sich bei Verbrennungsleistungen nicht um marktgängige Leistungen handele und daher die VO PR Nr. 30/53 anzuwenden sei. Die wettbewerbsmäßige Gegenüberstellung von Angebot und Nachfrage setze voraus, daß jeder Anbieter grundsätzlich in der Lage sein müsse, seine Leistungen jedem Nachfrager anzubieten.

Entsprechend müsse auch jeder Nachfrager in der Lage sein, unter den Angeboten frei auszuwählen. Dieser freie Austausch sei bei Verbrennungsleistungen nicht gegeben, da das Abfallrecht von dem Grundsatz der Gebietsbezogenheit gemäß § 15 Abs. 1 Satz 1 Krw-/AbfG geprägt sei. Dem stünde auch nicht das Recht der Betreiber von MVA entgegen, bei verbleibenden Überkapazitäten durch die Akquise von außerhalb ihres Entsorgungsgebietes angefallen Abfällen eine Anlagenauslastung anzustreben[925].

---

922 Diesen Marktpreis hat das *VG Köln* im konkreten Fall für ansetzbar gehalten.
923 Urteil VG-Köln vom 26.2.1999, AZ.: 14 K 7217/96 = Mitteilungen NWStGB 17/1999, S. 296.
924 Urteil VG-Düsseldorf vom 3.3.99, Az.: 16 K 6550/95 (unveröffentlicht).
925 Urteil VG Arnsberg vom 2. 6. 1998, 11 K 2386/96 (unveröffentlicht).

Die Auffassung des *VG Köln* ist vorzugswürdig. § 5 VO PR Nr. 30/53[926] besagt, daß Selbstkostenpreise nur ausnahmsweise vereinbart werden dürfen, wenn Preise nach den §§ 3 und 4 VO PR Nr. 30/53 nicht festgestellt werden können. Nach § 4 VO PR Nr. 30/53 dürfen die im Verkehr üblichen preisrechtlich zulässigen Preise nicht überschritten werden, wenn es sich um marktgängige Leistungen handelt. Zu klären ist somit, ob die Abfallverbrennung inzwischen eine marktgängige Leistung darstellt. Eine Definition der marktgängigen Leistung fehlt in der Verordnung. Im Ersten Runderlaß wird als marktgängige Leistung bezeichnet, wenn Leistungen allgemein im wirtschaftlichen Verkehr hergestellt und gehandelt werden. Ausdrücklich wird erwähnt, daß auch eine Leistung, die nur zur Deckung des öffentlichen Bedarfs oder gar zur Deckung des Bedarfs nur eines öffentlichen Auftraggebers eine marktgängige Leistung sein kann[927]. Entscheidend ist, daß die Leistung Gegenstand des Marktes ist, daß sie gehandelt wird. Dies bedeutet, daß die Leistung nach außen hin in Erscheinung tritt. Die Leistung ist hier das Synallagma zum Preis als Gegenleistung i. S. d. § 320 BGB[928]. Der Markt ist im allgemeinen nicht als eine Institution oder als ein räumlich bestimmter Platz, sondern ganz allgemein als das Zusammentreffen von Angebot und Nachfrage zu verstehen[929].

Daß ein Abfallmarkt existiert, auf dem Verbrennungskapazitäten und Abfall angeboten werden, ist durch die Existenz des Spotmarktes für Abfallentsorgung belegt[930]. Auch die Bundesregierung geht in der Antwort auf eine Kleine Anfrage von der Existenz eines Marktes aus. Sie begründet die Kostendegression bei den Behandlungskosten mit einem zunehmenden Wettbewerb und einem teilweisen Aufbrechen der althergebrachten Gebietsmonopole bei der Abfallbeseitigung[931]. Ebenso geht der Rat von Sachverständigen in Umweltfragen in seinem Umweltgutachten 1998 ganz selbstverständlich davon aus, daß nicht von dem Abfallmarkt gesprochen werden könne. Es gibt eine Vielzahl von Teilmärkten aus denen sich der Abfallmarkt zusammensetzt. Private Haushalte, gewerbliche und öffentliche Industrie- und Dienstleistungsbetriebe treten als Nachfrager nach abfallwirtschaftlichen Rechten und Dienstleistungen auf. Die Anbieterseite ist geprägt von der Konkurrenz privater, öffentlicher und teilöffentlicher Entsorger um Rechte an Abfallmengen und um die Vergabe von Verwertungs- und Beseitigungsdienstleistungen[932].

---

[926] Verordnung PR Nr. 30/53 über die Preise bei öffentlichen Aufträgen vom 21. November 1953, BAnz. Nr. 244, zuletzt geändert durch Verordnung PR Nr. 1/89 vom 13. Juli 1989, BGBl. I S. 1094.

[927] Ebisch / Gottschalk, § 4, Rdn. 34.

[928] Ebisch / Gottschalk, § 4, Rdn. 36.

[929] Wöhe, S. 553.

[930] Maselli, Müll und Abfall 1999, S. 435 (438).

[931] Vgl. Antwort der BReg. auf die Kleine Anfrage zum Thema „Vollzugs des Abfallrechts in Deutschland", BT-Drs. 13/8408.

[932] Umweltgutachten 1998, Rat von Sachverständigen für Umweltfragen, BT-Drs. 13/10195, Rdn. 702 und 703.

Folglich liegt eine marktgängige Leistung vor. Damit ist der Anwendungsbereich der VO PR 30/53 nicht eröffnet und die Berechnung der Selbstkosten an die entsorgungspflichtigen Körperschaften nicht gerechtfertigt.

Die Abfallgebühren sind ursprünglich als eine Abgabe mit reiner Finanzierungsfunktion konzipiert worden. Erst durch § 9 Abs. 2 LAbfG ist ein umweltschonender Lenkungsgedanke in das LAbfG aufgenommen worden. Seither sollen mit dem Gebührenmaßstab wirksame Anreize zur Vermeidung und Verwertung von Abfällen geschaffen werden.

Für einen wirksamen Lenkungseffekt i. S. d. § 9 Abs. 2 LAbfG ist es notwendig, daß die Höhe der individuellen Müllgebühr in Abhängigkeit vom produzierten Müllvolumen festgesetzt wird. Eine derartige Gestaltung führt zur Belohnung des persönlichen Engagements, um Müll zu vermeiden. Zur Umsetzung dieses Ansatzes werden die verschiedensten Gebührenbemessungen diskutiert. Als neue Maßstäbe gelten:

1. Behältermaßstäbe mit verursachungsgerechter Behältervolumenzuteilung (Optimiertes Behältervolumen = Volumenmaßstab)
2. Identifikation der Leerung und Abrechnung als Grund- und Leistungstarif
3. Mengenmaßstab (Dynamisches Wiegen am Fahrzeug)
4. Volumenmaßstab (Dynamische Volumensmessung am Fahrzeug)
5. Kombinationen[933].

Daß ein Gebührensystem Lenkungswirkungen entfalten kann, scheinen die folgenden Zahlen zu belegen. Im Kreis Euskirchen mit den Gemeinden Bad Münstereifel und Dahlem werden zwei unterschiedliche Gebührensysteme eingesetzt. So besteht in Bad Münstereifel neben einer auf den Anschluß eines Grundstücks bezogenen Grundgebühr eine Leistungsgebühr, die sich aus der Größe des in Anspruch genommenen Restabfallgefäßes ergibt. In der Gemeinde Dahlem dagegen besteht ein derartiger Anreiz nicht.

Hier wird zwar ebenfalls zwischen einer Grundgebühr und einer Leistungsgebühr unterschieden, diese bezieht sich jedoch auf die Personenzahl und hat keinen Bezug zum Abfallaufkommen[934]. Während 1997 in Bad Münstereifel die gesondert erfaßte Menge an Leichtverpackungen [935]über 30 kg je Einwohner betrug, waren es in Dahlem weniger als 20 kg je Einwohner[936].

---

933 Vgl. Scheffold in Schreiner, Zweiter Teil, S. 84; vgl. Marcic-Schaller, S. 36 ff.; Cabernard, S. 111 ff.; auf eine ausführliche Darstellung kann im Rahmen dieser Arbeit nicht eingegangen werden.

934 Statusbericht der Siedlungsabfallwirtschaft in NRW, S. 79.

935 Gelber Sack oder gelbe Tonne.

936 Statusbericht der Siedlungsabfallwirtschaft in NRW, S. 79.

Ein ähnliches Bild zeigt sich im Kreis Kleve. Hier wird in vielen Gemeinden eine Grundgebühr für die Abfallentsorgung erhoben, meist bezogen auf die Personenzahl, in wenigen Fällen auf das Grundstück.

In der Gemeinde Rheurdt beträgt diese Grundgebühr 200,00 DM (102,30 Euro) je Grundstück und ist damit vergleichsweise sehr hoch, da es sich hier um eine ländliche Gemeinde mit etwa 6.200 Einwohnern handelt mit wahrscheinlich durchschnittlich keiner hohen Personenzahl pro Grundstück. Die Grundgebühr kann in dieser Gemeinde die absolute Höhe der Abfallgebühr wesentlich bestimmen. In einer anderen Gemeinde des Kreises, nämlich Uedem, mit ebenfalls geringer Bevölkerungszahl (etwa 8.000 Einwohner), wird eine Grundgebühr von 10,00 DM (5,10 Euro) pro Grundstück erhoben, die absolute Höhe der Abfallgebühr wird hier deshalb im wesentlichen über die Höhe der in Anspruch genommenen Behältervolumina bzw. der Leistung beeinflußt. Dies führt dazu, daß das Leichtverpackungswertstoffaufkommen in Uedem mit etwa 32,5 kg je Einwohner fast doppelt so hoch ist wie in Rheurdt (weniger als 20 kg je Einwohner)[937].

Allerdings stellt sich bei der Implementierung eines Gebührensystems mit mehr Gebührengerechtigkeit ein besonders Problem dar.

Da bei der Berechnung der Gesamtgebühren das Äquivalenzprinzip zu beachten ist[938], ergibt sich eine Gebührenobergrenze, die anschließend gebührengerecht verteilt werden soll. Ein wirksamer Lenkungseffekt führt zu einem geringeren Auslastungsgrad der Müllverbrennungsablagen und Mülldeponien.

Der Hauptkostenbestandteil der Müllentsorgungskosten sind fixe Kosten[939]. Diese lassen sich nicht in gleichem Umfang reduzieren wie die Müllmenge. So ist das Gebührenerfordernis auf eine geringere Menge Müll zu verteilen. Die Folge ist eine Kostenmisere in der Abfallentsorgung. Es ist bedenklich, wenn die Abfallmenge zurückgeht, die finanzielle Belastung aber trotzdem steigt. Auf diese Weise kann der Eindruck entstehen, daß die Abfallvermeidung zu steigenden Gebühren führt.

Schon heute sind viele öffentlich-rechtliche Körperschaften in Bedrängnis geraten, weil ihre Deponien und Müllverbrennungsanlagen nicht ausgelastet sind. Die hohen Fixkosten verteilen sich auf sinkende Abfallmengen. Die dadurch steigende Gebührenbelastung trifft diejenigen, die sich dem kommunalen Anschluß- und Benutzungszwang nicht entziehen können, also die privaten Haushalte. Aufgrund der immer weiter steigenden Gebühren wird für Abfallbesitzer

---

937 Statusbericht der Siedlungsabfallwirtschaft in NRW, S. 279.
938 Siehe oben Seite 214.
939 Umweltgutachten 1998, Rat von Sachverständigen für Umweltfragen, BT-Drs. 13/10195, Rdn. 448.

der Ausstieg aus der kommunalen Überlassungspflicht immer verlockender, der Preisvorteil der mit der Kommune konkurrierenden privaten Verwertung immer größer[940]. Die Gründe liegen im Erschließen von neuen Entsorgungswegen, wie die Mitverbrennung von Abfällen in Stahl- und Zementwerken im In- und Ausland[941].

So hat der Gebührenvergleich des Bundes der Steuerzahler Nordrhein-Westfalen ergeben, daß bereits jetzt die Finanzierung der Kapazitäten von nicht ausgelasteten Müllverbrennungsanlagen ein Problem darstellt. Es wurde festgestellt, daß nicht ausgelastete Müllverbrennungsanlagen die Kosten und somit auch die Gebühren in die Höhe treiben[942].

Auch im Jahre 1999 zeigt sich beim Vergleich der Abfallentsorgungsgebühren, daß die Bürger im Einzugsbereich unausgelasteter Müllverbrennungsanlagen die höchsten Abfallgebühren im NRW zu entrichten haben. Die Schere der Deponie- bzw. Verbrennungsentgelte der Kommunen an die Müllverbrennungs- bzw. Deponieanlagenbetreiber geht immer weiter auseinander. Die Stadt Rheinberg im Kreis Wesel hat pro Gewichtstonne Restabfall ein Entgelt von 852,83 DM (436,00 Euro) zu entrichten. Die Kommunen im Kreis Siegen-Wittgenstein zahlen lediglich ein Deponieentgelt von 53,10 DM (27,10 Euro) je Gewichtstonne Restabfall. Dies führt dazu, daß der Vier-Personen-BdSt-Musterhaushalt aus Hünxe, im Kreis Wesel, der seine 120-Liter-Restabfalltonne alle 14 Tage abfahren läßt und darüber hinaus für weitere Abfallentsorgungsteilleistungen wie Biotonne oder Sperrmüll keine gesonderten Gebühren zu entrichten hat, für diese Leistung 800 DM (409,00 Euro) im Jahr zahlen muß. Der gleiche BdSt-Musterhaushalt zahlt für die gleiche Abfallentsorgungsleistung in der Gemeinde Wilnsdorf, im Kreis Siegen-Wittgenstein, lediglich 176 DM (90,00 Euro) im Jahr[943].

Ein weiteres Problem tritt bei der Deponierung von Hausmüll zu Tage. Ab dem 01.06.2005 darf in Nordrhein-Westfalen der Hausmüll nur noch behandelt abgelagert werden.

Es gibt aber drei Deponien im Hochsauerlandkreis (erst 1998 fertiggestellt), im Kreis Olpe und in Dortmund, die weit über den Stichtag 01.06.2005 hinaus mit unbehandeltem Hausmüll verfüllbar wären[944].

---

940 Petersen, NVwZ 1998, S. 1113 (1114).
941 Vgl. Umweltgutachten 1998 des Rates von Sachverständigen für Umweltfragen, Tz. 449.
942 BdSt NRW, Jahrespressekonferenz vom 30. Juni 1998, Gebührenvergleich 1998, S. 5.
943 BdSt NRW, Gebührenvergleich 1999 http://www.steuerzahler-nrw.de; dort ist der gesamte Gebührenvergleich abrufbar.
944 BdSt NRW, Jahrespressekonferenz vom 30. Juni 1998, Gebührenvergleich 1998, S. 6.

Darüber hinaus ist die Kapazitätsplanung für eine Mülldeponie, dies gilt auch für eine Müllverbrennungsanlage, eine schwer lösbare Aufgabe für die Verantwortlichen. Der Hochsauerlandkreis hat aktuelle Zahlen über die Deponierung von Abfall im Jahr 1998 in der Deponie Hochsauerlandkreis veröffentlicht. Danach ist die geplante Menge an Müll zur Deponierung nicht erreicht worden, was zu einem Verlust von immerhin 300.000 DM (153.387,50 Euro) allein im Jahre 1998 geführt hat[945].

Als Ergebnis bleibt festzuhalten, daß die Abfallgebühr eine Finanzierungsgebühr ist, die für Lenkungswirkungen zugänglich ist. Der Landesgesetzgeber hat die Lenkungsabsicht ausdrücklich in § 9 Abs. 2 LAbfG normiert. In einigen Gemeinden sind Lenkungs-wirkungen in die Gebührengestaltung eingeflossen. Zeigen diese dann Wirkung, so entsteht das Problem, daß die Gebühren auf eine sinkende Abfallmenge zu verteilt sind. Auch die Tatsache, daß Abfall eine Ware geworden ist, um den Entsorger vor allem im gewerblichen Bereich konkurrieren, stellt die Abfallwirtschaft vor neue Herausforderungen.

B. Lizenzentgelt

I. Lizenz

Gemäß § 10 Abs. 1 LAbfG bedarf derjenige einer Lizenz, der Abfälle, die der Nachweispflicht unterliegen, im Gebiet des Landes NRW behandelt oder ablagert.

Dabei handelt es sich um Abfälle, die nach ihrer Art und Menge nicht mit den in Haushaltungen anfallenden Abfällen entsorgt werden können, § 3 Abs. 3 AbfG 1986. Wichtiger Bestandteil der Lizenz ist die Festlegung derjenigen Abfallarten, die in den relevanten Abfallentsorgungsanlagen behandelt oder abgelagert werden sollen[946]. Die Lizenzvergabe erfolgt auf Antrag durch die zuständige Behörde, dem Landesumweltamt[947].

Die Lizenz darf nur erteilt werden, wenn die mit ihr beabsichtigte Nutzung mit den abfallwirtschaftlichen Zielvorstellungen des Landes, insbesondere den Abfallentsorgungsplänen im Einklang steht. Sie kann befristet und mit anderen Nebenbestimmungen erteilt werden.

---

[945] Westfalenpost vom 17.03.99.

[946] Informationsbrief Nr. 1 zum Lizenzmodell (LAbfG NRW), vom 15. Januar 1990, S. 2.

[947] Gemäß Verwaltungsvorschrift zur Lizenzbestätigung, -erteilung und –übertragung nach § 10 LabfG gemäß RdErl. des Ministeriums für Umwelt, Raumordnung und Landwirtschaft vom 1.7.1990, SMBl. NW 74 und zur Vergabe von Lizenzen nach § 10 LABfG gemäß RdErl. Des Ministeriums für Umwelt, Raumordnung und Landwirtschaft vom 7.3.1994, SMBl. NW 74.

Die Lizenz kann widerrufen werden, wenn nachträglich Tatsachen bekannt werden, aus denen sich Bedenken gegen die Zuverlässigkeit der für die Errichtung, Leitung oder Beaufsichtigung des Betriebes der Abfallentsorgungsanlage verantwortlichen Personen ergeben. Die Übertragung der Lizenz bedarf der Zustimmung des Landesumweltamtes.

II. Wesen der Lizenz

Gegenstand der Lizenz ist die Berechtigung, in einer bestimmten Anlage ausgeschlossene Abfälle zu behandeln oder abzulagern[948].

III. Lizenzentgelte

Für die Nutzung der Lizenz wird vom Landesumweltamt ein Lizenzentgelt erhoben, das über die Entsorgungskosten hinaus geht, § 11 LAbfG. Die Lizenzentgelte werden nach Anhörung der beteiligten Kreise durch Rechtsverordnung des Ministeriums für Umwelt, Raumordnung und Landwirtschaft im Einvernehmen mit dem Ausschuß für Umweltschutz und Raumordnung des Landtages festgesetzt, sog. Lizenzentgeltverordnung[949]. Dabei können feste Sätze für bestimmte Abfallarten unter Berücksichtigung ihres Gefahrenpotentials und der Art der Entsorgung vorgeschrieben werden. Eigenentsorgern kann gegenüber Fremdentsorgern ein Abschlag von bis zu 20 v. H. eingeräumt werden. Die Lizenzentgelte sollen ferner so berechnet werden, daß ein jährliches Aufkommen von 50 Mio. DM (25,5 Mio Euro) nicht wesentlich überschritten wird. Weicht das Lizenzentgeltaufkommen von diesem Betrag ab, erwachsen hieraus keine Rückerstattungsansprüche.

IV. Zweckbindung

Das Aufkommen aus den Lizenzentgelten ist nach § 15 LAbfG zweckgebunden und gemäß § 2 des Gesetzes über die Gründung des Abfallentsorgungs- und Altlastensanierungsverbandes Nordrhein-Westfalen ausschließlich zu verwenden:

1. nach § 15 Abs. 1 Nr. 1 LAbfG für Maßnahmen zur Abwehr von Gefahren aus Altlasten, die von den zuständigen Behörden im Wege der Ersatzvornahme oder im Vorgriff auf die spätere Feststellung einer Ordnungspflicht durchgeführt werden, zu deren Durchführung ein Ordnungspflichtiger nicht herangezogen werden kann oder finanziell nicht oder nur teilweise in der Lage ist, über deren Beseitigung mit dem Ordnungspflichtigen ein öffentlich-rechtlicher Vertrag geschlossen ist und für Maßnahmen auf Grundstücken, bei denen die Ordnungspflicht im Wege des Erwerbs vor dem 31. Dezember 1990 auf die Gemeinde oder den Kreis übergegangen ist und

---

948 Informationsbrief Nr. 1 zum Lizenzmodell (LAbfG NRW), vom 15. Januar 1990, S. 3.

949 Lizenzentgeltverordnung vom 8. Juni 1989, GV. NW S. 334.

2. nach § 15 Abs. 1 Nr. 2 LAbfG für Aufwendungen zur Sanierung von Altlasten, um Grundstücke, auf denen Maßnahmen nach § 15 Abs. 1 Nr. 1 LAbfG durchgeführt werden, einer von der Gemeinde angestrebten Nutzungsart zuzuführen, soweit diese Aufwendungen und die angestrebte Nutzung in einem angemessenen Verhältnis stehen und
3. nach § 15 Abs. 1 Nr. 3 LAbfG für die Entwicklung neuer Technologien zur Vermeidung und Entsorgung von Abfällen, für deren Behandlung oder Ablagerung eine Lizenz nach § 10 Abs. 1 LAbfG erforderlich ist, sowie die Planung und Errichtung von Entsorgungsanlagen für solche Abfälle und die in § 2 Abs. 1 Nr. 2 des Gesetzes über die Gründung des Abfallentsorgungs- und Altlastensanierungsverbandes Nordrhein-Westfalen genannten Vorlaufkosten. Der für die Erteilung oder Bestätigung der Lizenzen und die bestandskräftige Festsetzung sowie die Einziehung der Lizenzentgelte entstehende Aufwand wird aus dem Aufkommen der Lizenzentgelte gedeckt und
4. nach § 15 Abs. 1 Nr. 4 LAbfG für die Beratung, Aus- und Fortbildung auf dem Gebiet der Vermeidung und Verwertung von Abfällen.

V. Verordnung über die Festsetzung der Lizenzentgelte nach dem Landesabfallgesetz[950]

1. Berechnung des Lizenzentgelts

Nach § 1 der Verordnung über die Festsetzung der Lizenzentgelte nach dem Landesabfallgesetz errechnet sich das jährlich festzusetzende Lizenzentgelt als Produkt aus Abfallmenge, Basisentgelt und dem Faktor für die Entsorgungsart.

2. Abfallmenge

Abfallmenge ist das in Tonnen anzugebende Gewicht der Abfälle, die während des jeweiligen Berechnungszeitraums in der Anlage des Lizenznehmers behandelt oder abgelagert worden sind. Dabei bleiben Abfälle unberücksichtigt, die bei der Behandlung und Ablagerung von Altlasten anfallen.

[950] Lizenzentgeltverordnung vom 8. Juni 1989, GV. NW S. 334, zuletzt geändert am 24. Juni 1992, GV NW S. 254.

3. Basisentgelt

Tabelle 56: Basisentgelt der Fremdentsorger je Tonne Abfall

Abfallart	Kennzeichnung lt. Abfallartenkatalog	Basisentgelt je Tonne
Abfälle i. S. d. Abfallbeseitigungsgesetzes	I	35,00 DM
Sonstige Abfälle, nicht Gruppe I, III, IV	II	16,00 DM
Bauschutt und Straßenaufbruch	III	1,50 DM
Erdaushub	IV	1,00 DM

Tabelle 57: Basisentgelt der Eigenentsorger je Tonne Abfall

Abfallart	Kennzeichnung lt. Abfallartenkatalog	Basisentgelt je Tonne
Abfälle i. S. d. Abfallbeseitigungsgesetzes	I	28,00 DM
Sonstige Abfälle, nicht Gruppe I, III, IV	II	12,80 DM
Bauschutt und Straßenaufbruch	III	1,20 DM
Erdaushub	IV	0,80 DM

4. Faktoren für Entsorgungsarten

Tabelle 58: Faktoren für Entsorgungsarten

Entsorgungsart	Faktor
chemische, physikalische und biologische Vorbehandlung	0,1
Verbrennung	0,2
Ablagerung	1,0

VI. Aufkommenshöhe

Tabelle 59: Aufkommen des Lizenzentgeltes

Jahr	DM in Millionen	Euro in Millionen
1993	43,2	22,1
1994	44,4	22,7
1995	43,9	22,4
1996	42,4	21,7
1997	41,1	21,0
1998	38,9	19,9

Quelle: 1993 – 1996 Landesumweltamt Nordrhein-Westfalen vom 25.01.1999,
1997 – 1998 Jahresbericht 1997 – 1999 Landesumweltamt Nordrhein-Westfalen

Diagramm 12: Aufkommen des Lizenzentgeltes

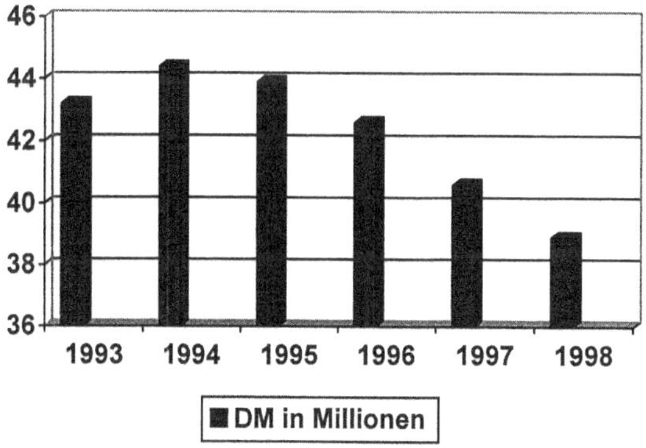

VII. Bewertung

Das sog. „*Nordrhein-Westfalen*" Modell versucht nach seinem eigenen Anspruch zwei Probleme zu lösen: zum einen die Organisation und dauerhafte Sicherstellung der Sonderabfallentsorgung und zum anderen die Altlastensanierung soweit diese mangels feststellbarer oder zahlungsunfähiger Verantwortlicher der öffentlichen Hand zur Last fällt[951]. Diese zwei Probleme sollen durch die Einführung der Lizenzpflicht gelöst werden.

[951] LT-Drs. 10/2613.

Das Lizenzentgelt war Gegenstand eines "Aussetzungs- und Vorlagebeschluß des Oberverwaltungsgerichts für das Land Nordrhein-Westfalen vom 18. Januar 1996 - 20 A 2865/94". Mit diesem hatte sich das *Bundesverfassungsgericht* im Rahmen eines Normenkontrollverfahren wegen der Verfassungsmäßigkeit von § 10 LAbfG zu befassen.

Betroffen war die Rechtslage vor dem Inkrafttreten des KrW-/AbfG. Insoweit hat die Prüfung nach altem Abfallgesetz 1986[952] zu erfolgen.

Die Frage war, ob die Lizenzpflicht zur Behandlung und Ablagerung ausgeschlossener Abfälle mit der Gesetzgebungskompetenz für die Abfallbeseitigung nach Art. 74 Abs. 1 Nr. 2 GG mit den Vorschriften des Abfallgesetzes des Bundes vereinbar ist. Das *BVerfG* hat mit Beschluß vom 29. März 2000 festgestellt, daß die Regelung über das Lizenzentgelt mit dem Grundgesetz unvereinbar und nichtig ist[953].

Die Zulässigkeit der Vorlage hat das *BVerfG* bejaht, weil das *OVG* seine Rechtsauffassung in "genügender Weise" überzeugend dargelegt habe, warum ein Verfassungsverstoß vorliegen könne. Diese Rechtsauffassung sei "zumindest vertretbar" und daher für das *BVerfG* bindend.[954]

Das *OVG* hat die Verfassungswidrigkeit deswegen bejaht, weil dem Lizenzentgelt die erforderliche gesetzliche Grundlage fehle, da das Lizenzentgelt unter die "konkurrierende Gesetzgebungszuständigkeit für die Abfallbeseitigung nach Art. 74 Abs. 1 Nr. 24 GG" fiele. Der Bundesgesetzgeber habe von seiner Kompetenz in der Weise Gebrauch gemacht, daß für eine landesgesetzliche Regelung kein Raum mehr bestünde. Der Detailreichtum des AbfG 1986 trete in §§ 2, 3, 4, 6, 7, 8, 15Abs. 3 und 19 AbfG 1986 in Bezug auf die Genehmigungsbedürftigkeit von Abfallentsorgungsanlagen und der Genehmigungsvoraussetzungen ausreichend zu Tage[955].

§ 10 Abs. 1 LAbfG stelle ein weiteres Verbot zur Abfallentsorgung in besonderen Anlagen neben dem bundesgesetzlichen Verbot der Abfallentsorgung außer in zugelassenen Anlagen auf. Eine bundesrechtliche genehmigte Tätigkeit werde dann landesrechtlich noch einmal genehmigt[956].

---

952 AbfG.

953 BVerfG, 2 BvL 3/96 v. 29.3.2000, BVerfGE 102, 99 ff. *„§ 10 des Abfallgesetzes für das Land Nordrhein-Westfalen in der Fassung vom 21. Juni 1988 war mit Art. 74 Abs. 1 Nr. 24 und Art. 72 Abs. 1 GG in Verbindung mit §§ 4 Abs. 1, 6 Abs. 1, 7 Abs. 1 und 2, 8 Abs. 1 und 3 und § 9 des Abfallgesetzes des Bundes von 1986 unvereinbar und deshalb nichtig"*, BVerfGE 102, 99 (100).

954 BVerfGE 102, 99 (112).

955 BVerfGE 102, 99 (108).

956 BVerfGE 102, 99 (108).

Die *Landesregierung* hat keinen Verstoß gegen die Gesetzgebungskompetenz gesehen, weil die Entsorgung von Sonderabfällen schon immer Aufgabe der Länder gewesen sei. Das Lizenzmodell sei nur eine "eigenständige organisatorische Lösung" zur Entsorgung von Sonderabfällen. Weil der Ausschuß von Abfällen von der öffentlichen Entsorgung kein Anspruch auf Privatentsorgung sei, sei Raum für eine landesgesetzliche Regelung wer "Träger ausgeschlossener Abfälle" zur Entsorgung sein dürfe. Es sei ein System "objektiver Berufszulassungsschranken" für Unternehmer, die sich mit der Entsorgung von Sonderabfall beschäftigen würden. Das Lizenzentgelt sei nur der "berufsrechtliche Zugang zur Entsorgungswirtschaft"[957]. Das Landesumweltamt trat der Auffassung der Landesregierung bei und meint darüber hinaus, daß die Lizenz den Ländern die notwendige Datengrundlage für die Abfallentsorgungsplanung liefern würde[958].

Das *BVerfG* führt zunächst aus, daß das *OVG* bei der Vorlage zu Recht auf die Fassung des § 10 LAbfG vom 21. Juni 1988[959] abgestellt habe, weil eine spätere Änderung der Sach- und Rechtslage einen rechtswidrig erlassenen Verwaltungsakt nicht rechtmäßig mache. Prüfungsmaßstab sei das AbfG vom 27. August 1986 trotz Abschaffung durch das Kreislaufwirtschafts- und Abfallgesetz von 1994[960].

Sodann hat das BVerfG den Prüfungsmaßstab materiell-rechtlich dargelegt. Falls sich ein Land und der Bund im "Bereich der konkurrierenden Gesetzgebung" auf "dieselbe Kompetenzbestimmung des Grundgesetzes" stützen, habe die bundesrechtliche Regelung nach Art. 72 GG Vorrang. Nur wenn eine bundesrechtliche Regelung nicht erschöpfend sei, bleibe Raum für eine landesgesetzliche Regelung. Eine Regelung des Bundesgesetzgebers sei dann als erschöpfend anzusehen, wenn dies aus der Gesamtwürdigung des betreffenden Normenkomplexes folge[961].

Dabei komme es auf den aus dem Gesetzgebungsgang und den Materialien "ablesbaren objektiven Willen des Gesetzgebers" an, ob er einen Sachbereich abschließend regeln wolle. Sei dies der Fall, trete die Sperrwirkung des Art. 72 GG ein. Das Grundgesetz ermächtige die Länder nicht, "kompetenzmäßig getroffene Entscheidungen des Bundesgesetzgebers nachzubessern"[962].

---

[957] BVerfGE 102, 99 (111).
[958] BVerfGE 102, 99 (111).
[959] Gegenstand des Verfahrens war ein "angefochtene Bescheid vom 5. März 1990 in der Gestalt des Widerspruchsbescheides vom 25. September 1990", vgl. BVerfGE 102, 99 (113).
[960] BVerfGE 102, 99 (113).
[961] BVerfGE 102, 99 (114); 1, 283 (296); 67, 299 (324); 98, 265 (301).
[962] BVerfGE 102, 99 (114); 36, 193 (211 f.); 85, 134 (147); 98, 265 (300).

Diesem Prüfungsmaßstab hielt die landesgesetzliche Regelung über das Lizenzentgelt nicht stand. In der Entscheidungsformel heißt es: "*§ 10 Abfallgesetz für das Land Nordrhein-Westfalen (Landesabfallgesetz - LAbfG -) in der Fassung vom 21. Juni 1988 (Gesetz- und Verordnungsblatt Seite 250) war mit Artikel 74 Absatz 1 Nummer 24 und Artikel 27 Absatz 1 des Grundgesetzes in Verbindung mit den §§ 4 Absatz 1, 6 Absatz 1, 7 Absatz 1 und 2, 8 Absatz 1 und 3 und § 9 des Gesetzes über die Vermeidung und Entsorgung von Abfällen (Abfallgesetz - AbfG -) vom 27. August 1986 (Bundesgesetzblatt I Seite 1410) unvereinbar und deshalb nichtig*".

Das *BVerfG* ist der Auffassung, daß sich die Lizenzpflicht mit den Voraussetzungen zur Erteilung der Lizenz nach § 10 Abs. 2 Satz 1 LAbfG als weitere "sachbezogene" Zulassungserfordernis zur Entsorgung von Sonderabfällen auswirke, weil nach § 4 Abs. 1 AbfG 1986 Abfälle, die von der öffentlichen Entsorgung ausgeschlossen seien, nur in den dafür zugelassenen Abfallentsorgungsanlagen abgelagert, behandelt oder gelagert werden dürfen[963]. Neben die bundesgesetzliche Zulassung trete also noch eine landesgesetzliche Zulassung.

Die Voraussetzung zur Entsorgung von Abfällen habe der Bundesgesetzgeber aber in den §§ 4 Abs. 1, 7 bis 9 in Verbindung mit § 6 Abs. 1 AbfG 1986 abschließend geregelt. Die Länder seien in § 6 Abs. 1 Satz 1 und 2 AbfG 1986 ermächtigt und verpflichtet worden, Abfallentsorgungspläne aufzustellen. Die Planung sei aber eine Form der Kompetenzausübung und keine eigene Sachkompetenz zur gegenständlichen Planung, andernfalls liefe eine Ermächtigung leer.

Die Lizenzregelung sei ein zusätzlicher, materieller eigenständiger geregelter Erlaubnisvorbehalt, der mit Bundesrecht nicht im Einklang stünde. Die Lizenz und der Gebrauch einer Entsorgungsanlage stehe in einem "unauflöslichem Zusammenhang". Die Zulassung von Abfallentsorgungsanlagen sei aber in § 7 AbfG 1986 geregelt. Danach werde aufgrund einer Planfeststellung oder Genehmigung entschieden. § 8 Abs. 1 AbfG 1986 sehe die Möglichkeit vor, zur "Wahrung des Wohls der Allgemeinheit Planfeststellungen oder Genehmigungen mit Bedingungen und Auflagen zu versehen".

Die nicht verbindlichen Festlegungen der Abfallentsorgungspläne der Länder können im Rahmen dieser Abwägung Berücksichtigung finden. Zwingende Versagungsgründe[964] seien in § 8 Abs. 3 AbfG 1986 geregelt[965].

---

963 BVerfGE 102, 99 (116).

964 Diese sind Beeinträchtigungen des Wohls der Allgemeinheit oder Rechte Dritter, die weder durch Auflagen noch Bedingungen verhindert werden, § 8 Abs.3 Nr. 1 und 3 AbfG und sachliche oder persönliche Bedenken gegen die Zuverlässigkeit der Anlage oder des Betreibers nach § 8 Abs. 3 Nr. 2 AbfG.

965 BVerfGE 102, 99 (118).

Landesrechtliche Regelungen über abfallrechtliche Voraussetzungen zur Zulassung der Abfallentsorgung seien nur im Rahmen der Entsorgungspläne nach § 6 Abs. 1 i. V. m. §§ 7, 8 AbfG 1986 zulässig. Ein Ergänzungsbedarf durch den Landesgesetzgeber bestünde nicht. Ansonsten wäre die Regelung des § 8 Abs. 3 Satz 1 AbfG 1986, nach der das Vorhaben, den für verbindlich erklärten Feststellungen eines Abfallentsorgungsplanes zu entsprechen habe, obsolet gewesen, wenn der Bundesgesetzgeber eine landesgesetzliche Ergänzung für notwendig erachtet hätte[966].

Auch den Sachbereich der Einschränkung oder Untersagung des Betriebs einer Altanlage habe der Bundesgesetzgeber in § 9 AbfG 1986, geregelt, so daß für § 10 Abs. 3 LAbfG keine Berechtigung vorläge[967].

Der Bundesgesetzgeber habe den Ländern auch keine Kompetenz zur Regelung der "Organisation der Entsorgung ausgeschlossener Abfälle" zugestanden. Landesrechtliche Zuständigkeitsregelungen fänden ihre Grenze, wo sie auf "bundesrechtlich normierte Sachbereiche und Handlungsinstrumente" träfen[968]. Der Landesgesetzgeber habe kein Recht, Organisationsregeln zu schaffen die bundesrechtlichen Regelungen zur Entsorgungspflicht, § 3 AbfG 1986, modifizierten.

Ebenso fehle ihm das Recht, "außerhalb der Möglichkeit verbindlicher Festlegungen in Entsorgungsplänen, § 6 Abs. 1 AbfG 1986", die "abfallrechtlichen Voraussetzungen für die Zulassung zur Entsorgung von Abfällen" zu ändern[969].

Auch die vom Landesgesetzgeber verfolgten Ziele der Kapazitätssteuerung, des Bestands- und Konkurrenzschutzes würden zu keinem anderen Ergebnis führen. Insoweit handele es sich um spezifisch abfallrechtliche Kriterien, die nach dem Abfallgesetz des Bundes im Rahmen der Anlagenzulassung bei der Prüfung einer Beeinträchtigung des Wohls der Allgemeinheit zu berücksichtigen wären. Auch der Konkurrenzschutz, der die wirtschaftlichen Interessen von bereits zugelassenen Anlagebetreibern sichern solle, würde zu keinem anderen Ergebnis führen, weil die Frage der Abwägung zwischen dem Wohl der Allgemeinheit und der Berücksichtigung wirtschaftlicher Interessen privater Dritter zugunsten des Wohls der Allgemeinheit vom Bundesgesetzgeber entschieden worden sei[970].

---

[966] BVerfGE 102, 99 (118).
[967] BVerfGE 102, 99 (119).
[968] Vgl. nunmehr aber § 13 Abs. 4 Krw-/AbfG.
[969] BVerfGE 102, 99 (119).
[970] BVerfGE 102, 99 (120).

Die landesrechtliche Lizenzregelung könne auch nicht von der abfallrechtlichen Anlagenzulassung kraft Bundesrechts als eine vom Land ausgehende Beauftragung eines Entsorgungsträgers mit der Beseitigung ausgeschlossener Abfälle abgegrenzt werden, weil das AbfG 1986 des Bundes die Beauftragung Dritter im Rahmen der Erfüllung der Entsorgungspflicht vorsehe, § 3 Abs. 2 Satz 2 und Abs. 4 Satz 2 AbfG 1986[971].

Auch *Kloepfer* und *Friauf*[972] sind der Ansicht, daß nach Art. 74 Nr. 24 GG der Bund von der konkurrierenden Gesetzgebungskompetenz für das Gebiet der Abfallbeseitigung Gebrauch gemacht habe.

Daher verbliebe dem Landesgesetzgeber nach Art. 72 GG nur noch eine Gesetzgebungskompetenz, soweit die bundesrechtliche Regelung Lücken aufweise oder der Landesgesetzgeber ausdrücklich zu weiteren Regelungen ermächtigt worden seien. Das AbfG 1986 enthalte keine Ermächtigung zur Einführung eines landesrechtlichen Lizenzentgeltes.

Die Grundkonzeption des AbfG 1986 sei, daß die öffentlich rechtlichen Körperschaften zur Abfallentsorgung nach § 3 Abs. 2 Satz 1 AbfG 1986 allein zuständig seien. Die Besitzer von Abfällen seien verpflichtet, diese den Entsorgungspflichtigen zu überlassen, § 3 Abs. 1 AbfG 1986. Private Unternehmer würden in der Regel eine gewerbliche Abfallentsorgung nur als Erfüllungsgehilfen der entsorgungspflichtigen Körperschaften betreiben.

Die entsorgungspflichtige Körperschaft könne nach § 3 Abs. 3 AbfG 1986 bestimmte Abfälle, Sonderabfälle, von der Entsorgung ausschließen. Dies habe zur Folge, daß der Abfallbesitzer seinen Entsorgungsanspruch verliere und nach § 3 Abs. 4 Satz 1 AbfG 1986 selbst zur Entsorgung seiner Abfälle verpflichtet sei. Da diese Entsorgung nur in dafür zugelassenen Anlagen gestattet sei, könne er sich entweder selbst um die Zulassung einer Entsorgungsanlage bemühen, §§ 7, 8 AbfG 1986 Eigenentsorger, oder er könne sich an einen Inhaber einer nach §§ 7, 8 AbfG 1986 zugelassenen Entsorgungsanlage, sog. Fremdentsorger, wenden. § 3 Abs. 4 i. V. m. § 3 Abs. 2 Satz 2 AbfG 1986 räume dem Abfallbesitzer ein Wahlrecht ein, nach dem er zwischen der Eigenentsorgung oder der Fremdentsorgung wählen könne.

Durch die Lizenzpflicht würde nunmehr diese Wahlmöglichkeit ausgehöhlt. Wähle der Abfallbesitzer die Eigenentsorgung und erhielt er keine Lizenz, sei die Wahlmöglichkeit dahin eingeschränkt, da er gezwungen sei, einen Fremdentsorger in Anspruch zu nehmen. Auch die Auswahl zwischen den Fremdentsorgern würde ihm genommen, da nur noch lizenzierte Fremdentsorger in Anspruch genommen werden dürfen.

---

971 BVerfGE 102, 99 (121); vgl. BVerwGE 67, 8 (10).
972 Kloepfer, Rechtsgutachten im März 1988; Friauf, Rechtsgutachten im Dezember 1987.

Eine solche Abweichung vom Bundesrecht könne durch den Landesgesetzgeber nicht vorgenommen werden, da ihm die Kompetenz versagt sei. Daher kollidiere die Lizenzpflicht nach § 10 LAbfG-NW mit der konkreten Regelung des § 3 Abs. 4 AbfG 1986 und sei nach Art. 31 GG nichtig.

Peine[973] und auch *Salzwedel*[974] wenden dagegen ein, daß der Bundesgesetzgeber für den Eigenentsorger lediglich das Recht sich zur Abfallentsorgung eines Erfüllungsgehilfen zu bedienen, geregelt habe. Nicht normiert sei, wo und wie er seine Abfälle zu beseitigen habe. Für den Fremdentsorger sei geregelt, daß es ihn geben dürfe, aber nicht wann und wo er entsorgen dürfe. Ebenso gäbe es kein subjektiv-öffentliches Recht auf Durchführung der Fremdentsorgung. Daher würden praktisch alle relevanten Vorgaben durch das Bundesrecht fehlen. Es verbliebe den Ländern ein enger Raum zur Regelung der Sonderabfallentsorgung. Dies würde durch die Entstehungsgeschichte des AbfG 1986 belegt. Die Intention des Bundesgesetzgebers sei ursprünglich gewesen, die Sonderabfallentsorgung selbst gesetzlich zu regeln. Dies sei nur wegen divergierender Ländervorstellungen über die zweckmäßige Organisationsform aufgegeben worden. Hieraus ergäbe sich insgesamt die Regelungskompetenz des Landesgesetzgebers.

Die Auffassung von *Salzwedel* und *Peine* vermag nicht zu überzeugen, sondern der Meinung des *BVerfG* und von *Kloepfer* und *Friauf* ist der Vorzug zu geben. § 10 Abs. 1 Satz 1 LAbfG enthält nach seinem insoweit eindeutigen Wortlaut ein repressives Verbot mit Erlaubnisvorbehalt (Lizenz). Die Norm begründet eine gegenüber den bundesrechtlichen Regelungen über die Genehmigungspflichten in den §§ 4, 7 und 8 AbfG 1986 selbständige Erlaubnispflicht. Sie ist nicht dahin zu verstehen, daß sie nur deklaratorisch auf die genannten Bestimmungen des Abfallgesetzes verweist bzw. nur deklaratorisch jene Bestimmungen nachzeichnet bzw. wiedergibt. Ihr Zweck erschließt sich aus dem Zusammenhang mit § 10 Abs. 2 und § 11 LAbfG. Danach dient die Erlaubnispflicht der Steuerung von Sonderabfällen nach den abfallwirtschaftlichen Zielvorstellungen des Landes.

Nach den dadurch erkennbar konkretisierten Vorstellungen des Gesetzgebers soll auf diese Weise gewährleistet werden, daß über einen möglichen Konkurrenzschutz die Auslastung der Anlagen gesichert und damit die Investitionsbereitschaft der Unternehmer gefördert wird. Zugleich soll der Mangel an geeigneten Standorten verwaltet sowie die Überwachung besser ausgestaltet werden[975].

---

[973] Peine, NWVBL 1988, S. 193 ff.

[974] Salzwedel, NVwZ 1989, S. 820 ff., der sich der Argumentation von Peine anschließt.

[975] Vgl. LT-Drs. 10/2613 S. 42; OVG NW Beschluß v. 18.1.1996 – 20 A 2865/ 94, DVBl. 1996, S. 335 336).

Die Frage, ob der Gesetzgeber mit Blick auf den Landesgesetzgeber von seiner Zuständigkeit abschließend Gebrauch gemacht hat, erschließt sich nach der Rechtsprechung des *BVerfG* aus einer Gesamtwürdigung des betreffenden Normenkomplexes[976]. In dieser Gesamtwürdigung ist das Ziel der Bundesgesetzgebung und der aus ihm etwa herleitbare umfassende Charakter der Kodifikation einzustellen[977].

Letzterer wird ferner aus dem eventuellen Detailreichtum des bundesrechtlichen Regelungswerkes[978] hergeleitet. Auch ein System von ins einzelne gehenden und differenzierten Vorbehalten zugunsten des Landesgesetzgebers bestätigt den erschöpfenden Charakter der bundesgesetzlichen Regelungen. Hingegen schließt die Kodifizierung einer Materie für sich noch nicht aus, daß dem Landesgesetzgeber Bereiche verbleiben, die er etwa mit ergänzenden Regelungen ausfüllen kann. Entsprechend dem Regelungsbereich der §§ 10 Abs. 3 Sätze 1 und 2, 10 Abs. 1 LAbfG interessieren demgemäß diejenigen bundesrechtlichen Vorschriften, welche Genehmigungspflichten, Vorbehalte zugunsten des Landesgesetzgebers und damit zusammenhängende Regelungen enthalten. Das sind hier die §§ 2, 3, 4, 6, 7, 8, 15 Abs. 3 und 19 AbfG 1986[979].

Die Länder wurden verpflichtet Entsorgungspläne nach überörtlichen Gesichtspunkten aufzustellen, § 6 Abs. 1 Satz 2 AbfG 1986. Darüber hinaus sind die Länder untereinander zu übergreifender Abstimmung ihrer Pläne angehalten, § 6 Abs. 1 Satz 3 AbfG 1986, und es sind vor allem überwachungsbedürftige Abfälle in Plänen besonders zu berücksichtigen, § 6 Abs. 1 Satz 4 AbfG 1986. Bei jeder Planfeststellung oder Genehmigung nach § 7 AbfG 1986 sind nicht nur zwingend erforderliche, sondern auch öffentliche Belange zu beachten um die Wahrung des Wohls der Allgemeinheit zu beachten. Zu diesen Belangen gehören alle Versorgungsgrundsätze, die das Abfallrecht allgemein beherrschen[980] um eine Optimierung des Gemeinwohls auch in den Bereichen zu bewirken, die keine ausdrückliche gesetzliche Erwähnung oder Bindung erfahren haben[981].

Mit diesen Regelungen liegt ein System vor, dessen Detailreichtum bezüglich der Genehmigungsbedürftigkeit von Abfallentsorgungsanlagen, namentlich §§ 4, 7 und 8 AbfG 1986, sowie hinsichtlich der Genehmigungsvoraussetzungen in abfallrechtlicher Hinsicht offen zutage tritt.

---

[976] Vgl. BVerfGE 7, 242 (247); BVerfGE 20, 238 (248).
[977] Vgl. BVerfGE 20, 249.
[978] Vgl. BVerwG, Beschluß v. 24.8.1994 – 7 NB 5.93, BVerwGE 96, 318 (325).
[979] OVG NW Beschluß v. 18.1.1996 – 20 A 2865/94, DVBl. 1996, S. 335 (336).
[980] BVerwGE, Urteil v. 9.7.1992 – 7 C 21.91, NVwZ 1993 S. 581 (582) = JZ 1993, S. 409.
[981] Vgl. OVG NW, Urteil v. 18.8.1994 – 20 AK 21/87, NVBl. 1995 S. 97.

Besonders die Verknüpfung zwischen den zwingenden oder fakultativen Genehmigungsvoraussetzungen in § 8 AbfG 1986 mit den Regelungen in den §§ 2 und 6 AbfG 1986 rechtfertigen schon für sich den Schluß, daß der Bundesgesetzgeber im Interesse der Wahrung der Rechts- und Wirtschaftseinheit im gesamten Bundesgebiet die Ablagerung und Behandlung von Abfällen außerhalb zugelassener Anlagen grundsätzlich verbieten und die Voraussetzungen für die Anlagenzulassung unter spezifisch abfallrechtlichen Gesichtspunkten endgültig festlegen wollte. Die Betrachtung der Genehmigungsvoraussetzungen zeigt, daß nach den bundesgesetzlichen Vorgaben gerade diejenigen Zwecke des § 10 Abs. 1 Abs. 3 und Abs. 2 LAbfG, welche sich auf den Konkurrenzschutz, die Standortverwaltung und die Überwachung beziehen, vollständig, d. h. lückenlos abgedeckt werden. Nach Erfahrung des *OVG NW* werden diese Belange in ungezählten Anwendungsfällen in der Praxis mit Billigung der Gerichte auch entsprechend gehandhabt[982].

Ferner wird durch die einerseits detaillierten, andererseits sachlich beschränkten Vorbehalte zugunsten des Landesgesetzgebers bzw. der Landesexekutive in den §§ 4, 6, 15 und 19 AbfG 1986 unübersehbar signalisiert, daß im übrigen eine darüber hinausgreifende Ländervielfalt im Bereich der Steuerung der Behandlung und Ablagerung von Abfällen hinsichtlich derjenigen Genehmigungsvoraussetzungen, deren Anknüpfungspunkte und Gegenstände sowie Zielsetzungen spezifisch abfallrechtlicher Natur sind, nicht in Betracht kommen soll.

So sind nicht nur der Kreis der Abfallentsorgungspflichtigen in § 3 Abs. 3 AbfG 1986 erschöpfend geregelt, sondern auch die Voraussetzungen, unter denen die Errichtung und der Betrieb von Abfallentsorgungsanlagen verboten bzw. erlaubt sein soll. Dies zeigt, daß eine Lücke im Anwendungsbereich der §§ 3 Abs. 3 und Abs. 4 AbfG 1986 nicht ersichtlich ist. Damit verbleibt dem Landesgesetzgeber kein Gesetzgebungsspielraum, um mit § 10 LAbfG eine Verbesserung der Organisation der Abfallentsorgung anzustreben. Somit sind das Lizenzverfahren und das dafür geforderte Entgelt unter Berücksichtigung der Rechtslage 1988 verfassungswidrig[983].

Die telefonische Anfrage beim Landesumweltamt, Außenstelle Düsseldorf, hat ergeben, daß das „Lizenzentgelt nicht weiter verfolgt werde". Es sei im Moment nicht auf der politischen Agenda. Die unter Vorbehalt gezahlten Lizenzgebühren würden zurückerstattet[984].

---

[982] OVG NW Beschluß v. 18.1.1996 – 20 A 2865/94, DVBl. 1996, S. 335 (337).
[983] So auch OVG NW Beschluß vom 18.1.1996 – 20 A 2865/94, DVBl. 1996, S. 335 (335).
[984] Telefonische Anfrage vom 18. April 2002.

C. Abwasserabgabe nach dem Landeswassergesetz[985]

Der spezifische Schutz des Wassers unterliegt dem Recht der Wasserwirtschaft und des Wasserhaushalts. Diese beiden Begriffe umfassen die rechtlichen Regeln „für die haushälterische Bewirtschaftung des in der Natur vorhandenen Wassers nach Menge und Güte[986]. Die allgemeinen Rechtsgrundlagen für den medialen Schutz der oberirdischen Gewässer, des Grundwassers und der Küstengewässer finden sich als Rahmengesetz des Bundes, gestützt auf die Rahmengesetzgebungskompetenz nach Artikel 75 Nr. 4 GG, im Wasserhaushaltsgesetz. Die Länder haben den bundesrechtlichen Rahmen durch die Landeswassergesetze gefüllt[987]. Auch das Abwasserabgabengesetz ist auf die Rahmengesetzgebungskompetenz des Bundes nach Artikel 75 Nr. 4 GG gestützt. Die erforderlichen Ausfüllungsvorschriften der Länder finden sich hierzu teils in besonderen Landesgesetzen zur Ausführung des Abwasserabgabengesetzes, teils in Bestimmungen der Landeswassergesetze[988].

I. Bundesgesetzliche Regelung

1. Grundsatz

Nach § 1 des Gesetzes über Abgaben für das Einleiten von Abwasser in Gewässer[989] ist für das Einleiten von Abwasser in ein Gewässer im Sinne des § 1 Abs. 1 des Wasserhaushaltsgesetzes eine Abgabe zu entrichten, die sog. Abwasserabgabe. Sie wird durch die Länder erhoben.

2. Begriffsbestimmungen

Als Abwasser im Sinne des AbwAG gilt Schmutzwasser und Niederschlagswassern. Schmutzwasser ist das durch häuslichen, gewerblichen, landwirtschaftlichen oder sonstigen Gebrauch in seinen Eigenschaften veränderte und das bei Trockenwetter damit zusammen abfließende Wasser. Niederschlagswasser das von Niederschlägen aus dem Bereich von bebauten oder befestigten Flächen abfließende und gesammelte Wasser. Als Schmutzwasser gelten auch die aus Anlagen zum Behandeln, Lagern und Ablagern von Abfällen austretenden und gesammelten Flüssigkeiten, § 2 Abs.1 AbwAG.

---

[985] Wassergesetz für das Land Nordrhein-Westfalen, Landeswassergesetz, LWG, vom 9. Juni 1989, GV. NW. S. 384, in der Fassung vom 25. Juni 1995, GV. NW. S. 926.

[986] BVerfGE 15, 1 (15).

[987] Breuer in Schmidt-Aßmann, 5. Abschn., Rdn. 127.

[988] Breuer in Schmidt-Aßmann, 5. Abschn., Rdn. 128.

[989] Abwasserabgabengesetz - AbwAG v. 13. September 1976 (BGBl. I S. 2721), zuletzt geändert am 21. März 1997 (BGBl. I S. 566).

Einleiten im Sinne des AbwAG ist das unmittelbare Verbringen des Abwassers in ein Gewässer; auch das Verbringen in den Untergrund gilt als Einleiten in ein Gewässer, ausgenommen hiervon ist das Verbringen im Rahmen landbaulicher Bodenbehandlung, § 2 Abs. 2 AbwAG. Abwasserbehandlungsanlage ist eine Einrichtung, die dazu dient, die Schädlichkeit des Abwassers zu vermindern oder zu beseitigen; ihr steht eine Einrichtung gleich, die dazu dient, die Entstehung von Abwasser ganz oder teilweise zu verhindern, § 2 Abs. 3 AbwAG.

3. Bewertungsgrundlage

Die Abwasserabgabe richtet sich gemäß § 3 Abs. 1 AbwAG bei der Einleitung von Schmutzwasser nach der eingeleiteten Schmutzfracht. Die Schmutzfracht wird für die maßgeblichen Abgabenparameter ermittelt:

a) Chemischer Sauerstoffbedarf
b) Phosphor
c) anorganischer Stickstoff
d) organische Halogenverbindungen
e) Metalle: Quecksilber, Cadmium, Chrom, Nickel, Blei und Kupfer
f) Giftigkeit gegenüber Fischen.
Die Schmutzfrachten für die Abgabeparameter werden aus den wasserrechtlichen Überwachungswerten und den Jahresschmutzwassermengen ermittelt, die in der Regel der Einleitungserlaubnis zu entnehmen sind.

4. Abgabepflicht, Abgabesatz

Abgabepflichtig ist, wer Abwasser unmittelbar in ein Gewässer einleitet (Einleiter), § 9 Abs. 1 AbwAG. Nach § 9 Abs. 2 AbwAG können die Länder bestimmen, daß an Stelle der Einleiter Körperschaften des öffentlichen Rechts abgabepflichtig sind. Dies sind in Nordrhein-Westfalen die Kommunen, Abwasserzweckverbände, Industrie-, Gewerbe- und Landwirtschaftsbetriebe.

Für Einleitungen aus Haushaltungen von weniger als acht Kubikmeter je Tag Schmutzwasser, sogenannte Kleineinleiter, ist die jeweilige Gemeinde abgabepflichtig.

Wird das Wasser eines Gewässers in einer Flußkläranlage gereinigt, können die Länder bestimmen, daß an Stelle der Einleiter eines festzulegenden Einzugsbereichs der Betreiber der Flußkläranlage abgabepflichtig ist, § 9 Abs. 3 AbwAG.

Der Abgabesatz beträgt für jede Schadeinheit ab 1. Januar 2002 35,79 46,00 Euro im Jahr gemäß § 9 Abs. 4 AbwAG.

5. Verwendung

Die Abwasserabgabe wird vom Landesumweltamt zentral für das Land Nordrhein-Westfalen festgesetzt und Erhoben. Die Einnahmen sind zweckgebunden für Maßnahmen, die der Erhaltung oder Verbesserung der Gewässergüte dienen, § 13 Abs. 1 AbwAG.

Die Länder können bestimmen, daß der durch den Vollzug dieses Gesetzes und der ergänzenden landesrechtlichen Vorschriften entstehende Verwaltungsaufwand aus dem Aufkommen der Abwasserabgabe gedeckt wird.
Solche Maßnahmen sind nach § 13 Abs. 2 AbwAG insbesondere:

a) der Bau von Abwasserbehandlungsanlagen,
b) der Bau von Regenrückhaltebecken und Anlagen zur Reinigung des Niederschlagswassers,
c) der Bau von Ring- und Auffangkanälen an Talsperren, See- und Meeresufern sowie von Hauptverbindungssammlern, die die Errichtung von Gemeinschaftskläranlagen ermöglichen,
d) der Bau von Anlagen zur Beseitigung des Klärschlamms,
e) die Maßnahmen im und am Gewässer zur Beobachtung und Verbesserung der Gewässergüte wie Niedrigwasseraufhörung oder Sauerstoffanreicherung sowie zur Gewässerunterhaltung,
f) die Forschung und Entwicklung von Anlagen oder Verfahren zur Verbesserung der Gewässergüte,
g) die Ausbildung und Fortbildung des Betriebspersonals für Abwasserbehandlungsanlagen und andere Anlagen zur Erhaltung und Verbesserung der Gewässergüte.

II. Ziel der Wasserwirtschaft in Nordrhein-Westfalen

§ 1 Abs. 1 LWG übernimmt den Inhalt des § 1a WHG, der vom Bundesgesetzgeber als „programmatische Leitnorm" konzipiert wurde[990]. Ziel der Wasserwirtschaft ist nach § 1 Abs. 1 LWG, die Gewässer vor vermeidbaren Beeinträchtigungen zu schützen und eine mit Rücksicht auf den Wasserhaushalt gebotene sparsame Verwendung des Wassers zu erreichen. Die Gewässer sind so zu bewirtschaften, daß sie dem Wohl der Allgemeinheit und im Einklang mit ihm auch dem Nutzen einzelner dienen. Dies erfordert die Ordnung des Wasserhaushalts als Bestandteil von Natur und Landschaft und als Grundlage für die Wasserversorgung, die Abwasserbeseitigung und andere Gewässernutzungen.

---

[990] Breuer in Schmidt-Aßmann, 5. Abschn., Rdn. 131.

1. Umlage der Abgabe durch Gemeinden und Abwasserverbände[991]

Nach § 18a WHG obliegt den Ländern die Aufgabe zu regeln, welche öffentlich-rechtliche Körperschaft zur Abwasserbeseitigung verpflichtet ist. Dies sind grundsätzlich die Gemeinden. Dabei handelt es sich um eine klassische Pflichtaufgabe der Gemeinde. Die Gemeinde wird dabei nicht aufgrund ihrer Selbstverwaltungskompetenz, sondern aufgrund von Weisung durch das jeweilige Bundesland tätig.

Die Gemeinden wälzen dabei nach § 65 Abs. 1 LWG die Abwasserabgaben „durch Gebühren nach §§ 6 und 7 des Kommunalabgabengesetzes auf die Eigentümer und Nutzungsberechtigten der Grundstücke, auf denen das Abwasser anfällt, und auf die Abwassereinleiter ab".

2. Zweckbindung[992]

Die Zweckbindung ist identisch mit § 13 AbwAG.

3. Verwaltungsaufwand[993]

Der für das Festsetzen und Erheben der Abgabe entstehende Aufwand wird ganz, der bei der Überwachung entstehende Aufwand zu einem Drittel aus der Abgabe gedeckt, § 82 LWG.

4. Mittelvergabe[994]

Das Land Nordrhein-Westfalen stellt das Abgabeaufkommen für die Förderung von Maßnahmen zur Verfügung, die der Erhaltung oder Verbesserung er Gewässergüte dienen. Dabei sind nach § 83 Abs. 1 LWG örtliche und regionale Schwerpunkte für die Sanierung von Gewässern und sektoraler Schwerpunkte der Gewässerverschmutzung durch besonders schädliche Faktoren zu berücksichtigen. Dabei sind die in Bewirtschaftungsplänen vorgesehenen Maßnahmen vorrangig zu berücksichtigen.

---

[991] Zu § 9 AbwAG.
[992] Zu § 13 AbwAG.
[993] Zu § 13 AbwAG.
[994] Zu § 13 AbwAG.

5. Aufkommenshöhe

Tabelle 60: Aufkommen der Abwasserabgabe

Jahr	DM in Millionen	Euro in Millionen
1994	439	224
1995	360	184
1996	234	120
1997	224	115
1998	192	98
1999	220	112

Quelle: Landesumweltamt Nordrhein-Westfalen e-mail vom 17.11.2000.

Diagramm 13: Aufkommen der Abwasserabgabe

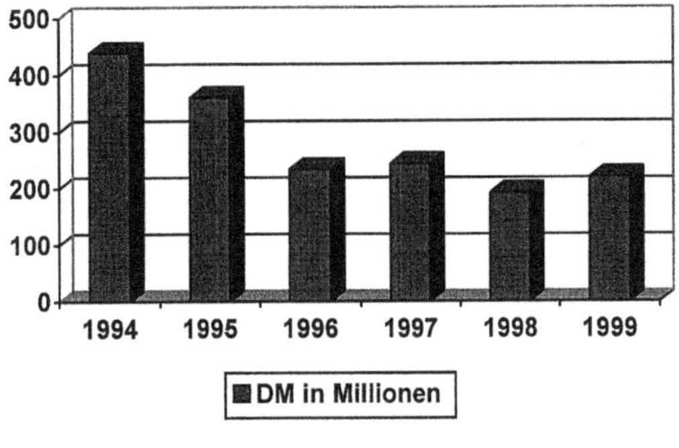

III. Bewertung

Bei der Wasserabgabe handelt es sich um eine Finanzierungsabgabe mit Zweckbindung, der die umweltpolitische Zielsetzung Reinhaltung der Gewässer zugrunde liegt[995]. Ob tatsächlich ein hoher Lenkungseffekt von ihr ausgeht, ist fraglich.

So kommt die eine Untersuchung zu dem Ergebnis, daß das Ziel des Abwasserabgabengesetzes die Wirkungsschwächen der herkömmlichen Regelungsinstrumente auszugleichen und den Gewässerschutz zu verbessern, weitgehend verfehlt worden sei. Auch finanzwissenschaftliche Untersuchungen würden in diesen Bereichen nur schwache Anreizwirkungen feststellen.

---

[995] Voigt, DVBl. 1980, S. 985 ff. (986).

Von der Schaffung einer ersten echten Umweltlenkungsabgabe könne nicht gesprochen werden, weil sich die abgabenrechtlichen Reglungen weit vom Modell eines umweltlenkenden Steuerungssystems entfernt haben würden[996].

Eine andere Untersuchung kommt zu dem Ergebnis, daß die Abwasserabgabe die ihr zugedachte Lenkungsfunktion noch nicht ökonomisch effizient erfüllt. Danach sei eine Erhöhung der Abgabensätze mit progressiven Aufschlägen bei gewässerspezifischen Spitzenbelastungen sowie Einschränkungen bei den Verrechnungsmöglichkeiten notwendig. Darüber hinaus sei erforderlich, die ordnungsrechtlichen Anforderungen nicht ständig zu verschärfen. Vielmehr solle die Bewirkung weiterer Vorsorgemaßnahmen der Steuerung durch die Abgabe überlassen bleiben[997].

Trotz dieser Kritik ist aber festzustellen, daß der zurückgehende Schadstoffgehalt des Wassers auch als erfolgreicher Lenkungseffekt der Abwasserabgabe zugeschrieben werden kann. Die Gewässerqualität ist heute vielfach besser als sie mit der Schaffung der Abwasserabgabe seinerzeit angestrebt wurde. Empirisch kann aber nicht belegt werden, welcher Anteil auf die Abwasserabgabe und welcher Anteil auf ordnungspolitische Maßnahmen entfällt[998].

Die Abwasserabgabe kann aber heute nur noch begrenzte Anreize für mehr zusätzliche Investitionen in eine verbesserte Reinigungsleistung bewirken[999]. Dies liegt daran, daß heute in vielen Fällen schon allein durch die Festschreibung des "Standes der Technik" sowie durch die Weiterentwicklung der Abwasserreinigungstechnik eine Verbesserung der Gewässerqualität erreicht wird[1000]. Die gesetzliche Grundlage zur Festschreibung des „Standes der Technik" findet sich in § 57 Abs. 1 LWG (zu § 18b WHG). Ein Anreiz zur Abgabenvermeidung ist aber nach wie vor vorhanden, wenn die Abwasserreinigung nach dem Stand der Technik erfolgt. Die Reduzierung betrug bis 1998 75 v. H., ab 1999 beträgt sie 50 v. H[1001].

---

996 Böhm, S. 177.

997 Informations- und Marketingsysteme für die Bauwirtschaft, http://www.ibau.. de, Umweltgutachten 1996, http://www.tst.de.

998 Die Aufteilung der Wirkungen auf abgabenrechtliche und ordnungspolitische Tatbestände wird in der vorliegenden Untersuchung nicht weiter verfolgt.

999 Deutscher Städte- und Gemeindebund, http://www.dstgb.de/.

1000 Kommunalkompaß des BdSt NRW, S. 59.

1001 Landesumweltamt NRW, http:///www.lua.nrw.de/abwag/abwag.htm.

Dagegen könnte durch die Einführung der Meßlösung, bei der die Abwasserabgabe nur für die tatsächlich eingeleiteten Schadstoffe gezahlt wird, Lenkungseffekte bei allen Abwassereinleitungen erreicht werden[1002]. Dann würde derjenige, der viele Schadstoffe produziert, eine entsprechend höhere Abgabe zahlen als derjenige, der nur eine geringe Schadstoffmenge produziert. Dies ließe sich aber nicht bei Haushalten, allenfalls bei Gewerbebetrieben realisieren.

Problematisch ist aber, daß die Gebühren in einigen Gemeinden schon jetzt an der Grenze der Belastbarkeit der Einwohner liegen. So bietet sich bei den Abwassergebühren in Nordrhein-Westfalen ein uneinheitliches Bild. Das Gebührenwachstum in Nordrhein-Westfalen hat sich zwar weiter abgebremst, liegt aber immer noch mit 2,6 v. H. über der derzeitigen Inflationsrate[1003]. In 1997 betrug das Gebührenwachstum 3 v. H. und 1996 4,8 v. H.[1004].

Die Gründe für den Anstieg waren:

a) das einige Kommunen eine Umstellung der kalkulatorischen Abschreibung vom niedrigeren Anschaffungswert auf den höheren Wiederbeschaffungszeitwert vorgenommen haben,
b) das mehrere Kommunen trotz der derzeit herrschenden Niedrigzinsphase ihren kalkulatorischen Zinssatz erhöht haben,
c) das zusätzliche Investitionen zu höheren Gebühren geführt haben[1005].

Die Abwassergebühren betragen für einen 4-Personen-Muster-haushalt in Nordrhein-Westfalen zwischen 600 DM (306,80 Euro) und 2.264 DM (1.157,60 Euro)[1006].

Da sich die Abwassergebühren zu einem erheblichen Kostenfaktor entwickelt haben, hat die Landesregierung im Rahmen des Gemeindefinanzierungsgesetzes eine Landesförderung für die Gemeinden, deren Abwassergebühren erheblich über dem Landesdurchschnitt liegen, in Erwägung gezogen[1007].

[1002] So auch Böhm, S. 176 u. Nisipeanu, S. 57 ff., 275 ff.; Nisipeanu, http://www. blackwell.de; Köhler, § 5 Rdn .1; so hat das Forschungsinstitut für Wasser- und Abfallwirtschaft an der RWTH Aachen 1995 ein Gebührenmodell zur verursachergerechten Verteilung der Kosten für die Abwasserentsorgung vorgelegt; vgl. Bolle / Kettern in Doedens-Kettern, S. 74 ff.

[1003] Gebührenvergleich 1998 BdSt NRW, Jahrespressekonferenz vom 30. Juni 1998, S. 4.

[1004] Gebührenvergleich 1998 BdSt NRW, Jahrespressekonferenz vom 30. Juni 1998, S. 4.

[1005] Gebührenvergleich 1998 BdSt NRW, Jahrespressekonferenz vom 30. Juni 1998, S. 4.

[1006] Gebührenvergleich 1998 BdSt NRW, Jahrespressekonferenz vom 30. Juni 1998, S. 4.

[1007] Schreiben des Innenministerium des Landes Nordrhein-Westfalen an die Bezirksregierung – Dezernat 31 – Arnsberg, Detmold, Düsseldorf, Köln, Münster mit Überdrucken für die Gemeinden, Az.: III B 4-72.11.02-422/98 vom 18.03.1988, (unveröffentlicht).

Eine Studie der Universität Witten/Herdecke im Auftrag des Bundesumweltministeriums kam unterdessen zu dem Ergebnis, daß die Bundesbürger mit im Durchschnitt 215 DM (109,90 Euro) pro Jahr pro an die Kanalisation angeschlossenen Einwohner europaweit die zweithöchsten Abwasserkosten zu tragen haben. Am höchsten sind die Abwasserkosten in Österreich. Hier betragen sie pro Jahr pro an die Kanalisation angeschossenen Einwohner 304,00 DM (155,40 Euro).

Allerdings wird in der Bundesrepublik Deutschland mehr für die Sauberkeit des Wassers getan als in jedem anderen Land. So sind in der Bundesrepublik Deutschland 85 v. H. der Haushalte an biologischen Kläranlagen angeschlossen, in der Republik Österreich 72 v. H. der Haushalte[1008].

Somit zeigt sich, daß über höhere Gebühren eine Lenkung der Haushalte derzeit nicht durchsetzbar ist. Lenkbar sind allenfalls gewerbliche Betriebe, soweit diese in der Lage sind, eigene Anlagen zu finanzieren. Erfolge können aber über die Aufkommensverwendung für Neuanlagen, über die Aufrechnung von Investitionskosten und durch die Einführung der Meßlösung erreicht werden.

D. Ersatzgeld nach dem Landschaftsgesetz[1009]

Zentrale Vorschrift im Bereich des Naturschutzrechtes ist heute das Gesetz über Naturschutz und Landschaftspflege[1010]. Es handelt sich dabei um ein Rahmengesetz des Bundes dessen Gesetzgebungskompetenz sich aus Artikel 75 Abs. 1 Satz 1 Nr. 3 GG und daneben auf Artikel 73 Nr. 5, Artikel 74 Abs. 1 Nr. 1 und Nr. 11 GG ergibt[1011].

Die zielkonkretisierenden Grundsätze von Aufgaben und Zielen des Naturschutzes und der Landschaftspflege enthält § 2 Abs. 1 BNAtSchG. Diese sind zum einen die Erhaltung unbebauter Flächen und die Sicherung der Nutzungsfähigkeit der Naturgüter.

[1008] Handelsblatt vom 10.03.1999.

[1009] Gesetz zur Sicherung des Naturhaushalts u. zur Entwicklung der Landschaft, Landschaftsgesetz – LG, in der Fassung vom 15. August 1994, GV. NW. S. 710, zuletzt geändert am 2. Mai 1995, GV. NW. S. 382.

[1010] Bundesnaturschutzgesetz – BNatSchG in der Fassung der Bekanntmachung 21. September 1998, BGBl. I S. 2994.

[1011] Kloepfer, § 11, Rdn. 3.

In § 4 BNatSchG unterscheidet das BNatSchG selber Rahmenvorschriften und unmittelbar geltende Vorschriften. § 8 BNatSchG der die Regelung über Eingriffe in Natur und Landschaft darstellt zählt dabei zu den ausfüllungsbedürftigen Rahmenvorschriften des Bundes. Gemäß § 8 Abs. 8 BNatSchG kann der Landesgesetzgeber die Eingriffstatbestände erweitern oder einschränken[1012]. Der nordrhein-westfälische Landesgesetzgeber hat davon in § 4 Abs. 2 LG Gebrauch gemacht.

I. Ziel des Naturschutzes und der Landschaftspflege

Nach § 1 Abs. 1 LG sind Natur und Landschaft im besiedelten und unbesiedelten Bereich so zu schützen, zu pflegen und zu entwickeln, daß die Leistungsfähigkeit des Naturhaushalts, die Nutzungsfähigkeit der Naturgüter, die Pflanzen- und Tierwelt sowie die Vielfalt, Eigenart und Schönheit von Natur und Landschaft als Lebensgrundlagen des Menschen und als Voraussetzung für seine Erholung in Natur und Landschaft nachhaltig gesichert sind.

Nach § 3 LG soll die Natur und Landschaft pfleglich genutzt und vor Schäden bewahrt werden. Bei der Nutzung anfallende nachteilige Veränderungen sind auf ein Mindestmaß zu beschränken.

II. Eingriffe in Natur und Landschaft

Eingriffe in Natur und Landschaft „sind Veränderungen der Gestalt oder Nutzung von Grundflächen, die die Leistungsfähigkeit des Naturhaushalts oder das Landschaftsbild erheblich oder nachhaltig beeinträchtigen können", § 4 Abs. 1 LG. Diese Definition entspricht § 8 Abs. 1 BNatSchG. Die in § 4 Abs. 2 LG aufgezählten Eingriffe folgen aber aus der Ausfüllungskompetenz der Rahmenvorschrift des § 8 BNatSchG. Das LG zählt als Eingriffe auf:

1. die oberirdische Gewinnung von Bodenschätzen,
2. die Aufschüttungen ab 2 m Höhe oder Abgrabungen ab 2 m Tiefe auf einer Grundfläche von mehr als 400 qm,
3. die Errichtung oder wesentliche Änderung von Flugplätzen und Abfalldeponien,
4. die Errichtung oder wesentliche Änderung von Schienenwegen, von Straßen und von baulichen Anlagen im Sinne von § 2 Abs. 1 der Landesbauordnung,
5. das Verlegen ober- und unterirdischer Leitungen im Außenbereich,
6. der Ausbau von Gewässern,
7. die Zerstörung oder sonstige erhebliche oder nachhaltige Beeinträchtigung der nach diesem Gesetz oder aufgrund dieses Gesetzes geschützten Flächen und Objekte,

---

[1012] Kloepfer, § 11, Rdn. 14.

8. die Beseitigung von Hecken, Alleen, Baumreihen und Streuobstwiesen, soweit sie prägende Bestandteile der Landschaft sind sowie von Tümpeln und Weihern mit einer Fläche von mehr als 100 qm,
9. die Umwandlung von Wald,
10. die Neuanlagen von Weihnachtsbaum- und Schmuckreisigkulturen außerhalb des Waldes, soweit es sich nicht um eine Baumschule handelt.

III. Ausgleichsmaßnahmen

Aus § 4 Abs. 4 LG folgt die Verpflichtung des Verursachers eines Eingriffs, „vermeidbare Beeinträchtigungen von Natur und Landschaft zu unterlassen sowie unvermeidbare Beeinträchtigungen innerhalb einer von der zuständigen Behörde zu bestimmenden Frist durch Maßnahmen des Naturschutzes und der Landschaftspflege auszugleichen, soweit es zur Verwirklichung der Ziele des Naturschutzes und der Landschaftspflege erforderlich ist".

Ein Eingriff ist dann ausgeglichen, wenn keine nachhaltige oder erhebliche Beeinträchtigung des Naturhaushalts zurückbleibt und das Landschaftsbild entweder landschaftsgerecht wiederhergestellt oder neu gestaltet ist.

IV. Allgemeine Bestimmungen über Ersatzvornahme und Ersatzgeld

Ersatzmaßnahmen sind dann vorzunehmen, wenn ein Eingriff nicht ausgeglichen werden kann. Dies sind Maßnahmen des Naturschutzes und der Landschaftspflege, die an anderer Stelle die gestörte Funktion des Naturhaushaltes oder der Landschaft gleichwertig wiederherstellen können, § 5 Abs. 1 LG.
Anstelle der Ersatzmaßnahmen kann ein Ersatzgeld, nach § 5 Abs. 3 LG an den Kreis oder die kreisfreie Stadt, fällig werden, wenn die Beeinträchtigungen von Natur- und Landschaft nicht behoben werden können. Dabei spielen die Gründe für die Nichtbehebung keine große Rolle. Erforderlich ist lediglich, daß die erforderlichen Ersatzmaßnahmen nicht oder nicht ihrem Zweck entsprechend durchgeführt werden können, § 5 Abs. 3 LG

Als Bemessungsgrundlage des zweckgebundenen Ersatzgeldes für Maßnahmen des Naturschutzes und der Landschaftspflege sind die Kosten anzusetzen, die für Ersatzmaßnahmen hätten aufgewendet werden müssen, nach § 5 Abs. 4 LG.

V. Bewertung

§ 8 Abs. 9 BNatSchG ist die Ermächtigungsgrundlage für weitergehende landesgesetzliche Regelungen bei nicht ausgleichbaren Eingriffen als nach § 8 Abs. 2 und 3 BNatSchG.

Nach § 8 Abs. 2 BNatSchG ist jeder verpflichtet vermeidbare Eingriffe in die Natur und Landschaft zu unterlassen. Greift ein Verursacher eines Eingriffs mittels einer unvermeidbaren Beeinträchtigung in Natur und Landschaft ein, so ist dieser Eingriff in einer angemessenen Zeit durch Maßnahmen des Naturschutzes oder der Landschaftspflege auszugleichen. § 8 Abs. 9 BNatSchG ermächtigt die Länder über diese Grundsätze hinaus, weitergehende Regelungen zu erlassen, vor allem bei nicht ausgleichbaren Eingriffen.

Hiervon hat der nordrhein-westfälische Landesgesetzgeber Gebrauch gemacht, in dem er die Vorschrift über das Ersatzgeld erlassen hat[1013].

Diese Regelung hat bisher aus finanzverfassungsrechtlicher Sicht nicht zu wesentlichen Bedenken oder Streit geführt. Lediglich in einer Gerichtsentscheidung hat sich bisher ein Obergericht mit dem Ersatzgeld aus finanzverfassungsrechtlichen Gründen auseinandergesetzt. So ist der *VGH Kassel* zu dem Ergebnis gekommen, daß das Ersatzgeld eine zulässige Sonderabgabe ist, weil sie nur einer begrenzten Gruppe auferlegt wird. Diese Gruppe besteht aus denjenigen, die die Natur in einer Weise beeinträchtigen, die nicht durch geeignete Maßnahmen kompensiert werden kann. Die Zweckgebundenheit des Ersatzgeldes ist klar erkennbar, da es nur zweckgebunden zu Gunsten von Landschaft und Natur verwendet und nicht in den allgemeinen Haushalt eingestellt wird[1014]. Im nordrhein-westfälischen LG ist in § 15 Abs. 3 Satz 3 LG die Zweckgebundenheit ausdrücklich festgeschrieben.

Dieses Urteil ist in der Literatur unwidersprochen zur Kenntnis genommen worden[1015]. Insgesamt ist festzustellen, daß sich sowohl Rechtsprechung als auch Literatur mit dem Ersatzgeld nach dem nordrhein-westfälischen LG überhaupt nicht beschäftigen. So findet sich der § 5 Abs. 3 LG im Kommentar zum Landschaftsgesetz Nordrhein-Westfalen nicht kommentiert[1016]. Auch die Literatur zur Ermächtigungsgrundlage des § 8 Abs. 9 BNatSchG beschäftigt sich überhaupt nicht mit dieser Problematik[1017]. In der Praxis ist das Ersatzgeld ebenfalls nicht streitanfällig.

[1013] Louis / Engelke, § 8, Rdn. 205; Heinke, S. 5.

[1014] VGH Kassel, NVwZ 1994, S. 252, (254).

[1015] Vgl. Louis / Engelke, § 8, Rdn. 205.

[1016] Vgl. Stollmann, LG-NW.

[1017] Vgl. Henke, der in der Dissertation: "Eingriff, Vermeidung, Ausgleich und Untersagung - Zur Auslegung der wesentlichen Begriffe des § 8 Bundesnaturschutzgesetz" nur den Hinweis auf das Ersatzgeld gibt; Klopfer, § 11, Rdn. 45 erwähnt ebenfalls nur die Existenz des Ersatzgeldes; in Salzwedel, Grundzüge des Umweltrechts, fehlt die Kommentierung des § 14, Landschaftsschutz; Meßerschmidt, Urteile zum Umweltrecht findet sich zum Ersatzgeld NW kein Urteil; ebenso Pohl in Himmelmann / Pohl / Tünnesen-Harmes, B. 7, Rdn. 36 wo sich kein Hinweis auf weiterführende Literatur findet.

Die Recherche bei der zuständigen Kammer für Landschaftsschutzsachen des *VG Arnsberg* ergab, daß das Ersatzgeld bisher nicht Gegenstand eines Klageverfahrens war. Als Ergebnis ist daher festzuhalten, daß das Ersatzgeld eine streitunanfällige gesetzliche Regelung darstellt.

Auch aus Sicht des Umweltschutzes ist das Ersatzgeld wegen nicht behebbarer Eingriffe in die Landschaft eine sinnvolle Maßnahme gegen den Verbrauch von Landschaft. Lenkungseffekte gehen von ihr insofern aus, als daß die Zahlung als Kostenfaktor vermieden werden kann, indem beispielsweise auf die Versiegelung von Flächen verzichtet wird. Über die Wirksamkeit und das Aufkommen liegen allerdings keine verläßlichen Zahlen vor.

E. Sonstige Landesrechtliche Abgaben

Neben den oben dargestellten Abgaben werden im Bundesland Nordrhein-Westfalen noch Benutzungsgebühren für Trinkwasserversorgung und Abwasserbeseitigung in Form der Wasseranschlußgebühr, Wasserbenutzungsgebühr und Benutzungsgebühr für Abwasseranlagen (Kanalbenutzungsgebühr) erhoben. Die Rechtsgrundlage für die Erhebung von Gebühren findet sich in § 6 Kommunalabgabengesetz für das Land Nordrhein-Westfalen[1018], für Beiträge in § 8 desselben Gesetzes. Ein Umweltbezug ist insoweit vorhanden, als über die Kosten hinausgehend Entschädigungen für naturnahe Bewirtschaftung gezahlt werden (z. B. Grundwasserschutz). Daneben gibt es die Stellplatzablösegebühren nach § 51 Bauordnung für das Land Nordrhein-Westfalen[1019]. Ferner wird noch eine Jagdrechtsabgabe nach § 57 Landesjagdgesetz Nordrhein-Westfalen[1020] und eine Fischereiabgabe nach § 36 Fischereigesetz für das Land Nordrhein-Westfalen[1021] erhoben.

F. Lärmabhängige Luftlandeentgelte[1022]

Die in Nordrhein-Westfalen gelegenen Verkehrsflughäfen erheben nach den jeweils gültigen Entgeltordnungen Landeentgelte. Es handelt sich dabei um privatrechtliche Entgelte, die nach § 43 LuftVZO vom Ministerium für Wirtschaft, Mittelstand, Energie und Verkehr genehmigt werden müssen.

1018 In der Fassung der Bekanntmachung vom 21. Oktober 1969 zuletzt geändert durch Artikel III Gesetz vom 17.12.1999, GV NRW S. 718.

1019 In der Fassung der Bekanntmachung vom 1. März 2000, GV NRW S. 255/SGV NW 232.

1020 In der Fassung der Bekanntmachung vom 7. Dezember 1994, GV NW 1995 S. 2/SGV NW 792.

1021 In der Fassung der Bekanntmachung vom 22. Juni 1994, GV NW 1995 S. 516/SGV NW 793.

1022 Der Flughafen Düsseldorf hat trotzt mehrmaliger Anfragen die Entgeltordnung nicht zur Verfügung gestellt.

Die Aufnahme in die Untersuchung läßt sich zwar nicht durch die verwendete Definition[1023] legitimieren. Gleichwohl sollen diese erläutert werden, um zu zeigen, daß es auch bei privatrechtlichen Entgelten einen Umweltbezug gibt.

Die Höhe ist abhängig von der Lärmverursachung der Luftfahrzeuge. Für Strahlturbinenluftfahrtzeuge gilt der ICAO Annex 16 Chapter 2 und 3[1024].

I. Verkehrsflughafen Münster/Osnabrück

1. Luftlandeentgelt

Nach der Entgeltordnung für den Verkehrsflughafen Münster/Osnabrück[1025] ist für jede Landung auf dem Flughafen Münster/Osnabrück ein Entgelt an den Flughafenunternehmer zu entrichten.

Schuldner des Landeentgeltes sind als Gesamtschuldner die Luftverkehrsgesellschaft unter deren Airline-Code/Flugnummer der jeweilige Flug durchgeführt wird (Code-Sharing); der Luftfahrzeughalter oder die natürliche oder juristische Person, die das Luftfahrzeug in Gebrauch hat ohne Halter oder Eigentümer zu sein, wie etwa Mieter oder Leasingnehmer. Das Landeentgelt bemißt sich nach dem in der Zulassungsurkunde eingetragenen Höchstabfluggewicht (MTOW) des Luftfahrzeugs, im gewerblichen Luftverkehr zusätzlich nach der Zahl der bei der Landung an Bord des Luftfahrzeugs befindlichen Fluggäste. Das MTOW ist nachzuweisen durch das „Airplane Flight Manual" (AFM) Basic Manual Section for Weight Limitatinos. Bis zur Vorlage dieser Unterlagen wird das höchste bekannte MTOW dieses Flugzeugtyps zugrundegelegt. Rückwirkende Erstattungen erfolgen nicht. Eine Änderung des MTOW gemäß AFM wird nur anerkannt, wenn die Änderung mindestens vier Monate vor Beginn einer Flugplanperiode mitgeteilt worden ist. Das Luftlandeentgelt bemißt sich ferner nach Komponenten, die nach der Lärmbelastung differenzieren, leise Flugzeuge zahlen weniger als die Hälfte, zum Teil weniger als ein Drittel.

[1023] Siehe oben Seite 26.

[1024] Strahlturbinen-Luftfahrtzeuge entsprechen den Bedingungen von ICAO Annex 16 Chapter 2 und 3, sofern für sie anhand von Herstellungsangaben oder anhand vergleichbarer Unterlagen einer Zulassungsbehörde im Einzelfall nachgewiesen wird, daß die nach Chapter 2 und 3 zugelassenen Lärmgrenzwerte nicht überschritten werden. Maßgebend für die Gebührenrechnung ist die tatsächliche Vorlage des entsprechenden Nachweises durch den Luftfahrtzeugführer vor dem Start.

[1025] Gültig ab 01. April 1998.

2. Entgeltsatz nach dem Höchstabfluggewicht

Der nach dem Höchstabfluggewicht des Luftfahrzeugs bemessene Teil des Landeentgeltes ist abhängig vom Hochstabfluggewicht. Bei Motorflugzeugen mit einem Höchstabfluggewicht bis 2.000 kg, ist außerdem das Lärmzeugnis nach NfL II 50/80 oder ein entsprechendes Lärmerzeugnis das den erhöhten Schallschutzanforderungen gemäß der Verordnung vom 16.08.1976 genügt (mindestens 8 dB (A) unter dem Lärmgrenzwert), von Bedeutung.

a) Motorluftfahrzeuge mit einem Höchstabfluggewicht bis 2.000 kg

Tabelle 61: Luftlandeentgelt nach dem Höchstabfluggewicht für Motorluftfahrzeuge bis 2.000 kg Höchstabfluggewicht

	ohne Lärmzeugnis	mit Lärmzeugnis
bis 1.000 kg	14,00 DM	9,30 DM
über 1.000 kg bis 1.200 kg	15,25 DM	9,80 DM
über 1.200 kg bis 1.400 kg	28,05 DM	18,65 DM
über 1.400 kg bis 2.000 kg	38,85 DM	25,60 DM

b) Motorluftfahrzeuge mit einem Höchstabfluggewicht über 2.000 kg

Tabelle 62: Luftlandeentgelt nach dem Höchstabfluggewicht für Strahlenturbinenflugzeuge über 2.000 kg Höchstabfluggewicht

bei Flügen	mit Zulassung nach ICAO Annex 16		ohne Zulassung nach ICAO Annex 16
	die den Bedingungen von ICAO Annex 16 Chapter 3 entsprechen	die den Bedingungen von ICAO Annex 16 Chapter 2 entsprechen	
im innerdeutschen Verkehr	18,00 DM	40,00 DM	60,00 DM
im grenzüberschreitenden Verkehr	18,00 DM	40,00 DM	60,00 DM

Tabelle 63: Luftlandeentgelt nach dem Höchstabfluggewicht für Luftfahrzeuge über 2.000 kg Höchstabfluggewicht mit anderer Antriebsart

bei Flügen	ohne Lärmschutzzeugnis	mit Lärmschutzzeugnis
im innerdeutschen Verkehr	40,00 DM	17,10 DM
im grenzüberschreitenden Verkehr	40,00 DM	17,10 DM

3. Passagierentgelt

Das Passagierentgelt bemißt sich nach der Zahl der bei der Landung an Bord des Luftfahrzeuges befindlichen Fluggäste. Dieses beträgt, sofern der vorausgegangene Start des Luftfahrzeugs auf einem Flugplatz innerhalb der Bundesrepublik Deutschland erfolgt ist, 5,85 DM (3,00 Euro) je Fluggast. Erfolgt der vorausgegangene Start des Luftfahrzeugs auf einem Flugplatz außerhalb der Bundesrepublik Deutschland 9,65 DM (4,90 Euro)je Fluggast.

II. Verkehrsflughafen Köln/Bonn – Konrad Adenauer

1. Luftlandeentgelt

Nach der Entgeltordnung[1026] für den Verkehrsflughafen Köln/Bonn - Konrad Adenauer[1027] ist für jede Landung auf dem Flughafen Köln/Bonn - Konrad Adenauer ein Entgelt an den Flughafenunternehmer zu entrichten. Das Landeentgelt bemißt sich nach dem Abfluggewicht, dem Passierentgelt und dem Lärmzeugnis des Flugzeugs.

a) Abfluggewicht

Unabhängig von den jeweiligen Einsatzkriterien bemißt sich das Entgelt nach dem höchst möglichen, in den Zulassungsunterlagen verzeichneten Abfluggewicht des Luftfahrzeuges. Erfolgt die Landung oder der Start des Luftfahrzeuges in der Zeit zwischen 22:00 Uhr und 06:00 Uhr (Ortszeit) so werden unabhängig vom tatsächlichen Höchstabfluggewicht 12.000 kg als Berechnungs-Untergrenze zugrunde gelegt (Fix-Entgelt). Eine Reduzierung des Höchstabfluggewichtes gemäß AFM wird nur anerkannt, sofern sie mindestens 4 Monate vor Beginn einer neuen Flugplanperiode mitgeteilt wird. Als Nachweis ist ein entsprechendes Zertifikat des Luftfahrtbundesamtes oder einer anderen Zulassungsbehörde vorzulegen.

Jede Erhöhung des in den Zulassungsunterlagen verzeichneten Abfluggewichtes des Luftfahrzeuges ist unverzüglich mitzuteilen. Erfolgt eine Landung tagsüber und der nachfolgende Start in der Zeit von 22:00 Uhr bis 06:00 Uhr (Ortszeit), so findet für die Berechnung des Landeentgeltes der Nachtpreis Anwendung (erhöhter MTOW-Satz). Nur-Frachter erhalten an den Tagen Montag bis Freitag, falls der Start und die Landung zwischen 06:00 Uhr und 22:00 Uhr (Ortszeit) stattfinden, eine Reduktion von 25 v. H. auf den Tagespreis für das Landeentgelt.

[1026] Gemäß § 43 LuftVZO.

[1027] Gültig ab 01. 10.1999 für den Verkehrsflughafen Köln/Bonn – Konrad Adenauer, gemäß Genehmigung des Landes NRW (Az. 511-16-00/2 – in der Fassung inkl. Euro Beträge.

b) Passagierentgelt

Zusätzlich bemißt sich das Entgelt nach der Zahl der bei der Landung an Bord des Luftfahrzeuges befindlichen Fluggäste. Dieses beträgt, sofern der vorausgegangene Start des Luftfahrzeugs auf einem Flugplatz innerhalb der Bundesrepublik Deutschland erfolgt ist 11,20 DM (5,70 Euro) je Fluggast; falls von einem Flugplatz außerhalb der Bundesrepublik Deutschland 13,10 DM (6,70 Euro) je Fluggast.

2. Entgeltsatz nach dem Höchstabfluggewicht

Der nach dem Höchstabfluggewicht des Luftfahrzeuges bemessene Teil des Landeentgeltes wird unter Berücksichtigung der Bedingungen der ICAO Annex 16, Band 1 sowie des LSL[1028] ermittelt.

a) Kleinflugzeuge bis 2,0 t MTOW

für nicht-strahlturbinengetriebene Luftfahrzeuge und Hubschrauber bei Flügen im innerdeutschen und im grenzüberschreitenden Verkehr:

Tabelle 64: Luftlandeentgelt nach dem Höchstabfluggewicht für Kleinflugzeuge bis 2,0 t MTOW (nicht strahlenturbinengetriebene Luftfahrzeuge und Hubschrauber)

bei Flügen im innderdeutschen und im grenzüberschreitenden Verkehr				
bis 1,2 t Höchstabfluggewicht		über 1,2 t bis 2,0 t		bis 2,0 t
die dem ICAO Annex 16 Band 1, Kap. 6 (-4dB(A)**), Kap. 8 Kap. 10 bzw. den LSL, Kap. VI 2.4., Kap. VIII, Kap. X entsprechen*)	die dem ICAO Annex 16 Band 1, Kap. 6 bzw. den LSL, Kap. VI 2.3.entsprechen*)	die dem ICAO Annex 16 Band 1, Kap. 6 (-4dB(A)**), Kap. 8 Kap. 10 bzw. den LSL, Kap. VIII, Kap. X entsprechen*)	die dem ICAO Annex 16 Band 1, Kap. 6 entsprechen*)	ohne Lärmzeugnis nach ICAO Annex 16 Band 1, oder den LSL entsprechen
25,00 DM	50,00 DM	45,00 DM	90,00 DM	145,00 DM
je Vorgang				

*) Luftfahrzeuge entsprechen den Bedingungen von ICAO Annex 16, Band 1; Kap. 6, 8 oder 10 oder LSL sofern, anhand von Herstellerangaben oder vergleichbarer Unterlagen einer Zulassungsbehörde im Einzelfall nachgewiesen wird, daß die nach Kapitel

---

1028 LSL = Lärmschutzforderungen für Luftfahrzeuge, Bekanntmachung des Luftfahrt-Bundesamtes vom 01.01.1991.

b) Luftfahrtzeuge über 2,0 t MTOW

Tabelle 65: Luftlandeentgelt nach dem Höchstabfluggewicht für Luftfahrzeuge über 2,0 t MTOW

bei Flügen	mit Zulassung nach ICAO Annex 16, Band 1 für strahlenturbinen-getriebene Luftfahrzeuge			ohne Zulassung nach	
	die dem ICAO Annex 16, Band 1 Kap. 3 und dem ICAO Annex 16, Band 1, Kap. 3, Kap. 5, Kap. 6 (-4dB(A), Kap. 8, Kap. 10 bzw. den LSL Kap. III, Kap V, Kap. VI 2.4., Kap. VIII, Kap. X. 2.4. entsprechen	die dem ICAO Annex 16, Band 1 Kap. 2 und dem ICAO Annex 16, Band 1, Kap. 6 bzw. den LSL Kap. VI 2.3. X. 2.3. entsprechen		ICAO Annex 16, Band 1 oder den LSL	
	DM je angefangene t MTOW nach linear-degressiven Entgeltlisten-Verfahren				
im innerdeutschen und grenzüberschreitenden Verkehr					
Basispreis in DM pro t bei 400 t MTOW					
in Bonusliste enthalten von 06.00 bis 22.00 h	10,80	von 06.00 bis 22.00 h	34,00 DM	von 06.00 bis 22.00 h	54,30
in Bonusliste enthalten von 22.00 bis 06.00 h	12,35				
nicht in Bonusliste enthalten von 06.00 bis 22.00 h	14,25	von 22.00 bis 06.00 h	103,50 DM	von 06.00 bis 22.00 h	166,00
nicht in Bonusliste enthalten von 22.00 bis 06.00 h	19,10				
Degressionswert in DM pro t bei 400 t MTOW					
In Bonusliste enthalten von 06.00 bis 22.00 h	0,02011965	von 06.00 bis 22.00 h	0,06350441	von 06.00 bis 22.00 h	0,10137751
In Bonusliste enthalten von 22.00 bis 06.00 h	0,02276212				
nicht in Bonusliste enthalten von 06.00 bis 22.00 h	0,02644836	von 22.00 bis 06.00 h	0,19127834	von 06.00 bis 22.00 h	0,30604534

3. Endpreisermittlung pro Luftfahrzeug / MTOW

Die Formel zur Ermittlung des Endpreises[1029] pro Luftfahrzeug / MTOW lautet: (Basiswert + (Degressionswert * (400-MTOW))) * MTOW

[1029] Mit kaufmännischer Rundung.

4. Bewertung

Seit Einführung der umweltorientierten Gebührenpolitik zahlen laute Flugzeuge drastische Zuschläge zu den Luftlandeentgelten. Dies hat dazu geführt, daß seit der Einführung der Gebührenstaffelung der Anteil lauter Flugzeuge stetig zurückgeht. Heute sind im Flughafen Köln/Bonn über 99 v. H. der Maschinen sog. Kapitel-3-Flugzeuge, davon stehen 88 v. H. auf der Bonusliste[1030]. Die Airlines sind von 1996 bis dato auf lärmarmes Fluggerät umgestiegen. Hätten sie dies nicht getan, würde sich das Luftlandeentgelt glatt verdoppeln[1031]. Diese Entwicklung belegt die Lenkungswirkung einer umweltbezogenen Gebühr eindrucksvoll.

Empirische Daten, die den Nachweis der Wirksamkeit der lärmabhängigen Luftlandeentgelte des Flughafens Münster/Osnabrück belegen können, sind derzeit nicht vorhanden.

[1030] Lärmschutz am Flughafen Köln/Bonn, http://www.fluglaerm.com.

[1031] E-mail, Abteilung Finanzen des Flughafens Köln/Bonn vom 19. September 2000.

4. Kapitel Rechtsvergleichung

Der Rechtsvergleich zwischen der Republik Österreich und der Bundesrepublik Deutschland beginnt mit dem Vergleich der verfassungsrechtlichen Grundlagen des Umweltschutzes. Im § 2 folgen die bundesrechtlichen Bestimmungen über Umweltabgaben und Umweltsteuern. Die landesrechtlichen Regelungen schließen sich im § 3 an. Der Rechtsvergleich ist so strukturiert, daß die vergleichbaren Regelungen den nicht vergleichbaren vorangestellt sind.

§ 1 Republik Österreich – Bundesrepublik Deutschland

Die Normierung des Umweltschutzes wird in beiden Ländern durch die europarechtlichen Bestimmungen überlagert. Durch den Vertrag von Amsterdam hat Umweltschutz der EU eine Aufwertung erfahren, da die sog. umweltrechtliche Querschnittsklausel nunmehr im Abschnitt über die Grundsätze der Europäischen Gemeinschaft im Art. 6 EGV geregelt ist[1032]. Auch inhaltlich wurde sie aufgewertet. Nunmehr müssen die Erfordernisse des Umweltschutzes bei der Festlegung und Durchführung der in Artikel 3 (Tätigkeiten der Gemeinschaft) genannten Gemeinschaftspolitiken und –maßnahmen insbesondere zur Förderung einer nachhaltigen Entwicklung einbezogen werden, Art. 6 EGV[1033]. Dort heißt es:

> *„Die Erfordernisse des Umweltschutzes müssen bei der Festlegung und Durchführung der in Artikel 3 genannten Gemeinschaftspolitiken und –maßnahmen insbesondere zur Förderung einer nachhaltigen Entwicklung einbezogen werden“.*

A. Vergleichbare Bestimmungen

I. Verfassungsrechtliche Normierung des Umweltschutzes

Das österreichische Verfassungsrecht ist aus verschiedenen Rechtsquellen entstanden. Durch Art 149 B-VG wurden mit Ausnahme des Art 20 StGG folgende Vorschriften als Verfassungsgesetze in Geltung gesetzt:

1. StGG v. 21.12.1867 über die allgemeinen Rechte der Staatsbürger für die im Reichsrate vertretenen Königreiche und Länder;
2. Gesetz zum Schutze des Hausrechtes v. 27.10.1862
3. Beschluß der provisorischen Nationalversammlung v. 30.10.1918
4. Abschnitt V des III. Teiles des Staatsvertrags v. St. Germain en Laye v. 10.09.1919.

[1032] Siehe oben Seite 3.
[1033] Art. 130 r Abs. 2 S. 3 EGV a. F.

Weitere Grundrechtsbestimmungen enthalten:

1. B-VG in den Art. 7, 14 Abs 7, 26, 60, 83 Abs 2, 95, 117
2. Staatsvertrag v. Wien v. 15.05.1955 in Art. 7 Z 2 bis 4 und in Art. 8
3. Minderheitenschutzgesetz für Kärnten im Art. I Abschnitt b § 7
4. die EMRK
5. BVG v. 03.07.1973 zur Durchführung des Internationalen Übereinkommens über die Beseitigung aller Formen rassischer Diskriminierung
6. Zivildienstgesetz im § 2 Abs 1
7. Datenschutzgesetze 1978 im § 1
8. Auslieferungs- und Rechtshilfegesetz in §§ 12 und 44

In allen diesen Bestimmungen ist der Umweltschutz nicht verfassungsrechtlich kodifiziert. Erst durch das BVG vom 27.11.1984, welches als Sonderverfassungsgesetz im Range der Bundesverfassung steht, wurde das Bekenntnis zum umfassenden Umweltschutz als Staatsziel im österreichischen Verfassungsrecht verankert. Nach § 1 BVG-Umweltschutz lautet es:

> *„Die Republik Österreich (Bund, Länder und Gemeinden) bekennt sich zum umfassenden Umweltschutz. Umfassender Umweltschutz ist die Bewahrung der natürlichen Umwelt als Lebensgrundlage des Menschen vor schädlichen Einwirkungen. Der umfassende Umweltschutz besteht insbesondere in Maßnahmen zur Reinerhaltung der Luft, des Wassers und des Bodens sowie zur Vermeidung von Störungen durch Lärm“.*

Daneben sind durch drei Novellen zum B-VG weitere umweltbezogene Kompetenzbegriffe in das B-VG aufgenommen worden. Dies sind der sogenannte Immissionsgrenzwertetatbestand, die Luftreinhaltungs- und Abfallkompetenzen und die Düngemittel- und Pflanzenschutzmittelkompetenz[1034].

In der Republik Österreich ist es, im Gegensatz zur Bundesrepublik Deutschland, nach Art. 44 Abs. 1 B-VG möglich, Verfassungsgesetze oder Verfassungsbestimmungen in einfachen Gesetzen zu erlassen. Art. 44 Abs. 1 B-VG sieht für die Erzeugung von formellem Bundesverfassungsrecht die qualifizierte Beschlußerfordernis im Nationalrat vor[1035], d. h. erforderlich ist eine zwei Drittel Mehrheit der Hälfte der anwesenden Mitglieder des Nationalrates. Notwendig ist ferner die ausdrückliche Bezeichnung des Gesetzes als Verfassungsgesetz.

[1034] BGBl. 1990/445.
[1035] Mayer, Art. 44 B-VG, I.1.

In der Bundesrepublik ist das Bundesverfassungsrecht abschließend im Grundgesetz normiert. Durch Art. 20 a GG wurde der Umweltschutz verfassungsrechtlich als Staatsziel positiv-rechtlich kodifiziert[1036]. Art 20 a GG lautet:

> *„Der Staat schützt auch in Verantwortung für die künftigen Generationen die natürlichen Lebensgrundlagen im Rahmen der verfassungsmäßigen Ordnung durch die Gesetzgebung und nach Maßgabe von Gesetz und Recht durch die vollziehende Gewalt und die Rechtsprechung".*

In beiden Ländern wurde die Ausgestaltung des Umweltgrundrechts als Staatszielbestimmung gewählt, weil es keinen verfassungsrechtlich gewährleisteten subjektiven Anspruch gewähren soll[1037]. Dennoch unterscheiden sich die Regelungen. Einerseits geht die bundesdeutsche Regelung weiter als die österreichische, weil sie das Vorsorgeprinzip mitumfaßt. Andererseits ist die deutsche Verfassungsnorm unter Gesetzesvorbehalt gestellt, während § 1 BVG-Umweltschutz ohne diese Einschränkung gilt. Die Adressaten der beiden Bestimmungen unterscheiden sich lediglich formell, nicht aber materiell. Materiell sind in beiden Ländern Bund, Länder und Gemeinden Adressaten der Staatzielbestimmungen.

Formell unterscheiden sich die Regelungen, da nur in der österreichischen Bestimmung die Adressaten genannt sind, nämlich Bund, Länder und Gemeinden.

In der bundesrepublikanischen Bestimmung wird lediglich von Staat gesprochen. Mit Staat sind die Träger der öffentlichen Gewalt gemeint, mithin Bund Länder und Gemeinden[1038].

Neben der Bestimmung des Umweltschutzes als Staatsziel auf Bundesebene sind ähnliche Verfassungsnormen in der Mehrzahl der Bundesländer der Republik Österreich als auch in den Ländern der Bundesrepublik Deutschland zu finden.

Beispielsweise ist in Art. 9 Satz 3 Salzburger L-VG[1039] ist der Schutz der Umwelt als Aufgabe und Zielsetzung staatlichen Handels verankert. Es heißt dort:

[1036] BGBl. 1994 I S. 3146.

[1037] Bericht des Verfassungsausschusses, 469 BlgNR, 16. GP; Öhlinger, S. 59; Gutknecht / Holoubek / Schwarzer, ZfV 1990, S. 553 (555); Jahn, DVBl. 1994, S. 177 (184 f).

[1038] Kloepfer, § 3, Rdn. 32.

[1039] Landes-Verfassungsgesetz 1999, LGBl. 25/1999.

> *„Aufgaben und Zielsetzungen des staatlichen Handelns des Landes sind insbesondere die Bewahrung der natürlichen Umwelt und der Landschaft in ihrer Vielfalt und als Lebensgrundlage für den Menschen sowie der Tier- und Pflanzenwelt vor nachteiligen Veränderungen und die Erhaltung besonders schützenswerter Natur in ihrer Natürlichkeit".*

In der Verfassung des Landes Nordrhein-Westfalen heißt es im Art. 29 a[1040]:

> *„Die natürlichen Lebensgrundlagen stehen unter dem Schutz des Landes, der Gemeinden und Gemeindeverbände. Die notwendigen Bindungen und Pflichten bestimmen sich unter Ausgleich der betroffenen öffentlichen und privaten Belange".*

Im Gegensatz zum Land Nordrhein-Westfalen ist im Salzburger Landesumweltanwaltschafts-Gesetz[1041] auf einfachgesetzlicher Ebene eine allgemeine Bestimmung für den Vollzug von Landesgesetzen vorhanden nach der die Verwaltungsbehörden in allen Verwaltungsverfahren, die aufgrund von Landesgesetzen durchgeführt werden, den Belangen des Natur- und Umweltschutzes nach Maßgabe der gesetzlichen Bestimmungen besonderes Augenmerk zu widmen haben.

Die abgabenrechtlichen Umweltschutzinstrumente sind sowohl in der Republik Österreich als auch in der Bundesrepublik Deutschland Steuern und Abgaben. Ein Unterschied ist aber, daß die österreichische Finanzverfassung die Finanzierungsform der bundesrepublikanischen Sonderabgabe nicht kennt. Eine der Rechtsprechung des *BVerfG* zur Sonderabgabe vergleichbare Judikatur des *VfGH* ist nicht existent.

In beiden Ländern ist der Umweltschutz durchgängig vom Bund bis zu den Gemeinden verankert.

II. Gesetzgebungskompetenzen

Sowohl in der Republik Österreich als auch in der Bundesrepublik Deutschland ist in den jeweiligen Verfassungen keine Regelung über die Zuständigkeit auf dem Gebiete des Umweltschutzes vorhanden. Die Zuständigkeit folgt vielmehr aus dem allgemeinen Kompetenzgefüge zwischen dem Bund und den einzelnen Bundesländern. Auch der Gesetzesvollzug unterscheidet sich im Ergebnis nicht.

[1040] Verfassung des Landes Nordrhein-Westfalen vom 18. Juni 1950, GV. NW. S. 127, zuletzt geändert am 24. November 1992, GV. NW. S. 448.

[1041] Gesetz vom 23. April 1998 über die Salzburger Landesumweltanwaltschaft (Landesumweltanwaltschafts-Gesetz – LUA – G) LGBl. Nr. 1998/67 in der Fassung LGBl. 1998/125.

Einen wesentlichen Unterschied gibt es aber im Bereich der Finanzierungslast. Die Möglichkeit des österreichischen Bundesgesetzgebers, durch ein einfaches Gesetz die Zuständigkeit über die Abgabenerhebung bezüglich einer bestimmten Abgabe an sich zu ziehen, ist dem deutschen Bundesgesetzgeber verwehrt[1042].

III. Kraftfahrzeugbesteuerung

Die Republik Österreich hat die Kraftfahrzeugbesteuerung in mehreren Gesetzen geregelt. Es sind dies das KfzStG 1992[1043], das VersStG 1953[1044] und das NoVAG 1991[1045]. Dagegen gibt es in der Bundesrepublik nur die Kraftfahrzeugbesteuerung nach dem KraftStG.

1. Kraftfahrzeugsteuer

a) Gegenstand der Steuer

In der Republik Österreich unterfallen nur Kraftfahrzeuge mit einem zulässigen Gesamtgewicht von mehr als 3,5 Tonnen dem KfzStG 1992. Die Kraftfahrzeuge von weniger als 3, 5 Tonnen zulässigen Gesamtgewicht werden über die Versicherungssteuer besteuert. Dagegen unterliegen in der Bundesrepublik Deutschland alle Kraftfahrzeuge dem KraftStG.

Der Steuertatbestand widerrechtlicher Benutzung von Fahrzeugen ist in beiden Kraftfahrzeugsteuergesetzen enthalten. Ebenso ist das Halten von ausländischen Fahrzeugen zum Verkehr auf öffentlichen Straßen, solange die Fahrzeuge sich im Inland befinden, als Steuertatbestand beiden Kraftfahrzeugsteuergesetzen bekannt.

Lediglich in der Bundesrepublik Deutschland sind Fahrzeuge und Fahrzeugkombinationen, die ausschließlich für den Güterverkehr bestimmt sind, mit einem verkehrsrechtlich zulässigen Gesamtgewicht von mindestens 12.000 kg, die in einem anderen Mitgliedstaat der Europäischen Gemeinschaft zugelassen sind, von der Kraftfahrzeugsteuer befreit.

[1042] Siehe oben Seite 16.

[1043] Kraftfahrzeugsteuergesetz 1992, BGBl. 1992/449, i.d.F. BGBl. 1993/ 254; BGBl. 1993/818; BGBl. 1994/629; BGBl. 1995/21; BGBl. 1995/503; BGBl. 1996/201; BGBl. 1996/798, BGBl. 2000/26.

[1044] Versicherungssteuergesetz 1953, BGBl. 1953/133 in der Fassung BGBl 1954/ 180, BGBl. 1954/181, BGBl. 1966/159, BGBl. 1968/44, BGBl. 1983/587, BGBl. 1988/408, BGBl. 1990/281, BGBl. 1992/449, BGBl. 1993/13, BGBl. 1993, 254, BGBl. 1993/818, BGBl. 1995/21, BGBl. 1996/20, BGBl. 1996/797, BGBl. 1997/130, BGBl. 1999/ 106, BGBl. 2000/26.

[1045] Normverbrauchsabgabegesetz BGBl. 1991/695 i.d.F. BGBl. 1992/449, BGBl. 1993/818, BGBl. 1994/684, BGBl. 1995/21, BGBl. 1996/201, BGBl. 1998/9, BGBl. 1999/122.

b) Steuerbefreiungen

Da der österreichischen Kraftfahrzeugsteuer keine Personenkraftwagen unterfallen, sind die umfangreichen Steuerbefreiungen, wie sie die bundesdeutsche Kraftfahrzeugsteuer aus Umweltschutzgründen enthält, im österreichischen Recht nicht vorgesehen. Die Steuerbefreiung eines PKW aufgrund der Schadstoffminderung nach § 3 b KraftStG und zum anderen zur Steuerermäßigung nach § 9 Abs. 1 Nr. 2 a, b, c, d und e KraftStG ist dem österreichischen Kraftfahrzeugsteuerrecht nicht bekannt.

Die sonstigen deutschen Steuerbefreiungen für Fahrzeuge öffentlicher Institutionen gemäß § 3 Nr. 2 KraftStG und für Fahrzeuge von Gebietskörperschaften gemäß § 3 Nr. 3 KraftStG entsprechen § 2 Abs. 1 Ziffer 1 des österreichischen KfzStG. Notfallfahrzeuge sind nach beiden Kraftfahrzeugsteuergesetzen steuerbefreit.

Eine Steuerbefreiung für Straßenreinigungsfahrzeuge wie in § 3 Nr. 3 des deutschen Kraftfahrzeugsteuergesetzes, enthält das österreichische Kraftfahrzeugsteuergesetz ebensowenig wie die deutsche Steuerbefreiung von Schaustellerfahrzeugen, § 3 Nr. 8 KraftStG.
Omnibusse und Personenkraftwagen sind in der Bundesrepublik Deutschland steuerbefreit, wenn sie zu mehr als 50 v. H. der insgesamt gefahrenen Strecke im Linienverkehr verwendet werden, § 3 Nr. 6 KraftStG, während sie in der Republik Österreich steuerbefreit sind, wenn sie im Mietwagen- und Taxiverkehr eingesetzt werden, § 2 Abs. 1 Ziffer 4 KfzStG.

Die Steuerbefreiung von Elektrofahrzeugen ist in beiden Kraftfahrzeugsteuergesetzen enthalten, § 3 d KraftStG - § 2 Abs. 1 Ziffer 9 KfzStG. Dies gilt auch für die Steuerbefreiung von Zugmaschinen und Motorkarren bei Verwendung in land- und forstwirtschaftlichen Betrieben nach § 3 Nr. 7 KraftStG und § 2 Abs. 1 Ziffer 7 KfzStG. Gleichartig ist auch die Steuerbefreiung von Diplomatenfahrzeugen in beiden Kraftfahrzeugsteuergesetzen geregelt.

Selbstfahrende Arbeitsmaschinen sind nach § 2 Abs. 1 Ziffer 8 KfzStG in der Republik Österreich steuerbefreit, während sie in der Bundesrepublik Deutschland als zulassungsfreie Kraftfahrzeuge nicht vom KraftStG erfaßt werden, und deswegen auch steuerbefreit sind. In Österreich erfüllen sie den Tatbestand des KfzStG sind also steuerbar und steuerfrei, während in Deutschland die Steuerbarkeit entfällt.

Kraftfahrzeuge im Kombiverkehr sind in der Republik Österreich und der Bundesrepublik Deutschland steuerbefreit, um die Verlagerung des Güterverkehrs von der Straße auf die Schiene zu fördern, was umweltbedingt als auch verkehrspolitisch notwendig ist.

c) Bemessungsgrundlage und Steuersatz

Die Bemessungsgrundlage der bundesrepublikanischen Kraftfahrzeugsteuer bestimmt sich bei PKW vorrangig nach dem Hubraum und zusätzlich nach Schadstoff- und Kohlendioxidemissionen, bei LKW nach dem verkehrsrechtlich zulässigen Gesamtgewicht, bei Kraftfahrzeugen mit einem verkehrsrechtlich zulässigen Gesamtgewicht über 3.500 kg zusätzlich nach Schadstoff- und Geräuschemissionen, § 9 KraftStG.

Bei allen übrigen Kraftfahrzeugen bemißt sich die Steuer in Deutschland nach dem verkehrsrechtlich zulässigen Gesamtgewicht, nach der Schadstoffklasse oder der Geräuschklasse, § 9 Abs. 1 Nr. 4 Buchstabe a und b KraftStG.

Die österreichische Kraftfahrzeugsteuer bemißt sich bei Kraftfahrzeugen über 3,5 Tonnen nur nach dem zulässigen Gesamtgewicht.

Die bundesrepublikanischen Steuersätze nach § 9 Abs. 1 KraftStG sind bei Personenkraftwagen nach Schadstoffemissionen gestaffelt, bei Lastkraftwagen nach Gesamtgewicht und Schadstoffklasse[1046].

Die österreichischen Steuersätze sind bei Lastkraftwagen über 3,5 t nur nach dem Gesamtgewicht gestaffelt.

2. Motorbezogene Versicherungssteuer

Eine der motorbezogenen Versicherungssteuer vergleichbare Regelung wird in der Bundesrepublik Deutschland nicht erhoben.

3. Normverbrauchsabgabe

Ebenso fehlt in der Bundesrepublik Deutschland eine der Normverbrauchsabgabe ähnliche Normierung.

4. Bewertung der Kraftfahrzeugbesteuerung

Der unterschiedliche Ansatz der Kraftfahrzeugbesteuerungssysteme ist offensichtlich.

So unterfallen die Personenkraftwagen der motorbezogenen Versicherungssteuer und die Lastkraftwagen dem Kraftfahrzeugsteuergesetz. In der Bundesrepublik Deutschland unterfallen sowohl die Personenkraftwagen als auch die Lastkraftwagen dem Kraftfahrzeugsteuergesetz.

[1046] Beträge in Euro siehe oben 104.

Am deutlichsten gehen die österreichischen Materialien bei der Neuordnung der Kraftfahrzeugbesteuerung von ökologischen Motiven aus. Dort heißt es ausdrücklich:

> „*Die Kfz-Besteuerung soll nicht nur eine Abgeltung für das Zurverfügungstellen von Straßen und Verkehrsinfrastruktur darstellen, sondern ebenso die externen Kosten (insbesondere den Verbrauch an Umwelt, Unfallkosten) berücksichtigen*“[1047].

Eine vergleichbare Begründung findet sich in den bundesrepublikanischen Materialen zu Gesetzesbegründungen nicht.

Die unterschiedlichen hohen Steuersätze für Benzin- und Diesel-PKW resultieren aus den unterschiedlichen Mineralölsteuersätzen auf Benzin- und Dieselkraftstoff. Die Mineralölsteuer wurde in der Vergangenheit für Diesel und Benzin unterschiedlich stark angehoben. Für Dieselkraftstoff fiel die Erhöhung deutlich geringer aus als für Benzin. Die höhere Kraftfahrzeugsteuer für Dieselfahrzeuge soll diesen Unterschied wieder ausgleichen. Die Steuergesetzgebung soll zu keinen Wettbewerbsverzerrungen zwischen Diesel- und Benzin-PKW führen[1048]. Eine Lenkungsabsicht kann für diesen Tatbestand daher ausgeschlossen werden.

Lenkungsabsichten finden sich aber in beiden Gesetzeskonzeptionen. In der Republik Österreich kommen diese in den drei „Teilgesetzen“ unterschiedlich zum Ausdruck.

Für Kraftfahrzeuge die der motorbezogenen Versicherungssteuer unterfallen, vornehmlich Personenkraftwagen, wird diese nach der Motorleistung in Kilowatt berechnet. Für Nicht-Katalysator Fahrzeuge wird ein Zuschlag von 20 v. H. erhoben. Eine Differenzierung wie in der Bundesrepublik entsprechend den verschiedenen Euro-Normen besteht in Österreich nicht.

Falls einer der drei steuerbaren Vorgänge des Normverbrauchsabgabegesetzes verwirklicht wird, beträgt der einmalig erhobene Steuersatz der Normverbrauchsabgabe bei Kraftfahrzeugen 2 v. H. vervielfacht mit dem um 3 Liter (bei Dieselfahrzeugen um 2 Liter) verminderten Kraftstoffverbrauch in Litern, wobei der Gesamtverbrauch gemäß MVEG-Zyklus nach der EU-Richtlinie 80/1268 in der Fassung 93/116 zugrunde zu legen ist. Bei einem Durchschnittsverbrauch von nicht mehr als 3 Litern (bei Dieselfahrzeugen von nicht mehr als 2 Litern) beträgt der Steuersatz 0 v. H, d. h. es fällt keine Normverbrauchsabgabe an.

[1047] Siehe oben Seite 33.

[1048] Aktuelle Steuerinformationen, Die Kraftfahrzeugsteuer für PKW, Bayerisches Staatsministerium der Finanzen, S. 22.

Die Abgabe beträgt höchstens 16% der Bemessungsgrundlage. In der Bundesrepublik Deutschland gibt es eine vergleichbare Verkaufssteuer nicht. Sie wird auch nicht erörtert.

Die Wirkung der Normverbrauchsabgabe ist sehr gering. Es ist bisher nicht gelungen, den empirischen Nachweis für die Wirksamkeit der Normverbrauchsabgabe zu führen. Insbesondere die Daten über den Energieverbrauch im Verkehr können die Wirksamkeit nicht nachweisen, da der Rückgang des Kraftstoffverbrauchs auch andere Ursachen haben kann, wie die Entwicklung und der Einsatz von verbrauchsärmeren Motoren in den Kraftfahrzeugen[1049]. Dem Grunde nach handelt es sich um eine Kompensationsabgabe für die entfallene Luxusumsatzsteuer auf Kraftfahrzeuge. Eine Vorbildfunktion für andere Länder hat diese Abgabe nicht.

Bei der Darstellung der Bemessungsgrundlage und des Steuersatzes der Kraftfahrzeugsteuer in der Bundesrepublik Deutschland kann an dieser Stelle nur auf die detaillierten Ausführungen verwiesen werden[1050]. Hier wird bereits der fundamentale Unterschied zwischen den beiden Systemen deutlich.

Das bundesrepublikanische System unterscheidet in einer beispielslosen Kompliziertheit, bedingt durch zeitlich befristete Steuerbefreiungen und die verschiedensten Steuersätze je nach Schadstoffausstoß, während in Österreich ein sehr einfaches Steuererhebungssystem mit der Reform vom 01. Mai 1993 in Kraft getreten ist.

Es ist dadurch gekennzeichnet, daß keine Kraftfahrzeugsteuer im engeren Sinn mehr erhoben wird, sondern diese durch eine erhöhte Versicherungssteuer, die motorbezogene Versicherungssteuer abgegolten wird.

Diese wird von der Versicherungswirtschaft mit der Haftpflichtversicherungsprämie erhoben und an die Abgabenbehörde abgeführt. Der Bericht des Budgetausschusses[1051] beurteilt die dreijährigen Erfahrungen mit diesem Steuersystem als positiv. Die Ziele der Reform wurden voll erreicht. Die Erleichterung und Vereinfachung der Verwaltungsabläufe sind evident.

[1049] Siehe oben Seite 38.

[1050] Siehe oben Seite 95 ff.

[1051] Bericht des Budgetausschusses vom 28.03.1996, Nr. 95 der Beilagen zu den Stenographischen Protokollen des Nationalrates XX.GP = http://www.par-linkom.gv.a./pd/pm/XXI/texte/000/I00095.html.

Der Kraftfahrzeughalter erledigt mit der Prämienleistung auch seine Kraftfahrzeugsteuerpflicht[1052]. Der *VfGH* hat die prinzipielle Verfassungskonformität der motorbezogenen Versicherungssteuer bestätigt[1053].

Beide Besteuerungssysteme berücksichtigen die externen Kosten des Verkehrs nicht annähernd. Ferner weisen beide Systeme die gleichen Schwächen mit unsystematischen Steuerbefreiungen auf, z. B. die Steuerbefreiung von Zugmaschinen und Motorkarren bei Verwendung in land- und fortwirtschaftlichen Betrieben, die Steuerbefreiung von Diplomatenfahrzeugen und die Steuerbefreiung (Nichtsteuerbarkeit) von selbstfahrenden Arbeitsmaschinen.
Eine Lenkungsabsicht liegt beiden Kraftfahrzeugbesteuerungssystemen zugrunde, das gilt jedoch nur für Entlastungen und Zuschläge.

Die Lenkung durch das bundesrepublikanische System kann dadurch beobachtet werden, daß die Automobilindustrie sehr rasch auf neue Euro-Normen reagiert. Die Automobilfirmen unternehmen alle Anstrengungen in Neufahrzeugen Motoren einzusetzen, die die jeweils gültige Euro-Norm erfüllen. Dies kommt der Umwelt zu gute.

In der Hauptsache dienen die Kraftfahrzeugbesteuerungssysteme aber Finanzierungszwecken für den allgemeinen Staatshaushalt. In der Bundesrepublik werden die Öko-Steueranteile, die in die Rentenversicherung transferiert werden, zunächst in den allgemeinen Staatshaushalt eingestellt.

Verkehrsinvestitionen des Bundes werden in der Bundesrepublik mit ca. 61,43[1054] v. H. und in Österreich mit ca. 65,98 v. H. [1055]gemessen am Kraftfahrzeugsteueraufkommen bestritten. Eine förmliche Zweckbindung besteht in keinem der beiden Staaten.

Festzuhalten bleibt als Ergebnis, daß der Straßenverkehr in beiden Ländern noch weit von der Berücksichtigung externer Kosten entfernt ist.

Die externen Kosten des Verkehrs gibt das Umwelt- und Prognose-Institut e.V. für das Jahr 1996 mit 301 Milliarden DM an[1056]. Die genaue Aufschlüsselung ist der folgenden Tabelle zu entnehmen.

[1052] Bericht des Budgetausschusses vom 28.03.1996, Nr. 95 der Beilagen zu den Stenographischen Protokollen des Nationalrates XX.GP, http://www.par-linkom.gv.at.

[1053] VfGH, Erkenntnis G 227/93, http://www.bka/ris/vfgh-Volltext.

[1054] Für das Jahr 1999 ermittelte Daten: Aufkommen der Kraftfahrzeugsteuer 13.767 Mio DM in Bezug zu Verkehrsinvestitionen Bund 8.458 Mio DM = 61,43 v. H.

[1055] Für das Jahr 1999 ermittelte Daten: Aufkommen der Kraftfahrzeugsteuer 2.015 Mio öS + motorbezogene Versicherungssteuer 9.900 Mio öS + Normverbrauchsabgabe 6.040 Mio öS = 17.955 Mio öS in Bezug zu Verkehrsinvestitionen Bund 11.847 Mio öS= 65,98 v. H.

[1056] http://www.upi-institut.de/upi21.htm.

Tabelle 66: Quantifizierbare technische, ökologische und soziale Kosten des Kfz.-Verkehrs in der Bundesrepublik Deutschland 1996 in DM

Externe Kosten	Kfz.-Verkehr	PKW	LKW
Straßeninfrastruktur	46,4	28,8	17,6
Luftverschmutzung	42,2	32,5	9,7
Lärm	48,1	36,2	11,9
Wasserbelastung	15,5	11,9	3,6
Flächenbeanspruchung	68,0	63,7	4,4
Verkehrsunfälle	24,8	21,3	3,5
Treibhauseffekt	56,0	41,3	14,7
Summe Kosten	301,0	241,8	59,2
Kfz.- und Mineralölsteuer	63,7	49,9	15,3
Defizit des Kfz.-Verkehrs 1996	**237,3**	**191,5**	**44,7**

Das gilt vor allem für den LKW-Verkehr, der nicht einmal seine reinen Wegekosten entrichtet. So kommt die Europäische Kommission zu dem Ergebnis, daß die externen Kosten und Infrastrukturkosten einer LKW-Autobahnfahrt über 100 im insgesamt zwischen 8 und 36 Euro betragen.

Tabelle 67: Externen Kosten und Infrastrukturkosten einer LKW-Autobahnfahrt über 100 km

Externe Kosten	Durchschnittliche Spanne
Luftverschmutzung	2,30 - 15,00 €
Klimaänderung	0,20 - 1,54 €
Infrastruktur	2,10 - 3,30 €
Lärm	0,70 - 4,00 €
Unfälle	0,20 - 2,60 €
Staus	2,70 - 9,30 €
Insgesamt	8,00 - 36,00 €

Sowohl in der Republik Österreich als auch in der Bundesrepublik Deutschland sollte die Kraftfahrzeugbesteuerung durch die Umlegung auf die Mineralölsteuer erfolgen. In der Bundesrepublik würde ein erheblicher Vereinfachungseffekt bei der Steuererhebung eintreten. Damit würde allerdings die Privilegierung von Fahrzeugen mit sehr effektiven Katalysatoren enden. Insofern müßte auf ordnungsrechtliche Anordnungen zurückgegriffen werden, um die Verwendung von effektiven Katalysatoren weiterhin zu gewährleisten.

IV. Autobahnbenutzungsgebühren

Die nach § 1 Abs. 1 des Gesetzes zur Durchführung des Übereinkommens vom 9. Februar 1994 über die Erhebung von Gebühren für die Benutzung bestimmter Straßen mit schweren Nutzfahrzeugen erhobenen Autobahnbenutzungsgebühren in der Bundesrepublik Deutschland entsprechen der Straßenbenutzungsabgabe, die nach § 1 Abs. 1 StraBAG in Republik Österreich erhoben wird. Lediglich die Höhe der Abgaben ist in beiden Ländern unterschiedlich.

Anders als in der Republik Österreich befindet sich eine emissionsabhängige Spreizung der Straßenbenutzungsgebühren für LKW, die nicht die Schadstoffnormen EURO I/II und höher erfüllen, in der Bundesrepublik Deutschland derzeit noch im Gesetzgebungsverfahren[1057]. Die Autobahnbenutzungsgebühren verfolgen Finanzierungszwecke. Eine Lenkungswirkung aufgrund der emissionsabhängigen Spreizung in Österreich kann aber nicht völlig ausgeschlossen werden. Sie läßt sich derzeit noch nicht empirisch belegen.

V. Mineralölbesteuerung

1. Besteuerungsgegenstand

Der Begriff Mineralöl nach § 1 Abs. 2 Nr. 1 – 13 des deutschen Mineralölsteuergesetzes ist identisch mit dem Mineralölbegriff des österreichischen Mineralölsteuergesetzes gemäß § 1 Abs. 1.

2. Steuersätze

Die Steuersätze sind aus der folgenden Tabelle ersichtlich.

Tabelle 68: Mineralölsteuersätze im Vergleich Österreich – Deutschland Stand: Ende 01. Januar 2000

	Österreich	**Deutschland**
Produkt	**Euro je Liter**	**Euro je Liter**
Super verbleit	entfällt	0,61
Super unverbleit	0,41	0,56
Dieselkraftstoff	0,28	0,38
Heizöl leicht	0,07	0,06
	Euro je t	**Euro je t**
Heizöl schwer	36,30	17,90

Quelle: Erdöl – / Energieinformationsdienst Nr. 8 / 99, S. 5.

[1057] Auskunft Bundesministerium der Finanzen II B 2 – VE 0199 – 11/00 vom 07. September 2000.

Der Liter Mineralölprodukt ist nicht nur mit Mineralölsteuer belastet, sondern auch noch mit Umsatzsteuer. In der Bundesrepublik Deutschland beträgt der Steuersatz 16 v. H., in der Republik Österreich 20 v. H.

3. Steuerermäßigungen

Steuerermäßigungen, wie sie im § 3 MinÖStG der Bundesrepublik Deutschland enthalten sind, kennt das österreichische Mineralölsteuergesetz nicht. So unterliegt die Verwendung von Flüssiggas, Erdgas und anderen gasförmigen Kohlenwasserstoffen zum Antrieb von Verbrennungsmotoren in Fahrzeugen des öffentlichen Verkehrs gemäß § 1 Abs. 3 Nr. 3 des deutschen Mineralölsteuergesetzes, einem ermäßigten Steuersatz. Steuerermäßigungen sieht das Mineralölsteuergesetz für die Verwendung von Gasölen zur Erzeugung von Wärme, die Verwendung von Erdgas, Flüssiggas und andere gasförmigen Kohlenwasserstoffe für die Gewinnung von Licht vor, § 4 Abs.1 Nr. 1 und 2 MinÖStG Bundesrepublik.

Dagegen wird die Verwendung der Fossilienträger mit dem stärksten CO_2 Ausstoß je Wärmeeinheit (Kohle und Braunkohle) überhaupt nicht besteuert[1058]. Daran wird besonders deutlich, daß politische Gründe vor Umweltschutzgründen rangieren.

4. Steuerbefreiungen

Die Steuerbefreiungen des Mineralölsteuergesetzes der Republik Österreich entsprechen denen des Mineralölsteuergesetzes der Bundesrepublik Deutschland, wie die Verwendung von Mineralöl als Luftfahrtbetriebsstoff (Kerosin) oder als Schiffsbetriebsstoff.

5. Steuererstattung und Steuervergütung in besonderen Fällen

Als Steuervergütungen kennt das bundesdeutsche Mineralölsteuergesetz nur das Erstattungsverfahren für Linienverkehr, das von den Zollämtern ausgeführt wird. Im österreichischen Mineralölsteuergesetz ist eine Steuervergütung für Schienenfahrzeuge nach § 7 Abs. 1 Mineralölsteuergesetz, in Höhe von 2,94 öS je Liter vorgesehen.

[1058] Für die Besteuerung des „knappen und endlichen Gutes“ vgl. Kloepfer / Thull, DVBl. 1992, 195 (199); Kloepfer in Mackscheidt / Ewringmann / Gabel, S. 165; Balmes, S. 235, 244 f.; Deutsches Institut für Wirtschaftsforschung, Heft 163, S. 60.

In der Bundesrepublik Deutschland wird Betrieben der Land- und Forstwirtschaft aufgrund des Gasöl-Verwendungsgesetzes – Landwirtschaft eine Gasölverbilligung gewährt. Diese beträgt pro 100 Liter Gasöl für das Abrechnungsjahr 2000: 41,15 DM und für das Abrechnungsjahr 2001: 30,00 DM. Eine vergleichbare Regelung gibt es in der Republik Österreich nicht.

In der Republik Österreich wird mineralölversteuertes Gasöl (Diesel), das in stationären Anlagen zur Erzeugung von elektrischer Energie und Wärme (Gesamtenergieanlagen) und stationären Wärmepumpen, die ausschließlich der Temperaturanhebung der Nutzungsenergie dienen, steuerlich begünstigt.

Die Begünstigung erfolgt nicht in Form eines ermäßigten Steuersatzes, sondern durch ein Vergütungsverfahren. Die Verwender erhalten den Betrag von 2,94 öS je Liter auf Antrag vergütet. Ein solches Verfahren kennt das deutsche Mineralölsteuergesetz nicht.

6. Bewertung

Eine rechtspolitische Rechtfertigung der Mineralölsteuer als Ökosteuer ist weder in der Republik Österreich noch in der Bundesrepublik Deutschland möglich[1059]. Da die Mineralölbesteuerung in beiden Staaten identisch ist, gilt die Kritik ebenfalls für beide Staaten. So ist besonders unbefriedigend, daß es in beiden Staaten keine umweltschutzbedingte Zweckbindung[1060] für die Mineralölsteuer gibt. Die Einnahmen fließen in die jeweiligen Bundeshaushalte. Der Umweltschutz profitiert somit nicht automatisch von Erhöhungen bzw. vom Aufkommen der Mineralölsteuer. Systematisch nicht begründbar ist die Begünstigung von Flugkraftstoff und Schiffsbetriebstoff.

Im Interesse des Umweltschutzes müssen alle Steuerbefreiungen überprüft werden. Bei der Bemessung der Steuer sollte auch die hypothetische Umweltschädigung berücksichtigt werden. Dies kann durch die Umwandlung der Mineralölsteuer in eine CO_2-Abgabe erreicht werden. Auch sonstige schädigende Bestandteile (wie Blei, Benzole und Aromate) sollten durch Steuerzuschläge eliminiert werden.

Die Beurteilung der Steuerermäßigungen und Steuerbefreiungen in der Bundesrepublik Deutschland, vor allem die Verwendung von Gas in Gaskraftwerken zur Stromerzeugung, ist problematisch, da auch an diesem Beispiel deutlich wird, wie politische Argumente vor Umweltargumenten rangieren. So wird in der Steuerbefreiung für Gaskraftwerke die bisherige ausgewogene Struktur der

---

[1059] Siehe oben Seite 122 ff.

[1060] Mit Einführung der Ökologischen Steuerreform gibt es in der Bundesrepublik Deutschland eine indirekte Zweckbindung derart, daß die Erhöhungen der Mineralölsteuer zur Senkung des Rentenversicherungsbeitrages verwendet werden.

Stromerzeugung als erheblich gefährdet angesehen. Es entstünde eine Abhängigkeit von drei Lieferanten (Norwegen, Rußland und den Niederlanden), weil Erdgas eine klassische Importenergie sei[1061]. Auch von politischer Seite wird die Befreiung der hochwirksamen Gas- und Dampfturbinenkraftwerke als ein nicht hinnehmbarer Subventionstatbestand zu Lasten der heimischen Stein- und Braunkohle verurteilt[1062]. Aus Gründen des Klima- und des Umweltschutzes können diese Argumente allesamt nicht überzeugen. Sie übersehen, daß sowohl die Subventionierung von Kohle und Braunkohle als auch von Gas zu Lasten der umweltfreundlichsten Energiegewinnung geht, nämlich der aus regenerativen Energien (Wasser, Sonne, Wind). Dies ist die Energiegewinnung, bei der kein schädliches CO_2 freigesetzt wird. Daher sind die bestehenden Steuerermäßigungen und Steuerbefreiungen aus Gründen des Umweltschutzes abzulehnen.

Die Mineralölsteuer kann auch Lenkungswirkung entfalten. So hat die zusätzliche Besteuerung von bleihaltigem Kraftstoff dazu geführt, daß diese Kraftstoffsorte vollständig vom bundesdeutschen Markt verdrängt wurde.

Somit bleibt die Mineralölsteuer eine Verbrauchssteuer, die in erster Linie Finanzierungs-zwecken dient, aber auch geringe Lenkungseffekte enthält.

VI. Energiesteuern

1. Elektrizitätsabgabe – Stromsteuer

Nach § 1 Abs. 1 StromStG unterliegt elektrischer Strom in Deutschland einer Steuer. In der Republik Österreich unterliegt die Lieferung und der Verbrauch elektrischer Energie einer Elektrizitätsabgabe, § 1 Abs. 1 Elektrizitätsabgabegesetz.

a) Entstehung der Steuer

In der Bundesrepublik Deutschland entsteht die Steuer dadurch, daß vom Versorger gelieferter Strom durch Letztverbraucher im Steuergebiet aus dem Versorgungsnetz entnommen wird, oder dadurch, daß der Versorger dem Versorgungsnetz Strom zum Selbstverbrauch entnimmt, § 5 Abs. 1 StromStG. Nach § 1 Abs. 1 des österreichischen Elektrizitätsabgabengesetzes unterliegen die Lieferung und der Verbrauch von elektrischer Energie gleichfalls einer Verbrauchssteuer. Die Steuertatbestände sind nahezu gleich.

[1061] Deutscher Braunkohle Industrie Verein e.V., http://www.stromtabelle/de.

[1062] SPD und CDU von Nordrhein-Westfalen, Frankfurter Rundschau vom 17.11.1999, http://www.upi-insitut.de.

b) Steuerbefreiungen

Aus erneuerbaren Energieträgern erzeugter Strom ist nach dem bundesdeutschen Stromsteuergesetz steuerbefreit. Eine solche Regelung gibt es in Österreich nicht. In Österreich findet eine Privilegierung von Ökostrom nicht statt.

Auch kennt das österreichische Elektrizitätsabgabengesetz keine Steuerermäßigungen, wie es sie in der Bundesrepublik gibt. So unterliegt Strom zum Betrieb von Nachtspeicherheizungen in Deutschland ebenso einem ermäßigten Steuersatz, wie der Strom der von Unternehmen des produzierenden Gewerbes oder Unternehmen der Land- und Forstwirtschaft für betriebliche Zwecke genutzt wird. Das ist umweltpolitisch kontraproduktiv, da starke Stromverbraucher an sich progressiv besteuert werden müssen, um Lenkungswirkungen zu erzeugen.

c) Steuervergütungen

Sowohl die Republik Österreich als auch die Bundesrepublik Deutschland haben in ihrem jeweiligen Konzept der Energiebesteuerung eine Vergütung für bestimmte Unternehmensgruppen vorgesehen. Während in Österreich die Vergütung sowohl bei der Stromsteuer als auch bei der Erdgassteuer in Frage kommt, ist dies in Deutschland nur bei der Stromsteuer möglich.

Die Republik Österreich knüpft die Steuervergütung an den Nettoproduktionswert[1063] und die Art der Betätigung des Unternehmens an. So haben nur Unternehmen einen Anspruch, deren Schwerpunkt nachweislich in der Herstellung körperlicher Wirtschaftsgüter besteht.

In der Bundesrepublik Deutschland wird die Steuervergütung nur gewährt, wenn der Betrag von 1.000 DM überschritten wird. Begünstigt sind nur Unternehmen des produzierenden Gewerbes und Betriebe der Land- und Forstwirtschaft, die den Strom zu betrieblichen Zwecken entnommen haben. Die Vergütung wird nur gewährt, wenn die Stromsteuer im Kalenderjahr das 1,2fache des Betrages übersteigt, um den sich für das Unternehmen der Arbeitgeberanteil an den Rentenversicherungsbeiträgen durch Senkung der Beitragssätze[1064] bei entsprechender Anwendung der abgesenkten Beitragssätze im gleichen Zeitraum des Jahres 1998 vermindert hat.

[1063] Siehe oben Seite 202.

[1064] § 1 Beitragssatzgesetz 1999 v. 19. Dezember 1998 (BGBl. I S. 3843, 3848).

Weiterhin weist die bundesrepublikanische Energiebesteuerung die Besonderheit auf, daß ein wesentlicher Teil des Energiesteueraufkommens zur Senkung der Rentenversicherungsbeiträge eingesetzt werden soll, allerdings ohne förmliche Zweckbindung.

In der Republik Österreich ist die Verwendung des Energiesteueraufkommens für die Senkung der Lohnnebenkosten nicht vorgesehen[1065].

d) Höhe der Abgabe - Steuer

In der Republik Österreich beträgt die Stromsteuer 20 Groschen (0,0145 Euro) je Kilowattstunde nach § 4 Abs. 2 Elektrizitätsabgabegesetz, zzgl. 20 v. H. Umsatzsteuer, in der Bundesrepublik Deutschland nach § 3 StromStG 3,5 Pfennig (0,0179 Euro) je Kilowattstunde zzgl. 16 v. H. Umsatzsteuer.

2. Erdgasabgabe

In der Republik Österreich wird auf die Lieferung und den Verbrauch von Erdgas eine Erdgasabgabe erhoben, § 2 Abs. 1 Erdgasabgabegesetz. In der Bundesrepublik Deutschland unterliegt diese Position der Mineralölsteuer nach § 1 Abs. 3 MinÖStG.

a) Steuerbefreiungen

Steuerbefreiungen sind im österreichischen Erdgasabgabegesetz nicht vorgesehen. Es besteht aber die Möglichkeit nach § 1 Abs. 1 Z 2 Energieabgabenvergütungsgesetz für die produzierenden Gewerbe, in den Genuß einer Energieabgabenvergütung zu kommen[1066], während es eine ähnliche Regelung im MinÖStG der Bundesrepublik Deutschland nicht gibt.

b) Höhe der Abgabe

Die Erdgasabgabe beträgt 60 Groschen (0,0435 Euro) je m^3 Erdgas, § 5 Abs. 2 Erdgasabgabegesetz, zzgl. 20 v. H. Umsatzsteuer. Nach § 1 Abs. 3 Nr. 3 MinÖStG beträgt die Mineralölsteuer für 1 m^3[1067] Erdgas 0,534 Pfennig (0,2730 Euro) zzgl. 16 v. H. Umsatzsteuer.

[1065] Die Diskussion hierüber befindet sich derzeit noch im Fluß.

[1066] Ausführlich siehe oben Seite 57.

[1067] 1 MWh = 1.000 kW; 10 kWh = 1 m^3; 1 MWh = 100 m^3.

3. Tabellarischer Vergleich der Steuersätze

Tabelle 69: Stromsteuersätze im Vergleich

	Deutsche Stromsteuer	Österreichische Stromsteuer
1 kWh Strom	0,0179 €	0,0145 €
	Deutsche Mineralölsteuer	Österreichische Erdgasteuer
1 m³ Erdgas	0,2730 €	0,0435 €

4. Bewertung der Energiebesteuerung

Eine Gemeinsamkeit der Steuervergütungsverfahren besteht in der Einordnung als nicht genehmigungsfähige europarechtliche Beihilfe nach Artikel 87 Abs. 1 EGV und der damit verbundenen fehlenden Vereinbarkeit mit dem Gemeinsamen Markt. Auch verstoßen beide gegen den verfassungsrechtlichen Grundsatz der Gleichbehandlung.

Sowohl die deutsche Stromsteuer, als auch die österreichische Elektrizitäts- und Erdgasabgabe sind reine Verbrauchssteuern. In beiden Ländern wird auf diese Steuern zusätzlich noch Mehrwertsteuer erhoben. Angesichts der niedrigeren Steuersätze ist keine Lenkungswirkung zu erwarten.

In der Republik Österreich wurde die Einführung der Elektrizitäts- und Erdgasabgaben wie folgt begründet:

> *„Aus ökologischer Sicht erscheint es notwendig, neben dem Mineralöl und Flüssiggas auch leitungsgebundene Energieträger wie Erdgas und elektrische Energie einer Besteuerung zu unterziehen“*[1068].

Dagegen heißt es in der Bundesrepublik Deutschland zur Begründung:

> *„Die Einführung der Stromsteuer ist ein wichtiger Schritt zum Einstieg in die ökologische Steuerreform, deren Grundphilosophie es ist, den Energieverbrauch zu verteuern und im Gegenzug den Faktor Arbeit zu entlasten*[1069].

[1068] GP XX RV 72 und Zu 72 AB 95 S. 16.
[1069] BT-Drs. 14/40 S. 9.

In den Erläuterungen zu den jeweiligen Gesetzen gibt es insbesondere keinerlei Hinweise auf beabsichtigte Lenkungseffekte. Ökologisch bedenklich ist es, daß in der Republik Österreich die Besteuerung nicht an die Art der Stromerzeugung anknüpft. Widersinnig wird die Stromerzeugung mit Kohle nicht besteuert, obwohl sie den höchsten CO_2-Ausstoß verursacht. Dagegen besteuert die bundesrepublikanische Stromsteuer jegliche Stromerzeugung.

Das Problem der *„Doppelten Dividende"* ist derzeit ein rein deutsches. Ob die Einführung der Stromsteuer in der Bundesrepublik Deutschland wie behauptet zu einem Lenkungseffekt führt, der sich positiv auf die Umwelt auswirkt, beispielsweise in Form von Energieeinsparung, kann zum derzeitigen Zeitpunkt nicht beantwortet werden. Die Ausklammerung der wichtigsten gewerblichen Verbraucher zeigt, wie wenig Ernst gemeint die ökologische Zielsetzung ist.

So stellt die eingeführte Energiebesteuerung in beiden Ländern eine rein fiskalpolitische Maßnahme dar, die keine positiven ökologischen Steuerungseffekte erwarten läßt.

VII. Verpackungsverordnung

In beiden Ländern sind Verpackungsverordnungen in Kraft gesetzt worden. Materiell unterscheiden sich die quantitativen Anforderungen an die Sammelsysteme. In der Bundesrepublik ist der Mehrweganteil an Verpackungen das entscheidende Kriterium. In Österreich dagegen gelten zwei Kriterien. Diese sind die Wiederbefüllungsquote bei Getränkeverpackungen und die Beschränkung der Restmenge an Abfall von sonstigen Verpackungen, die auf Deponien, abgelagert werden dürfen.

Der entscheidende Unterschied der Verpackungsverordnungen ist die Reaktion auf das Unterschreiten der Sammelquoten. In der Bundesrepublik Deutschland wird jedes Jahr der Mehrweganteil an Verpackungen ermittelt. Für das Jahr, in dem die geforderte Quote unterschritten wird, erfolgt eine Nacherhebung. Kommt auch diese Nacherhebung zur Unterschreitung des Mehrweganteils, so tritt sechs Monate nach Bekanntmachung der Nacherhebungszahlen die Zwangspfandregelung in Kraft. Das Inkrafttreten des Zwangspfandes ist damit ein Automatismus, der unweigerlich an die Unterschreitung des Mehrweganteils anknüpft.

In Österreich muß dagegen bei Unterschreitung der Sammelquoten der Bundesminister für Umwelt, Jugend und Familie im Einvernehmen mit dem Bundesminister für wirtschaftliche Angelegenheiten über die Erhebung des Pfandbeitrages entscheiden. Es gibt keinen Automatismus. Anzumerken ist, daß der Pfandbeitrag dem Zwangspfand materiell entspricht. Es handelt sich lediglich um eine spezifische landessprachliche Bezeichnung.

Während in der Bundesrepublik derzeit die Einführung des Zwangspfandes[1070] droht, weil die geforderten Mehrwegquote im Jahr 1997 unterschritten und im Jahr 1998 voraussichtlich unterschritten wurde, ist dies in Österreich noch nicht der Fall[1071]. Hier hat sich der Gesetzgeber bisher überhaupt nicht mit den Konsequenzen der Einführung eines Zwangspfandes (Pfandbeitrages) auseinandergesetzt.

Neben den Sammelquoten sind in der Republik Österreich auch die absoluten Restmengen an Abfällen von sonstigen Verpackungen, die auf Deponien abgelagert werden dürfen, ab dem Jahr 2001 begrenzt worden.

Zur Umsetzung der VerpackVO 1996 sind in Österreich zwei Systeme gegründet worden. Das ARA-System sammelt und entsorgt in Umlauf gesetzte Transport- und Verkaufsverpackungen. Das System Öko-Box betreibt die Sammlung und Verwertung von Getränkeverbundkartons. In der Bundesrepublik Deutschland gibt es derzeit nur ein System, das DSD. Daneben ist in beiden Ländern für Mehrwegverpackungen (Flaschen) ein Pfandsystem über den Einzelhandel vorhanden.

Die Kritik an diesen Systemen ist in beiden Ländern gleich. Die wesentlichen Kritikpunkte sind zum einen, daß die Systeme einen stark planwirtschaftlichen Charakter mit monopolistischen Strukturen aufweisen und bisher kaum Lenkungswirkungen in Richtung Abfallvermeidung zeigen[1072]. Der letzte Kritikpunkt ist aus ökologischer Sicht der gewichtigste.

Bei den Lizenzentgelten handelt es sich um Finanzierungsgebühren denen durch die Verteuerung von Sonderabfall auch eine Lenkungswirkung zukommt.

[1070] Aktuellen Erhebungen zur Folge ist der Mehrweganteil an Verpackungen im Jahre 1997 unter 72 vom Hundert gesunken. Die Ergebnisse der Nacherhebung stehen noch aus. Sie liegen voraussichtlich Ende 2000 vor. Sollte sich bestätigen, dies wird allgemein erwartet, daß der Mehrweganteil unter 72 vom Hundert liegt, tritt sechs Monate nach Bekanntmachung der Nacherhebungszahlen die Zwangspfandregelung in Kraft.

[1071] In Österreich befindet sich derzeit eine Novelle der Verpackungszielverordnung in der Diskussion. Der Trend geht weg von planwirtschaftlichen Vorgangsweisen und Lenkungsabgaben hin zu einer Selbstverpflichtung der Wirtschaft, http://www.wk.or.at.

[1072] Allerdings könnten durch das Duale System in Deutschland teure Verpackungen verdrängt werden, weil die Entsorgung von Verpackungen unterschiedlich teuer ist.

B. Nicht vergleichbare Bestimmungen – Besonderheiten Republik Österreich

I. Altlastensanierungsbeitrag

Eine dem österreichischen Altlastensanierungsbeitrag vergleichbare Regelung kennt die Bundesrepublik Deutschland nicht. Der Altlastensanierungsbeitrag dient der Sanierung von etwa 3.000 Deponien, von denen ein Teil gesichert und saniert werden mußte[1073].

Er soll die Altlasten (Müll) in technisch besser ausgestattete Deponien lenken. Der Wettbewerb zwischen billigen und teuren Deponien soll so verhindert werden, weil Deponien die nicht dem Stand der Technik entsprechen niedrigere Deponieentgelte verlangen. So wird gewährleistet, daß die Altlasten durch den Altlastensanierungsbeitrag einer dem Stand der Technik entsprechende Deponierung zugeführt werden. Durch eine entsprechende Zweckbindung der Mittel wird eine Begünstigung des Umweltschutzes sichergestellt. Der Altlastensanieungsbeitrag ist eine *„echte Umweltabgabe"*.

Tabelle 70: Höhe des Altlastensanierungsbeitrages[1074]

Jahr	ALSAG-Beiträge	Förderung	%	ergänzende Untersuchungen	%
1990	10.365.293,00 €	9.328.763,70 €	90	1.036.529,30 €	10
1991	12.551.956,33 €	11.296.760,70 €	90	1.255.195,63 €	10
1992	12.156.281,24 €	10.940.653,12 €	90	1.215.628,12 €	10
1993	15.677.087,92 €	12.541.670,34 €	80	3.135.417,58 €	20
1994	15.337.710,53 €	12.270.168,42 €	80	3.067.542,11 €	20
1995	20.723.523,53 €	16.578.818,82 €	80	4.144.704,71 €	20
1996	21.107.571,30 €	17.941.435,60 €	85	3.166.135,69 €	15
1997	32.533.833,95 €	27.653.758,86 €	85	4.880.075,09 €	15
1998	43.437.701,98 €	36.922.046,68 €	85	6.515.655,30 €	15
1999	63.814.179,78 €	54.242.052,81 €	85	9.572.126,97 €	15
2000 (I-VII)	32.824.258,67 €	27.900.619,87 €	85	4.923.638,80 €	15

[1073] Siehe oben Seite 50.

[1074] Statistische Daten über die Aufgliederung des Aufkommens nach Gewerbe, Haushalte oder Staat sind derzeit nicht verfügbar.

Tabelle 71: Höhe des Altlastensanierungsbeitrages im Land Salzburg[1075]

Jahr	Betrag
1995	890.864,37 €
1996	866.479,80 €
1997	1.213.131,11 €
1998	1.827.740,53 €
1999	4.056.644,26 €
2000 (I-VII)	2.227.824,25 €
Summe	**11.082.684,32 €**

II. Mautvignette

Neben den dargestellten Abgaben wird in der Republik Österreich aufgrund von Bundesgesetzen noch die Mautvignette nach dem Bundesgesetz betreffend die Finanzierung von Bundesstraßen erhoben. Die österreichische Mautvignette hat ebensowenig Lenkungswirkung wie die in der Bundesrepublik Deutschland ab dem Jahr 2003 geplante. Sie dienen nur der Finanzierung von Fernstraßen. Hierbei handelt es sich um die Umkehrung fehlerhafter Lenkung.

Die externen Kosten des Verkehrs werden erstmals den Verursachern angelastet. Die Bahn zahlt schon jetzt für die Unterhaltung und Erneuerung vom Streckennetz. Dies ist eine falsche Wettbewerbslenkung aus ökologischer Sicht.

C. Nicht vergleichbare Bestimmungen – Besonderheiten Bundesrepublik Deutschland

I. Abnahmepflicht und Mindestvergütung bei regenerativer Energie

In der Bundesrepublik Deutschland wird durch das Gesetz über die Einspeisung von Strom aus erneuerbaren Energien in das öffentliche Netz (Stromeinspeisungsgesetz) die Abnahme und die Vergütung von Strom, der ausschließlich aus Wasserkraft, Windkraft, Sonnenenergie, Deponiegas, Klärgas oder Biomasse gewonnen wird, sichergestellt. Die öffentlichen Elektrizitätsversorgungsunternehmen müssen den Strom zu einem über den eigenen Herstellungskosten liegendem Preis ankaufen. Eine vergleichbare Regelung gibt es in Österreich nicht.

[1075] Statistische Daten über die Aufgliederung des Aufkommens nach Gewerbe, Haushalte oder Staat sind derzeit nicht verfügbar.

II. Sonstige

Eine Altautoentsorgung nach bundesdeutschem Recht kennt das österreichische Recht derzeit ebensowenig wie das Pfand auf Starterbatterien nach der Batterieverordnung. Da die Altautoentsorgung der Umsetzung einer EG-Richtlinie dient, wird eine Regelung in der Republik Österreich folgen.

§ 2 Land Nordrhein-Westfalen – Land Salzburg

A. Vergleichbare Regelungen

I. Abfallgebühren

1. Grundsätze

Die landesgesetzlichen Regelungen des Landes Nordrhein-Westfalen und des Landes Salzburg verfolgen im Bereich des Abfalls im wesentlichen identische Ziele. Nach beiden Gesetzen, sowohl nach dem LAbfG-NW als auch nach dem Salzburger Abfallgesetz 1991, gelten die Grundsätze der Abfallvermeidung, Abfallverwertung und Abfallentsorgung, § 1 LAbfG-NW und § 2 Abs. 2 S.AWG. In beiden Ländern ist der Grundsatz der Nähe bestimmt.

Ein wesentlicher Unterschied betrifft die Regelung über die thermische Verwertung von Abfall. Nach dem Salzburger Abfallgesetz ist die thermische Verwertung des Abfalls subsidiär zur stofflichen Verwertung. Es gilt somit der Grundsatz des Vorrangs der stofflichen Verwertung. Voraussetzung ist aber, daß die stoffliche Verwertung ökologisch vorteilhaft ist und sich hieraus nicht unverhältnismäßig hohe Mehrkosten ergeben. Stoffliche Verwertung ist die ökologisch sinnhafte Aufbereitung von Altstoffen mit dem Hauptzweck, sie oder die aus ihnen gewonnenen Stoffe unmittelbar für die Substitution von Rohstoffen oder von Produkten für den ursprünglichen oder für einen anderen, nach der allgemeinen Verkehrsauffassung bestimmungsgemäßen Zweck zu verwenden, § 1 Abs. 7 Nr. 8 S.AWG. In Nordrhein-Westfalen dagegen hat die thermische Verwertung einen hohen Stellenwert. Sie ist bundesrechtlich der stofflichen Verwertung gleichgestellt. Darin liegt der Grund für die Trendumkehr. Dies wird besonders daran deutlich, daß Abfall ab dem Jahr 2005 nur noch thermisch vorbehandelt deponiert werden darf. Ebenso sind nach beiden Gesetzen die Gemeinden für die Entsorgung zuständig.

2. Gebührenstruktur für Abfall

In der Republik Österreich sind die Gemeinden zur Erhebung von Gebühren für Gemeindeeinrichtungen durch das Finanzausgleichsgesetz 1997 durch den Bundesgesetzgeber ermächtigt. Nach § 15 Abs. 3 Ziffer 5 FAG sind die Gemeinden berechtigt, Gebühren zur Benutzung von Gemeindeeinrichtungen zu erheben. Sie dürfen maximal das Doppelte des Jahresbetrages, der für die Erhaltung und den Betrieb der Einrichtung oder Anlage sowie für die Verzinsung und Tilgung der Errichtungskosten unter Berücksichtigung einer der Art der Einrichtung der Anlage entsprechender Lebensdauer notwendig ist, betragen. Der Kostenbegriff ist wirtschaftlich auszulegen[1076]. Die ansatzfähigen Kosten umfassen die Betriebskosten, Kapitalkosten (Zinsen für Fremdkapital, kalkulatorische Zinsen auf das Eigenkapital und kalkulatorische Abschreibungen) und planmäßige Abschreibungen. Abschreibungsbasis können die historischen Anschaffungs- oder Herstellungskosten sein zuzüglich der für die Selbsterstellung von Anlagen aufgewendeten Beträge und abzüglich direkt einer Anlage zurechenbarer Zuschüsse aus öffentlichen Mitteln sowie einmaliger Benutzungsgebühren (Anschlußbeiträge, Baukostenbeiträge). Die einer Anlage direkt zurechenbaren Zuschüsse aus öffentlichen Mitteln und einmaligen Benutzungsgebühren können, statt die Abschreibungsbemessungsgrundlage zu kürzen, auch bei den laufenden Erträgen berücksichtigt werden. Vorgesehen ist eine lineare Abschreibung während der Dauer der betriebsgewöhnlichen Nutzung. Eine Abschreibung ist, auch auf Wiederbeschaffungskostenbasis möglich. Die Gebühren werden durch das Äquivalenzprinzip der Höhe nach begrenzt. Sie dürfen dann aber das Doppelte der ermittelten Gebühren betragen.

In der Bundesrepublik Deutschland sind die Gemeinden zur Gebührenerhebung aufgrund der Kommunalabgabengesetze ermächtigt.

In Nordrhein-Westfalen sind die Vorschriften über Gebühren §§ 4 Abs. 2 2. Fall und § 6 KAG-NW. § 4 Abs. 2, 2. Fall KAG-NW ist die Ermächtigungsgrundlage für die Erhebung der Gebühren. Die Art und die Höhe der Gebühr bestimmt sich nach § 6 Abs. 1 – 3 KAG-NW. Danach soll das veranschlagte Gebührenaufkommen die voraussichtlichen Kosten für die Einrichtung oder Anlage nicht übersteigen und in der Regel decken. Kosten sind die nach betriebswirtschaftlichen Grundsätzen ansatzfähigen Kosten. Neben den laufenden Betriebskosten gehören auch Abschreibungen und eine Verzinsung des aufgewandten Kapitals (Eigen- und Fremdkapital) zum Kostenumfang. Als Bemessungsgrundlage kommen die historischen Anschaffungs- oder Herstellungskosten oder die Wiederbeschaffungskosten in Betracht. Beiträge und Zuschüsse werden nicht von der Bemessungsgrundlage abgezogen. Nach der Rechtsprechung des *OVG Münster* sind im Rahmen des Entgelts für in Anspruch genommene Fremdleistungen auch das allgemeine Unternehmenswagnis als sogenannter kalkulatorischer Wagniszuschlag ansatzfähig[1077]. Die Gebühren werden durch das Äquivalenzprinzip in der Höhe begrenzt.

Sowohl im Land Salzburg als auch im Bundesland Nordrhein-Westfalen ist der Begriff der betriebswirtschaftlichen Kosten die zentrale Bezugsgröße für die Bemessung der Gebühren. Dies hat zur Folge, daß die Frage, welche Kostenarten in die Berechnung mit einbezogen werden können, in beiden Rechtsordnungen absolut gleich beantwortet wird. Einen wesentlichen Unterschied gibt es aber bei der Ermittlung der Bemessungsgrundlage für die Abschreibung.

[1076] Sapper/Schadt, S. 11.
[1077] OVG Münster vom 15.12.1994, NVBl. 1995, S. 173.

In Nordrhein-Westfalen sind Beiträge und Zuschüsse nicht von der Bemessungsgrundlage abzuziehen[1078], während diese in Salzburg abzuziehen sind. Ein weiterer wesentlicher Unterschied ist die Begrenzung der Gebührenhöhe durch das Äquivalenzprinzip. Während in Nordrhein-Westfalen die so ermittelten Gebühren die absolute Obergrenze darstellen, ist dies im Land Salzburg die Verdoppelung der Gebühren.

Die Gebührenpflicht für die Abfallwirtschaft wird nach § 9 Abs. 1 LAbfG-NW durch kommunale Satzungen bestimmt. Die gesetzliche Grundlage für die Erhebung der Abfallgebühr im Land Nordrhein-Westfalen ist § 10 Abs. 2 LAbfG, der auf die §§ 4 Abs. 1 und § 6 Abs. 1 KAG-NW verweist.

Die gesetzliche Grundlage zur Erhebung von Gebühren bestimmt sich im Land Salzburg nach § 29 Abs. 1 S.AWG.

3. Tarif

Die Bestimmung des Tarifs und damit der Höhe der Abfallgebühren ist elementar verschieden. Nach § 9 Abs. 2 LAbfG-NW soll der Gebührenmaßstab wirksame Anreize zur Vermeidung und Verwertung von Abfällen beinhalten. Derzeit kann die Gebühr aus einer Grundgebühr sowie Mindestgebühren bestehen.

Gemäß § 30 Abs. 2 S.AWG haben sich die Tarife für die Abfallwirtschaftsgebühr auf die einmalige Entleerung eines Gefäßes zur Sammlung von Hausabfällen zu beziehen und bei Verwendung mehrerer Gefäßtypen deren unterschiedliche Größe (Volumen) zu berücksichtigen.

Wahlweise ist nach § 30 Abs. 2 Buchstabe b S.AWG auf das erforderliche wöchentliche Vorhaltevolumen für Hausabfälle je Liter abzustellen. Alternativ kann der Tarif aufgrund von Abfallverwiegung oder Abfallvolumenmessung festgesetzt werden. Die Abfallwirtschaftsgebühr kann aus einer Bereitstellungs- und Leistungsgebühr bestehen.

Eine Besonderheit des Salzburger Abfallwirtschaftsgesetzes ist, daß auch die Liegenschaftseigentümer, die von der Pflicht zur Teilnahme an der Erfassung durch die Gemeinde befreit sind, eine Abfallwirtschaftsgebühr zu zahlen haben. Die Höhe ist allerdings begrenzt auf maximal 25 v. H. bis 70 v. H der sich ohne Befreiung ergebenen Abfallwirtschaftsgebühr und ggf. der Zusatzgebühr.

[1078] Für die Abschreibung kommt es nicht darauf an, ob das betreffende Anlagegut durch Eigen- oder Fremdkapital, durch Beiträge oder Zuschüsse Dritter finanziert worden ist, vgl. OVG Münster, NWVBl. 1994, 99; Schulte in Driehaus, § 6, Rdn. 157.

Der Vergleich des Tarifs zeigt, daß im Land Salzburg, im Unterschied zu Nordrhein-Westfalen, bereits durch Gesetz eine Leistungskomponente verlangt wird, da nur 70 v. H. der Jahresgebühren durch eine Bereitstellungsgebühr gedeckt werden dürfen.

4. Bewertung

Die Abfallwirtschaft des Landes Salzburg hat andere Probleme als die des Landes Nordrhein-Westfalen. Insbesondere gibt es keinen derart ausgeprägten Mülltourismus wie in Nordrhein-Westfalen. Müllverbrennungsüberkapazitäten sind in der Republik Österreich nicht bekannt[1079]. Der Bundes-Abfallwirtschaftsplan 1998 kommt sogar zu dem Ergebnis, daß nach Analysen unter Berücksichtigung der Planungsaktivitäten in Österreich zusätzlich zu den vorhandenen Verbrennungsleistungen für rund 2,85 Mio t Abfälle Verbrennungskapazitäten geschaffen werden müssen[1080]. Das Land Salzburg verfügt über keine Müllverbrennungsanlage.

Bei der Bestimmung der Gebührenhöhe gehen das Land Salzburg und das Land Nordrhein-Westfalen unterschiedliche Wege. Die zwei Systeme entscheiden sich ganz erheblich. In der Republik Österreich ist die Höhe der maximalen Gebühr vom Bundesgesetzgeber vorgegeben worden. Zudem darf der nach dem Äquivalenzprinzip ermittelte Wert verdoppelt werden. Innerhalb dieser Grenze darf sich die Gemeinde frei bewegen. Der Landesgesetzgeber hat grundsätzlich nicht das Recht, dies einzuschränken.

Dagegen gilt in Nordrhein-Westfalen sowohl das Äquivalenzprinzip als auch das Kostendeckungsprinzip. Ein derartig hoher Gestaltungsspielraum wie im Land Salzburg ist damit nicht vorhanden, insbesondere keine Verdoppelungsmöglichkeit der Abfallgebühren.

Trotzdem ist als Ergebnis festzuhalten, daß die Abfallgebühr eine Finanzierungsgebühr ist, die in beiden Ländern für Lenkungswirkungen zugänglich ist.

[1079] Goldschmidt / Hauer, S. 40.

[1080] Bundes-Abfallwirtschaftsplan 1998 – Materialbände S. 2.

II. Sonderabfälle

Im Land Nordrhein-Westfalen wird derzeit für Sonderabfälle keine „gesonderte Abfallgebühr“ mehr erhoben[1081]. Im Land Salzburg kann nach dem S.AWG eine sonstige Abfallgebühr[1082] erhoben werden, falls der Landesgesetzgeber durch Verordnung bestimmt hat, daß die Gemeinden mit der Erfassung oder Behandlung von Sonderabfällen betraut sind. Die Bemessung dieser sonstigen Abfallgebühr richtet sich nach den Grundsätzen für die „normale“ Abfallgebühr. Additive für Sonderlasten bei der Entsorgung sind nicht vorgesehen. Es bleibt bei der allgemeinen Verdoppelungsmöglichkeit.

Im Land Salzburg wird die sonstige Abfallgebühr nach den normalen Gebührenbestimmungen erhoben, eine Zweckbindung ist nicht vorgesehen.

III. Ersatzgeld nach dem Landschaftsgesetz-NW und nach dem Salzburger Naturschutzgesetz 1993

1. Allgemeines

Sowohl das Landschaftsgesetz-NW als auch das Salzburger Naturschutzgesetz 1993 verfolgen die Ziele, Eingriffe in die Natur und Landschaft so weit als möglich zu vermeiden, § 4 Abs. 1 LG-NW und § 2 Abs. 3 Salzburger Naturschutzgesetz 1993.

2. Ersatzgeld

Falls Eingriffe in die Natur und Landschaft stattfinden und nicht durch Ausgleichsmaßnahmen kompensiert werden können, hat der Verursacher nach § 5 Abs. 3 LG-NW ein Ersatzgeld zu zahlen. Das Land Salzburg erhebt in diesen Fällen nach § 3 Abs. 6 Salzburger Naturschutzgesetz 1993 einen Geldbetrag, der in der Praxis keine Rolle spielt[1083].

[1081] Siehe oben Seite 236.

[1082] Mit dem Salzburger Abfallgesetz 1998 wurde auf die Bezeichnung Sonderabfall verzichtet, um eine möglichen Verwechslung mit gefährlichen Abfällen zu vermeiden. Unter sonstige Abfälle werden nicht gefährliche Abfälle verstanden, die nicht bereits unter die Kategorie Hausabfälle und sperrige Hausabfälle zu zählen sind.

[1083] Siehe oben Seite 92 ff.

IV. Lärmabhängige Luftlandeentgelte

Lärmabhängige Luftlandeentgelte werden nur in Nordrhein-Westfalen vom Flughafen Konrad-Adenauer in Bonn und vom Flughafen Münster-Osnabrück erhoben. Im Land Salzburg wird ein etwas anderer Weg eingeschlagen. Die Landeerlaubnis ist abhängig von den Lärmemissionen des Flugzeugs. Rechtliche Grundlage hierfür ist die Zivilluftfahrzeug-Lärmzulässigkeitsverordnung[1084].

Flugzeuge, deren Lärmemissionen über den Grenzwerten der sogenannten Kapitel-2-Luftfahrzeuge liegen, dürfen den Salzburg Airport überhaupt nicht anfliegen. Die sog. Kapitel-3-Luftfahrzeuge[1085] dürfen den Flughafen nur eingeschränkt nutzen. Die tägliche Betriebszeit des Flughafens Salzburg reicht von 06.00 Uhr bis 23.00 Uhr (Ortszeit). Zwischen 06.00 Uhr und 07.00 Uhr sowie zwischen 21.00 Uhr und 22.00 Uhr sind Abflüge nur mit Luftfahrzeugen, deren Schallereignispegel beim Abflug 98 dB, gemessen an der Fluglärmmeßtabelle 4 (Taxham), nicht überschreitet, sowie mit verspäteten Luftfahrzeugen gestattet. Landungen sind im verbleibenden Zeitraum generell gestattet. Zwischen 22.00 Uhr und 23.00 Uhr sind Abflüge und Landungen bei verspäteten Luftfahrzeugen bzw. planmäßige Landungen nur mit Luftfahrzeugen gestattet, deren Schallereignispegel bei der Landung 84 dB, gemessen an der Fluglärmtabelle 4 nicht überschreitet. Die Lärmüberwachung wird mit Hilfe einer Fluglärmmeßanlage durchgeführt.

Durch diese Maßnahmen ist es für die Luftverkehrsgesellschaften besser, den Flughafen Salzburg mit leisem Fluggerät anzufliegen, damit die gesamten Betriebszeiten genutzt werden können[1086].

Der Unterschied tritt deutlich zu Tage. Während in Nordrhein-Westfalen gegen Zahlung eines erhöhten Landeentgeltes der Lärm in Kauf genommen wird, findet im Land Salzburg eine konsequente Lärmvermeidung statt. Die Verteuerung der Landeentgelte am Flughafen Köln-Bonn für lärmende Luftfahrzeuge hat allerdings angesichts der breiten Spreizung bereits Lenkungswirkung gezeigt. Seit der Einführung der Gebührenstaffelung geht der Anteil lauter Flugzeuge stetig zurück. Heute sind in Köln-Bonn über 99 Prozent der Maschinen Kapitel-3-Flugzeuge, davon stehen 88 Prozent auf der Bonusliste[1087].

[1084] Lärmgrenzwerte richten sich nach der Zivilluftfahrzeuglärmzulässigkeitsverordnung, ZLZV 1993 und der dazugehörenden Anlage A und B, BGBl. 738/1993, in der Fassung BGBl. 922/1993, BGBl. 201/1996. Aufgrund der sehr komplizierten technischen Details wird auf eine technische Darstellung verzichtet.

[1085] Z. B. MD 80, Tu 154.

[1086] Schreiben Salzburg Airport W.A. Mozart vom 05.04.1999.

[1087] Technische Erläuterung siehe oben Seite 252; Fluglärm.com – Lärmschutz am Flughafen Köln-Bonn, http://www.fluglaerm.com/gebuehren.shtml.

B. Landesgesetzliche Besonderheiten des Landes Salzburg

Im Land Salzburg wird neben den Abwassergebühren keine Abwasserabgabe erhoben. Damit unterscheidet sich das Land Salzburg von Nordrhein-Westfalen, da hier nach dem Bundes-AbwAbG i. V. m. dem Landeswassergesetz-NW eine Abwasserabgabe erhoben wird.

Eine dem Salzburger Gemeinde-Parkgebührengesetz entsprechende Regelung ist im Bundesland Nordrhein-Westfalen nicht vorhanden. Die Salzburger Parkabgabe wird neben dem Entgelt für das Parken fällig.

Eine Naturschutzabgabe, wie sie das Land Salzburg nach § 56 Abs. 1 Salzburger Naturschutzgesetz 1993 auf die Gewinnung von Bodenschätzen erhebt, gibt es im Bundesland Nordrhein-Westfalen nicht.

§ 3 Ergebnis

Die vorliegende Arbeit vergleicht Umweltabgaben und Umweltsteuern in der Bundesrepublik Deutschland und der Republik Österreich. Der Rechtsvergleich ist gemessen am Gesamtumfang der Arbeit vergleichsweise bescheiden ausgefallen. Dies liegt daran, daß die Anzahl der vergleichbaren Abgaben sehr gering ist.

So entsprechen sich nur die folgenden Abgaben und Steuern:

1. die Kraftfahrzeugsteuer
2. die Autobahnbenutzungsgebühren
3. die Mineralölsteuer
4. die Energiesteuern
5. die Verpackungsverordnung
6. die Abfallgebühren
7. das Ersatzgeld nach dem Landschaftsgesetz.

Innerhalb dieser Gruppe gibt es dann wiederum nur ganz punktuelle Unterschiede, die quantitativ gering sind, aber qualitativ erheblich.

Nicht vergleichbar sind die Abgaben und Steuern, weil im anderen Staat ein Gegenpart fehlt. Dies sind:

1. die österreichische Motorbezogene Versicherungssteuer
2. die österreichische Normverbrauchsabgabe
3. der österreichische Altlastensanierungsbeitrag
4. die bundesdeutsche Abnahmepflicht und Mindestvergütung bei regenerativer Energie
5. die bundesdeutschen lärmabhängigen Luftlandeentgelte.

Sowohl in der Bundesrepublik Deutschland als auch in der Republik Österreich enthalten die Abgabeninstrumente Elemente der indirekten Verhaltenssteuerung durch direkte oder indirekte Subvention sowie Elemente des Ordnungsrechts.

Empirisch läßt sich weder in der Republik Österreich noch in der Bundesrepublik Deutschland belegen, ob eingetretene Lenkungswirkungen auf ordnungspolitische Maßnahmen oder aber abgabenrechtliche Steuerungsinstrumente zurückzuführen sind[1088].

[1088] Diese Abgrenzung wird in der vorliegenden Untersuchung nicht näher verfolgt.

Die österreichische Kraftfahrzeugsteuer enthält derzeit keine Elemente zur Verhaltenssteuerung. Dagegen setzt die deutsche Kraftfahrzeugsteuer auf Elemente der indirekten Verhaltenssteuerung, nämlich auf Bonus und Malus. Wer einen entsprechend der Euro-Normen eingestuften PKW fährt, erhält eine Subvention in Form der Steuerbefreiung und niedriger Kraftfahrzeugsteuersätze. Er hat eine niedrige Kraftfahrzeugsteuer zu zahlen. Wer einen PKW fährt, der nicht einer Euro-Norm entspricht, muß dagegen eine besonders hohe Kraftfahrzeugsteuer in Kauf nehmen. Der Bonus oder Malus knüpft am Schadstoffausstoß des Kraftfahrzeuges an.

Auch die österreichische motorbezogene Versicherungssteuer und die Normverbrauchsabgabe kennen einen Bonus und einen Malus. Lediglich die Anknüpfung ist eine andere. Während der Bonus bzw. Malus bei der Normverbrauchsabgabe von dem Kraftstoffverbrauch abhängig ist, ist der Bonus bzw. Malus bei der motorbezogenen Versicherungssteuer abhängig von der Motorleistung in Kilowatt und das Vorhandensein eines Katalysators am Fahrzeug.

Die Autobahnbenutzungsgebühr für schwere LKW der Bundesrepublik Deutschland enthält derzeit keine Verhaltenssteuerungsinstrumente, im Gegensatz zur österreichischen, weil in Deutschland keine emissionsabhängige Spreizung existiert.

Die österreichische Elektrizitäts- und Erdgasabgabe enthält als Element der indirekten Verhaltenssteuerung nur den Bonus für Unternehmen des produzierenden Gewerbes, die körperliche Wirtschaftsgüter herstellen.

Die deutsche Stromsteuer enthält auch Elemente der indirekten Verhaltenssteuerung, in Form der Steuerermäßigung für eine Vielzahl von Ausnahmen[1089].

Die Verpackungsverordnungen beider Länder enthalten dagegen ordnungsrechtliche Elemente zur Verhaltenssteuerung. In beiden Ländern ist eine Mindestsammelquote erforderlich, damit das Zwangspfand nicht in Kraft tritt.

Die Abnahmepflicht und Mindestvergütung bei regenerativer Energie steuert mit Hilfe ordnungsrechtlicher Elemente. So hat der Gesetzgeber die Verpflichtung zur Abnahme und zur Mindestvergütung per Gesetz geregelt.

[1089] Siehe oben Seite 186.

Die Abfallgebühren enthalten in beiden Ländern sowohl ordnungsrechtliche als auch indirekte Verhaltenssteuerungselemente wie Bonus und Malus. Inhaltlich unterscheiden sich die ordnungsrechtlichen Elemente. In Nordrhein-Westfalen dürfen ab 2005 nur noch thermisch vorbehandelte Abfälle deponiert werden. Elemente indirekter Verhaltenssteuerung per Bonus und Malus können in beiden Abfallgebühren eingesetzt werden, da die Bemessung der Gebühr entsprechend dem Müllvolumen möglich ist.

Das Lizenzmodell des Landes Nordrhein-Westfalen enthält ordnungsrechtliche Elemente, weil durch Gesetz die Verpflichtung ohne Ausnahme zur Zahlung vorgeschrieben ist. Die Lizenzgebühr soll aber auch durch die Verteuerung der Sonderabfallentsorgung lenken.

Die Luftlandeentgelte des Flughafens Köln-Bonn enthalten indirekte Verhaltenssteuerungselemente durch Bonus und Malus. Lärmarme Flugzeuge zahlen gegenüber lärmenden Flugzeugen erheblich geringere Gebühren.

Der Flughafen Salzburg setzt dagegen auf ordnungsrechtliche Verhaltenssteuerungselemente, da er lärmenden Flugzeugen entweder ganz oder in bestimmten Zeitkorridoren Start und Landung untersagt.

Das bedauerliche Ergebnis der Untersuchung ist, daß es weder in der Republik Österreich noch in der Bundesrepublik Deutschland ein schlüssiges Konzept von Umweltabgaben gibt. In beiden Ländern handelt es sich um Einzelmaßnahmen, die mehr oder weniger Bezüge zur Umwelt aufweisen. Explizit eingeführte „echte" Umweltsteuern sind bis auf den österreichischen Altlastensanierungsbeitrag nicht anzutreffen. Vielmehr werden vorhandenen Abgaben bzw. Steuern ökologische Lenkungseffekte hinzugefügt. Dabei überwiegt die indirekte Verhaltenssteuerung durch Bonus und Malus. Ordnungsrechtliche Verhaltenssteuerungselemente treten immer mehr zurück. Die Untersuchung hat an mehreren Beispielen gezeigt, daß der Umweltschutz in erheblichem Maße mit sonstigen politischen Gründen konkurriert. So wird die Erzeugung von Strom aus Kohle und Braunkohle nicht besteuert, obwohl sie unter Klimaschutzaspekten eine erhebliche CO_2 Belastung der Umwelt darstellt. Trotzdem läßt sich eine Beteuerung oder gar Abkehr von der Kohle, bzw. Braunkohle politisch nicht durchsetzen. Nicht einmal die Subventionierung ist abbaubar, weil politische Rücksichtnahmen bestimmend sind.

In den beiden folgenden Tabellen sind die untersuchten Abgaben zusammengestellt. Mit dem Hinweis auf eine beabsichtige Lenkungswirkung und die tatsächliche Auswirkung.

Tabelle 72: Abgaben der Republik Österreich

Abgabenart	Lenkungs-absicht	Lenkungs-wirkung	Finanzierungs-zweck	Umwelt-steuer
Kraftfahrzeugsteuer	ja	vermutet	ja	nein
Motorbezogene Versicherungssteuer	ja	vermutet	ja	ja
Normverbrauchsabgabe	ja	vermutet	ja	ja
Autobahnbenutzungsgebühren LKW	nein	nein	ja	nein
Mineralölsteuer	ja	ja	ja	nein
Elektrizitätsabgabe	nein	nein	ja	nein
Erdgasabgabe	nein	nein	ja	nein
Verpackungsverordnung	ja	nein	ja	nein
Altlastensanierungsbeitrag	ja	ja	ja	ja
Mautvignette	nein	nein	ja	nein
Abfallgebühren	ja	ja	ja	ja
Ersatzgeld Salzburger Naturschutzgesetz	ja	ja	ja	nein

Tabelle 73: Abgaben der Bundesrepublik Deutschland

Abgabenart	Lenkungs-absicht	Lenkungs-wirkung	Finanzierungs-zweck	Umwelt-steuer
Kraftfahrzeugsteuer	ja	vermutet	ja	nein
Mineralölsteuer	ja	ja	ja	nein
Autobahnbenutzungsgebühren LKW	nein	nein	ja	nein
Stromsteuer	ja	nein	ja	nein
Verpackungsverordnung	ja	bedingt	ja	nein
Stromeinspeisung Mindestvergütung	ja	ja	ja	ja
Abfallgebühren	ja	bedingt	ja	nein
Ersatzgeld Landschaftsgesetz NW	ja	ja	ja	nein
Lizenzentgelt	ja	ja	ja	nein
Abwasserabgabe	nein	nein	ja	ja

Literaturverzeichnis

Arndt, Wolfgang, Energiesteuer und Grundrecht, ZRP 1996, S. 176 ff.

Arndt, Wolfgang, Rechtsfragen einer deutschen CO_2-Energiesteuer – entwickelt am Beispiel des DIW-Vorschlages, Frankfurt am Main 1995.

Arndt, Wolfgang, Zur finanzverfassungsrechtlichen Zulässigkeit subventionierter Vergütungen nach dem Stromeinspeisungsgesetz vom 7. Dezember 1990, RdE 1995, S. 41 ff.

Ax, Rolf / Große, Thomas / Cämmerer, Johannes, Abgabenordnung und Finanzgerichtsordnung, Stuttgart 1997.

Bach, Stefan, Wirtschaftliche Auswirkungen und rechtlich-institutionelle Aspekte einer ökologischen Steuerreform, StuW 1995, S. 264 ff.

Balmes, Frank-Reiner, Verfassungsmäßigkeit und rechtliche Systematik von Umweltsteuern Lohmar 1997.

Bartling, Hartwig, Grüner Punkt: Reformbedarf wettbewerbsrechtlicher Rahmenbedingungen, WuW 1995, S. 183 ff.

Bartmann, Hermann, Umweltökonomie – ökologische Ökonomie, Stuttgart – Berlin – Köln 1996.

Bastein, Dörte / Soyk, Stefan, Das Gesetz zum Einstieg in die ökologische Steuerreform, ZfZ 1999, S. 218 ff.

Bastein, Dörte / Soyk, Stefan, Fortführung der ökologischen Steuerreform, ZfZ 2000, S. 78 ff.

Benkert, Wolfgang / Bunde, Jürgen / Hansjürgens, Bernd, Umweltpolitik mit Öko-Steuern, Marburg 1990.

Benkert, Wolfgang, / Bunde, Jürgen, Abgaben im Abfallbereich, ZAU 1990, S. 280 ff.

Berkelova, Marie, Die Vollendung des europäischen Binnenverkehrsmarktes und der Reformbedarf der deutschen Verkehrspolitik dargestellt am Beispiel des Straßengüterverkehrs, Bochum 1992.

Beyer, Thomas, Gemeinschaftsrecht und Umweltschutz, JuS 1997, S. 294 ff.

Bickel, Peter / Friedrich, Rainer, Was kostet uns die Mobilität, Stuttgart 1994.

Birk, Dieter, Vorteilsabschöpfung durch Abgaben, in Festschrift für Ritter, Köln 1997,
(zitiert als Bearbeiter in Festschrift für Ritter, S.).

Birk, Dieter, Steuerrecht als Mittel des Umweltschutzes, NuR 1985, S. 90 ff.

Birk, Dieter / Förster, Jutta, Kompetenzrechtliche Grenzen des Gesetzgebers bei der Regelung der Verbrauchsteuer, DB 1985, Beilage Nr. 17.

Biwald, Peter / Hüttner, Bertram, Kalkulation von Gebühren und Entgelten, Wien 1997.

Blanke, Hermann-Josef / Peilert, Andreas, Zur Verfassungsmäßigkeit energiewirtschaftlicher Subventionsregime (Teil 1), RdE 1999, S. 96 ff.

Bleckmann, Albert, Europarecht, Köln 1990.

Bloehs, Joachim, Verstößt das Erhebungsverfahren der deutschen Stromsteuer gegen EU-Recht, BB 1999, S. 1845 ff.

Böhm, Monika, Die Wirksamkeit von Umweltlenkungsabgaben am Beispiel des Abwasserabgabengesetzes, Düsseldorf 1989.

Bongartz, Matthias, Die Änderungen des Mineralölsteuerrechts durch die ökologische Steuerreform, ZfZ 1999, S. 182 ff.

Bongartz, Matthias / Schroer-Schallenberg, Sabine, Die Stromsteuer – Verstoß gegen Gemeinschaftsrecht und nationales Verfassungsrecht, DStR 1999, S. 962 ff.

Breier, Siegfried, Die geschlossene völkerrechtliche Vertretung der Gemeinschaft am Beispiel der 3. Vertragsstaatenkonferenz der Klimarahmenkonvention in Kyoto, EuZW 1999, S. 11 ff.

Breier, Siegfried, Klimaschutz im Rahmen der Vereinten Nationen nach Kyoto, RdU 1998, S. 168 ff.

Breuer, Rüdiger, Umweltrechtliche und wirtschaftslenkende Abgaben im europäischen Binnenmarkt, DVBl. 1992, S. 485 ff.

Bünting, Karl-Dieter / Karatas, Ramona, Deutsches Wörterbuch, Chur 1996, (zitiert als Deutsches Wörterbuch, Stichwort).

Cabernard, Bruno, Ökologische Abfallpolitik in der Gemeinde, St.-Gallen 1995.

Cansier, Dieter, Wie lassen sich CO2-/Energiesteuern gesamtwirtschaftlich verträglich ausgestalten, BB 1998, S. 77 ff.

Czub, Hans-Joachim, Verfassungsrechtliche Gewährleistungen bei der Auferlegung steuerlicher Lasten, Berlin, 1982.

Chantelau, Frank / Möker, Ulf-Henning, Ökologisierung kommunaler Abgaben, Taunusstein 1989.

Dendl, Markus, Energiesteuern – eine Analyse aktueller Vorschläge aus betriebswirtschaftlicher Sicht, DStR 1998, S. 307 ff.

Deutsches Institut für Wirtschaftsforschung, Sonderregelungen zur Vermeidung von unerwünschten Wettbewerbsnachteilen bei energieintensiven Produktionsbereichen im Rahmen einer Energiebesteuerung mit Kompensation, Heft 163, Berlin 1998.

Dolzer, Rudolf, Verkehrswesen und Klimapolitik in der Dritten Welt, Heidelberg 1998.

Dolzer, Rudolf / Vogel, Klaus, Bonner Kommentar zum Grundgesetz, Loseblatt, Heidelberg Stand August 1999,
(zitiert als: Bearbeiter in Dolzer-Vogel, Art, Rdn.).

Donges, Jürgen / Eeckhoff, Johann / Hamm, Walter / Möschel, Wernhard / Neumann, Manfred / Sievert, Olaf, Steuerreform für Arbeitsplätze und Umwelt, Frankfurter Institut – Stiftung Marktwirtschaft und Politik, Bad Homburg 1996.

Doedens, Heiko / Kettern, Jürgen, Verursachergerechte Abwasser- und Abfallgebühren, Berlin 1995,
(zitiert als Bearbeiter in Doedens-Kettern, S.).

Doralt, Werner / Ruppe, Hans Georg, Grundriß des österreichischen Steuerrechts Band II, Wien 1996.

Dreier, Horst, Grundgesetz-Kommentar, Band 1, Tübingen 1996.

Driehaus, Hans – Joachim, Kommunalabgabenrecht, Kommentar, Loseblatt, Band I, Herne-Berlin, Stand September 2000.
(zitiert als Bearbeiter in Driehaus Kommunalabgabenrecht, §, Rdn.).

Drozda, Frank / Storm, Bertine, Die Stromsteuer – nur eine neue Verbrauchsteuer, NJW 2000, S. 2333 ff.

Ebisch, Hellmuth / Gottschalk, Joachim, Preise und Preisprüfungen bei öffentlichen Aufträgen, Stuttgart und Mainz 1994.

Endres, Alfred, Umweltökonomie, Darmstadt 1994.

Epiney, Astrid, Umweltrecht in der Europäischen Union, Köln 1997.

Ewringmann, Dieter / van Mark, Michael, Anmerkungen zu einer Steuer auf Cadmium, ZAU 1990, S. 264 ff.

Fiederer, Hans - Jürgen, Auswirkungen einer ökologischen Steuerreform auf die Abgabenbelastung von Unternehmen, Tübingen 1997.

Förster, Heike, Ökosteuern als Instrument der Umweltpolitik, Köln 1990.

Franke, Siefried, Ökonomische und politische Beurteilung von Öko-Steuern, StuW 1990, S. 217 ff.

Frenz, Walter, Europäisches Umweltrecht, München 1997.

Frenz, Walter, Energiesteuer und Beihilfenverbot, EuZW 1999, S. 616 ff.

Friauf, Karl – Heinrich, Altlastensanierung durch Lizenzabgaben auf die Sonderabfallentsorgung, Rechtsgutachten, Dezember 1987.

Friauf, Karl, Das Stromeinspeiungsgesetz als Mittel einer unzulässigen Zwangssubventionierung zu Lasten privater Unternehmen, ET 1995, S. 597 ff.

Friedrich, Klaus, Die neue Erdgassteuer, DB 1989, S. 647 ff.

Friedrich, Klaus, Rechtsprobleme der Erdgassteuer, ZfZ 1990, S. 9 ff.

Friedrich, Klaus, Die „Ökologische Steuerreform“, DB 1999, S. 661 ff.

Friedrich, Klaus, Die Fortführung „Ökologische Steuerreform“, DB 2000, S. 110 ff.

Friedrich, Klaus / Meißner, Kommentar zur ökologischen Steuerreform, Loseblatt, Neuwied, Stand November 2000,
(zitiert als Bearbeiter in Friedrich-Meißner, Rdn.).

Funk, Bernd - Christiane, Einführung in das österreichische Verfassungsrecht, Graz 1996.

Gawel, Erik / Ewringmann, Dieter, Lenkungsabgaben und Ordnungsrecht, StuW 1994, S. 295 ff.

Gawel, Erik, Betriebswirtschaftliche Probleme der Gebührenkalkulation, Köln 1998.

Geiger, Rudolf, Kommentar zur Gründung der Europäischen Gemeinschaft, München 1995

Gerhold, Susanne, EU-konforme Umweltschutzausgabenrechnung der privaten Haushalte 1995 und 1996, Statistische Nachrichten 1998, S. 651 ff.

Gethmann, Carl – Friedrich, Zur Ethik des umsichtigen Naturumgangs, in Naturschutz – Ethik – Ökonomie, Hans G. Nutzinger (Hrsg.) Marburg 1996.

Glatz, Harald, Österreichische Umweltpolitik – Eine kritische Einschätzung der Instrumente, Wien 1995.

Goldschmidt Helga, Hauer Walter, Kosten der Abfallwirtschaft für Konsumenten, Wien 1997.

Goldschmid, Helga / Hauer, Walter, Kosten der Abfallwirtschaft für Kommunen, Wien 1997.

Gosch, Dietmar, Juristische Beurteilung von Öko-Steuern, StuW 1990, S. 201 ff.

Görres, Anselm / Ehringh, Henner / v. Weizsäcker, Ernst – Ulrich, Der Weg zur ökologischen Steuerreform. Das Memorandum des Fördervereins ökologische Steuerreform, München 1994.

Grabher, Stefan / Hilber, Klaus, ABC der Steuern im Privat- und Unternehmensbereich, Wien 1997,
(zitiert als Bearbeiter in Grabher-Hilber, S.).

Grabitz, Eberhard, Handlungsspielräume der EG-Mitgliedstaaten zur Verbesserung des Umweltschutzes, RIW 1989, S. 623 ff.

Grabitz, Eberhard / Hilf, Meinhard, Kommentar zum EU-Vertrag, Loseblatt, München, Stand Mai 1998
(zitiert als Bearbeiter in Grabitz-Hilf, Art., Rdn.).

Graz, Marko, Umweltschutz als Staatsziel, ÖJZ, 1986, S. 289 ff.

Gretschmann, Klaus / Voelzkow, Helmut, Die Quadratur des Kreises: Energieabgabe und Rentenversicherung in Für eine ökologische Steuerreform, Hans G. Nutzinger / Angelika Zahrnt (Hrsg.) Marburg 1990.

Groeben, Hans von der / Thiesing, Jochen / Ehlermann, Claus-Dieter, Kommentar zum EUV/EGV, 5. Auflage, Baden-Baden 1999,
(zitiert als Bearbeiter in Groeben-Thiesing-Ehlermann).

Gröschner, Rolf, Öffentlichkeitserklärung als Behördenaufgabe, DVBl. 1990, S. 619 ff.

Gutknecht, Brigitte / Holoubek, Michael / Schwarzer, Stephan, Umweltverfassungsrecht als Grundlage und Schranke der Umweltpolitik, ZfV 1990, S. 553 ff.

Habermas, Jürgen, Strukturwandel der Öffentlichkeit, Frankfurt am Main 1990, unveränderter Nachdruck der zuerst 1962 in Neuwied erschienen Ausgabe

Hansjürgens, Bernd, Umweltabgaben im Steuersystem, Baden-Baden 1992.

Henke, Stefan, Eingriff, Vermeidung, Ausgleich und Untersagung – Zur Auslegung der wesentlichen Begriffe des § 8 Bundesnaturschutzgesetz, Bonn 1997.

Heidinger, Geralt / Bruckner, Karl, Steuern in Österreich Gestern – heute – morgen, Wien 1998,
(zitiert als Bearbeiter in Heidinger-Bruckner).

Heimlich, Jörn, Die Verleihungsgebühr als Umweltabgabe, Marburg 1996.

Heins, Bernd / Ströbele, Wolfgang, Internationalisierung externer Kosten in der Umweltpolitik – Zur erneuten Diskussion einer ökologischen Steuerreform, ZAU 1995, S. 385 ff.

Heinz, Joachim / Kopp, Joachim / Mayer, Erhard, Verkehrsteuern, Achim 1998.

Heller, Robert, Gesetz zum Einstieg in die ökologische Steuerreform, NWB Nr. 17 vom 26.04.1999, S. 1555.

Hendler, Reinhard, Umweltabgaben und Steuerstaatsdoktrin, AöR 115, 1990 S. 577 ff.

Herdegen, Matthias / Schön, Wolfgang, Ökologische Steuerreform, Verfassungsrecht und Verkehrsgewerbe, Köln 2000.

Hey, Johanna, Rechtliche Zulässigkeit von Umweltabgaben unter dem Vorbehalt ihrer ökologischen und ökonomischen Wirksamkeit. Zugleich Anmerkung zu Frank Reiner Balmes, Verfassungsmäßigkeit und rechtliche Systematisierung von Umweltsteuern, StuW 1998, S. 32. ff.

Hey, Johanna, Fortführung der ökologischen Steuerreform – Übergang zur Routine, NJW 2000, S. 640 ff.

Hidien, Jürgen, Neue Steuern braucht das Land, BB 1999, S. 341 ff.

Himmelmann, Steffen / Pohl, Andreas / Tünnesen-Harmes, Christian, Handbuch des Umweltrechts, Loseblatt, München, Stand August 2000,
(zitiert als Bearbeiter in Himmelmann / Pohl / Tünnesen-Harmes, Buchstabe, Ziffer, Rdn.).

Hrasko, Karin, Müllgebühren, Rechtsgrundlage und praktische Umsetzung, Wien, 1998.

Huckestein, Burkhard, Effizienzbedingungen ökonomischer Instrumente in der EU-Umweltpolitik, Berlin 1996.

Huckestein, Burkhard, Umweltabgaben in der Praxis, Sachstand und Perspektiven, Berlin 1994.

Hucko, Elmar, Zum Stromeinspeisungsgesetz, zum Verfassungsrecht als Nothelfer und zur Rechtskultur der alten Griechen, RdE 1995, S. 141 ff.

Hübschmann, Walter / Hepp, Ernst / Spitaler, Armin, Kommentar zur Abgabenordnung, Loseblatt, Band I, Köln, Stand Dezember 2000,
(zitiert als Bearbeiter in Hübschmann-Hepp-Spitaler, §, Rdn.).

Höfling, Wolfram, Verfassungsfragen einer ökologischen Steuerreform, StuW 1990, S. 242 ff.

Iro, Stephan, Die Vereinbarkeit des Stromeinspeisungsgesetzes mit dem EG-Vertrag, RdE 1998, S. 11 ff.

Isensee, Josef / Paul Kirchhof, Handbuch des Staatsrechts der Bundesrepublik Deutschland, Band IV, 2. Auflage, Heidelberg 1999, (zitiert als Bearbeiter in Isensee-Kirchhof, HBdStR, Band, §, Rdn.).

Jacobs, Otto / Spengel, Christoph / Wünsche, Alexander, Steuerreform 1999/2000/2002, Auswirkungen auf die Unternehmensbesteuerung im nationalen und internationalen Vergleich, DB 1999, S. 57 ff.

Jahn, Adolf – Friedrich, Empfehlungen der Gemeinsamen Verfassungskommission zur Änderung und Ergänzung des Grundgesetzes, DVBl. 1994, S. 177 ff.

Jarass, Hans / Pieroth, Bodo, Grundgesetz für die Bundesrepublik Deutschland, 4. Auflage, München 1997, (zitiert als: Bearbeiter in Jarass-Pieroth, Art, Rdn.).

Jarass, Lorenz / Obermaier, Gustav, Möglichkeiten einer Verringerung der Abgabenbelastung des Faktors Arbeit durch Besteuerung anderer Produktionsfaktoren, IStR 1998, S. 289 ff.

Jatzke, Harald, Das neue Verbrauchsteuerrecht im EG-Binnenmarkt, BB 1993, S. 41 ff.

Jatzke, Harald, Aktueller Stand und Perspektiven der Verbrauchsteuerharmonisierung, ZfZ 1995, S. 278 ff.

Jatzke, Harald, Das System des deutschen Verbrauchsteuerrechts, Tübingen 1997.

Jatzke, Harald, Die Stromsteuer, DStZ 1999, S. 520 ff.

Jobs, Anselm-Thorsten, Steuern auf Energie als Element einer ökologischen Steuerreform, Baden-Baden, 1999.

Junkernheinrich, Martin / Klemmer, Paul / Wagner, Gerd-Rainer, Handbuch zur Umweltökonomie, Berlin 1995, (zitiert als Bearbeiter in Junkernheinrich-Klemmer-Wagner, S.).

Jobs, Thorsten, Zur Gesetzgebungskompetenz für Umweltsteuern, DÖV 1998, S. 1039 ff.

Kind, Martin, Das Europäische Umweltrecht 1996, RdU 1998, S. 15 ff.

Kirchgässner, Gebhard, Ökologische Steuerreform – Utopie oder realistische Alternative? in Krause-Junk, Steuersysteme der Zukunft, Jahrestagung 1996 des Vereins für Sozialpolitik, St. Gallen 1998, S. 179 ff.

Kirchhof, Ferdinand, Leistungsfähigkeit und Wirkungsweisen von Umweltabgaben an ausgewählten Beispielen, DÖV 1992, S. 233 ff.

Kirchhof, Ferdinand, Umweltabgaben im Abfallwesen, DVBl. 1994, S. 1101 ff.

Kirchhof, Paul, Die Finanzierung des Leistungsstaates, Jura 1983, S. 505 ff.

Kirchhof, Paul, Verfassungsrechtliche Grenzen von Umweltabgaben in Umweltschutz im Abgaben und Steuerrecht, Kirchhof Paul, (Hrsg.), DStJG 15, Köln 1993,
(zitiert als Kirchhof Paul, DStJG 15, S.).

Kirchhof, Paul / Söhn Hartmut, Einkommensteuergesetz Kommentar, Band 5, Loseblatt, Heidelberg und Passau, Stand Dezember 1998,
(zitiert als Bearbeiter in Kirchhof-Söhn, §, Rdn.).

Klaus, Stefan, Die Unvereinbarkeit des Stromeinspeisungsgesetzes mit europäischem Beihilferecht, RdE 1999, S. 23 ff.

Kloepfer, Michael, Lizenzpflicht als Finanzquelle, Rechtsgutachten, März 1988.

Kloepfer, Michael, Umweltschutz durch Abgaben, DÖV 1997, 593 ff.

Kloepfer, Michael, Umweltrecht, München 1998.

Kloepfer, Michael / Follmann, Werner, Lizenzentgelt und Verfassungsrecht, DÖV 1988, S. 573 ff.

Kloepfer, Michael / Thull, Rüdiger, Rechtsprobleme einer CO_2-Abgabe, DVBl. 1992, S. 195 ff.

Kloke, Ulrike, Klimaschutz durch ökonomische Instrumente, Hamburg 1994.

Koch, Hans-Joachim, Die neue Verpackungsverordnung, NVwZ 1998, S. 1155 ff.

Koch, H. – J. / Berehnd, Claudia, Klimaschutz im geltenden Umweltrecht, NuR 1996, S. 433.

Koenig, Christiane / Kühling, Jürgen, Reform des EG-Beihilfenrechts aus der Perspektive des mitgliedstaatlichen Systemwettbewerbs, EuZW 1999, S. 517 ff.

Konrad, Karlheinz, Umweltlenkungsabgaben und abfallrechtliches Kooperationsprinzips, DÖV 1999, S. 12 ff.

Köck, Wolfgang, Umweltabgaben – Quo vadis, JZ 1993, S. 59 ff.

Köhler, Helmut, Abwasserabgabengesetz – Kommentar, München 1999.

Körner, J. Mineralölsteuer: Beliebig erhöhbar, IFO-Schnelldienst 35 – 36, München 1993.

Kruhl, Alfred, Gesetz zur Fortführung der ökologischen Steuerreform verabschiedet, BB 2000, S. 25.

Lang, Joachim, Der Einbau umweltpolitischer Belange in das Steuerrecht, in Umweltschutz durch Abgaben und Steuern, 7. Trierer Kolloquium zum Umwelt- und Technikrecht, Heidelberg 1992,
(zitiert als Lang, UTR 16, 1992, S.).

Lauber, Ursula, Umweltbezogene Steuern und Gebühren in Deutschland, Wirtschaft und Statistik 1998, S. 428 ff.

Lauber, Volker, Freiwillige Umweltvereinbarungen in der Europäischen Union und in Österreich: Bestandsaufnahme und Perspektiven, RdU 1997, S. 107 ff.

Leibholz, Gerhard / Rinck, Hans – Justus / Hesselberger, Dieter, Grundgesetz für die Bundesrepublik Deutschland, Kommentar an Hand der Rechtsprechung des BVerfG, Loseblatt, Köln, Stand November 1998.

Leisner, Walter, Fremdlasten der Sozialversicherung – ein schwerwiegender Verfassungsverstoß, NZS 1996, S. 97 ff.

Leitgeb, Brigitte / Pilz, Rainer, Deutschlands Gesetz zur Fortführung der ökologischen Steuerreform, ÖStZ 2000, S. 122 ff.

Lenz, Carl-Otto, EG-Vertrag Kommentar, 2. Auflage, Köln 1999,
(zitiert als Bearbeiter in Lenz, Art, Rdn.).

List, Heinrich, Gedanken zur Öko-Stromsteuer, DB 1999, S. 1623 ff.

Loos, Erik, Salzburger Naturschutzgesetz 1993, Kommentar, Salzburg 1993.

Louis, Hans Walter / Engelke, Annegret, Bundesnaturschutzgesetz, Kommentar, 2. Auflage, 1. Teil, §§ 1 bis 19f, Braunschweig 2000.

Löwer, Wolfgang, Wen oder was steuert die Öko-Steuer?, Köln 2000.

Mackscheidt, Klaus / Ewringmann, Dieter / Gawel, Erik, Umweltpolitik mit hoheitlichen Zwangsabgaben?, Karl-Heinrich Hansmeyer zur Vollendung seines 65. Lebensjahres, Berlin 1994.

Marcic-Schaller, Silvio, Gestaltungsspielräume der Kommunen in der Abfallwirtschaft durch Begründung ökologischer Anreize in Abfallgebührensatzungen, München 1998.

Maselli, Jörg, Status quo und mittelfristige Entwicklung von thermischer Behandlung und energetischer Verwertung von Siedlungsabfällen, Müll und Abfall 1999, S. 435 ff.

Maunz, Theodor / Dürig, Günter, Grundgesetz Kommentar, Loseblatt, München, Stand August 2000,
(zitiert als: Bearbeiter in Maunz–Dürig, Art, Rdn.).

Mayer, Heinz, Das österreichische Bundes-Verfassungsrecht, Kurzkommentar, Wien 1997.

Meßerschmidt, Klaus, Sonderabgaben und Bundesverwaltungsgericht, DVBl. 1987, S. 925 ff.

Meßerschmidt, Klaus, Umweltabgaben als Rechtsproblem, Berlin 1986.

Meßerschmidt, Klaus, Entscheidungen zum Umweltrecht, Loseblatt, Wiesbaden, Stand August 2000.

Meyer, Bettina, Ökologisch kontraproduktive Steuererleichterungen, Hamburg, 1996.

Mittenzwei, Ingo, Teleologisches Rechtsverständnis, Berlin 1988.

Mohl, Helmut und Schick Rainer, Umweltschutz und Steuerrecht, Kommunale Steuerzeitschrift, 1995, S. 41 ff.

Mohl, Helmut / Backes, Jürgen, Ökologisierung kommunaler Gebühren, ZKF 1991, S. 50 ff.

Mohl, Helmut, Rechtliche und praktische Anforderungen an eine kommunale Verpackungssteuer, WiVerw 1996, S. 102 ff.

Mohr / Schick, KStZ 1995, S. 41 ff .

Moritz, Helmut, Europarechtliche Vorgaben für die Erhebung ökologisch motivierter Abgaben, RdU 1998, S. 58 ff.

Murswiek, Dietrich, Ein Schritt in Richtung auf ein ökologisches Recht, NVwZ 1996, S. 417 ff.

Mückenhausen, Peter, Die Harmonisierung der Abgaben auf den Straßengüterverkehr in der Europäischen Gemeinschaft, EuZW 1994, S. 519 ff.

Müller, Martin, Grundlagen des Umweltrechts, NWB 1998, Fach 25 S. 2149 ff.

Müller, Thomas, Die lenkungsorientierte Ausgestaltung von Müllgebühren in den österreichischen Städten über 50.000 Einwohner (ohne Wien), Innsbruck 1998.

Nisipeanu, Peter, Abwasserabgabenrecht, Berlin – Wien 1997.

Novacek, Erich, Änderungen der Umsatzsteuer und der Verkehrssteuern in Österreich, UPR 1998, S. 106 ff.

Nutzinger, H.G. / Zahrnt, Angelika, Öko-Steuern – Umweltsteuern und – abgaben in der Diskussion, Karlsruhe 1989.

OECD, Umweltsteuern und ökologische Steuerreform, Paris 1997.

Öhliger, Theo, Verfassungsrecht, Wien 1995.

Offerhaus, Klaus, Die Steuerreform – eine Herausforderung an den Rechtsstaat, DStZ 2000, S. 9 ff.

Ossenbühl, Fritz, Verfassungsrechtliche Fragen des Stromeinspeisungsgesetzes, ET 1996, S. 94 ff.

Papier, Stefan, Gemeinschaftliche Anforderungen an Umweltsonderabgaben unter Berücksichtigung der Verwendung ihres Aufkommens, DÖV 1996, S. 232 ff.

Patzig, Werner, Steuern – Gebühren – Beiträge und Sonderabgaben, DÖV, S. 729ff.

Peine, Franz-Joseph, Der Spielraum des Landesgesetzgebers im Abfallrecht, NWVBL 1988, S. 193 ff.

Pernice, Ingolf, Auswirkungen des europäischen Binnenmarktes auf das Umweltrecht – Gemeinschafts(verfassungs-)rechtliche Grundlagen, NVwZ 1990, S. 201 ff.

Pernthaler, Peter / Weber, Karl / Wimmer, Norbert, Umweltpolitik durch Recht – Möglichkeiten und Grenzen, Wien 1992.

Peters, Martin / Bongartz, Matthias / Schröer-Schallenberg, Sabine, Verbrauchsteuerrecht, München 2000.
(zitiert als: Bearbeiter in Peters-Bongartz-Schröer-Schallenberg, Rdn.).

Petersen, Frank, Kreislaufwirtschafts- und Abfallgesetz – quo vadis, NVwZ 1998, S. 1113 ff.

Petersen, Thomas / Faber, Malte / Herrmann, Beate, Vom Müllnotstand zum Müllmangel, Müll und Abfall 1999, S. 537 ff.

Pigou, Arthur-Cecil, The Economics of Welfare, London 1932, auszugsweise übersetzt in Siebert, Horst: Umwelt und wirtschaftliche Entwicklung, Darmstadt 1979.

Pohlmann, Mario, Der Streit um das Stromeinspeisungsgesetz vor dem Grundgesetz, NJW 1997, S. 545 ff.

Rehbinder, Eckard, Wirtschaftsordnung und Instrumente des Umweltschutzes, in: Festschrift für Franz Böhm, Tübingen 1975.

Reichmann, Holger, Umweltabgaben, Frankfurt am Main 1994.

Rengeling, Hans-Werner, Kreislaufwirtschafts- und Abfallrecht, Köln und München 1994,
(zitiert als Bearbeiter in Rengeling, Band, §).

Riedel, Lutz, Überlegungen zur ökologischen Steuerreform aus steuerrechtlicher und kommunaler Sicht, ZKF 1998, S. 81 ff.

Ritt, Thomas, Informationen zur Umweltpolitik – Ökologische Steuerreform, Wien 1996,
(zitiert als Bearbeiter in Ritt, S.).

Ritt, Thomas, Verteilungswirkungen von Energiesteuern, Wien 1994.

Ritter, Wolfgang, Ökosteuern – Wohin steuern wir, BB 1996, S. 1961 ff.

Rodi, Michael, Umweltsteuern, München 1993.

Sachs, Michael, Die Maßstäbe des allgemeinen Gleichheitssatzes – Willkürverbot und sogenannte neue Formen, JuS 1997, S 124 ff.

Sachs, Michael, Grundgesetz-Kommentar, 2. Auflage, München 1999.

Sachverständigenrat zur Begutachtung der gesamtwirtschaftlichen Entwicklung, Jahresgutachten 1998/99, BT-Drs. 14/73.

Sali, Peter, Schuldnerwechsel bei unbilliger Härte? – Ein Beitrag zur Verfassungsmäßigkeit von § 4 StrEinspG, ET 1996, S. 171 ff.

Salzwedel, Jürgen, Probleme der Abfallentsorgung, NVwZ 1989, S. 820 ff.

Salzwedel, Jürgen, Grundzüge des Umweltrechts, Loseblatt, Berlin, Stand August 2000.

Sanden, Joachim, Perspektiven der Umweltnutzungsabgaben nach der „Wasserpfennig-Entscheidung" des Bundesverfassungsgerichtes, UPR 1996, S. 181 ff.

Savigny, Friedrich Carl von, System des heutigen Römischen Rechts, Erster Band, Berlin 1840.

Schambeck, Herbert, Umweltschutz und Rechtsordnung, ÖJZ 1972, S. 617.

Schemmel, Lothar, Öko-Steuern, Kein geeigneter Weg aus der Beschäftigungs- und Umweltmisere, Karl-Bräuer-Institut des Bundes der Steuerzahler e. V., Wiesbaden 1998.

Schlegelmilch, Kai / Görres, Anselm, ZAU 1996, S. 121 ff.

Schlink, Alexander, Die Novelle zum Landesabfallgesetz Nordrhein-Westfalen, Beilage zur Tagungsmappe NWStGB, Fachseminare, S. 31 ff.

Schierenbeck, Henner, Grundzüge der Betriebswirtschaftslehre, 14. Auflage, München – Wien 1999.

Schmidt, Eberhard, Skepsis durchaus angebracht, BB 1998, S. 130 ff.

Schmidt, Karsten / Schwark, Eberhard, Unternehmen, Recht und Wirtschaftsordnung, Festschrift für Peter Raisch zum 70. Geburtstag, Köln 1995, (zitiert als: Bearbeiter in Schmidt / Schwark, S.)

Schmidt, Walter, Sonderabgaben in der neueren Rechtsprechung des BVerfG, NVwZ 1991, S. 36 ff.

Schmidt-Aßmann, Eberhard, (Hrsg.), Besonderes Verwaltungsrecht, Berlin – New York 1995, (zitiert als Bearbeiter in Schmidt-Aßmann, Rdn.).

Schemmel, Lothar, Lenken mit Steuern und Abgaben – Große Mängel und Gefahren, Bonn 2000.

Scholz, Rupert / Aulehner, Josef, Verfassungsfragen zur Lenkungsabgabe am Beispiel der Automatenbesteuerung, BB 1991, S. 73 ff.

Scholz, Rupert, Die Vergütungsregelung des Stromeinspeisungsgesetzes als Mittel verfassungsmäßiger Wirtschaftslenkung und Umweltpolitik, ET 1996, S. 600 ff.

Schreiner, Manfred, Gebührenmodelle und rechtlicher Rahmen in der Abfallwirtschaft, Frankfurt am Main 1996, (zitiert als Bearbeiter in Schreiner).

Schrenk, Gundolf, Mitgliedstaatliche und gemeinschaftliche Handlungsebene in der europäischen Umweltpolitik, NuR 1990, S. 391 ff.

Schrömbges, Ulrich, Das Verbrauchsteueränderungsgesetz, ZfZ 1988, S. 2 ff.

Schuldt, Nicola, Möglichkeiten und Grenzen von Abgaben im Bereich der Siedlungsabfälle, in Zimmermann, Horst, Umweltabgaben, Marburg 1993.

Schuppert, Gunnar Folke, Jenseits von Privatisierung und „schlankem" Staat, Baden-Baden 1999, (zitiert als Bearbeiter in Schuppert).

Schwarzer, Stephan, Zur Lastenverteilung im österreichischen Luftreinhaltungsrecht, UPR 1985, S. 305 ff.

Selmer, Peter, Steuerinterventionismus und Verfassungsrecht, Frankfurt am Main 1973.

Selmer, Peter, Finanzierung des Umweltschutzes und Umweltschutz durch Finanzierung, in Thieme, Werner (Hrsg.), Umweltschutz im Recht, Berlin 1988, (zitiert als Bearbeiter im Thieme, S.).

Selmer, Peter, Verfassungsrechtliche und finanzrechtliche Rahmenbedingungen, in Umweltschutz durch Abgaben und Steuern, 7. Trierer Kolloquium zum Umwelt- und Technikrecht, Heidelberg 1992,
(zitiert als Selmer, UTR 16, 1992, S.).

Siebert, Horst, Umwelt und wirtschaftliche Entwicklung, Darmstadt 1979.

Soyk, Stefan, Mineralölsteuerrecht, München 1996.

Söhn, Hartmut, Umweltsteuern und Finanzverfassung, in Festschrift für Klaus Stern, München 1997 S. 587 ff.

Sprenger, Rolf-Ulrich, Das deutsche Steuer- und Abgabensystem aus umweltpolitischer Sicht, ifo Studien zur Umweltökonomie, München 1994.

Spellbrink, Wolfgang, Ökosteuern und Sozialversicherungsbeiträge, Soziale Sicherheit 1996, S. 423 ff.

Stein, Ekkehardt, Staatsrecht, Tübingen 1995.

Stern, Klaus, Das Staatsrecht der Bundesrepublik Deutschland, Bd. I, München 1984.

Stiglitz, Joseph E. / Schönfelder, Bruno, Finanzwissenschaft, 2. Nachdruck, München – Wien 1996.

Stolzlechner, Harald, Neuere Entwicklungen des österreichischen Umweltschutzrechtes,
UPR 1987, S. 161 ff.

Teufel, Dieter, Ökosteuern als marktwirtschaftliches Instrument im Umweltschutz, Vorschläge einer ökologischen Steuerreform, Heidelberg 1988.

Theobald, Christian, Verfassungsmäßigkeit des Stromeinspeisungsgesetzes, NJW 1997, S. 550 ff.

Thomasitz, Ingrid, Das Altlastensanierungsgesetz, ÖZW 1990, S. 8 ff.

Tilch, Horst, Deutsches Rechtslexikon, München 1992, Band 2, Stichwort Personenkraftwagen,
(zitiert als Bearbeiter in Tilch, S., Stichwort).

Tipke, Klaus, Die Steuerrechtsordnung Band I, Köln 1993.

Tipke, Klaus, Über ungleichmäßige Besteuerung durch kommunale Verbrauch- und Aufwandsteuern, DÖV 1995, S. 1027 ff.

Tipke, Klaus / Kruse, Heinrich-Wilhelm, Abgabenordnung und Finanzgerichtsordnung, Loseblatt, Köln, Stand Dezember 1999,
(zitiert als Bearbeiter in Tipke-Kruse, §, Rdn.).

Tipke, Klaus / Lang, Joachim, Steuerrecht, 16. Auflage, Köln 1998.
(zitiert als Bearbeiter in Tipke-Lang, §, Rdn.).

Treffer, Christian, Zur Verfassungswidrigkeit des Stromeinspeisungsgesetzes, UPR 1996, S. 128 ff.

Trzaskalik, Christoph, Instrumenteller Einsatz von Abfallabgaben, StuW 1992, S. 135 ff.

Umweltbundesamt, Anforderungen an und Anknüpfungspunkte für eine Reform des Steuerrechts unter ökologischen Aspekten, Berlin-Bielefeld-München 1999.

Trzaskalik, Christoph, Inwieweit ist die Verfolgung ökonomischer, ökologischer und anderer Zwecke durch Instrumente des Abgabenrechts zu empfehlen? - Gutachten E für den 63. Deutschen Juristentag, in Verhandlungen des 63. Deutschen Juristentages Leipzig 2000, Band I, Gutachten, München 2000,
(zitiert als Trzaskalik, E).

Velte, Rainer, Duale Abfallentsorgung und Kartellverbot, Göttingen 1998.

von Münch, Ingo, Staatsrecht Band 1, Stuttgart, Berlin, Köln 1993.

von Mangoldt, Hermann / Klein, Friedrich / Starck, Christian, Das Bonner Grundgesetz, Band 1, 4. Auflage, Berlin 1999.

von Münch, Ingo / Kunig, Philip, Grundgesetz-Kommentar, Band I, 4. Auflage, 1992, Band 3, 3. Auflage, München 1996.

von Zezschwitz, Friedrich, Beiträge zum Umweltrecht, Gießen 1992.

von Zezschwitz, Friedrich, Umweltschutzrechtliche Vorsoge durch abgabenrechtliche Steuerung, in Lange, Klaus (Hrsg.), Gießener Abhandlungen zum Umweltrecht, Gießen 1997.

Voigt, Rüdiger, Umweltabgaben im Spannungsfeld zwischen Wirtschaftslenkung und Kostenzurechnung, DVBl. 1980, S. 985 ff.

Voss, Gerhard, Die ökologische Steuerreform, Köln 1999.

Wagener, Frido, Gemeinsame Rahmenplanung und Investitionsfinanzierung, DÖV 1977, S. 587 ff.

Walter, Robert / Mayer, Heinz, Grundriß des österreichischen Bundesverfassungsrechts, Wien 1996.

Wasmeier, Martin, Einführung einer Energiesteuer im nationalen Alleingang, RIW 1996, S. 315 ff.

Wasmeier, Martin, Umweltabgaben und Europarecht, München 1994.

Weidemann, Clemens, Rechtsstaatliche Anforderungen an Umweltabgaben, DVBl 1999, S. 73 ff.

Wegscheider, Herbert, Neues Umweltrecht, RdU 1998, S. 202 ff.

Weinbrenner, Daniel, Ökologische Steuerreform, Wiesbaden 1999.

Wendt, Rudolf, Die Gebühr als Lenkungsmittel, Hamburg 1975.

Wernsmann, Rainer, Grundfälle zur verfassungsrechtlichen Zulässigkeit rückwirkender Gesetze, JuS 1999, S. 1177 ff. und JuS 2000, S. 39 ff.

Weyreuther, Felix, Das Abgabenrecht als Mittel des Umweltschutzes, UPR 1988, S 161 ff.

Wilhelm, Sighard, Ökosteuern, BB 1990, S. 751 ff.

Wilke, Dieter, Gebührenrecht und Grundgesetz, München 1973.

Wimmer, Norbert, Umweltschutz als Aufgabe des öffentlichen Rechts, ÖJZ 1971, S. 645 ff.

Wöhe, Günter, Einführung in die Allgemeine Betriebswirtschaftslehre, 16. Auflage, München 1986.

Wünsche, Alexander, Umweltabgaben und Unternehmensbesteuerung – Eine internationale Analyse der Belastungs- und Entscheidungswirkungen, Baden-Baden 1999.

Zens, Dieter, Änderungen des Kraftfahrzeugsteuerrechts, NWB Fach 8 Seite 1271 ff, S. 1272.

Zitzelsberger, Heribert, Die Ökosteuerdiskussion – Eine Zwischenbilanz, DB 1996,
S. 1791 ff.

Zuleeg, Manfred, Umweltschutz in der Rechtsprechung des Europäischen Gerichtshofes, NJW 1993, S. 31 ff.

Kolibri 360 GmbH
Ferdinand-Jühlke-Straße 7
99095 Erfurt, Deutschland
produktsicherheit@kolibri360.de

Druck:
CPI Druckdienstleistungen GmbH
im Auftrag der
Kolibri 360 GmbH
Ferdinand-Jühlke-Str. 7
99095 Erfurt